100대 한글 문화유산 — **11**
(재)한국어세계화재단

규장전운 · 전운옥편

정경일 지음

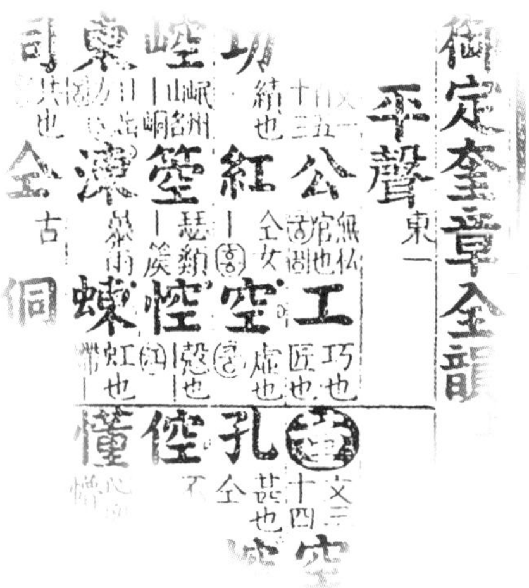

신구문화사

발간사

21세기는 흔히 정보화 시대, 인터넷 시대라고 합니다. 정보는 내용이고 인터넷은 그것이 오가는 통로이지만 빠를수록 좋다는 점에서 공통적이라 할 수 있습니다. 21세기 들어 우리 사회는 점점 더 빠르게 변화하고 있으며, 이 같은 세태를 반영하듯 새로운 말들도 예전에 비해 훨씬 많이 만들어지고 있습니다. 이러한 분위기에서 요즘은 국어의 역사에 대한 사람들의 관심도 적어지는 것 같습니다. 그러나 국어는 우리 민족 문화의 근간이고, 역사의 전승 도구라는 점에서 관심을 새롭게 해야 한다고 생각합니다.

한국어세계화재단에서는 2003년부터 문화관광부의 지원을 받아 우리 선조들이 남기신 국어 고전 자료 중 역사적, 문화적, 학술적 가치가 높은 중요 자료 100종을 선정하여 일반인들이 이해하기 쉽도록 해설하는 사업을 해 왔습니다. 선정된 자료들은 주로 문자·언어 관련서, 유학서, 종교서, 역학서, 기술서, 문학서, 생활사 자료 등 영역별로 중요하다고 선정된 문헌들입니다. 이 자료들을 후세까지 영구히 보존하고 일반 대중에게도 널리 읽힐 수 있게 하려면 하루빨리 이들을 디지털화하는 작업과 함께 해당 분야 전문가들에게 의뢰하여 역주·해설하는 작업을 병행해야 합니다. 그러한 작업의 결과가 이제 책자로도 출판되어 나오게 되었습니다. 따라서 독자들은 온라인으로도 원전은 물론 역주와 해설을 함께 볼 수 있으며, 그것을 인쇄된 책으로도 접할 수 있게 된 것입니다.

그동안 다른 기관에서도 국어 고전 자료에 대한 많은 책들을 발간해 왔으나 일반인들이 쉽게 접근하기 어려운 경우가 많았습니다. 이번에 재단에서 출판하는 책들은 국어 전공자가 아닌 일반인이나 중 · 고등학생들도 큰 어려움 없이 읽을 수 있도록 쉽게 설명하고 해제를 붙였습니다.

우리는 이 책들이 해외에도 널리 보급되어 재외 동포는 물론 한국어나 한국학에 관심을 가지고 있는 외국인들이 한국을 이해하고 한국어에 더욱 높은 관심과 애정을 가질 수 있게 되기를 기대합니다. 특히 최근 한류 등을 통하여 모처럼 일고 있는 한국에 대한 관심이 더욱 확산되고 지속되도록 하기 위해서는 실제로 한국어를 배우고 한국학을 전공하려는 재외동포나 외국인이 많이 나와야 할 것입니다. 이른바 "100대 한글 문화유산 정비 사업"의 일환으로 이루어지는 이들 책자의 발간이 안으로는 선조들이 남기신 소중한 문화유산을 후손들이 쉽게 접할 수 있도록 하고, 밖으로는 한국어의 세계화에도 기여할 수 있을 것이라 확신하며 이러한 사업에 기꺼이 뜻을 같이하고 땀 흘려 주신 필자들께 깊은 감사의 말씀을 드립니다.

재단에서는 앞으로도 국어 고전 자료뿐만 아니라 현대의 주요 국어 자료들도 세계화하기 위한 다양한 사업들을 계획할 것입니다. 아무쪼록 이러한 노력이 국내외에서 더 많은 사람들이 한국어에 관심을 가질 수 있도록 하는 데 좋은 계기가 되기를 바랍니다. 마지막으로 이러한 사업을 수행할 수 있도록 지원해 주신 문화관광부와 국립국어원에 감사드립니다.

2008년 1월 20일

한국어세계화재단 이사장 정순훈

머리말

이 책은 한국어세계화재단이 추진하고 있는 100대 한글 문화유산 정비 사업의 일환으로 『규장전운』과 『전운옥편』을 소개하고 해설하기 위하여 만들어졌다. 우리 민족문화 최대의 정수인 훈민정음의 창제 이래 수많은 문헌들이 한글로 표기되어 선조들의 삶의 모습을 오늘날에 전해주고 있다. 그러나 이들 문헌은 비록 한글로 표기되어 있기는 하지만 표기된 어휘와 표현 방법 등이 현대와 많이 다르고 또 여전히 많은 한자와 한문이 섞여 있어 현대인이 쉽게 이해하기 어려운 부분들을 많이 포함하고 있다. 한국어세계화재단의 100대 한글 문화유산 정비 사업은 이러한 어려움을 극복하고 현대인들이 옛 문헌을 쉽게 이해하여 민족문화의 자산을 공유할 수 있도록 하기 위해, 한글로 기록된 우리 문화유산 가운데 문화사적으로 뛰어난 가치가 있는 것으로 평가되는 문헌 100개를 골라 평이한 수준으로 역주를 달고 해설하는 사업이다. 그러므로 이 사업은 고전의 현대화와 이를 통한 지식의 대중화라는 차원에서 매우 귀중한 일이 아닐 수 없다.

이 책에서 역주・해설하고 있는 『규장전운(奎章全韻)』과 『전운옥편(全韻玉篇)』은 조선 후기 정조 때에 만들어진 운서와 옥편으로 18세기 조선에서 쓰이던 한자의 음과 뜻을 한글로 기록하여 보여주는 문헌이다. 『규장전운』은 조선에서 마지막으로 만들어진 운서이며 『전운옥편』은 『규장전운』이 만들어지면서 자매편으로 만들어진 옥편이다. 다른 문헌들과 비교할 때 문학적인 내용도 아니며 서사적인 기록도 아님에도 불구하고 이들이 100대 한글 문화유산에 선정된 것은 한자가 우리 문화의 역사에서 가지는 중요성에 따른 것이다.

우리 민족 문화가 기록에 의해 남겨지기 시작한 이래 한자와 한문은 그 대부분을 담당해온 가장 중요한 표기 수단이었다. 훈민정음이 창제되기 이전에는 말할 것도 없고 창제 이후에도 한자와 한문은 모든 공식 문서의 기록 뿐 아니라 교육, 시문의 창작, 관리의 취재 등 조선 사회의 모든 문화 활동과 이의 계승에 가장 중요한 역할을 수행하였다. 따라서 한문을 구성하는 단위로서 한자의 음과 뜻에 대한 지식은 조선사회 지식인의 가장 기본적인 조건이었고 이에 따라 이를 기록하고 있는 운서와 옥편 역시 조선 사회의 학술, 문화 활동을 지탱하는 일차적인 문헌으로서의 가치를 지니고 있다. 이런 중요성 때문에『규장전운』과『전운옥편』이 100대 한글 문화유산으로 선정된 것이다.

이 책의 구성은 다음과 같다. 서론에서는 운서의 개념과 우리나라 운서의 유래에 대해 간략히 설명하여 운서라는 문헌의 성격에 대해 이해할 수 있도록 하였다. 2장에서는『규장전운』에 대해 소개하였다. 한글 문화유산 역주 · 해설 사업은 난해한 한글 표기를 현대적인 표기와 표현 방법으로 바꾸는 것을 목적으로 진행하는 사업이나『규장전운』과『전운옥편』은 개별 한자에 대한 음과 뜻의 기록이므로 이를 현대어로 옮기는 일은 그다지 커다란 의미가 없다. 따라서 이 책에서는『규장전운』을 만든 동기를 기록하고 있는「예의(例義)」와「범례(凡例)」만을 현대어로 풀이하고『규장전운』을 통해 알 수 있는 18세기 한자음의 여러 특징들을 성모와 운모의 체계로 나누어 간략히 소개하였다. 다음 장에서는『전운옥편』에 대해 소개하였다. 이 옥편에는 예의나 범례가 없어 다른 문헌 자료를 통해 옥편의 특징을 소개한 뒤 이 옥편을 교정하여 만든『교정전운옥편(校正全韻玉篇)』에 대해 함께 소개하여『전운옥편』을 이해하는데 도움이 되게 하였다. 부록에는『규장전운』에 수록된 13,400여 자의 한자음을 모두 수록하였다. 이는 독자들로 하여금 18세기 한자음을 개략으로나마 살펴보게 하려는 뜻이다.

이 책의 원고를 작성하면서 많은 스승과 선배, 동학들의 연구 성과로부터 커다란 도움을 받았다. 그분들의 앞선 연구가 없었다면 이 책은 나오기 어려웠을 것이다. 이 자리를 빌어 감사의 말씀을 드린다. 이 분들의 연구 업적을 인용하고 참고하는 과정에서 필자가 잘못 이해한 부분이 있을까 걱정된다. 그렇다면 이는 모두 필자의 잘못이므로 널리 양해를 구하며 아낌없는 질정을 바란다.

이 책이 만들어지기까지에는 많은 분들의 도움이 있었다. 특히 한국어세계화재단의 이사장이셨던 박영순 교수께서는 필자가 『규장전운』을 주제로 석사학위 논문을 제출했을 때 심사위원이셨던 인연을 지금까지 이어 오시면서 오랜 세월동안 필자가 해 오고 있는 한국 한자음 연구에 관심을 가져주시며, 필자에게 이런 귀한 책을 만들어 낼 수 있는 기회를 제공해 주셨다. 이 책이 선생님의 기대에 어느 정도나 부응하는 것인지 걱정이 앞선다. 강릉대학교의 김무림 교수는 보잘것없는 원고를 꼼꼼히 읽고 내용을 바로 잡아 주어 그나마 이 책이 지금과 같은 모양을 갖출 수 있도록 도와주었다. 그리고 한자음에 관한 글을 읽고 쓸 때마다 필자를 이 길로 인도해 주신 고 우운 박병채 선생님의 얼굴을 떠올리며 회상에 젖는다. 이밖에 한자음 연구라는 외진 길을 함께 가고 있는 한국한자음연구회 회원 여러분을 비롯한 여러 선배와 동학 등에게도 감사를 드린다. 아울러 난삽한 원고를 아담한 책으로 만들어 주신 신구문화사 여러분께도 감사를 드린다.

끝으로 늘 한결같은 마음으로 자식의 하는 일을 지켜보시며 격려해 주시는 부모님과, 믿음으로 함께하는 아내, 고등학생이 되는 사랑하는 딸에게 감사를 전한다.

2008. 1.

논산 반야산 기슭에서

정 경 일 적음

차 례

발간사 ………… 3
머리말 ………… 5

제1장 서 론 ………… 11

1.1. 운서와 옥편의 역사 ………… 11
1.1.1. 운서와 옥편의 발생 배경 ………… 11
1.1.2. 중국 운서와 옥편의 역사 ………… 16
1.1.3. 한국 운서와 옥편의 역사 ………… 23
1.2. 한국 운서의 특징 ………… 35
1.3. 조선 후기의 시대적 특징과 운서 편찬 ………… 41
1.4. 한국 한자음의 연구방법 ………… 45

제2장 규장전운(奎章全韻) ………… 49

2.1. 규장전운 해제 ………… 49
2.1.1. 편찬자와 편찬 시기 ………… 49
2.1.2. 편찬 동기 ………… 54
2.1.3. 체재와 형식적 특징 ………… 61

2.1.4. 한자음의 표기 ……… 74
2.1.5. 한자음의 체계 ……… 75
2.2. 의례와 범례의 역주와 해설 ……… 85
2.2.1. 의례의 역주와 해설 ……… 85
2.2.2. 범례의 역주와 해설 ……… 99
2.3. 규장전운의 본문과 운모 체계 ……… 121
2.3.1. 한자음의 운모 체계 ……… 121
2.3.2. 규장전운의 각 운별 고찰 ……… 128
2.3.3. 근대 동음의 모음 체계와 특징 ……… 173
2.4. 규장전운의 성모 체계 ……… 183
2.4.1. 한자음의 성모 체계 ……… 184
2.4.2. 파열음 ……… 186
2.4.3. 파찰음 ……… 213
2.4.4. 마찰음 ……… 226
2.4.5. 비음 ……… 240
2.4.6. 유음 ……… 246

제3장 전운옥편(全韻玉篇) ……… 249

3.1. 전운옥편 해제 ……… 249
3.1.1. 편찬자와 편찬 시기 ……… 249
3.1.2. 전운옥편의 형식과 내용 ……… 252
3.1.3. 전운옥편의 한자음 ……… 257
3.2. 교정전운옥편 해제 ……… 265
3.2.1. 교정전운옥편의 편찬자와 편찬 시기 ……… 265
3.2.2. 교정전운옥편 속음의 성격 ……… 267
3.2.3. 속음의 유형별 고찰 ……… 269

제4장 결 론 ………… 301

4.1. 규장전운의 편찬 사항 ………… 302
4.2. 규장전운의 특징 ………… 302
4.3. 규장전운의 운모 체계 ………… 303
4.4. 규장전운의 성모 체계 ………… 304
4.5. 전운옥편의 특징 ………… 305

● 참고문헌 ………… 307
● 부록 : 규장전운 수록 한자 일람 ………… 313
● 찾아보기 ………… 363

제1장 서　론

1.1. 운서와 옥편의 역사

1.1.1. 운서와 옥편의 발생 배경

우리 조상들은 일찍이 한자와 한문을 배워 의사소통의 가장 중요한 도구로 사용하여 왔다. 한자와 한문은 조선시대에 들어와 세종대왕에 의하여 우리의 고유 문자인 훈민정음 즉 한글이 만들어지기까지 거의 유일한 의사표기 수단이었다. 뿐만 아니라 한글이 만들어진 뒤에도 한자와 한문은 여전히 가장 권위 있는 표기수단으로 자리 잡고 있었으며 이런 현상은 적어도 19세기 말까지 지속되었다.

따라서 삼국시대와 고려시대는 물론 훈민정음이 사용되었던 조선시대의 지식인들에게도 한자와 한문에 대한 지식은 교육과 학문, 정치와 사회생활에 있어 필수불가결한 것이었다. 조선시대 아동들은 한자를 익히기 위한 필수 과정으로 『천자문(千字文)』과 『유합(類合)』을 거쳐 한자에 대한 기초 학습을 마친 뒤, 유교적 덕성을 함양하기 위한 과정인 『계몽편(啓蒙編)』, 『동몽선습(童蒙先習)』, 『격몽요결(擊蒙要訣)』, 『명심보감(明心寶鑑)』, 『소학(小學)』 등의 책을 읽으면서 기초적인 한문을 배웠다. 『여훈(女訓)』이라는 책에 기록된 내용을 보면 아이의 나이가 여덟 살이 되면 『소학』을 가르친다고 하였으니 아마 『천자문』 등을 통한 기초적인 한자 학습은 그 이전에 이루어졌을 것으로 예측할 수 있다.

고려시대 이후 선비들의 주요한 예술적 활동은 시를 짓는 일이었다. 중국에서 발생한 한시(漢詩)는 우리나라 선비들에게도 전래되어 한시를 짓는 능력은 개인의 예술적 실력을 측정하는 중요한 요소가 된 것은 물론 과거시험을 통한 관리 등용의 중요한 시험과목으로 평가되기에 이르렀다.[1)]

이렇듯 양반사회에서 중요시 되었던 한시를 지을 때 가장 관심을 가져야 하는 것이 바로 '운'(韻)이다. 한시를 지을 때 주어지는 과제가 바로 '운'이고 이를 정확히 맞추어야만 좋은 시라고 평가받을 수 있기 때문이다. 따라서 한시를 짓는 사람들에게 '운'은 늘 고민해야 하는 문제이었는데 '운'은 수많은 한자들 가운데 그 음이 서로 비슷한 것들을 골라 사용하였다.

한자의 숫자가 모두 얼마나 되는지를 정확히 계산하기 어렵다. 청나라 말기에 나온 대표적인 옥편인 『강희자전(康熙字典)』에 수록된 한자의 숫자는 대략 4만 9천여 자이다. 이렇듯 수많은 한자의 음을 모두 정확히 기억한다는 것은 우리나라 사람들은 물론이거니와 한자의 본 고장인 중국인들에게도 그리 수월한 일은 아니었다.

그러므로 중국인들은 일찍이 한자를 수록하고 있는 다양한 책들을 만들어 한자의 음과 뜻을 찾아 시를 짓거나 글을 쓸 때 또는 한자와 한문을 학습할 때 참고자료로 삼아왔다. 이렇게 글을 짓거나 한자 또는 한문을 학습할 때 사용된 보조 자료가 바로 '운서'와 '옥편'이다.

---

1) 한시에는 일정한 형식적 제약이 있다. 당(唐)나라 이후 정착된 일반적인 한시는 한 작품이 4구절이나 8구절 또는 12구절로 되어 있고 한 구절은 5글자 또는 7글자로 이루어져 있다. 이런 형식을 우리는 4구절로 된 시는 절구(絶句), 8구절로 된 시는 율시(律詩)라고 부르며, 한 구절의 글자 수를 따라 '5언절구' 또는 '7언율시' 등으로 부른다.

운서(韻書)와 옥편(玉篇)은 모두 한자(漢字)의 음과 뜻을 보여 주는 책을 가리키는 이름이다. 즉 한자를 일정한 기준에 의하여 수록하고 개별 한자의 음과 뜻을 표기하여 글을 짓는 이들이 참고하도록 만들어진 책이다.

이러한 공통점을 지닌 운서와 옥편의 차이는 크게 두 가지로 나뉘어진다. 첫째는 수록된 한자의 배열 방식에 있다. 운서는 모든 한자를 한자의 음 특히 운(韻)을 기준으로 배열하고 있는데 비해 옥편은 한자의 자형(字形) 즉 한자의 부수(部首)와 획수(劃數)에 따라 나누어 놓고 있는 점이 다르다.[2)]

둘째, 이들의 편찬 목적에 차이가 있다. 운서가 주로 한자의 음을 정확히 밝히고 일정한 기준에 따라 같은 기준에 속하는 한자들을 묶어서 보여 주는데 비해 옥편은 한자의 모양과 뜻을 설명하는 것을 주목적으로 하고 있다.

모든 한자는 형(形)과 음(音), 의(義)의 세 가지 요소로 구성되어 있다. '형(形)'은 한자의 모양을 의미하는데, 시각적으로 보여지는 외형적인 요소이다. 일반적으로 언어는 전달하는 형태에 따라 음성언어와 문자언어로 나눌 수 있다. 음성언어는 언어의 가장 기본적인 형태로 인간이 태어나면서부터 사회 속에서 자연적으로 습득하여 사용하는 언어이다. 반면 문자언어는 음성언어가 지니고 있는 시간과 공간의 제약을 극복하기 위하여 발달한 것으로 시각적인 기호 체계를 이용하여 말소리를 정확히 표현하는 것이 문자의 일차적인 기능이다. 한자의 제일차적 요소인 '형(形)'은 청각적 음성언어를 시각적으로 바꾸어 기록하는 문자의 속성에 비추

2) 운서는 『절운(切韻)』, 『광운(廣韻)』, 『중원음운(中原音韻)』, 『홍무정운(洪武正韻)』 등 모든 운서를 통칭하는 일반명사이다. 그러나 '옥편'은 본디 중국 양(梁)나라의 고야왕(顧野王)이 543년에 편찬한 책의 이름이다. 그 후 이 이름이 널리 쓰이면서 일반명사화하였다. 앞으로 일반명사일 경우에는 '옥편'으로 표기하나 고야왕이 지은 책을 가리킬 때에는 『옥편』으로 표기한다.

어 볼 때 가장 중요한 요소이다.

영어의 알파벳이나 일본어의 가나(假名), 우리가 사용하는 한글 등 모든 문자는 어떤 것을 막론하고 모두 일정한 형태로 이루어져 있다. 문자가 소리로 전달되는 음성언어를 기록과 보존이 가능한 형태로 고정시키기 위해 창안된 것이기 때문에 기원적으로 일정한 모양을 갖는 것이 당연하다. 더구나 한자는 사물의 모양을 본 떠 만든 상형문자(象形文字)에 바탕을 두고 발전하여 왔기 때문에 일정한 형태를 갖추고 있을 것임은 두말할 여지가 없다.

두 번째 요소인 '음(音)'은 해당 자형(字形)으로부터 환원되는 음운적 요소 즉 '문자를 읽는 소리'로 문자언어의 표기 대상이다. 선천적으로 습득되는 언어의 기본적이고 일차적인 요소로 청각적으로 전달되는 부분이다.

세 번째 요소인 '의(義)'는 표의문자(表意文字)인 한자가 지니고 있는 독특한 요소이다. 한글이나 영어 등은 음소문자이기 때문에 문자 자체에는 아무런 의미가 없다. 이들 언어에서 개별적인 문자는 다만 의미를 가진 여러 언어 형태들을 표기하기 위한 수단일 뿐이다. 그러나 한자는 개별 한자가 하나 또는 그 이상의 개념을 표시한다. 한자의 학습이 다른 언어의 문자학습보다 어려운 것은 개별 한자가 지니는 각각의 뜻을 기억하여야 하기 때문이다. 따라서 일반적으로 느끼기에 비슷한 의미를 가지고 있는 한자라도 각각의 의미는 분명 다르다.

한자의 이러한 세 가지 요소는 곧 언어 체계의 하위요소들에 해당한다. 모든 언어는 시대와 지역에 따라 각각 서로 다른 모습을 보인다.[3] 중국어의 경우도 시대와 지역에 따라 서로 다른 모습으로 변화하여 왔다. 그러므로 중국어를 표기하는 문자인 한자의 경우도 그 발음이 모든 지역과 시대에 일정하지 않았다. 더욱이 중국과 같이 공간적으로 광활한 지역에 걸

---

3) 하나의 언어가 지역과 사회 계층에 따라 달리 나타나는 현상을 일반적으로 방언이라 부른다.

쳐 국가를 형성하여 왔고, 역사적으로 다양한 민족과 국가가 흥망성쇠를 거듭한 경우에는 이러한 변화가 더욱 심하게 마련이다. 따라서 한자의 변화도 아주 잦았을 것은 충분히 예상할 수 있다.

한자의 자형은 창힐(倉詰)에 의하여 한자가 창안, 정리된 이래 현재에 이르기까지 많은 변화를 겪어 왔다. 특히 당나라 시대 이전까지의 변화는 매우 심하였다. 그러나 당(唐)나라의 현종(玄宗)시대부터는 비교적 변화하지 않고 고정되어 현재까지 전해지고 있다(임윤, 1971). 그러나 한자의 뜻은 한자가 만들어진 시기나 그 이후에 별다른 변화를 일으키지 않고 전해진다.[4] 그러나 자음은 상고시대부터 현재까지 지속적으로 변화하고 있고 또 같은 시대의 자음이라고 하여도 지역적 차이가 매우 심하게 나타났다.

이에 따라 중국에서는 역사적으로, 지역적으로 동일한 자형과 자의를 가진 한자를 서로 다른 자음으로 읽는, 즉 지역과 시대에 따라 서로 다른 음운 체계를 가진 방언들이 존재하게 되었다. 이에 따라 사회적, 문화적인 교류에 불편이 초래되었고 특히 광대한 중국 대륙을 통일한 중앙 집권적 국가의 입장에서는 지역 간의 방언 차이로 인하여 통치 상의 어려움까지 야기되었다. 이로 인해 각 지역 간의 방언적 차이를 해소한 표준적 한자음에 대한 욕구가 발생하게 되었다.

시대와 지역에 따른 한자음의 차이를 없애고 표준화하는 작업에 대한 욕구는 정치적 측면 뿐 아니라 문화적 측면에서도 나타났다. 『시경(詩經)』의 사언시(四言詩) 이후 발달해 온 중국 시의 작법(作法)에서 성조(聲調)와 압운(押韻)은 시를 지을 때 반드시 유념해야할 중요한 요소였다.

특히 시를 창작할 때 청각적 리듬을 중시하게 되면서 동일하거나 유사

4) 일부 한자의 경우 본래의 뜻에 새로운 의미가 첨가되어 사용되는 경우들이 있다. 이러한 현상을 '전주(轉注)'라고 부른다. 그러나 이는 의미의 첨가나 비유적인 사용일 뿐 한자의 의미 자체가 바뀌는 것은 아니다.

한 성모(聲母), 즉 자음의 첫소리를 공유하는 쌍성(雙聲)의 원칙과, 동일하거나 유사한 운모(韻母), 즉 자음의 모음과 받침을 공유하는 첩운(疊韻)의 원칙이 강조되면서(유약우, 1984) 중국어의 방언적 차이는 지역 간 문사(文士)들의 교류에 중대한 장애 요인이 되었다.

이를 해소하기 위하여 시대적 변화에 따라 변화된 자음을 정확히 보여주고, 또 지역적으로 달라진 자음을 통일하여 표준적인 한자음을 제시할 필요가 생기게 되었고 이런 목적을 가진 문헌으로 운서가 만들어졌다. 동시에 변화된 자형과 의미를 풀이한 옥편류의 자서도 나타나게 되었다.

1.1.2. 중국 운서와 옥편의 역사

중국에서 운서가 만들어지기 시작한 것은 대략 삼국시대부터인 것으로 알려져 있다. 현재까지 알려져 있기로는 삼국시대 위나라(魏 : 220~265년)의 이등(李登)이 『성류(聲類)』 10권을 편찬한 사실이 운서의 편찬과 관련된 최초의 기록이다. 이후 많은 운서들이 만들어졌다는 기록이 있으나[5] 『성류』를 비롯한 여러 운서들은 현재 이름만 전해질 뿐 실체를 볼 수 없기 때문에 체제와 내용이 어떠했는지를 알 수가 없다.

그 후 현재 사용되고 있는 방식과 같이 본격적으로 모든 한자를 평성(平聲), 상성(上聲), 거성(去聲), 입성(入聲)의 사성(四聲)으로 나누어 분류하는 방식은 양나라(梁 : 502~557년)의 심약(沈約)이 편찬한 『사성보(四聲譜)』에서 처음으로 완성되었다고 전해진다. 그러나 이 책 역시 현재까지 전해지지 않고 있기 때문에 그 정확한 내용과 형식을 파악할 수 없다.

현재까지 전해지는 가장 오래된 운서는 수(隋)나라 때인 601년에 육법

5) 당시에 만들어진 운서들은 여정(呂靜)의 『운집(韻集)』, 하후영(夏侯詠)의 『운략(韻略)』, 양휴지(陽休之)의 『운략(韻略)』, 주사언(周思言)의 『음운(音韻)』, 이계절(李季節)의 『음보(音譜)』, 두대경(杜臺卿)의 『운략(韻略)』 등이 있다.

언(陸法言)이 편찬한 『절운(切韻)』이다. 이 책은 중국 운서의 대표적 존재로 육법언이 "남방음, 북방음의 옳고 그름과 옛날 한자음과 요즘 한자음의 통하고 막힘을 논의"[6]하기 위한 목적으로 책을 지었다. 따라서 『절운』의 한자음은 전적으로 당시의 현실음만을 반영한 것이 아니라 현실음과 옛날 소리를 동시에 참조하여 만들어졌으며 또한 지역적으로도 육법언과 함께 편찬에 참여한 8명의 학자들의 출신지역 한자음 즉 당시 다양한 방언음을 절충한 표준음을 설정하였다. 모든 언어는 세월이 흘러 사회가 바뀌고 사람들의 살아가는 모습과 문물이 달라지면 자연스레 변화하기 마련이다. 이런 변화를 흔히 언어의 통시적 변천이라고 표현한다. 한편 언어는 시기적으로 일정한 때에 사용된다고 하여도 언어가 사용되는 지역과 계층, 성별과 직업 등 다양한 요인에 의하여 조금씩 다른 모습을 띄게 마련이다 이런 현상을 우리는 방언이라고 부른다. 언어가 가지는 이러한 통시적 변천과 공시적 방언 차이를 인정하고, 이들을 통합한 인위적 표준음을 설정하여 운서에 기록하려는 『절운』의 이와 같은 편찬 태도는 그 후 운서 편찬의 중요한 본보기로 인정되었고 이후 이를 모방한 운서들이 계속 이어져 나오게 된다. 그래서 이들을 묶어서 절운계 운서라고 부른다.

절운계 운서의 대표적인 운서는 송(宋)나라 때인 1008년에 진팽년(陳彭年), 구옹(邱雍) 등이 당시 황제였던 진종(眞宗)의 명을 받아 편찬한 『대송중수광운(大宋重修廣韻)』(앞으로 『광운(廣韻)』으로 줄여 부른다)이다. 앞서 언급한 『절운』은 전체가 완벽하게 전해지지는 않고 일부만이 전해지고 있는데 비해 『광운』은 원본이 완전하게 전해지고 있어 중국 운서의 연구 뿐 아니라 송나라 당시 한자음을 연구하는데 매우 귀중한 자료가 되고 있다.

---

6) "因論 南北是非 古今通塞."(『切韻』 序文)

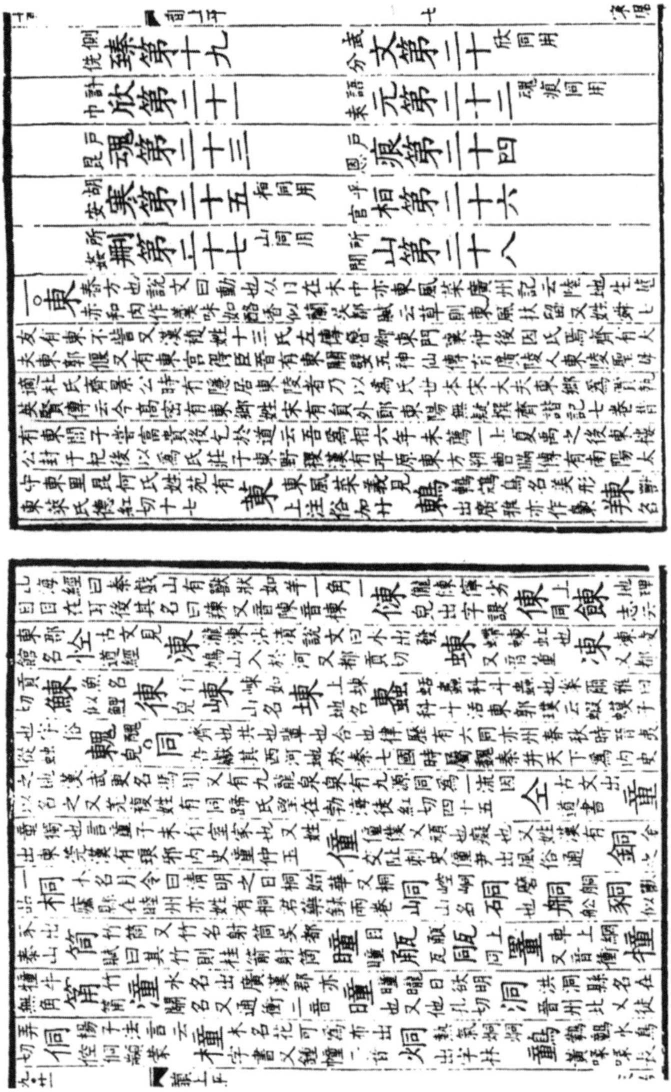

<그림 1>『광운』

그런데 송나라 때에 들어, 시(詩)와 부(賦) 등 글을 짓는 능력이 과거 시험에서 인재를 평가하는 중요한 선발 기준이 되자, 운서도 이 목적에 알맞은 형태로 변화하기 시작한다. 당시에 사용되던『광운』은 한자의 운을 206가지로 나누고 있었는데 이는 400여 년 전의『절운』의 분류 체계를 따른 것으로 당시 한자음의 실상과는 거리가 멀어졌다. 따라서『광운』은 운을 맞춰 시를 짓는 데에는 적합하지 않은 운서가 되어버렸고 이에 따라 새로운 운서의 편찬이 요구되기에 이르렀다. 이때 만들어진 것이『광운』이 만들어진 뒤 30년 후인 1037년에 정도(丁度) 등이 편찬한『예부운략(禮部韻略)』이다. 이 운서는 당시 과거시험을 관장하던 주무부서인 예부(禮部)에서 공식적으로 편찬한 운서이므로 규범적인 성격이 강하였고 국가적인 공신력이 인정되어 널리 사용되었다. 그러나 최초에 편찬된 원본은 현재 전하지 않고 이후에 편찬된 몇몇 수정본이 전해진다.

그런데 이 시기는 중국 한자음의 역사에서 매우 중요한 시기였다. 이는 이 시기부터 중국 한자음의 변화가 매우 심하게 일어났던 시기라는 의미이다. 따라서 다양하게 변화하는 한자음을 정확하게 기록한 새로운 운서에 대한 욕구가 발생하게 되고 이에 따라 많은 운서들이 나타났다. 왜냐하면 종래 절운계 운서의 한자음은 이미 600여 년 전에 만들어졌기 때문에 이들 운서에 실려 있는 한자음은 더 이상 실제 자음과 맞지 않아 시를 짓거나 일상생활을 영위할 때에 사용할 수 없게 되었기 때문이다. 이로 인해 이 시기에 들어 새로이 편찬된 운서에서는 왕문욱(王文郁)의『신간운략(新刊韻略)』(1227년), 유연(劉淵)이 편찬한『임자신간예부운략(壬子新刊禮部韻略)』(1252년), 황공소(黃公紹)의『고금운회(古今韻會)』(1292년), 웅충(熊忠)이『고금운회』를 축약해서 간행한『고금운회거요(古今韻會擧要)』등이 만들어져 가히 중국 운서 역사의 황금기라고 불릴만한 성황을 이루었다.

원(元)나라 때에 이르러는 한자음의 변화가 더욱 급격하게 이루어지고

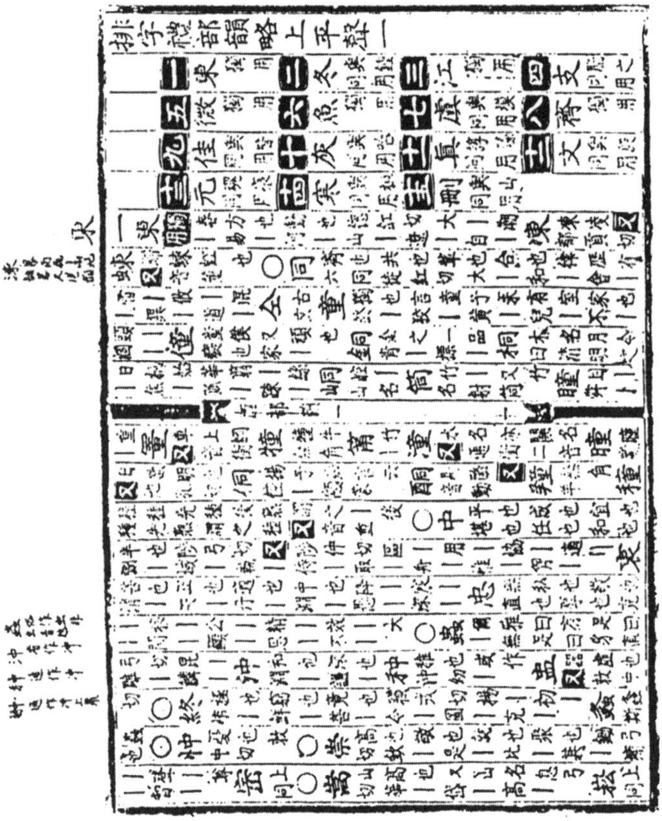

<그림 2> 『예부운략』

이에 따라 전통적 절운계 운서로서는 도저히 당시의 한자음을 대표할 수가 없게 되었다. 그리고 송나라의 뒤를 이은 원나라가 북경(北京)을 수도로 삼게 되자 정치적 중심지가 중원(中原)에서 북상하게 되어 북경을 중심으로 하는 북방음(北方音)이 새로운 중심언어로 세력을 잡게 되었다. 이는 마치 현대사회에서 표준어가 정치 · 사회적 중심지를 기준으로 규정되는 것과 같은 이치이다. 그리고 이 시기에 들어 문학의 형태도 종래의 시(詩)와 부(賦)를 중심하던 형태에서 악부(樂府)인 사(詞)가 연극과 결

합한 소위 북곡(北曲)이 성행하게 되자 북곡문학인 사곡(詞曲)의 표준이 될 새로운 운서가 필요하게 되었다. 이에 따라 원나라 태정(泰定) 1년(1324)에 주덕청(周德淸)이 『중원음운(中原音韻)』을 편찬하여 종래 사용되던 『광운』이나 『예부운략』 등과는 그 체제나 표기된 한자음이 전혀 새로운 운서가 나타났다.

명나라에 이르자 새로이 천하를 통일한 태조(太祖)는 1375년에 송렴(宋濂) 등에게 명하여 당시 명나라의 수도인 남경(南京) 중심의 남방음과 북경 중심의 북방음을 통일한 남북 공통음을 실현하려는 목적으로 『홍무정운(洪武正韻)』을 편찬하도록 하였다. 그러나 『홍무정운』은 성모는 남방음적 요소가 강하고, 운모는 북방적 요소가 강하게 된 인위적 개편으로 인하여 널리 환영받지는 못하였다. 오히려 명대의 현실음을 반영한 운서로는 1442년에 난무(蘭茂)가 편찬한 『운략이통(韻略易通)』과 1642년에 필공진(畢拱宸)이 편찬한 『운략회통(韻略匯通)』 등이 있다. 그리고 이후에는 중국에서 새로운 운서가 나타나지 않는다.

이제부터는 중국에서 만들어진 옥편에 대해 간략히 살펴보겠다. 중국에서 가장 먼저 옥편이 만들어진 것은 심약이 『사성보』를 만들었던 시기와 비슷하다. 옥편은 현재 우리도 일상생활에서 자주 사용하고 있는 것처럼 한자의 자형을 바탕으로 부수(部首)와 획순(畵順)을 기준으로 한자를 분류하여 만든 책인데 중국에서 가장 먼저 만들어진 옥편은 심약과 비슷한 시기를 살았던 고야왕(顧野王)이 양나라 무제(武帝) 때인 543년에 편찬한 『옥편(玉篇)』이다. 이 시기에 들어 운서와 옥편의 편찬이 시작되었다는 사실은 상당한 의미를 가진다. 운서든 옥편이든 그 체제의 차이가 있을지언정 결과적으로는 한자음의 구조와 체계에 대한 이론적 고찰을 바탕으로 하는 것이기 때문에 중국 음운사상 이 시기가 음운 연구가 본격적으로 시작되는 시기인 것이다.

고야왕이 만든『옥편』은 총 30권으로 한(漢)나라 때 허신(許愼)이 만든『설문해자(說文解字)』의 체제를 본 떠 편찬한 것이다. '일'(一) 부(部)에서 '해'(亥) 부까지 부수를 나누어 글자를 수록했다. 이 같은 분류방식은 이후 한자사전의 원형이 되었고, 옥편은 곧 한자자전을 지칭하는 용어가 되었다. 각각의 글자에 한자음과 뜻을 간략히 밝히고 이를 뒷받침할만한 앞선 학자들의 견해를 함께 수록하여 독자들의 의문점을 해소하였으나 안타깝게 현재 전해지지 않는다.

송(宋)나라 때에는 운서 뿐 아니라 한동안 뜸하던 옥편도 만들어졌다.『광운』이 만들어진 시기에 역시 진종의 칙명(勅命)으로 진팽년(陳彭年) 등이 증수하여 새로운 옥편을 만들었는데, 이를『대광익회옥편(大廣益會玉篇)』혹은『증수옥편(增修玉篇)』이라고 한다. 이 옥편은『광운』의 자매편으로 만들어졌는데 이때부터 운서와 체제를 달리하는 옥편이 자매편으로 만들어지기 시작하였다. 이 옥편은 그 후 장사준(張士俊)이 다시 간행한 장본(張本)이 가장 유명하여『소학휘함(小學彙函)』에 실려 있다. 우리나라에서도 고려시대에 이미『대광익회옥편』이 전래되었고 조선시대에 들어 귀한 책으로 여겨지면서 널리 사용되었었다.[7)]

청나라에 들어서는 운서는 나타나지 않고 종합적인 자전의 형태로『강희자전(康熙字典)』이 만들어진다.『강희자전』은 청(淸)나라 강희제(康熙帝)의 칙령에 따라 진정경(陳廷敬)・장옥서(張玉書) 등 30여 명의 학자가 5년 이상의 세월에 걸쳐 편찬한 책으로 1716년에 완성되었다. 이 책은 명나라 매응조(梅膺祚)가 지은『자휘(字彙)』, 장자열(張自烈)이 지은『정자

7) 조선 태종 12년(1412) 8월에 임금이 사관에게 명하여 충주사고(忠州史庫)에 보관되어 있는 책을 가져다 바치라고 명하였다. 이때 바친 책의 목록 가운데『대광익회옥편』이『광운』등과 함께 포함되어 있다. 이 책이 이미 조선 초기에 국가가 관리하는 사고에 보관되어 있었다는 사실은 이 책의 가치를 입증하는 증거라고 볼 수 있다.("命史官金尙直, 取忠州史庫書冊以進. 小兒巢氏病源候論, 大廣益會玉篇, 鬼谷子… 五音指掌圖, 廣韻, 經典釋文, 國語, 爾雅…冊府元龜等書冊也",『太宗實錄』12年 8月 7日)

통(正字通)』 등에서 그 구성방식을 따왔지만 내용은 더욱 충실하다. 214개의 부수(部首)가 획순으로 배열되어 있고 각 부수에 배속된 문자 역시 획순으로 배열되어 있다. 각 문자마다 반절(反切)에 의한 발음, 훈고(訓) 및 글자 풀이가 나와 있으며 속자(俗字)와 통용자가 표시되어 있어 오늘날의 한자자전 체계의 기초라고 할 수 있다. 글자풀이는 거의 틀림이 없고, 적절한 고전 용례가 덧붙여져 있어 훌륭한 자전으로 평가받고 있다. 표제한자 47,035자와 고대의 이체자(異體字) 1,995자를 수록하고 있어 중국의 여느 자전보다 규모가 크다.

결론적으로 중국에서 한자음을 보여 주는 책으로 먼저 나타난 것은 운서이다. 운서는 통치상의 필요에 만들어졌는데 새로운 왕조가 탄생할 때마다 새로운 운서가 만들어졌다는 점이 이를 잘 설명해 주고 있다. 그러나 최근에는 운서는 거의 이용되지 않고 옥편이 주로 쓰이고 있다. 이는 한자를 수록하는 방식을 비교할 때에 한자음의 운을 정확히 알아야만 이용할 수 있는 운서보다 자형을 중심으로 부수를 통하여 음과 뜻을 확인할 수 있는 옥편이 이용하기에 더 쉬운 체제로 되어 있기 때문이다.

1.1.3. 한국 운서와 옥편의 역사

우리 문화가 피어나던 시기부터 우리는 중국과 정치, 사회, 문화적으로 교류를 하면서 한자와 한문을 배워 우리말의 표기수단으로 사용하였던 우리 선조들은 이런 과정에서 자연스레 한자음에 대한 이론적 지식을 터득하였을 것이다. 적어도 신라와 고려시대 이후부터는 한시와 한문이 자유롭게 지어졌을 것이므로 좋은 시를 지으려면 한자음 특히 한자의 운에 정통하여야 했을 것이고, 이를 위해서 당시 문학가들은 자연스레 운서에 대한 욕구가 일어났을 것이다.

신라시대와 고려시대까지는 한자음을 우리 식으로 표기할 수 있는 수단을 갖지 못하였기 때문에 중국의 운서를 그대로 들여다가 사용하거나 복각하여 이용할 수밖에 없었다. 고려 말에 중국 운서의 틀에서 벗어나 자주적인 체제를 갖춘 『삼운통고(三韻通考)』가 편찬되기는 하였으나 이 운서는 한자음을 표기하지 않아 당시 한자음이 정확히 어떠했는지는 알아볼 길이 없다(정경일, 2002). 조선시대에 들어와 훈민정음이 창제되면서 한자음을 우리 글자로 표기하는 수단을 가지게 되자 비로소 우리 식의 운서를 만들게 되었다. 고려 말부터 시작된 우리나라의 운서 편찬 역사는 조선조에 들어와 세종이 훈민정음을 창제하면서부터 본격적으로 시작된다.

우리나라에서 만들어진 운서의 역사를 시기별로 나누어 보면 다음과 같이 정리할 수 있다.

1) 제1기 : 고려 말 — 삼운통고(?)
2) 제2기 : 세종~중종 — 동국정운(1447), 홍무정운역훈(1455), 사성통고(1455), 사성통해(1517)
3) 제3기 : 숙종~정조 — 삼운통고보유(1702), 증보삼운통고(1702~1720), 화동정음(1747), 삼운성휘(1751), 규장전운(1796)

제1기는 고려 말『삼운통고(三韻通考)』가 편찬된 시기를 말한다. 이 운서는 누가 어느 때 만들었는지 정확히 알려져 있지 않으나 조선시대에는 매우 널리 사용되었기 때문에 조선의 학자들도 이 운서의 유래에 대하여 상당한 관심을 보여 주고 있다.

이수광은 이 운서를 일본에서 만들어진 것으로 보고 있으며, 이익은 우리 세종대에 만들어진 이 운서가 우리나라에서 사라진 뒤 일본으로부터 다시 구하여서 복간하여 사용하고 있다고 하였다. 이덕무는 세종 조에 만들어진 것이 아닌가 추정하고 있으나 이수광과 이덕무의 추정은 분명한 근거를 가지고 하는 주장은 아니므로 확인할 수는 없다. 최근의 연구자들

<그림 3>『삼운통고』

도 이 운서의 편찬에 관해서는 구체적인 언급을 피하고 있다(정경일, 2002). 필자는 『삼운통고』의 형식이 중국 운서와는 체제와 형식이 전혀 다르고 오히려 조선 후기에 만들어지는 운서들의 형식적 특성과 유사한 점을 보아 중국이나 일본에서 만들어진 운서는 아닐 것이라고 추정한다. 특히 중국 운서에서 기본적으로 채택하고 있는 반절법을 사용하지 않고 있는 점은 이러한 추정의 타당성을 더욱 높여준다 하겠다.

그러면 이 운서는 언제 만들어진 것일까? 필자는 이 운서가 고려 말에 만들어졌을 것으로 추정하는 김민수(1980)의 주장에 동의한다. 김민수(1980)가 제작 연도를 고려 말로 추정하는 이유는 이 운서가 『예부운략』을 대본으로 하였으면서도 그와는 달리 독특한 편성으로 되어 있다는 점 때문이다. 또 조선에서 만들어진 운서에 대해서는 실제로 인쇄와 발간의 과정은 거치지 않은 채 원고만 완성되었던 것으로 추정되는(정경일, 2002) 『동국약운(東國略韻)』을 비롯한 모든 운서에 대한 기록이 남아 있음에 비해 『삼운통고』에 대해서는 아무런 기록이 없는 점도 이 운서가 조선시대에 만들어진 운서가 아니라는 점을 입증한다 하겠다.

이렇듯 『삼운통고』는 중국 운서를 바탕으로 체제상의 개편을 하였을 뿐 한자음을 표기하지 않았기 때문에 당시 한자음의 정확한 모습을 확인할 수 없는 단점을 가지고 있다.

제2기는 조선 초기 우리나라에서 운서가 본격적으로 만들어진 시기이다. 조선 운서는 세종 조를 중심으로 한 15세기에 집중적으로 편찬되었다. 이 시기에는 훈민정음을 창제하기 위한 이론적 연구의 일환으로 중국의 음운론 즉 성운학에 대한 연구가 활발하게 진행되었고 이런 연구의 결과를 바탕으로 중국 한자음 및 한국 한자음을 보여 주는 운서들이 만들어졌다.

조선 초기에 만들어진 운서에는 『동국정운』과 『홍무정운역훈』, 『사성통고』, 『사성통해』 등이 있다. 『동국정운』은 뜻은 표기하지 않고 한자음

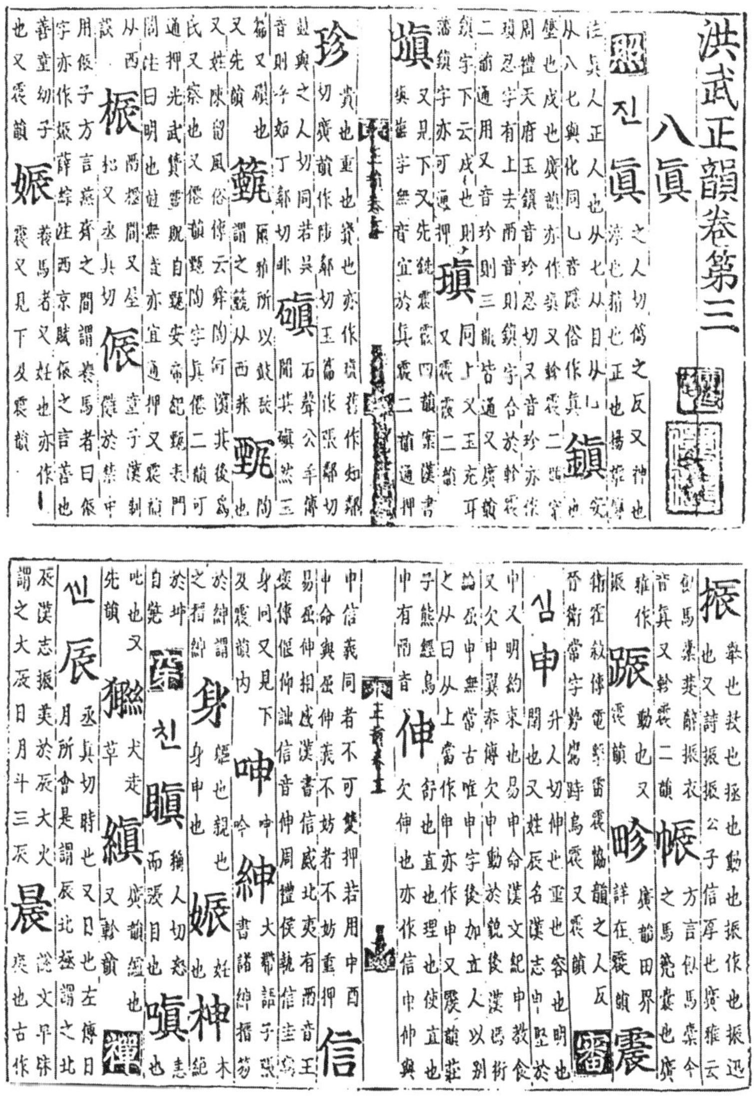

洪武正韻卷第三

八眞

<그림 4>『홍무정운역훈』

만을 표기하고 있는데 이 운서에 표기된 한자음은 당시 현실 한자음이 아니라 세종이 당시 현실 한자음을 중국 한자음의 원음으로부터 벗어난 잘못된 음으로 인식하고 이를 바로잡기 위하여 새로이 설정한 한자음이다. 따라서 현실적으로 널리 사용되지는 못하였다.

『홍무정운역훈』과 『사성통해』, 『사성통고』는 한국 한자음을 표기한 것이 아니라 중국어 학습을 위하여 중국 한자음을 표기한 운서이다. 『홍무정운역훈』은 명나라에서 만든 『홍무정운』에 훈민정음으로 음을 달아 놓은 것으로 한자음을 제외한 모든 내용과 체재는 『홍무정운』과 동일하다. 『사성통해』와 『사성통고』는 역관 출신의 한어학자인 최세진이 편찬한 운서인데 당시 중국의 현실음을 기준으로 편찬한 운서이다.

제3기는 임진왜란 이후 소위 영 · 정조 때의 실학시대에 이르러 우리나라 한자음을 구체적으로 표기하는 운서가 활발히 나타난 시기를 말한다. 이 시기에는 실학의 영향으로 지리학, 역사학 뿐 아니라 언어에 대한 연구도 활발히 일어나는데 이러한 학문적 경향의 여파로 한국 한자음을 위주로 하는 운서가 속속 편찬되었다.[8] 이 시기에 편찬된 운서로 중요한 것은 박성원(朴性源)이 편찬한 『화동정음통석운고』(앞으로 『화동정음』이라 줄여서 부름), 홍계희(洪啓禧)가 편찬한 『삼운성휘』, 이덕무(李德懋)가 중심이 되어 편찬한 『규장전운』 등이 있고, 고려 말에 편찬된 『삼운통고』를 사용하기 편리하도록 개편한 박두세(朴斗世)가 편찬한 『삼운통고보유』, 김제겸(金濟謙)과 성효기(成孝基)가 기존의 책을 더욱 보완한 『증보삼운통고』 등이 만들어졌다.[9]

---

8) 이 시기에는 한자음 연구의 또 다른 방향으로 운도의 편찬도 활발히 이루어진다. 서경덕 등이 소개한 소옹의 학설에 따라 최석정은 『경세정운』을, 신경준은 『훈민정음운해』를 편찬하였다.

9) 『삼운통고보유』와 『증보삼운통고』는 『삼운통고』의 뒤를 잇고 있는 운서이기 때문에 한자음은 표기되어 있지 않다.

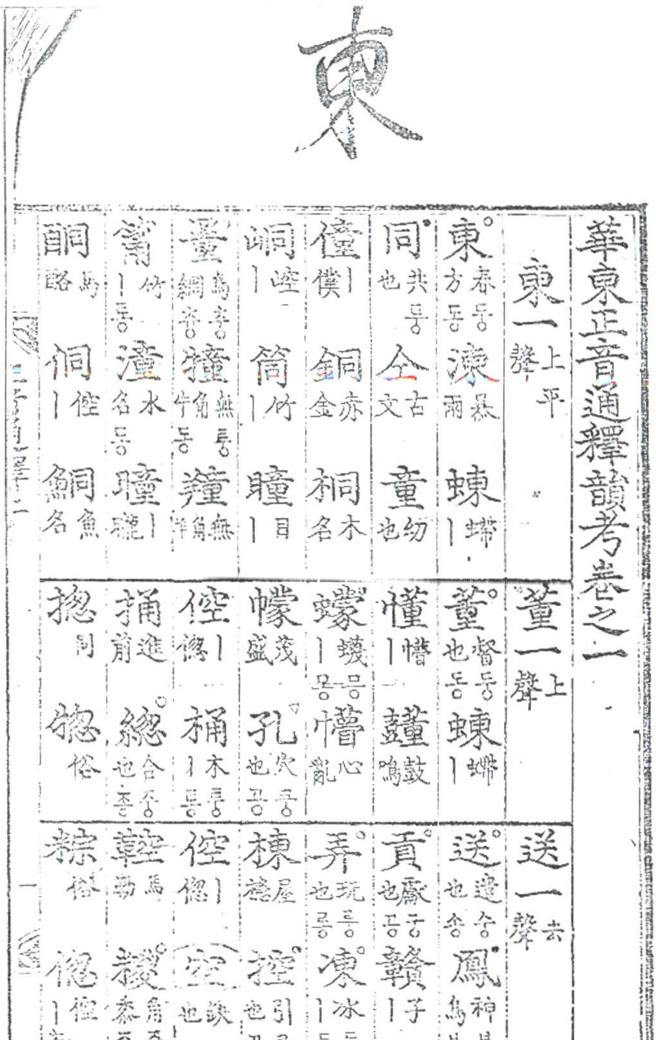

<그림 5>『화동정음통석운고』

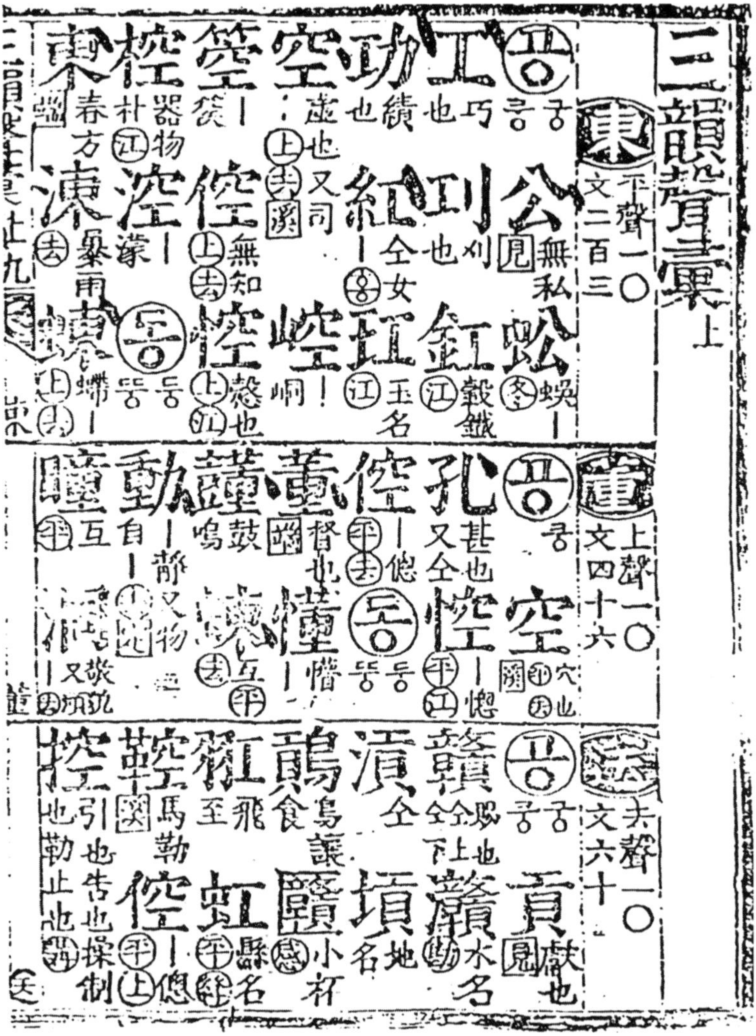

<그림 6>『삼운성휘』

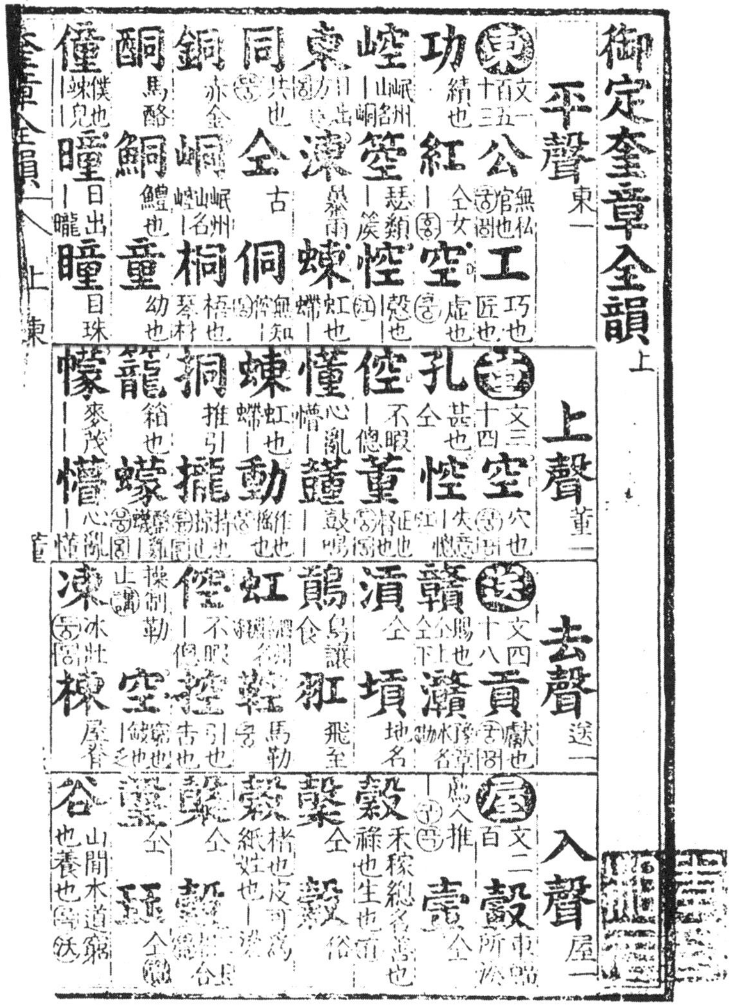

<그림 7>『규장전운』

앞에서 간략히 설명한 바와 같이 조선 초에 편찬된 운서와 영・정조대에 편찬된 운서 사이에는 그 표기 한자음의 대상과 표기음이 뚜렷이 차이가 난다. 이는 운서를 만든 목적과 만들 당시의 시대적 욕구의 차이로 인한 것인데 우리나라에서 만들어진 운서들의 표기 한자음을 유형별로 나누면 다음과 같다.

4) 중국 한자음 표기 운서 : 홍무정운역훈, 사성통고, 사성통해
5) 한국 한자음 표기 운서 : 동국정운
6) 한・중 양국 한자음 표기 운서 : 화동정음통석운고, 삼운성휘, 규장전운
7) 한자음 미표기 운서 : 삼운통고, 삼운통고보유, 증보삼운통고

조선 초에 만들어진 운서는 4)나 5)와 같이 중국 한자음이나 한국 한자음 가운데 한 가지만을 표기하고 있다. 그러다가 조선 후기가 되면서 6)처럼 이들 두 가지 한자음을 모두 표기하는 운서가 만들어진다.

중국 한자음만을 기록한 운서들은 조선 개국 초기 중국과의 새로운 외교관계를 맺기 위한 수단으로 중국어 학습에 주력하기 위한 방편으로 정확한 중국어에 대한 욕구를 해소하기 위하여 만들어졌다. 아울러 훈민정음의 창제 과정에서 이루어진 음운학의 성장과 이에 따른 한국 한자음 연구의 일환으로 한국 한자음과 중국 한자음의 비교연구 결과를 집대성하기 위한 수단으로 중국 한자음을 표기한 운서가 만들어진다.

한국 한자음을 표기한 『동국정운』은 『고금운회거요』를 기반으로 하여 당시 동음의 실상을 중국 한자음의 체계로부터 벗어나 잘못 전승되고 있는 것으로 보고 이를 바로 잡기 위한 목적에서 편찬되었다.

동시대에 편찬된 운서들이 하나는 중국 한자음만 표기하고 다른 운서는 한국 한자음만 표기하던 이와 같은 이원적 현상은 조선 후기에 와서 하나로 통합되어 나타난다. 정조 때에 이르러 박성원이 편찬한 『화동정음』은 우리 운서 역사상 처음으로 한국 한자음과 중국 한자음을 동시에

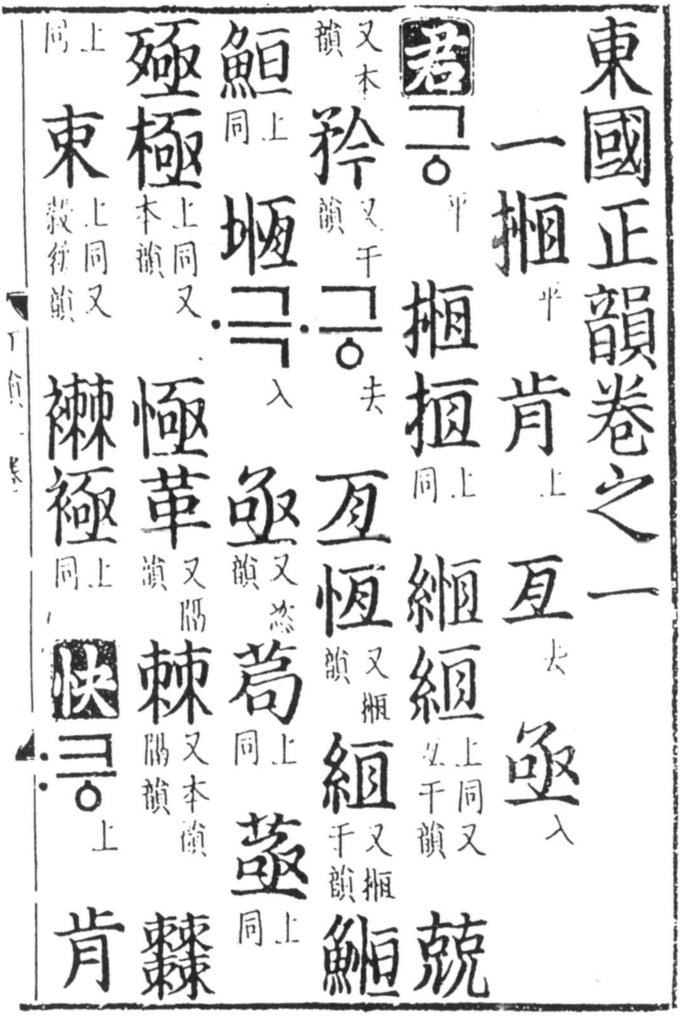

<그림 8>『동국정운』

표기하고 있다. 이러한 통합방식은 운서의 용도를 한시의 창작과 한음의 학습이라는 두 가지 목적으로 사용했기 때문으로 보인다.

이러한 형식이 등장한 것은 『화동정음』의 편찬에 역관이 함께하였기[10] 때문으로 생각된다. 즉 시문 창작이라는 문신으로서의 소용과 한음 학습이라는 역관의 소용을 함께하는 새로운 형식의 운서가 탄생하게 된 것이다. 이러한 추정은 『화동정음』의 화음[11] 초성 체계가 『사성통해』의 것을 의거하였다고 하면서도 실제에 있어서는 노걸대 박통사의 초성 체계와 일치하고 있다는 점에서(강신항, 1973:186) 입증되고 있다. 그 후 이와 같은 방식은 『삼운성휘』와 『규장전운』으로 이어져 조선 후기 운서의 중요한 특징을 이룬다.

우리나라에서 만들어진 최초의 옥편은 중종(中宗) 때인 1536년 최세진(崔世珍)이 만든 『운회옥편(韻會玉篇)』으로 알려져 있다. 중국 원나라 웅충(熊忠)이 편찬한 운서인 『고금운회거요(古今韻會擧要)』를 바탕으로 우리나라 사람들이 찾기 쉽도록 옥편의 체제로 다시 만든 것이다.

『운회옥편』 이후로는 특기할 만한 옥편이 만들어지지 않다가 정조 말에 『규장전운』이 만들어진 뒤 자매편이라고 할 수 있는 『전운옥편(全韻玉篇)』이 만들어져 한국 옥편의 맥을 이어 간다.

근대적 옥편은 지석영(池錫永)이 1909년에 간행한 『자전석요(字典釋要)』와 1919년 『강희자전』을 바탕으로 조선광문회(朝鮮光文會)에서 간행한 『신자전(新字典)』이 있다. 이 2책은 현재까지 통용되는 옥편에 많은

10) "余嘗慨然於斯 與舌士李君彦容 取三韻通考 懸華音於字下 一依本國崔世珍所撰四聲通解…"(『華東正音』 序)

11) '화음(華音)'은 '중국 한자음' 즉 '중국에서 한자를 읽는 소리'를 뜻하는 말이다. 반면에 '한국 한자음' 즉 '우리나라에서 한자를 읽는 음'은 '동음'(東音)이라고 부른다. 이 책에서는 서술의 편의를 위해 화음 또는 중국 한자음, 동음 또는 한국 한자음을 엄격히 구분하지 않고 사용한다.

영향을 끼쳤다.

결과적으로 한국의 옥편도 중국의 경우와 마찬가지로 조선 후기까지는 운서가 널리 사용되다가 점차 한자를 찾는 방식이 상대적으로 수월한 옥편을 더 많이 찾게 되었다. 현재는 운서는 거의 사용되지 않고 다양한 옥편들만 만들어져 사용되고 있다.

1.2. 한국 운서의 특징

한국에서 만들어진 운서들은 중국 운서들과 비교할 때 내용과 체제의 두 측면에서 모두 차이를 보인다. 운서의 내용 즉 표기된 한자음의 경우를 먼저 살펴보면 중국 운서는 지극히 당연하게 오직 중국 한자음만을 수록하고 있으며 시대별로 편찬된 운서들이 중국 한자음이 시대를 따라 변화하는 모습을 보여 주고 있다. 그러나 한국 운서들은 편찬 의도에 따라 중국 한자음을 표기한 경우와 한국 한자음을 표기한 경우 그리고 이들 한자음을 모두 표기한 경우로 나뉘어진다. 우리나라에서 만들어진 운서에 우리 한자음만 수록되지 않고 중국 한자음이 함께 수록되었던 것은, 우리가 중국으로부터 한자를 배워서 사용할 수밖에 없었던 특수한 문화적 배경을 보여 주는 것이다.

그러나 운서의 체제에서 우리 운서는 중국 운서의 체제를 탈피하여 독자적인 형식을 보여 준다. 이를 좀 더 자세히 검토하여 보자.

중국의 운서는 전통적으로 통단 배열 방식을 취하고 있다. 통단 배열 방식이란 수록 대상 한자를 성조(聲調)별로 나누고 이를 다시 운모(韻母)와 성모(聲母)별로 나누어 그 순서대로 배열하는 방식이다. 즉 한 면에 동일 성조, 동일 운에 속하는 한자를 모두 수록하는 방식을 말한다. 『절운』에서 비롯된 이 방식은 그 후 중국 운서의 기본적인 형식이 되었다.

이 방식은 시와 문장을 창작하기 위한 수단으로서 운서의 효용에 가장 적합한 것으로 인식되었다. 동일한 운에 속하는 한자들을 동시에 확인할 수 있으며, 시를 지을 때, 제시된 운자(韻字)에 알맞는 한자를 골라 내기에 가장 편리한 체제이기 때문이다.

그리고 이 분류의 순서가 '성조>운모>성모'의 순서인 것은 중국인들이 그들의 음운 체계를 구성하는 요소들의 변별력의 크기를 이와 같은 단계로 인식한 결과로 해석된다. 즉 그들은 한자음의 구조를 일단 자립분절적 요소와 분절적 요소로 이분한 뒤 자립분절소인 성조를 가장 먼저 분류해 낸 것이다[12]. 중국인들이 자신들의 언어음에서 성조를 구별해 낸 것은 육조(六朝)시대에 이르러서이다. 이 당시 인도에서 전래된 산스크리트어(梵語)의 음운학 이론인 '성명론(聲明論)'의 영향으로 사성(四聲)의 존재를 인식하기에 이른 것이다.

그리고 분절적 요소에서는 성절성[13]을 가지는 운모의 변별력을 비성절적 요소인 성모보다 중요시하여 이를 기준으로 운을 분류하게 된 것이다. 그리고 이를 이용하여 문(文)과 사(詞)등 각종 문장의 격식을 가르는 과정에서 운의 분류가 시행되고 이에 따라 운서가 편찬된 것이다(동동화, 1965).

그러나 조선에서는 이와 전혀 다른 새로운 형식의 운서가 등장하였다. 먼저 조선 운서의 한자 배열 방식을 정리하여 본다.

---

12) 모든 언어의 음절은 자음과 모음의 결합으로 이루어진다. 모음은 독자적으로 발음이 가능하지만 자음은 모음과 결합하지 않으면 발음을 할 수 없다. 그리고 모음을 발음할 때 높낮이나 길이, 강약 등의 변화를 주어 의미를 구별하는 기능을 수행할 수 있다. 예를 들어 우리말에서 '밤'을 길게 발음하면 '먹는 밤(栗)'의 뜻이고 짧게 발음하면 '어두운 밤(夜)'의 뜻이 된다. 이때 자음과 모음은 '분절적 요소'라 부르고 자음과 모음이 결합된 음절에 덧붙어 의미구별의 기능을 갖는 높낮이나 길이, 강약 등을 일컬어 '자립분절적 요소'라고 한다.

13) '독자적으로 음절을 이루어 발음할 수 있는 성질' 즉 모음의 성질을 일컫는다.

8) 통단 배열식 : 동국정운, 홍무정운역훈, 사성통해
9) 삼단 배열식 : 삼운통고, 화동정음, 삼운성휘, 삼운통고보유, 증보삼운통고
10) 사단 배열식 : 규장전운

중국식의 통단 배열 방식을 채택하고 있는 운서들은 모두 조선 초기 세종조에 편찬된 운서들이다. 그러나 고려 말에 편찬된 『삼운통고』나 조선 후기의 운서들은 이를 따르지 않고 있다.

삼단 배열 방식이란 운서의 한 면을 상중하로 나누어 각각 평성과 상성, 거성에 속하는 한자들을 동시에 배열하는 방식을 말한다. 그리고 입성에 해당하는 한자는 권말에 따로 모아서 통단으로 배열하는 방식을 말한다. 이는 성조에 다른 한자음의 분류를 2분하는 방식이다. 즉 평성, 상성, 거성의 성조를 가진 한자들과 입성의 한자를 구분하여 다루는 2원적 사고방식을 보여 준다.

조선 운서가 이렇게 만들어진 이유는 이들 한자음의 성조가 한국어 음운 체계 내에서 가지는 변별력의 차이에 인한 것이다. 지금까지의 연구에 의하여 15세기 말엽까지의 한국어도 중국어와 마찬가지로 성조언어였음이 밝혀졌다. 그러나 성조의 체계는 조금 다르다.

중국어의 성조 체계는 평성, 상성, 거성, 입성의 사성 체계이다. 중세 한국어의 성조도 이를 따라 4개의 성조로 나뉘어져 왔다. 그러나 실제에 있어 성조는 평성과 상성, 거성의 세 가지일 뿐이다. 성조를 네 가지가 아니라 세 개의 성조라고 하는 것은 한국어에서 입성은 성조가 아니고 어말 자음 /ㅂ, ㄷ, ㄱ/ 즉 /p, t, k/로 인한 발음의 촉급현상(促急現狀), 즉 발음을 아주 빠르게 끝맺는 음절 지속 시간의 단축현상을 나타내기 위한 용어일 뿐이다. 다시 말하면, 성조는 음절 지속 시간의 변화를 강조하는 개념이 아니고 높낮이의 변별을 위한 개념인 반면, 입성은 발화 시간의 길고 짧음을 구별해 내기 위한 구분 방식이다. 그러므로 본질적 개념에서 입성

은 성조에 포함되지 않는다. 그럼에도 불구하고 입성이 성조에 포함되는 이유는 음절의 핵모음인 모음을 발음할 때 일어나는 변화에 초점을 맞추었기 때문이다.

이렇게 볼 때 표면적으로 나타나는 성조는 입성을 제외한 평성, 상성, 거성의 3성 체계이나 실제로 그 바닥에 깔려 있는 기저성조는 평성과 거성의 2성 체계일 뿐이다.

왜냐하면 세 개의 성조 가운데 평성은 낮은 음조로 발음되고 거성은 상대적으로 높은 음조로 발음된다. 그런데 상성은 평성과 거성이 합하여져서 이루어지는 이차적인 성조로, 낮은 음조에서 높은 음조로 이어지는 성조이기 때문에 성조의 바탕을 이루는 기저형에서는 성조로 인정되지 않는다는 것이다.[14)]

문헌자료로서 확인할 수 있는 이러한 15세기의 성조 체계는 고려시대는 물론 그 이전에도 마찬가지였던 것으로 추정된다(권인한, 1995). 그러므로 『삼운통고』가 편찬된 것으로 짐작되는 14세기에는[15)] 입성은 우리말에서 전혀 성조로서의 변별력을 지니지 못하였다. 오히려 입성은 성조적 차이에 의하기보다는 음절구조상 파열음계 어말자음의 존재로 인하여 지극히 쉽게 다른 성조의 한자들과 구분할 수 있었다. 따라서 삼운통고의 편찬자들은 일단 입성자들과 다른 성조의 한자들을 구별하여 표기하였다.

그러나 입성자는 권말에 따로 배열하면서 평성, 상성, 거성 등 삼성의 한자를 한 면에 모아 배열한 이유는 무엇이었을까? 일차적으로 생각해 볼 수 있는 이유는 운서와 운도(韻圖)의 형식을 혼합하여 가독성을 높였다는 점을 생각할 수 있다. 한국인들에게 운서의 효용은 평상거성 사이의 구별이었을 것이다. 그런데 종래의 방식은 음소적으로 유사한 운모들이

14) 이에 따라 상성의 성조를 지닌 음절은 평성과 거성의 음절에 비해 발음의 지속시간이 다소 길어지게 되며 현대국어의 장음은 이들 상성에 속한 음절들이 높낮이의 속성은 소멸되고 길이의 속성만이 남아 있는 것이다.

15) 김민수(1980)는 1300년(고려 충렬왕 26년)경에 편찬한 것으로 추측한다.

각각의 성조에 따로 흩어져 있어 운모의 성조를 확인하기 위하여는 운서를 여러 번 뒤적이어야 하는 불편이 있었다.

이때 착안한 것이 운도의 방식이었던 것으로 보인다. 운도[16]는 각 운별로 성조와 성모가 동시에 나타나는 격자형 체제로 되어 있다. 이 방식은 운서에 비하여 한 면에서 보여 줄 수 있는 한자의 양은 극히 적으나 한자음들 사이의 관계는 매우 잘 보여 준다.

평상거성 사이의 구별을 명확히 하고자 했던 고려의 운학가는 이 운도의 방식과 운서의 방식을 혼합하여 동일한 운모의 각 성조들 사이의 관계를 정확히 드러내기 위한 방식을 궁리하여 결국 『삼운통고』의 방식을 창안하였을 것이다. 그리고 이 방식은 조선 후기에도 널리 애용되어 『화동정음』과 『삼운성휘』가 이를 이어받았다.

그런데 『규장전운』은 이를 더욱 확대하여 사단배열 방식을 택하고 있다. 이 방식은 운서의 한 면을 4분하여 각각 평성, 상성, 거성, 입성의 한자들을 배열하는 방식이다. 이는 앞서 만들어진 운서들이 취했던 한국어 음운 체계를 존중하는 방식을 이용하면서도 한편 한자의 성조가 본래부터 4가지라는 성조의 본질을 보여 주기 위한 새로운 방식으로 이런 방식을 통해 한국어 음운 체계와 중국 운서 편찬 방식의 조화를 꾀한 것으로 높이 평가된다. 특히 이런 체제를 갖추게 된 배경에는 새로운 운서의 편찬을 희망한 정조의 욕망이 담겨 있어 민족의 문화 창조에 앞장섰던 임금의 체취를 느낄 수 있다.

이렇듯 한국의 운서들은 비록 그 뿌리를 중국의 운서에 두고 있으나

---

16) 운서가 개괄적으로 운모의 공통성만 드러내 보여 주는데 반하여 운도는 각 자음의 정확한 음가를 보여 준다는 점에서 음운론적 가치는 운도가 훨씬 크다. 중국에서 이런 방식으로 처음 만들어진 운도는 정초(鄭樵 : 1104~1162)의 『칠음략(七音略)』과 지은이를 알 수 없는 『운경(韻鏡)』이 있다. 그 후 『절운지장도(切韻指掌圖)』와 『사성등자(四聲等子)』, 『경사정음절운지남(經史正音切韻指南)』 등이 편찬되었다.

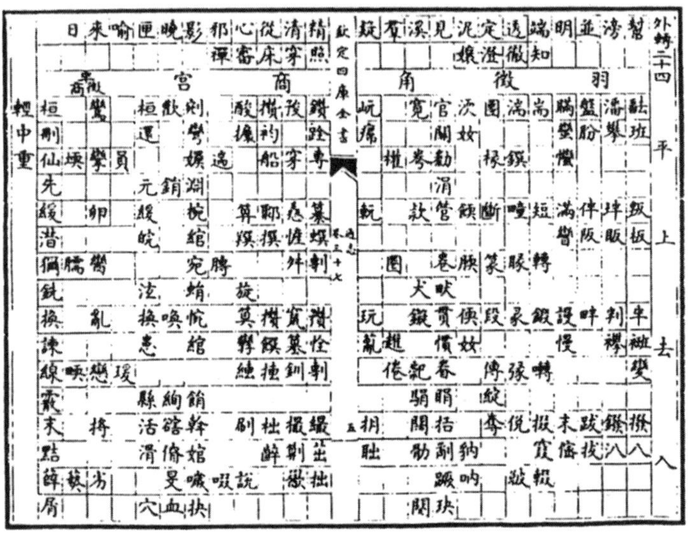

<그림 9>『칠음략』

중국 운서의 방식을 무비판적으로 수용하고 따라간 것이 아니라 한국어의 음운 체계에 맞는 새로운 방식으로 변화시켜 한국 운서 나름의 독특한 방식을 창안하였다.

1.3. 조선 후기의 시대적 특징과 운서 편찬

앞서 살핀 바와 같이 우리나라에서 운서가 편찬된 것은 조선 전기의 세종대를 중심으로 한 시기와 조선 후기 영조, 정조대를 중심으로 한 시기이다. 세종대를 중심으로 한 제2기에는 주로 중국 한자음 위주의 운서가 편찬된 반면 정조대를 중심으로 하는 제3기에는 우리 한자음 중심의 운서가 편찬되었다.

우리가 관심을 가지는 점은 왜 이때에 갑작스레 우리 한자음에 대한 관심이 늘어났고 이것이 운서라는 형식으로 표출된 이유가 무엇인가 하는 점이다.

이에 대해 우리는 여러 이유 가운데 중요한 것으로 다음의 두 가지 이유를 생각해 볼 수 있다. 두 가지는 첫째, 실학의 영향, 둘째 중국어 학습에 대한 효용(效用)이다.

먼저 실학의 영향에 대해 생각해 보자. 일반적으로 학문의 경향은 당시 사회가 지니고 있는 사회 문화적 경향성에서 온전히 자유로울 수 없다. 특히 언어학은 언어가 가지는 사회적 속성으로 인하여 이와 같은 측면이 더욱 강하다. 조선 후기에 대두된 실학적 사고에 대해서는 이미 우리의 사상과 철학, 역사 등 문화사를 다루는 수많은 논저에서 그 배경과 특징에 대해 자세히 고찰되었기 때문에 여기에서 다시 언급할 필요는 없다고 보인다. 다만 여기에서는 필자(2001)가 논의하였던 실학과 국어 연구와의 관계에 대한 논의를 바탕으로 잠시 살펴보고자 한다.

조선시대에 이루어진 우리 국어에 대한 연구의 바탕은 성운학(聲韻學)과 성리학(性理學)이었다. 훈민정음 창제의 언어학적 배경이 되었던 성운학과 철학적 바탕을 이루고 있던 성리학은 적어도 조선시대에는 언어 연구의 가장 강력한 도구이었다. 세종의 한글 창제 이후 조선말에 이르기까지 국어에 대한 연구는 현대적 관점에서 음운론의 범위를 벗어나지 못하였다. 국어에 대한 형태론 또는 구문론적 연구는 일본의 영향을 받기 시작하는 19세기 말에서야 비로소 나타나기 시작한다. 조선시대 국어 연구가 음운론의 한계를 넘지 못한 이유가 바로 언어 연구의 기준이 성운학의 영향 아래 있었기 때문이다. 성운학은 중국어의 음운을 분석하는 방법이다. 그러므로 성운학의 연구를 통하여 훈민정음을 창제한 우리 선조들은 당시 중국 한자음의 분석에 상당한 성과를 거두었기 때문에 조선 중기까지 나타난 국어학적 업적은 모두 이와 관련한 업적들이었다.

그러나 조선 후기 실학의 대두와 함께 학문적 대상이 바뀌기 시작한다. 실학의 학문적 특징으로 흔히 얘기되는 경세치용(經世致用), 이용후생(利用厚生)의 경향 이외에 또 하나 중요한 경향은 국학(國學)에 대한 관심의 증대였다. 당시 학자들은 비록 한편으로는 중국의 고전에서 이상사회의 모범을 찾아보려는 노력이 있었다 할지라도, 탈중화적(脫中華的)이고 주체적인 입장에서 한국의 역사, 지리, 문화, 언어 등에 대한 관심도 또한 컸었다. 필자(2001)는 실학시대 학문적 특징을 다음과 같이 정리한 바가 있다.

1) 민족의식의 고취 - 탈중화적 민족주체적인 의식.
2) 실증적 학문태도 - 구체적이고 귀납적인 연구태도.
3) 현실적 다원주의 - 현실 생활의 여러 언어적 환경에 대한 폭넓은 관심.

특히 국어 연구에 있어 이와 같은 경향은 매우 두드러졌는데 조선 후기에 다양하게 나타나는 운서와 운도[17]의 편찬도 민족적이고 실증적인 경향과 깊은 관련을 맺는다. 현실적인 한국 한자음을 표기하고 있는 운서로 가장 먼저 만들어진 운서는 박성원이 편찬한 『화동정음』(1747)이다.[18] 이 운서의 가장 중요한 특징은 조선 초기의 이원적 운서 체계를 통합하여 화음과 동음을 병기하고 있다는 점이다. 즉 종래 운서가 오직 중국 한자음만을 표기하고 있는 점에 비해 우리 한자음을 공식적으로 표기하였다는 점이다. 이 운서에 대해 정조는 특히 애착을 가지고 있었는데, 이는 바로 그 당시까지 우리나라에서 사용되던 중국 운서 위주의 한자 생활에서 비로소 우리 운서가 사용되기 시작하였다는 것을 의미한다. 앞에서 언급한 바와 같이 박성원은 이 운서를 편찬하는 과정에서 역관의 도움을 받고 있다. 이는 이 운서가 나타내고자 하는 한자음이 현실음에 기반을 『화동정음』에 두고 있음을 보여 주는 것으로 해석된다.

이 운서는 이후 한국 운서의 모범이 되어, 홍계희가 편찬한 『삼운성휘』, 이덕무가 편찬한 『규장전운』 등도 모두 화음과 동음의 양음을 병기하는 체제로 편찬되었다. 홍계희의 『삼운성휘』는 동음의 경우 좀 더 분명하게 현실음을 반영하고 있다. 특히 한자의 배열 순서를 한글 순으로 하여 중국 운서로부터 탈피한 새로운 모습을 보여 주었다.

두 번째, 중국어 학습의 효용에 관해 알아보자. 조선은 사대교린(事大交隣)의 외교적 임무를 원활히 수행하기 위하여 조선 초기부터 사역원(司譯院)을 설치하여 역관을 양성하였으며 왕조 내내 역학서를 편찬하였다.

조선에서 중국어 학습에 쓰인 대표적 역학서는 『노걸대(老乞大)』와 『박통사(朴通事)』이다. 이 책들은 이미 고려시대부터 역관의 교육에 사용되었던 책들인데 세종대에 들어 널리 사용되기 시작하였다. 중종 때에는 최세진이 이 책들을 번역하였고 이 책들은 지속적으로 수정과 증보, 그

17) 조선 후기에 편찬된 운도에는 최석정이 편찬한 『경세정운(經世正韻)』과 신경준이 편찬한 『운해(韻解)』가 있다.

18) 『화동정음』의 편찬에 관해서는 정경일(2004)를 참조할 것.

리고 새로운 번역, 주석 작업이 이루어졌다. 특히 『노걸대』와 『노걸대언해』, 『박통사』, 『박통사언해』가 다시 부분적으로 수정되어 『노걸대언해 신석』 또는 『박통사언해 신석』이라는 이름으로 꾸준히 편찬되었다.

이렇듯 역관 양성을 위한 한어학습이 중요시되면서 한자의 중국식 발음에 대한 관심이 높아지는 것은 어찌 보면 당연한 일이었다. 운서를 중국어 학습에 사용한 것은 이미 조선 초부터 시작된 일이었다. 이때에는 주로 『홍무정운』을 중국어 학습의 도구로 삼았다. 그리고 『사성통해』도 중국어 학습의 중요한 학습서가 되었다. 『화동정음』은 우리나라 운서 가운데 최초로 화음과 동음을 함께 표기하고 있는데, 화음 곧 중국 한자음은 『사성통해』를 기준으로 하였고 동음은 화음을 기준으로 하여 정리하였다고 밝히고 있다. 그러나 박성원은 『사성통해』의 음이 이미 오랜 시대를 격하여 현실적으로 맞지 않는 자음이 있을 경우는 이를 새로이 정리하여 당시의 실정에 알맞는 표준적인 한자음을 정리하고자 노력하였다.

영조 27년에 간행된 홍계희의 『삼운성휘』도 화음은 『사성통해』음을 따르고 동음은 당시의 행용음(行用音)을 따른다고 하였다. 그러나 화음의 경우 『사성통해』의 음과 약간의 거리가 있었던 모양이다. 한어에 능통했던 홍계희는[19] 사신으로 중국에 다녀오면서 당시 중국 상인들이 실제로 읽고 있는 한자음을 채집하여 이를 바탕으로 운서를 편찬하였다.[20]

이에 따라 『삼운성휘』 한자음의 성격에 대한 논의가 일어난다. 영조 44년 4월 좌의정 한익모가 말하기를 "우리나라의 한음은 일체 홍무정운에 따라 정리하였는데, 근래에 속음으로 고쳐 간행하는 바람에 계속 잘못

19) 영조 41년 6월, 임금이 경현당에서 한학 문신을 친히 시험 보였는데, 홍계희는 한어를 밝히 안다고 하여, 영의정 홍봉한의 추천을 받아 사역원제거(司譯院提擧)로 특차되었다.("上親試漢學文臣于景賢堂…以知中樞洪啓禧 曉解漢語 特差譯院提擧 嶺議政洪鳳漢所薦也", 『英祖實錄』 41年 6月)

20) "冬至正使 黃仁點 …聞譯舌與彼人酬酌之語 則相反於洪武正韻者居多 聞其故則年前啓禧赴燕時採歸關東商胡行貨之俗語 作爲正本…"(『正祖實錄』 4年 4月)

되어 가고 있다"고 하였다. 이에 대해 영의정 김치인이 속음으로 고쳐 간행한 것은 홍계희가 청하였기 때문인데 이제부터는 속음으로 강습하더라도 정음을 참고하여 보게 하는 것이 좋을 듯하다고 말하자 임금이 이를 허락하였다[21]는 기록이 있다.

이 기록에서 한자음을 강습하는데 운서가 사용되고 있음을 볼 수 있다. 이렇듯 『화동정음』이나 『삼운성휘』 등도 모두 당시의 한자음이 잘못되었음을 인식하고 이를 바로 잡아 표준적인 한자음을 나타내기 위하여 만들어졌고, 이러한 의도는 조선시대 문인 사회에서 널리 받아 들여져 이들 운서가 표준 한자음을 확인하기 위한 용도로 사용되었다. 한편 이들 또한 한음의 학습을 위한 도구로 쓰여지기도 하였다.

결국 조선에서 만들어진 운서는 일반 사회에서 읽히는 한자음을 중국음에 가깝게 정리한 표준 한자음을 기록하고 있어 이를 확인하는 용도로 쓰이었고 동시에 한음 학습의 도구로도 사용되었는데 이때는 조선 운서뿐 아니라 중국 운서도 쓰이었다.

결국 조선 후기에 융성하였던 우리 문화의 부흥기에 민족주의적 경향이 대두된 실학의 영향과 중국어 학습이라는 실용적 측면의 영향으로 조선 후기 운서들이 쏟아져 나오게 된 것이고 이러한 역사적 배경 속에서 조선의 마지막 운서인 『규장전운』도 편찬되었다.

1.4. 한국 한자음의 연구방법

한국 한자음은 중국 한자음에서 유래되었다. 우리 민족은 중국에서 한

21) "我國漢音 一從洪武正韻釐正矣 年來以俗音改刊 以訛傳訛 請以本音講習 傍錄俗音以備參考 嶺議政金致仁曰 俗音改刊 卽洪啓禧所陳情 以今雖以俗音講習 亦令參看正音 似好矣 上曰 以順便之道爲之."(『英祖實錄』 44年 4月)

자를 배우기 시작한 이래 중국인들의 발음을 듣고 모방하면서 한자를 익혀 왔다. 따라서 한자의 전래 초기 한자음은 중국과 우리나라의 것이 같았을 것이다. 그러나 점차 중국식 한자음은 우리 국어의 소리에 맞게 변형되어 갔고 오랜 세월이 지나면서 한국 한자음은 중국 한자음과는 독특한 독자적인 한자음으로 형성되어 갔다. 이러한 양상은 중국에서 한자를 배워 자신들의 언어를 표기하는 수단으로 사용하였던 일본이나 베트남 등 한자 문화권에 공통되는 일이다.

한국 한자음의 바탕이 되는 중국 한자음이 어느 시대 어느 지역의 한자음이냐에 대해서는 많은 논의들이 있다. 그러나 이 문제는 쉽사리 해결할 수 있는 문제가 아니므로 여기에서는 더 이상 논의하지 않는다. 다만 가장 일반적으로 알려져 있기는 일찍부터 중국과의 교류를 통해 한자와 한문이 전해져 오기는 하였으나 삼국시대 이후 중국과의 교류가 매우 활발하게 이루어졌으므로 중국 수(隋)나라와 당(唐)나라 시대 한자음이 우리 한자음에 가장 강력한 바탕을 이루고 있을 것이라는 의견이 있지만 그 이전의 한자음의 영향을 받은 흔적도 많이 나타나고 있어 어떤 일정한 시기로 이를 확정하기는 매우 어렵다.

한국 한자음의 뿌리가 중국 한자음인 것만은 확실하므로 한자음을 연구하기 위해서는 중국 한자음과의 비교가 필수적이다. 이를 위해 중국 한자음의 전통적 표기 방식인 반절(反切)에 대한 이해와 검토가 선행되어야 한다.

중국인들은 한자의 음을 표기하기 위해 반절이라는 독특한 방식을 개발하여 사용해 왔다. 중국 삼국시대 위(魏)의 손염(孫炎)이라는 사람이 정리했다고 전해지는 반절법은 두 글자의 한자를 이용해서 한 글자의 음을 표시하는 방법이다. 즉 'A XY切'이라 하여 A라는 한자의 음을 표기하는데 X와 Y라는 두 글자의 음을 이용한다. 이때 X, Y를 반절자(反切字)라고 하는데 좀 더 세밀하게 구별하면 X는 반절상자(反切上字), Y는 반절하자(反切下字)라고 부른다. 그리고 반절상자에서는 소리의 '첫소리' 즉 자음(子音)을 취하고 반절하자에서는 소리의 '가운뎃소리'와 '끝소리' 즉 모음(母音)과 받침을 취하여 이 두음을 합성하여 하나의 소리를 만드는 방식이다. 예를 들면 반절은 다음과 같이 표기된다.

東 德紅切

'東'의 음을 표기하기 위하여 '德'과 '紅'을 이용하고 있다. 끝의 '切'은 앞의 두 글자가 반절로 사용되었음을 나타내는 기호이다. 이때 '德'이 반설상자이고 '紅'이 반절하자이다. 이들이 나타내는 소리를 만들어 보면 '德(덕)'에서 첫소리 /ㄷ/을 취하고 '紅(홍)'에서 가운뎃소리와 끝소리 /ㅎ/을 취한 뒤 이를 합하면 '동'이 되는 식이다. 즉 다음과 같이 표기할 수 있다.[22]

東 = 德 + 紅
동 = ㄷ + ㅎ

그리고 중국 한자음을 나타내는 반절의 소리가 한국 한자음에 나타나는 현상을 '반영되었다'라고 말하는데 한국 한자음 즉 동음이 중국 한자음 즉 화음의 반절을 자연스레 이어받고 있으면 이를 정음(正音)이라 부르고 그렇지 않고 반절과 달리 특이한 음으로 변하였으면 속음(俗音)이라고 부른다.

반절의 비교를 거친 뒤에 중국어 자체의 한자음 변화와 이의 원인이

---

22) 중국에서 사용된 반절을 이용하여 한자음을 파악하기 위하여는 반절이 사용된 시기 중국 한자음을 정확히 알아야 된다. 東의 경우도 중국 한자음의 역사에서 보면 매 시기마다 그 음이 변하고 있다. 여기의 보여 주는 설명은 반절로 한자음을 표기하는 방식을 보여 주기 위하여 현재 한국 한자음을 기준으로 한 것이다.

되는 음운적 변화의 양상을 통해 한국 한자음의 실상을 알 수 있게 된다. 아울러 동음은 이미 상당 기간 한국에 음운 체계 내부에 독자적으로 존재해 왔기 때문에 한국어에 나타나는 변화의 영향도 받게 된다.

제2장 규장전운(奎章全韻)

2.1. 규장전운 해제

2.1.1. 편찬자와 편찬 시기

『어정규장전운(御定奎章全韻)』(이하 『규장전운(奎章全韻)』으로 줄여 부름)은 정조(正祖)의 명에 의하여 이덕무(李德懋)가 중심이 되어 정조 20년(1796)에 편찬한 운서이다. 『규장전운』의 서문에 해당하는 '어정규장전운의례(御定奎章全韻義例)'(이하 '의례'로 줄여 부름)에는 다른 운서나 문헌들과는 달리 이 운서의 편찬자가 누구인지를 기록하지 않았다. 따라서 『규장전운』의 편찬자를 확인하기 위해서는 다른 문헌의 도움을 받아야 한다.

이덕무가 『규장전운』의 편찬에 관여하였음은 『증보문헌비고(增補文獻備考)』나 『홍재전서(弘齋全書)』 등의 기록을 통해 확인할 수 있다.

먼저 『증보문헌비고』의 기록을 살펴보자. 『증보문헌비고』 권24, 「예문고(藝文考)」에 이 운서를 편찬하여 널리 반포하게 된 경위를 밝힌 <반사어정규장전운(頒賜御定奎章全韻)>이 실려 있다. 이 글 가운데 편찬자에 관한 부분으로 다음과 같은 내용을 볼 수 있다.

> 검서관 이덕무에게 명하여 제가의 운서에서 취하고 널리 증거를 모아서 한 권을 만들게 하였다.[1)]

이 기록은 정조 임금이 운서를 편찬하려는 의도를 가지고 이덕무에게 그 임무를 맡겼음이 확인된다. 이 내용은 『홍재전서』 권165, 「일득록」에도 같은 내용으로 기록되어 있다. 우리는 이 기록을 통해 『규장전운』의 편찬에 이덕무가 깊이 관여하였음을 알게 되었다.

정조의 총애를 받아 『규장전운』을 편찬한 이덕무는 조선조의 종실(宗室) 무림군의 후손 성호(聖浩)의 서자로 영조 17년(1741)에 태어나 정조 17년(1793)에 세상을 떠났다. 자(字)는 무관(懋官), 호(號)는 아정(雅亭) 또는 청장관(靑莊館)이다. 비록 종실의 분파에서 태어났으나 서얼의 신분 탓으로 사회 활동에 제약을 받았다. 어린 시절부터 병약하고 가난하여 정규교육을 제대로 받지 못하였으나 집에서 스스로 독학을 하여 문리를 깨쳤다고 한다. 신분의 벽으로 인해 화려한 관직에의 꿈을 버리고 우울한 나날을 보낸 이덕무는 주로 이서구(李書九), 박제가(朴齊家), 유득공(柳得恭), 박지원(朴趾原) 등과 교유하였는데 이미 약관(弱冠)의 나이에 이들과 함께 『건연집(巾衍集)』이라는 시집을 내어 그 이름이 중국에까지 알려졌다.

정조 3년에 규장각 검서[2)]에 임명되어 정조의 사랑을 받으며 관직에 나아간 이덕무는 그 후 『국조보감(國朝寶鑑)』, 『대전통편(大典通編)』, 『무예도보통지(武藝圖譜通志)』 등의 편찬에 중요한 역할을 하였다. 그의 문집으로 전하는 『청장관전서(靑莊館全書)』는 모두 71권 25책의 거질로 그의 박학다재함이 잘 나타나 있다.

---

1) "…命 檢書官 李德懋取諸家韻書 博據廣證詮次一部…"(『增補文獻備考』 卷243 「藝文考」 〈頒賜御定奎章全韻〉)

2) 정조 3년 3월 27일 정조는 처음으로 내각에 검서관을 두었는데 이때 뽑힌 사람은 이덕무와 박제가, 유득공, 서리수 네 사람이다.

그런데 『규장전운』의 편찬에는 이덕무 이외에도 여러 사람들이 관여하였음을 알 수 있다. 그의 문집인 『청장관전서』의 「연보(年譜)」에는 다음과 같이 기록되어 있다.

> 임자(壬子)3월 … 초9일 본디 맡은 임무를 제하고 어정규장전운을 편집하였다… 책이 만들어지자 각신 윤행임, 서영보, 남공철, 이서구, 이가환 비서교리 성대중, 검서관 유득공, 박제가 등에 명하여 두 차례에 걸쳐 교열하게 하고, 명하여 판을 새기게 하였으나 이루지 못했다. 공이 사망한 후 병진년 가을에 비로소 인쇄하여 반포하였다.[3]

이에 의하면 『규장전운』을 실제로 집필한 것은 이덕무이고 윤행임, 서영보를 비롯한 8명이 이를 '고교이통(考校二通)' 즉 2회에 걸쳐 원고를 검토했던 것이다.

이는 다른 기록에서도 확인이 되는데 정조는

> "편역한 사람은 초계문신 이서구 등과 검서관 이덕무이다."[4]

라 기록하여 이덕무가 이 일에 참여하였음을 분명히 하였다.

『규장전운』의 편찬이 언제 시작되었는지는 확실하지 않다. 다만 『홍재전서(弘齋全書)』 권165, 「일득록」에 "규장전운은 여러 해에 걸쳐 이루어졌다.(奎章全韻歷屢年始成考)"라고 기록되어 있는 것을 보아 상당한 기일이 소요되었음을 알 수 있다.

---

3) "壬子三月 … 初九日除本仕 編輯御定奎章全韻 … 書進命閣臣尹公行恁 徐公榮輔 南公公轍 承宣李書九 李公家煥 秘書校理成公大中 檢書官柳公得恭 朴公齊家 考校二通後 命鋟版未果 公卒後丙辰秋始印頒."(『青莊館全書』「年譜」)

4) "編役者抄啓文臣李書九等 檢書官 李德懋也…"(『弘齋全書』 卷183「群書表記」〈奎章全韻〉條)

『규장전운』의 편찬이 완료된 것은 정조 16년(1792)이다. 그러나 이 책은 원고의 완성과 함께 바로 인쇄되어 간행되지 못하였다. 무슨 일로 인하여 그리 되었는지는 분명치 않다. 다만 이덕무가 원고가 완성된 지 2년 뒤에 세상을 떴는데 혹시 그의 건강상의 문제가 아닌가 한다. 그런데 『규장전운』의 인쇄가 이처럼 늦어진 데에는 건강상의 이유뿐 아니라 경제적 이유도 있었던 것으로 보인다.

이 책이 인쇄되어 간행된 것은 원고가 완성된 해로부터 4년 뒤인 정조 20년(1796)이다. 이덕무의 아들이 기록한 〈선고부군 유사(先考府君遺事)〉에 의하면 이덕무가 죽은 지 2년 뒤인 정조 19년(1795)에 임금이 다음과 같이 하교하였다.

> 지금 운서를 간행하는 일로서 생각해보니 고 검서관 이덕무의 재식이 아직까지 잊혀지지 않는다. 듣건대 그 아들이 거상을 마쳤다 하니 이광규를 검서관으로 특차하라… 그들 집안의 힘으로 어떻게 그 유고를 간행할 수 있겠는가? 책의 간행을 계기로 유치전 5백 냥을 특별히 내리라.[5]

정조가 『규장전운』의 간행을 위한 재정적 후원을 지시한 것이다. 이덕무가 세상을 떠난 후 그의 집안이 어려워 책을 발간할 비용을 감당하지 못하게 되자 임금이 재정적 후원을 하였다는 사실은 박지원이 쓴 이덕무의 행장에서도 동일한 내용이 실려 있어 확인이 된다.[6] 아마 이덕무는 서얼출신으로서 높은 벼슬을 하거나 큰 명예를 얻지는 못하였기 때문에 책

---

5) "乙卯四月初三日 上敎曰 今因韻書印役事思之 故檢書李德懋之才識 尙今不忘 其子聞已闋服 李光葵特差檢書官 …中略…渠之家力 何以辦得印藁乎 印書次留置錢五百兩特給."(『靑莊館全書』「雅亭遺稿」第8卷 附錄)

6)"乙卯月日 上下傳旨內閣曰 今因韻書新印 追思之 故檢書李德懋才識 尙不忘 閣臣徵其遺稿于家 刪定而刊行之 賜內帑錢五百緡以爲剞劂費 命錄其孤光葵 復爲檢書."(『靑莊館全書』「雅亭遺稿」第8卷 附錄. 같은 책에 실려 있는 原任直閣 尹行恁의 「墓碣銘」에도 동일한 내용이 나온다.)

을 찍어낼 만한 재력을 가지고 있지는 못했던 것으로 보인다. 그러나 이 부분에서 다소 이해하기 힘든 대목이 있다. 『규장전운』의 편찬은 정조의 명에 의하여 시작되었다. 그리고 앞의 기록에 의하면 원고가 만들어진 뒤 판에 새기는 작업이 시작되었던 것으로 나타난다. 그런데 중간에 이 일이 결과를 맺지 못하고 말았다. 아마 『규장전운』의 편찬을 책임진 이덕무가 병으로 이 일을 적극적으로 지휘하지 못하게 되자 지지부진하게 된 것으로 보인다. 왜 정조가 그의 지시에 의하여 진행되는 새 운서 편찬 작업을 이덕무 개인에게 일임하고, 돌보지 않았는지는 정확히 알 수 없다. 그 후 이덕무의 사망 이후 3년상을 마치게 되자 임금이 다시 관심을 가지고 이 일의 마무리를 그 아들에게 맡긴 것이다. 이나마 다시 정조가 관심을 가지게 된 것이 다행스러운 일이다.

아무튼 『규장전운』의 원고가 완성된 것은 이덕무가 세상을 떠나기 한 해 전인 정조 16년이고 그 후 3년 뒤인 을묘년에 임금의 명에 의하여 간행 작업이 시작되어 이듬해인 정조 20년 8월에 인쇄가 마무리되었다.

정조가 이 책에 대해 가지고 있던 호의적 관심을 알아볼 수 있는 부분은 바로 이 책을 적극적으로 널리 보급하는데 앞장섰다는 점을 들 수 있다. 정조는 간행된 『규장전운』을 서울과 지방에 널리 반포하였다.[7] 다음해 1월에는 제주에서 열린 과거시험에 급제한 사람들에게 상품으로 『규장전운』을 주도록 영을 내렸다.[8] 또 9월에도 수원 등 10개 읍의 유생이 지은 시문을 심사하여 상으로 이 책을 하사하는[9] 등 이 책의 보급에 힘썼다. 이렇듯 『규장전운』은 우리나라에서 마지막으로 만들어진 운서로

7)"頒賜 御定奎章全韻于中外."(『正祖實錄』 20년 8월)

8)"丁未濟州牧使柳師模啓言 本島儒生陞補考官未備 不得設行 回諭曰陞補旣未設行 卿其出詩賦論箴銘頌題 與島中文侍從考試 …次三人 奎章全韻 各一件 賜給."(『正祖實錄』 21년 正月)

9)"御考水原等十邑儒生應製 施賞有差 … 幼學許赴監試會試 餘賜御定五倫行實 史記英選 陸奏約選 奎章全韻等書."(『正祖實錄』 21年 9月)

정조의 특별한 관심에 의하여 널리 보급되었고, 수진본을 비롯한 다양한 판형으로 인쇄되어 널리 양반사회에서 애용된 운서로 현재까지도 많은 분량이 전해지고 있는, 조선 후기를 대표하는 운서이다.

2.1.2. 편찬 동기

『규장전운』은 임금의 명에 의하여 만들어진 칙찬(勅撰) 운서라는 점에서는 편찬 동기가 『동국정운』과 유사하나 그 구체적인 동기는 상당히 다른 측면이 있다. 가장 두드러진 것은, 세종이 『동국정운』을 편찬하게 한 의도가 당시의 한자음을 바로 잡고자 하는 것이었다면, 정조가 새로운 운서의 편찬을 명한 것은 한자음에 대한 불만이 아니라 기존 운서의 형식과 체제에 대한 불만이었다. 그 불만은 당시의 시인들이 시를 지을 때에 한자의 사성 체계를 제대로 살리지 못하는 데에 있었고, 이렇게 된 원인을 운서의 미비함에서 찾은 것이다.[10)]

그리고 정조는 이러한 잘못의 근원을 『삼운통고』에 돌리고 있다. 『삼운통고』는 수록 한자수도 적고 또 주석도 소략할 뿐더러, 그 체제가 삼단체제로 편찬됨으로 인하여 중국의 운서들과 괴리되었고 이를 본받아 만들어진 『사성통해』나 『화동정음』 등 한국 운서도 모두 삼운체제로 편찬되었고, 이로 인해 우리나라에서 시를 지을 때 한자의 사성체제가 무시되었다는 것이 당시 사용되고 있던 운서들에 대한 정조의 불만이었다.[11)]

정조의 이와 같은 주장은 『삼운통고』의 미비점에 대한 지적이다. 그러

10) 『규장전운』의 편찬 의도에 대해서는 정경일(1984)를 참고할 것.

11)"我東韻書之最先出者則三韻通考 而取字狹少 訓註疎略 又以四聲爲三韻 名實已甚乖剌 … 崔世珍之通解 朴性源之通釋 其於音切頗致詳備乃若字狹註略 彙以三韻別置入聲 有失韻本四聲之義."(『弘齋全書』 卷165 「日得錄」)

"三韻通考 朴性源 華東正音 又因通考 增入若干字 而二書 皆以四聲爲三音 則鹵莽亦甚矣."(『弘齋全書』 卷165 「日得錄」 「群書標記」 〈奎章韻瑞〉)

나 이 지적은 오히려 당시에 『삼운통고』가 시를 짓는 데에 매우 널리 쓰이고 있었음을 증거하는 내용이기도 하다. 물론 『삼운통고』를 비롯한 조선후기 운서의 삼운체제가 사성을 완전히 무시한 것은 아니며 다만 입성을 운서의 뒷부분에 따로이 모아 놓고 있을 뿐이다. 『삼운통고』에서 비롯된 이러한 운서 편찬 방식은 중국 한자음과 한국 한자음의 음운적 차이의 인식에 바탕한 우리 나름대로의 독특한 방식이었을 것이다. 또 그러하였기 때문에 이와 같은 체제의 운서가 지속적으로 사용되었을 것이다.

그런데 운서의 체재에 대한 정조의 불만에서부터 편찬 작업이 시작되었기 때문에 『규장전운』은 기존 운서와 비교할 때 한자음의 변화보다는 특별히 그 체제상의 변화가 심하다. 이를 확인하기 위하여 기존 운서에 대한 정조의 생각을 좀 더 알아보자.

정조는 즉위 원년인 정유년(1777)에 실시한 광전시(廣殿試)에 내린 글[12]에서 우리나라가 문화적으로 매우 뒤떨어짐을 한탄하고 중국의 여러 나라에 왕립교육기관이 있음을 열거한 뒤, 그를 본받아 규장각을 설치할 것을 밝혔다.

이는 정조가 문화 정책에 있어 세종과 견줄 수 있을 만큼 커다란 관심과 정열을 가지고 있었음을 알게 해 주는 대목이다. 특히 규장각(奎章閣)은 세종이 설치한 집현전(集賢殿)과 아울러 국가의 기강을 확립하고 그 제도와 의식 등의 토대를 연구하고 구비하게 하려는 근본 목적이 서로 일치하고 있다.

이와 같이 우리 문화에 깊은 관심을 보인 정조는 한편 당시의 시인들이 한시를 지으면서 입성을 무시하는 경향에 대해 강한 불만을 나타내었고[13] 이는 결국 운서에 대한 불만으로 이어져 새로운 운서를 편찬하는

12) 『弘齋全書』 卷48 〈奎章閣〉 참조.

13) "我國科詩之不押入聲可謂無謂之甚 唐制以詩取士 以其八股排律 故專押平聲 而今之科詩 非排非古 自是一體 平上去三聲通同遍用 而獨不押入聲 是果何所據也." (『弘齋全書』 卷165 「日得錄」)

계기가 된다.

정조는 즉위 다음 해인 무술년(1778) 12월에 서명응, 이중우, 김용겸 등과 음악에 대해 논의하며 옛날부터 전해오는 악서(樂書)와 악제(樂制) 등에 대해 이야기하던 끝에 운서에 대해서도 언급하게 된다. 정조는 음악에 관해서는 여러 종류의 악서가 만들어졌는데 왜 시문을 짓는데 필요한 운서는 만들어지지 않았는지를 묻는다.

> 임금이 말하기를 "운서는 어찌하여 만들어지지 않는가?" 서명응이 답하기를 "소장형과 여유기의 운서를 살펴보니 통운과 협운의 법이 각각 다르고 같음이 있습니다. 삼운통고와 삼운성휘 등의 운서는 또한 심약의 운자들과 서로 더하고 덜함이 있습니다. 이리하여 절충하는 것이 어려워 책을 이룸이 쉽지 않습니다."[14]

이러한 논의 끝에 정조는 운서에 대해 관심을 가지게 되고 이어 그 이듬해에 운서의 편찬을 명하게 된다.[15] 그러나 이때 서명응 등에게 편찬을 명한 운서는 『규장전운』이 아니라 『규장운서(奎章韻瑞)』라는 또 하나의 운서이었다. 『규장운서』에 대해 『규장전운』과 동일시하는 견해가[16] 일부 있었으나 이 책은 『규장전운』과는 전혀 다른 운서이었다. 『증보문헌비고』「예문고」에는

14) "上曰 韻書則 何不出成乎 命膺曰 得見邵長衡呂裕祺韻書則 通韻協韻之法 各有異同 通考聲彙等書又與沈約 韻字互有增刪 以是折衷爲難 成書未易矣."(『正祖實錄』 2年 12月)

15) "予於己亥 命閣臣徐命膺 就禮部韻略以下數家韻書 參互考證 去短取長 自字母均調 以及 古叶古通 使之開卷瞭然 其目曰 四聲譜 曰音譜 曰樂韻 曰古韻."(『弘齋全書』 卷183「群書標記」〈奎章韻瑞八卷〉)

16) 小倉進平(1940)은 두 책의 이름을 같은 책을 다르게 부르는 것으로 처음에는 『규장운서』라 부르다가 『규장전운』으로 개명한 것으로 보았고, 김민수(1980)는 서명응과 이덕무가 1778년에 편찬한 『규장운서』를 이덕무가 1792년에 개찬하였고, 1796년 간행할 때에 『규장전운』이라 부르게 되었다고 했다.

규장전운 2권
규장운서 8권 정조 기해(己亥) 명 서명응 편

이라 기록하여 다른 책임을 분명히 하였다. 또한 정조의 문집인 『홍재전서』에는

규장전운 2권 간본(刊本)
규장운서 8권 사본(寫本)

이라 기록하여 이 둘이 분명히 다른 책임을 볼 수 있다.

운서에 깊은 관심을 가지고 새로운 운서의 편찬을 명하기까지 한 제왕의 기술에서 별개의 운서로 기록되어 있음은 주목할 부분이다. 이외에 이덕무의 기록들에 의하면 『규장운서』는 운서라기보다는 자서(字書) 또는 사서(辭書)의 성격을 띤 책으로 판단되며, 이로 인해 작시용으로는 지나치게 번다한 흠이 있어 결국 간행되지 못한 것으로 추측된다.[17] 이에 따라 『규장전운』이 편찬되는 계기가 만들어진 것이다.

운서에 대해 정조는 상당한 관심과 지식이 있었다. 그가 세종과 같이 운학(韻學)에 정통했다는 기록은 보이지 않는다. 오히려 운서에 관한 정조의 관심은 운학의 음운론적인 측면보다는 문학적 효용이라는 측면에 더 기울어져 있었던 것으로 보인다. 이는 그가 나라를 다스리던 기간에 나타난 문예 운동의 흐름으로 보아 그가 문학에 상당한 관심이 있었고 이에 따라 그는 올바른 시를 짓기 위하여 좋은 운서의 필요성을 느끼고 있었던 듯하다.

『홍재전서』의 다음 기록을 보기로 하자

17) 『규장운서』의 간행과 성격에 관해서는 정경일(1984)을 참조할 것.

> 세상에서 심약을 음운의 조종(祖宗)으로 생각한다. 그러나 수백 년에 걸쳐 논의가 분분하다. 그 하나는 수의 육법언이 심약의 유보(類譜)를 증보하여 사성절운을 만들었는데 이제 유보가 전해지지 않는다. 당의 손면(孫愐)은 사성절운을 증보하여 당운을 만드니 사성절운이 전해지지 않는다. 송 상부연간에 당운을 증보하여 광운을 만드니 이제 당운이 또한 전하여지지 않는다. 이로 보아 요즘의 운이 심약이 정한 운이 아님이 분명하다.[18)]

이에 이어지는 논의에서 정조는 중국 운서에 대해 해박한 설명을 계속하고 있다. 정조는 운서에 대해 상당한 식견을 갖추고 있었던 것이다.

정조의 이러한 관심은 1787년에 재판이 간행된 박성원의 『화동정음』을 찍어 펴낼 때에 서문을 얹는 성의를 보이는 데에까지 이어진다. 그는 이 서문에서

> 요즘 인사들은 헛되고 구차하게 민간의 풍속을 좇아 한자를 잘못 읽고 다시 초중종 삼성과 자모 칠음의 법이 화음이 옛날 소리로부터 변하였음을 알지 못한다. 이것은 소위 잘못 전해진 것으로 가히 바로 잡을 수 있는 것이다. 박성원이 편찬한 화동정음이 이를 많이 바로 잡았다.[19)]

라고 하여 당시 지식인들이 운학에 대한 지식이 없어 글자를 모두 잘못 읽고 있으나 다행히 박성원이 이를 바로 잡고 있다고 칭찬하고 있다.

박성원이 『화동정음』을 편찬한 것은 영조 12년(1747)이다. 따라서 앞서 언급했듯이 정조가 신하들에게 새로운 운서의 편찬을 명한 당시에 이미 정조는 『화동정음』의 존재와 그 가치에 대해 알고 있었을 것이다. 그

---

18) "世以沈約爲音韻之宗 然數百年來 聚訟紛然 一則曰 隋陸法言增沈約類譜爲四聲切韻而類譜絶 唐孫愐增四聲切韻爲唐韻 而四聲切韻又絶 宋祥符年間增唐韻爲而廣韻而唐韻又絶 今韻之非沈韻明矣."(『弘齋全書』卷183「群書標記」〈奎章韻瑞〉)

19) "近世人士 鹵莽苟且隨俗誤讀 不復知有初中終三聲 字母七音之法 殆甚於華音之變古 是則所謂轉訛而可正者也 朴性源所撰華東正韻 頗能正之."(『華東正音』正祖序文)

리고 그가 이 운서의 재간에 직접 서문을 얹은 점으로 보아 그는 이 운서에 대해 매우 좋은 평가를 하고 있음을 알 수 있다.

그런데도 그가 새로운 운서의 편찬을 명한 것은 어떤 이유일까? 이는 그가 당시의 운서들에 대해 불만을 가지고 있었기 때문이다.

『홍재전서』의 기록을 계속 보자. 정조는 우리나라의 운서들이 사라져 전하지 못함을 안타까이 여기고 있다.

> 우리 세종 조에 유신들에게 명하여 운서를 찬집(撰集)하였으나 지금은 전하지 않는다. 요즘의 삼운통고는 그 출처를 알지 못하겠다.[20]

이 기록으로 미루어 이미 『동국정운』이나 『홍무정운역훈』 등은 이 시기에 전해지지 않고 있었던 것으로 보인다.

그러나 전해지는 운서들도 그에게는 여러 가지가 불만스러웠다.

> 우리나라 운서 가운데 가장 먼저 나타난 것은 삼운통고이다. 그러나 수록하고 있는 글자의 수가 적고 자훈의 주석이 매우 간략하다. 또 사성을 삼운으로 배열하였으니 이는 명(名)과 실(實)이 심히 어그러진 일이다. … 최세진의 사성통해와 박성원의 정음통석은 그 자음은 매우 자세한 바가 있으나 글자가 적고 훈주가 간략하며 삼운으로 모으고 입성을 따로 두었다. 이는 운이 본래 사성인 뜻을 잃은 것이다. … 박성원의 화동정음은 또 삼운통고에 바탕하여 약간의 글자를 더하였으나 이 두 책은 모두 사성을 삼음으로 만들었으니 헛됨이 심하다.[21]

---

20) “我 世宗朝 命儒臣撰集韻書 而卒無傳 今之三韻通考 不知出處.”(『弘齋全書』卷183「群書標記」〈奎章韻瑞〉)

21) “我東韻書之最先出者卽三韻通考 而取字狹少 訓註疎略 又以四聲爲三韻 名實已甚乖刺 …中略… 崔世珍之通解 朴性源之通釋 其於音切頗致詳備 乃若字狹註略 彙以三韻別置入聲 有失本韻四聲之義一也 … 朴性源 華東正音 又因通考 增入若干字 而二書皆以四聲爲三音則鹵莽亦甚矣.”(『弘齋全書』卷183「群書標記」〈奎章韻瑞〉)

이로 볼 때 기존 운서에 대한 정조의 불만은 결국 다음 세 가지로 요약된다.

1) 자수(字數)의 협소(狹小)
2) 훈주(訓註)의 소략(疎略)
3) 사성(四聲)의 삼단(三段)배치

이에 따라 자수를 늘이고 주석을 보완하였다. 특히 주석은 중국 운서와 우리나라 운서의 두드러진 차이에 해당한다. 중국 운서들은 운서를 자음의 표준으로서만 아니고 자의의 주석을 활용하기 위한 용도로 생각하여 상당히 자세한 주석을 달고 있다.

반면 우리나라의 운서들은 자의(字意)보다는 자음(字音)의 정리에 운서 편찬의 초점을 맞추고 있다. 이에 따라 대부분 2~3자 정도로 간략히 주석을 달고 있다. 『규장전운』도 이러한 추세를 따르고 있어 결과적으로 중국 운서와 같이 방대한 주석을 붙이지는 못하였다.

정조는 특히 세 번째 사항에 대하여 강한 불만을 나타내고 있다. 그는 당시인들이 작시에 있어 입성을 제대로 압운(押韻)하지 않는 이유를 운서의 탓으로 돌리고 이를 바로잡기 위하여 새로운 운서의 편찬을 이덕무에게 명하니 이덕무는 동왕 16년(1792)에 새로운 운서를 만들기 위한 편찬 작업을 마무리하게 된다.

정조 20년 8월 『규장전운』의 간행이 완료되어 서울과 지방에 반포된다. 이때 정조가 내린 전교(傳敎)의 내용을 보면 그가 이 운서를 편찬하게 된 동기가 분명히 드러난다. 다음에 전교의 내용을 옮겨 본다.

> 우리나라 운서에 있어서 삼운으로 모으고 입성을 따로 두는 것은 운이 사성에 근본하는 뜻에 어긋난다. 증운과 입성을 운달지 않고 과거장에서 증보를 운달지 않는 것도 통운(通韻)과 협음(叶音)의 격식을 알지 못하기 때문이니

너무도 엉성하고 노둔하다 하겠다. 이 때문에 널리 전거를 대고 증명하여 이 책을 편집하도록 명한 것이다. 이후로 공적인 것이나 사적인 것에서 압운자 및 입성을 이 운서의 의례와 식령에 준하도록 하라. 이 일을 서울과 지방의 시험을 관장하는 관사에 분부하도록 하라. 곧 나의 고심은 속습을 바로 잡고자 하는 데 있으니 이 책을 편집한 것이 어찌 음성을 조화롭게 쓰게 하고자 하는 것일 뿐이겠는가. 바로 거짓된 습관을 한 번 씻어 내고자 하는 것이다.[22]

2.1.3. 체재와 형식적 특징

2.1.3.1. 체재

『규장전운』의 체재는 다음과 같다.

1) 어정규장전운 의례
2) 어정규장전운 부목
3) 본문

‘의례(義例)’는 일반적으로 책의 서문(序文)에 해당한다. 이 글은 누가 썼는지를 분명히 밝혀놓지는 않았으나, 편찬자인 이덕무가 쓴 것으로 짐작된다.[23] ‘부목(部目)’은 106운의 목록을 보이고, 각 운별로 다른 운과의

22) “敎曰 我東韻書之彙以三韻 別置入聲 有非韻本四聲之義 而不押增韻與入聲 科場不押增補 亦不曉通韻叶音之格 鹵莽莫甚 所以博據廣證 命編是書者也 此後公私押韻字及入聲 準此韻書義例式令事 分付京外 掌試之司 卽予若心在於矯俗正習 是書之編 豈特專爲諧音比聲 政欲一洗謟僞之陋 近年印本書冊 御諱之刪劃 所見甚駭然 屢勤飭敎 不卽復古 甚至諱稱字音 中間並諱之 因循而 無非可以矯正之端 自今似此習俗 一切嚴禁 韻書今日爲始行用.”(『正祖實錄』 20年 8月)

23) ‘의례’의 구체적인 내용에 대해서는 다음 장에서 번역과 함께 주석을 붙여 설명할 예정이다.

통운(通韻) 관계를 기록하고 있다.

'본문'은 한 면을 4단으로 나누어 각각 평성, 상성, 거성, 입성을 표기하는 4단체제로 되어 있다. 이 점이 이 운서의 가장 큰 특징이다. 사성을 모두 묶어 한 면에 표기하는 방식은 북송대부터 발달한 운도에서 채택한 방식이다. 운도는 종(縱)으로는 평상거입(平上去入)의 사성을 나누고, 횡(橫)으로는 36자모를 배열하여 그 종횡의 결합, 즉 성운의 결합으로 한자음을 표시하는 방식이다. 이는 기존의 운서가 가지는 자음 확인 상의 불편을 해소하기 위한 새로운 방안이었다. 『삼운통고』도 이 방식을 일부 받아 들였던 것으로 이해하여야 한다. 그러나 『삼운통고』의 편찬자는 평성, 상성, 거성과 달리 입성자는 음절 말 자음의 조건에 따라 성조가 분명히 변별되므로 입성자를 따로 모으고 평성, 상성, 거성을 함께 모으는 방식으로 수정한 것이다.

그런데 『규장전운』은 '어정(御定)'임에도 불구하고 임금이 쓴 서문이 없고 범례가 수록되지 않은 점이 이해하기 어렵다. 이덕무의 문집인 『아정유고(雅亭遺稿)』에는 『규장전운』의 범례가 실려 있다. 그런데 정작 운서의 본문에 수록되어 있지 않은 점은 이해하기 어렵다.[24]

2.1.3.2. 운의 분류

『규장전운』은 당시 일반적으로 통용되던 운의 분류를 좇아 전체 한자를 평성 30운, 상성 29운, 거성 30운, 입성 17운 등 도합 106종류의 운으로 나누어 한자를 구별하고 있다. 이 106운 분류는 당시에 편찬된 『화동정음』이나 『삼운성휘』 등은 물론 이전에 만들어진 한국 운서 모두에 적용되어 있는 가장 일반적인 분류 체계이다. 그 분류 체계는 다음과 같다. 순

24) '범례'의 구체적인 내용에 대해서는 다음 장에서 번역과 함께 주석을 붙여 설명할 예정이다.

위는 평성을 기준으로 하여 붙여 놓았다.

106운을 평상거입의 4성별로 묶어 표시하면 다음 표와 같다.

순위	平聲	上聲	去聲	入聲
1	東	董	送	屋
2	冬	腫	宋	沃
3	江	講	絳	覺
4	支	紙	寘	–
5	微	尾	未	–
6	魚	語	御	–
7	虞	麌	遇	–
8	齊	薺	霽	–
9	佳	蟹	泰	–
10	灰	賄	卦	–
11	–	–	隊	–
12	眞	軫	震	質
13	文	吻	問	物
14	元	阮	願	月
15	寒	旱	翰	曷
16	刪	潸	諫	黠
17	先	銑	霰	屑
18	蕭	篠	嘯	–
19	肴	巧	效	–
20	豪	皓	号	–
21	歌	哿	箇	–
22	麻	馬	禡	–
23	陽	養	漾	藥
24	庚	梗	敬	陌
25	靑	迥	徑	錫
26	蒸	–	–	職
27	尤	有	宥	–
28	侵	寢	沁	緝
29	覃	感	勘	合
30	咸	豏	陷	洽
31	鹽	琰	豔	葉

<표 1> 106운 사성별 운목표

그러나 『규장전운』의 편자는 당시에 이러한 106운 체제가 실제 발음을 할 때 서로 간에 명확히 구별되는 것이 아님을 분명히 인식하고 있었다. 그래서 편자는 서두의 부목에 106운의 순서를 기록하면서 각 운목에 서로 통운이 되는 운목들을 부기하고 있다. 예를 들면 동(東)운의 아래에 동(冬), 강(江)운을 기록하고 있는데 이는 당시 한자음을 살펴볼 때 이들 세 가지 운이 서로 명확히 구분되지 않아 함께 사용될 수 있음을 밝힌 것이다. 이를 통운(通韻)이라고 한다.

각각의 운목에 기록된 통운에 의하여 평성을 기준으로 106운을 다시 정리하면 실제적으로 『규장전운』의 운류는 다음과 같이 10류로 귀납된다.

1. 동(東), 동(冬), 강(江)
2. 지(支), 미(微), 제(齊), 가(佳), 회(灰)
3. 어(魚), 우(虞)
4. 진(眞), 문(文), 원(元), 한(寒), 산(刪), 선(先)
5. 소(蕭), 호(豪), 효(肴)
6. 가(歌), 마(麻)
7. 양(陽)
8. 경(庚), 청(淸), 증(蒸)
9. 우(尤)
10. 침(浸), 담(覃), 함(咸), 염(鹽)

이 분류는 대체로 운미를 기준으로 한 것이다. 각 운류의 운미는 다음과 같다.

1. -ŋ	2. -i	3. -ø	4. -n	5. -u
6. -ø	7. -ŋ	8. -ŋ	9. -u	10. -m

이와 같은 분류는 동시대 운서인 『화동정음』과 비교할 때 상당히 현실적이다. 다시 말하면 당시 한자음의 실상을 충실히 반영하고 있다는 의미

를 밝히었다. 자체는 오직 『정운자전』을 따랐는데 점(點)과 획(畫)과 편방(偏旁)은 이따금 고치되 애써 근엄하게 하여 조야(朝野)의 모범으로 삼았다.

해 설

(가) 예부운략(禮部韻略) : 중국 송나라 때 시(詩)와 문(文)을 짓는 능력이 과거시험의 주요 과목이 되자 운서의 수요가 급격히 늘어났다. 이에 따라 나라에서 운서를 만들어 보급하였는데 이때 만들어진 운서가 『예부운략』으로 송나라 경우(景佑) 4년(1037)에 정도(丁度) 등이 편찬하였다. 구옹(丘雍) 등이 이전에 편찬한 『운략(韻略)』을 다시 교정한 것이다. 제목에 '예부(禮部)'라는 명칭을 쓴 것은 예부(禮部)에서 주관하던 과거 시험을 위해 간행되었기 때문이다.

(나) 운부군옥(韻府群玉) : 중국 원(元)나라의 음시부(陰時夫)가 지은 백과사전. 우리나라에서는 이 책을 본 따 조선 중기의 문인 권문해(權文海)가 1589년에 『대동운부군옥(大東韻府群玉)』을 지었다.

(다) 홍무정운(洪武正韻) : 명나라 태조(太祖)의 명에 의하여 만들어진 운서로 홍무(洪武) 8년(1375)에 명나라 태조(太祖)가 송렴(宋濂)등에 명하여 만들었다. 당시 상당한 방언차이를 보이던 남방음과 북방음을 통일한 표준적인 공통음을 만들기 위해 편찬되었다.

(라) 증보편 : 『삼운통고』가 널리 사용되자 조선 후기에 들어 이를 보완한 운서들이 나타났다. 조선 후기의 문인이고 학자로 운학에 밝았던 박두세(朴斗世)는 1702년에 『삼운통고』의 자수를 더 늘리고 더 자세한 주해를 붙여 『삼운통고보유(三韻通考補遺)』를 만들었다. 그 후 숙종 때 김제겸(金濟謙), 성효기(成孝基)는 이를 다시 증보하여 『증보삼운통고(增補三韻通考)』를 만들었다.

2.2.2.4.

원 문

蒙古亂華 音韻舛譌 高皇帝旣定天下 令宋濂等 一以中原雅音更定之 今編韻書 就洪武正韻字母 而從四聲通解諺翻之音 東音則律之以字母之法 各字註解之下以諺字書華音圜匡 東音方匡 俱鐫白文 不煩更書見溪等字母 德紅等翻切 而一諺字足以該括 亦甚簡便 近世一種韻書 以諺字大書東音 其下小書華音 位次倒置 有欠正名 故一切改正而不從

번 역

몽고가 중국을 어지럽힌 이후 음운이 잘못되었다. 고황제(高皇帝)(가)가 천하를 얻은 이후 송렴(宋濂) 등에게 명하여 중원아음(中原雅音)(나)을 모범으로 하여 고치게 하였다(다). 이제 운서를 편집하면서 『홍무정운』의 자모(라)를 기준으로 하였고, 『사성통해』에서 언문으로 표기한 음을 따랐다. 동음(東音)은 자모의 법칙을 따라 각 한자의 아래에 언자(諺字)(마)로 기록하였다. 화음(華音)은 둥근 바탕 속에, 동음은 네모 바탕 속에 흰 글자로 써서 견(見), 계(溪) 등의 자모와 덕(德), 홍(紅) 등의 반절을 다시 쓰지 않고도 한 글자로 다 기록할 수 있어 또한 매우 간편하다. 근세에 한 종류의 운서(바)는 한글로 우리 음을 크게 쓰고 그 아래에 중국 음을 작게 써서 위차(位次)가 거꾸로 되어 명분에 흠이 있기 때문에 모두 개정하고 따르지 않았다.

해 설

(가) 고황제(高皇帝) : 명나라의 태조 주원장(朱元璋 : 1328~1398)의 시호. 연호는 홍무(洪武)이다.

(나) 중원아음(中原雅音) : 원나라의 주덕청(周德淸)이 1324년에 지은

운서인 『중원음운(中原音韻)』의 다른 이름. 『중원음운(中原音韻)』은 당시 널리 사용되던 광운에 표기된 한자음이 현실음과 맞지 않게 되자 이를 바로 잡기 위하여 만들어졌다. 원나라 당시 수도인 북경(北京) 지방의 한자음을 주로 기준으로 삼고 강남(江南) 일대의 현실음을 참고하여 만든 운서이다. 중국남부와 북부 지방의 한자음을 통일하고자 만든 운서이기 때문에 명 태조가 의도한 표준적인 운서 편찬의 모델이 되었다.

(다) 고치게 하였다 : 명나라 태조의 명에 의하여 새로이 표준 한자음을 수록한 『홍무정운(洪武正韻)』을 편찬한 일을 말한다.

(라) 홍무정운의 자모 : 홍무정운은 31자모 체계로 되어 있다. 『사성통해(四聲通解)』의 권두에 실려 있는 '홍무운 31자모지도(洪武韻三十一字母之圖)'는 다음과 같다.

五音	角	徵	羽		商		宮	半徵	半商
五行	木	火	水		金		土	半火	半金
七音	牙音	舌頭音	脣重音	脣輕音	齒頭音	正齒音	喉音	半舌	半齒
全淸	見ㄱ	端ㄷ	幫ㅂ	非ㅸ	精ㅈ	照ㅈ	影ㆆ		
次淸	溪ㅋ	透ㅌ	滂ㅍ		淸ㅊ	穿ㅊ	曉ㅎ		
全濁	群ㄲ	定ㄸ	並ㅃ	奉ㅹ	從ㅉ	牀ㅉ	匣ㆅ		
不淸不濁	疑ㆁ	泥ㄴ	明ㅁ	微ㅱ			喩ㅇ	來ㄹ	日ㅿ
全淸					心ㅅ	審ㅅ			
全濁					邪ㅆ	禪ㅆ			

<표 10> 홍무운 31자모지도

(마) 언자(諺字) : 훈민정음 즉 한글을 말한다.

(바) 한 종류의 운서 : 여기서 말하는 '한 종류의 운서'는 『삼운성휘(三韻聲彙)』를 말한다. 홍계희가 편찬한 『삼운성휘』는 각 성조별로 한자를 나눈 뒤, 각 성조에 속하는 한자는 훈민정음의 순서대로 배열하였다. '위차가 바뀌었다'는 표현은 한자음을 표기하면서 한자의 아래 동음을 크게 표기하고 그 뒤에 화음을 작게 표기한 것에 대한 불만으로 보인다. 즉 한

자음의 경우 화음이 동음에 우선해야 하는데 동음을 크게 표기한 것이 잘못이라는 의식을 드러낸 것으로 보아야 한다. 동시대에 만들어진 운서 가운데 『삼운성휘』는 동음 중심으로 동음을 먼저 기록하고 화음을 뒤에 기록하였으나, 『화동정음』과 『규장전운』은 자음을 표기할 때 화음을 먼저 기록하고 동음을 그 다음에 기록하였다.

2.2.2.5.

원 문

近世朴性源正音通釋 華音則不刪俚音 東音則特揭俗音 寔爲適用之書 而今編韻書 務從典雅 故至若華音之兒音ㆀ 二音ㆀ之類 明是蒙古遺音 倂屬刪汰 東音之俚俗者 人皆自知 何必更說 然今編韻書 爲詞林之木鐸 正音通釋作鞮象之指南 與之竝行 固不相悖矣

번 역

근세 박성원이 지은 정음통석[(가)]은 화음에서는 이음을 삭제하지 않고 동음에서는 속음을 특별히 기록하여 실로 쓰기에 적당한 책이다. 지금 운서를 편찬함에 있어 그 전아함을 따랐다. 그러므로 '아(兒)'의 화음 'ㆀ'이나 '이(二)'의 화음 'ㆀ' 등은 몽고음의 흔적이기 때문에 함께 삭제하였으며, 동음의 속음은 모든 사람들이 다 아는 것인데 어찌 다시 말할 필요가 있겠냐만 지금 만드는 운서는 사림(詞林)의 목탁(木鐸)[(나)]이 되고, 정음통석은 제상(鞮象)의 지남(指南)[(다)]이 될 것이니 함께 병행하더라도 서로 어긋남이 없을 것이다.

해 설

(가) 정음통석 : 박성원이 지은 『화동정음통석운고(華東正音通釋韻

考)』를 줄여 부르는 이름이다. 일반적으로 『화동정음(華東正音)』이라고도 부른다.

(나) 사림(詞林)의 목탁(木鐸) : 시인이나 문인들의 사회에서 표준이 됨을 이르는 말.

(다) 제상(鞮象)의 지남(指南) : 역관들의 지침이 됨을 이르는 말.

2.2.2.6.

원 문

洪武正韻排韻 俱用字母之次互相爲統 今倣其例 以諺書俗稱反切之次爲定 一字互見於上平去入者 字傍平則標○ 上則表● 去則表◗ 入則表◗ 互見他韻者 註部首字加匡 一韻內字同而音義不同者 註諺音加亞匡 同字異形者註同 或籒或古或俗非同字別義者 仝字下註別義 異字通用者 本義下註仝字 一字而通用二字者 書於二字之間 註仝上仝下

번 역

홍무정운의 운목 배열을 함께 사용하고 자모의 차례를 함께 써서 서로 줄기를 삼았다. 이제 그 예를 본받아 언서(諺書) 즉 소위 반절(反切)[가]의 차례[나]로 순서를 정하였다. 한 글자가 상성, 평성, 거성, 입성에 두루 실려 있는 경우 글자 옆에 평성은 ○, 상성은 ●, 거성은 ◗, 입성은 ◗를 표시하였다. 한 글자가 다른 운목에 보이는 경우 부수(部首)를 주를 달아 바른 음을 표시하였으며, 한 운목 안에 있는 글자로 음과 뜻이 서로 다른 경우는 언음으로 주를 달고 아광(亞匡)을 더 하였다. 같은 글자이면서 모양이 다른 것은 '동(同)'이라 주하였으며, 혹 주자(籒字), 고자(古字), 속자(俗字)로 같은 글자는 아니면서 다른 뜻을 가진 것은 '동(同)'자 아래 '별의(別義)'라 주를 하고, 다른 글자이면서 통용하는 것은 본의(本義) 아래

‘동’이라고 주하였다. 한 글자가 두 가지 글자로 통용되는 것은 두 글자 사이에 ‘동상(仝上)’, ‘동하(仝下)’라고 주하였다.

해 설

(가) 반절(反切) : 중국에서 예로부터 한자음을 표기하던 방식. 하나의 한자음을 두 개의 한자를 이용하여 표기하였다. 예를 들면 동(東)의 반절은 ‘덕홍절((德洪切)’인데 이는 ‘덕’의 /ㄷ/과 ‘홍’의 /ㆅ/을 합한 ‘동’으로 읽는 방식이다. 그러나 『규장전운』의 범례에서 말하는 ‘반절’은 중국 한자음을 표기하는 본래 의미의 반절이 아니라 훈민정음을 달리 일컫는 표현으로 사용되고 있다.

(나) 반절의 차례 : 『규장전운』에 수록된 한자의 배열 순서는 모든 한자를 우선 운목에 의하여 분류하고 동일 운에 속하는 한자는 동음의 자모순으로 배열하였다. 자모순은 모음을 우선하고 동일 모음인 경우 자음순으로 하였다. 평성(平聲) 동운(東韻)에 속한 자들의 배열 순서를 그 대표자들만 열거하여 보면 다음과 같다. 표기된 음은 동음(東音)이다.

公(공) - 東(동) - 櫳(롱) - 蒙(몽) - 蓬(봉) - 翁(옹) - 嵸(종) - 悤(총) - 通(통) -烘(홍) - 終(죵) - 弓(궁) - 雄(웅) - 風(풍) - 隆(륭) - 崇(슝) - 融(융) - 中(즁) - 忠(츙)

한편 한자는 동음자들이 많이 나타나는데 이들은 성모의 자모순으로 배열되었다. 예를 들어 동운(東韻)의 처음에 실려 있는 ‘공’과 ‘동’의 경우 다음과 같다.

(공)公 工 功 紅 空 崆 箜 悾 (동)東 凍 蝀 同 仝 侗 銅 峒
└ 見母 ┘ └ 溪母 ┘ └端母┘ └ 定母 ┘

2.2.2.7.

원 문

諺字一依四聲通解 而俗所謂反切 人皆易曉 其中另有字母所用難曉者 如全清精字用ᅎ 照字用ᅐ 次清淸字用ᅔ 穿字用ᅕ 全濁從字用ᅏ 牀字用ᅑ 左右側畫 互有長短 隨字母而不同 雖相見於四聲通解字母圖 人或疑眩 故姑拈數段以示槪略 侵覃鹽咸四韻終聲 華俗皆呼爲ㄴ 而正音通釋從之 惟四聲通考通解 皆用ㅁ 今從之

번 역

언문 글자는 한결같이『사성통해』에 의거하였는데, 흔히 말하는 반절(反切)은 모든 사람들이 다 알기 쉬우나 그 중에 별도의 자모가 있어 이해하기 어려운 글자에 사용한다. 전청(全淸)(가)의 정모(精母)는 'ᅎ'를, 조모(照母)는 'ᅐ'를 쓴다. 차청(次淸)의 청모(淸母)는 'ᅔ'를 쓰고, 천모(穿母)는 'ᅕ'를 쓴다. 전탁(全濁)의 종모(從母)는 'ᅏ'를 쓰고, 상모(牀母)는 'ᅑ'를 쓰는데 좌우로 기울어진 획에 서로 장단(長短)이 있어 자모에 따라 각각 다르다. 이들은 이미『사성통해』자모도에 보이는데, 사람들이 혼동하고 의심하여 우선 두 가지를 붙여 개략의 모습을 보인다. 침(侵), 담(覃), 염(鹽), 함(咸) 등 4운의 종성은 화음의 속음(나)은 모두 'ㄴ'으로 말하는데,『정음통석』이 이를 따랐다. 다만『사성통해』와『사성통고』는 모두 'ㅁ'으로 기록하였기에 이제는 이를 따른다.

해 설

(가) 전청(全淸) : 한자의 성모는 소리의 성질에 따라 청(淸), 탁(濁)으로 나뉜다. 그리고 이들은 다시 전청(全淸)과 차청(次淸), 전탁(全濁)과 차탁(次濁)으로 나뉘는데 차탁(次濁)은 불청불탁(不淸不濁)이라고도 불린

다. 전청은 무성무기음이고 차청은 무성유기음, 전탁은 유성무기음이고, 불청불탁은 공명음을 가리킨다.

(나) 침(侵), 담(覃), 염(鹽), 함(咸) 등 4운 종성의 'ㄴ'표기 : 중국 한자음에서 침(侵), 담(覃), 염(鹽), 함(咸)운은 모두 어말 자음 /m/으로 끝나는 소리이다. 그런데 이 소리가 『중원음운(中原音韻)』(1324)부터 /n/으로 변하기 시작한다. 그 결과 『홍무정운』은 광운의 반절이 필금절(筆錦切), 배음절(丕飮切)로 침운(侵韻)에 속하는 품(品), 름(稟)을 진운(軫韻)에 소속시키고 있다. 또 1442년에 편찬된 『운략이통(韻略易通)』에 이르러 한자음의 성질에 따라 나누어져 개구음(開口音) 운모에서는 /m/으로 그대로 유지되나, 합구음(合口音) 운모에서는 /n/으로 변하더니, 17세기에 들어서는 완전히 /n/으로 고정된다.

이러한 중국 한자음의 변화를 인식하여 『화동정음』은 변하여진 소리대로 /n/ 즉 /ㄴ/으로 표기하였으나 『삼운성휘』는 /ㅁ/으로 표기하여 전통을 따르고 있다. 동시대 운서 사이에서도 이에 대한 입장이 다름을 알 수 있는데 『규장전운』도 『삼운성휘』와 마찬가지로 /ㅁ/으로 표기하고 있다.

2.2.2.8.

원 문

古昔有韻 自六經始 而屈原離騷 楊雄太玄焦贛易林 莫不有韻 漢儒皆能通曉 沈約拘以四聲 古韻失傳 唐人精通古韻者 惟杜甫韓愈白居易柳宗元 至宋吳棫作韻補始有成書 朱子嘗取之以釋毛詩離騷 邵長衡韻略 爲近世通行之書 而各韻之下 編吳氏韻補及楊愼轉註古音與長衡所自補若刊條 今約略抄附 俾藝苑墨客 略諳全鼎之一臠 至若按而行之 則顧炎武音學五書在耳 玆故簡而不詳 亦依潘恩詩韻輯略例 姑削註引只著書名 且特揭飜切不標諺字

者 若回翻切華音固可繹 而不敢以諺字勤定東音 愼重故也

번 역

옛날의 운은 육경으로부터 비롯되었다. 굴원의 이소나 양웅의 태현경, 초공의 역림이 운을 달지 않은 것이 없어 한나라의 선비들이 모두 능히 이를 깨달아 알았다. 이를 심약이 사성(四聲)으로 구속하자 옛날부터 내려오던 운이 사라져 버렸다. 당나라 사람으로 고운에 정통한 자는 오직 두보(杜甫), 한유(韓愈), 백거이(白居易),(가) 유종원(柳宗元)(나) 등이었다. 송(宋)나라에 이르러 오역(吳棫)이 운보(韻補)를 지으면서 비로소 운에 관한 책이 이루어졌다. 주자(朱子)가 일찍이 이 책을 가지고 모시(毛詩)와 이소(離騷)를 풀이하였다. 소장형(邵長蘅)의 운략(韻略)이 근세에 널리 통용되는 책이 되었는데, 각 운의 아래에 오씨의 운보와 양신(楊愼)(다)의 전주고음(轉註古音)과 소장형이 보완한 약간의 조목을 합하여 편찬한 것으로 이제 대략의 내용을 요약해 써 붙여서 예원의 묵객들로 하여금 대략이나마 전체 중에 일부의 내용을 알게 하였다. 요즘 널리 쓰이는 것으로는 고염무(顧炎武)(라)의 음학오서(音學五書)가 있을 뿐인데 이것은 간략하여 상세하지 않다. 또한 반은(潘恩)(마)의 시운집략(詩韻輯略)의 예에 의하여 주인(註引)을 삭제하고 단지 책이름만 기록하였다. 특히 반절을 기록하되 언문글자로 표기하지 않은 것은 반절을 따르면 화음을 알 수 있기 때문으로 감히 언문으로 기록하여 동음을 정하지 않은 것은 신중을 기한 까닭이다.

해 설

(가) 백거이(白居易) : 중국 당(唐)나라 때의 시인.

(나) 유종원(柳宗元) : 중국 당나라 때의 문학자, 철학자.

(다) 양신(楊愼) : 중국 명나라 때의 문학자・학자.

(라) 고염무(顧炎武) : 중국 청(靑)나라를 대표하는 고증학자. 성리학의

관념적 주석방식을 버리고 귀납적 방법과 문헌고증학적 연구방법을 옹호하였으며, 경세치용(經世致用)을 탐구해야 한다고 주장했다. 고음학(古音學)의 기초를 닦았다. 그가 지은 『음론(音論)』, 『시본음(詩本音)』, 『역음(易音)』, 『당운정(唐韻正)』, 『고음표(古音表)』 등 5권의 음운 이론서를 한꺼번에 일컬어 음학오서(音學五書)라 한다.

(마) 반은(潘恩) : 중국 명나라 때의 음운학자 · 시인. 당시 유행하던 『패문운부(佩文韻府)』를 본 따 『시운집략(詩韻輯略)』 5권을 지었다.

2.2.2.9.

원 문

古韻通轉 諸家聚訟 平聲之庚青蒸侵皆可通眞 而眞與先不相通 入聲之陌錫皆可通月 職緝皆可通質 而質與月不相通 此則吳棫韻補例也 近世詩人吳偉業 最喜邵長蘅韻略 證諸古樂府及杜韓詩 又質諳李因篤顧炎武 定以東冬江相通 眞文元寒刪先相通 蕭肴豪相通 歌麻相通 陽無通 庚青蒸相通 尤無通 侵覃鹽咸相通 上去入視此爲例 盖点不易之論 今以次附于各韻之下

번 역

고운의 통전(通轉)[가]은 여러 학자들의 논쟁이 지속되고 있는데 평성의 경(庚), 청(靑), 증(蒸), 침(侵)운은 모두 진(眞)운과 통할 수 있다. 그러나 진(眞)과 선(先)운은 서로 통하지 않는다. 입성의 맥(陌)과 석(錫)운은 월(月)운과 통할 수 있다. 직(職), 집(緝)은 모두 질(質)운과 통할 수 있다. 그러나 질(質)과 월(月)운은 서로 통하지 않는다. 이것은 오역의 운보의 예이다. 근세의 시인 오위업(吳偉業)[나]은 소장형의 운략을 가장 좋아했는데, 모든 고악부(古樂府)와 두보, 한유 등의 시에서 이를 증명했다. 또 이인독(李因篤),[다] 고염무(顧炎武) 등에게 물어서 다음과 같이 정했다. 동

(東), 동(冬), 강(江)운은 서로 통하고 진(眞), 문(文), 원(元), 한(寒), 산(刪), 선(先)운은 서로 통한다. 소(蕭), 효(肴), 호(豪)운은 서로 통한다. 가(歌), 마(麻)운은 서로 통하나 양(陽)은 통하는 것이 없다. 경(庚), 청(靑), 증(蒸)운은 서로 통한다. 우(尤)운은 통함이 없고 침(侵), 담(覃), 염(鹽), 함(咸)운은 서로 통한다. 상성과 거성, 입성은 이를 보아 예를 삼았다. 대체로 바꿀 수 없는 논의이므로 이제 각 운의 아래에 차례로 붙인다.

해 설

(가) 통전 : 시를 지을 때 비슷한 소리를 가진 운끼리 서로 통하여 쓰는 방법.

(나) 오위업(吳偉業) : 중국 청나라 때의 문학가・희곡작가.

(다) 이인독(李因篤) : 중국 청나라 때의 문인.

2.2.2.10.

원 문

五七律絶 謂之近體 近者非古之謂也 不許通轉 格法截嚴 俗用一入一出 謂之進退格 或絶句單通 謂之平沙落雁 原系陋習 不當效法 五七古詩 始可通轉 而亦不必用古叶 至於賦頌銘誄箴贊之類 可以略用古叶 譬如彝器之陳敦罍 雅樂之懸鐘磬 不廢古色古響 東人全不察此 强稱散韻 惟口是矢 縱有合作 不可入選 至如七言古詩 押韻耀奇騁險 以徘奡爲致者 不妨以一韻到底 而歌行興花 亦須迭用四聲 每以平聲隔別 然後音節頓挫 古之作家 大率如此

번 역

오언과 칠언의 율시와 절구 등은 근체시(近體詩)(가)라고 하는데, 근(近)이란 고(古)가 아님을 일컫는다. 통전(通轉)을 허락하지 않고 시를 짓는

법(格法)이 매우 엄격하다. 세속에서 한번 들어가고 한번 나오는 것을 진퇴격(進退格)이라 하고, 때로 절구(絶句)의 단통(單通)을 평사낙안(平沙落雁)이라 하는데, 원래 잘못된 습관에 매여 있으므로 본받기가 마땅하지 않다. 오언, 칠언의 고시에서 비로소 통전될 수 있는데 옛날의 협운(古叶)을 사용할 필요가 없고 부(賦), 송(頌), 명(銘), 뇌(誄), 잠(箴), 찬(贊)[(나)] 등에 이르러야 약간의 고협을 쓸 수 있으니, 비유하자면 이기(彝器)에 대뢰(敦罍)[(다)]를 진열하는 것이나 아악(雅樂)에 종경(鐘磬)[(라)]을 달아 연주하는 것과 같아서 고색(古色)과 고향(古響)이 사라지지 않는다. 다만 우리나라 사람들이 이 점을 전혀 살피지 않고 억지로 산운(散韻)이라고 하니 오직 입에서 나오는 대로 하니 비록 좋은 작품이 있다 해도 입선이 되지 않는다.

칠언고시에 이르러는 운자를 달 때 기이함을 자랑하고 특이한 것만을 의지하여 배오(徘奡)[(마)]로 극치를 삼으니 한 운으로 끝맺는 것이 해롭지는 않지만, 가행(歌行)[(바)]에 홍을 붙임에 있어서는 모음지기 사성을 번갈아 쓰되 매번 평성으로 간격을 둔 뒤에야 음절이 갑자기 꺾이게 되니 옛날의 작가들이 대개 이러하였다.

해 설

(가) 근체시(近體詩) : 중국 당나라 때에 완성된 한시(漢詩)의 형태. 운(韻)을 다는 방법과 평측(平仄)법 등에 따라 절구(絶句)와 율시(律詩), 배율(排律)의 형식으로 나누어지며 한 구의 글자 수에 따라 5언, 7언으로 나뉜다.

(나) 부(賦), 송(頌), 명(銘), 뇌(誄), 잠(箴), 찬(贊) : 중국 산문의 장르 명칭.

(다) 이기(彝器)에 대뢰(敦罍) : 이기는 종묘에 갖추어 놓고 나라의 제사를 지낼 때 사용하는 그릇을 말한다. 대뢰란 곡식 담는 제기와 술 그릇을 일컫는 말이다.

(라) 아악(雅樂)에 종경(鐘磬) : 아악은 옛날 우리나라의 궁정용 고전 음악을 말한다. 종(鐘)과 경(磬)은 놋쇠와 돌, 옥으로 만든 악기의 이름이다.

(마) 배오(徘奡) : 익살과 재치를 말함.

(바) 가행(歌行) : 한시의 한 형식.

2.2.2.11.

원 문

我東科詩 頗其音調蓋亦古詩之流 肰古詩則通押入聲 科詩則一切不押 豈非陋規 且科賦不拘四聲 隨口通押 命曰 嘴韻 無所顧忌 至於增韻 固多好字 如支韻之鰣字獅字之類 及其見於經傳之字 本非迂僻 而不敢通押 亦甚無謂 自今主試者 詩則許押入聲及增韻 賦則依例通轉 俾存界限 期還大雅

번 역

우리나라에서 시를 지을 때는 자못 그 음조가 대개 고시의 종류이다. 그러나 고시는 입성을 통압(通押)[가]하였는데 과거에서 시를 지을 때는 이를 허용하지 않았으니 어찌 어색한 법이 아니겠는가? 또 부를 지을 때는 사성에 구애되지 않고 입에 따라 통압하고 취운(嘴韻)이라 하여 꺼리는 바가 없다.

증운(增韻)에 이르러서는 진실로 좋은 글자가 많은데 지(支)운의 시(鰣)자나 사(獅)자와 같은 종류이다. 그 경전에 보이는 글자에 이르러서도 본래 궁벽한 자가 아니지만 함부로 운을 통하여 쓰지 않으니 매우 잘못된 것이다. 이제부터는 시험을 주관하는 자가 시(詩)를 지을 때는 입성 및 증운을 허용하고, 부(賦)를 지을 때는 고운통전의 예에 의거하여 한계를 두어 원직에 맞게 돌아가도록 기해야 할 것이다.

해 설

(가) 입성의 통압 : 정조가 『규장전운』을 만들도록 한 이유 가운데 하나가 당시 한시를 지을 때 입성자를 운자로 사용하지 않는 것에 대한 불만이었다. 그러나 고려 말은 물론 조선 후기의 시인들의 작품에는 여전히 입성자를 운자로 사용한 예들이 나타난다. 그럼에도 불구하고 정조가 불만을 나타내고 있는 것은 문단의 작시 예를 반영한다기보다 운서들의 삼운주의를 비판하기 위한, 작시의 원칙에 관한 언급으로 이해된다.

참고로 입성자를 운자로 사용한 작품의 예를 고려시대 김부식(金富軾)의 〈결기궁(結綺宮)〉과 조선 후기 시인으로 이덕무와도 교류가 있었던 이언진(李彦瑱)의 〈자제(自題)〉를 보인다.

堯階三尺卑(요계삼척비) 요 임금의 계단은 석 자로 낮아졌어도
千載稱其德(천재칭기덕) 천추에 그 덕이 칭송을 받고
秦城萬里長(진성만리장) 진시황이 만든 성은 만 리나 되지만
二世失其國(이세실기국) 두 대에 그 나라 사라져 버렸네
古今靑史中(고금청사중) 예나 이제나 역사 속에서
可以爲規式(가이위규식) 법칙으로 되어 있건만
隋皇何不思(수황하불사) 수양제는 어찌 생각하지 못하여
土木竭人力(토목갈인력) 토목공사로 인력을 허비했는가?

-김부식(金富軾)의 〈결기궁(結綺宮)〉

五官外具文眼(오관외구문안) 오관은 물론 글솜씨도 갖추었으니
百病中無錢癖(백벼중무전벽) 온갖 병 중에 돈 모으는 고집만 없구나.
音得寫得畫得(음득사득화득) 시를 읊고 글씨 쓰고 그림 그리니
人所應有皆足(인소응유개족) 사람이 해야할 바 모두 갖췄네

-이언진(李彦瑱)의 〈자제(自題)〉

2.3. 규장전운의 본문과 운모 체계

우리는 앞장에서 『규장전운』의 의례와 범례에 대해 살펴보았다. 이제는 『규장전운』의 본문에 대해 알아보겠다. 운서는 운을 중심으로 한자를 분류하여 모아놓은 책이기 때문에 운서의 본문을 이해하는 길은 결국 운서가 채택하고 있는 운의 체계를 이해하는 것이다. 운의 체계란 한자의 분류 기준이 되는 운을 몇 종류로 나누고 있는가? 또 각각의 운은 어떤 모음과 자음으로 구성되어 있는가? 다른 운과의 음운적 관계는 어떠한가? 등이 고찰의 대상이 된다.

우리는 앞장의 『규장전운』 해제에서 『규장전운』에 수록된 한자음의 특성을 초성과 중성, 종성으로 나누어 살펴본 바가 있다. 이 장에서는 한자음의 운에 대해 간략히 살펴보고 난 뒤 『규장전운』 본문에 실려 있는 한자음을 각 운목별로 나누어 살펴보고자 한다. 그러나 지나치게 세부적인 내용의 고찰은 지양하고 일반적인 범위에서 이 운서의 특징을 드러내 보이도록 하겠다. 이 장에서 밝히고자 하는 내용은 운목별 수록 한자수와 동음의 모음 분포 및 이들의 중국 한자음과의 관계, 중기 동음 자료와의 비교를 통한 근대 국어 한자음의 변화 등에 대해 논의하고자 한다.

2.3.1. 한자음의 운모 체계

중국인들이 그들의 소리를 성모(聲母)과 운모(韻母), 그리고 성조(聲調)로 나누어 설명하고 있다는 것은 이미 앞에서 밝힌 바가 있다. 한자음에 대한 중국인들의 이러한 설명 방식은, 중국 한자음에 바탕을 두고 있는 우리 한자음의 설명에도 자연스레 적용된다. 그러므로 『규장전운』의 운모 체계를 이해하는 데에도 중국 한자음의 이해가 선행되어야 함은 지극히 당연한 이치이다. 그러므로 먼저 일반적으로 이야기되는 한자음의

운모 체계에 대해 간략히 알아보도록 하겠다.[56]

2.3.1.1. 운의 분류

중국에서는 시대별로 운의 분류가 달라진다. 이는 결국 중국어의 음운 체계가 변하여 왔음을 의미하는 것이다.

현재 전해지는 중국 운서 가운데 가장 오랜 운서는 수나라 때인 606년에 육법언(陸法言)이 편찬한 『절운』이다. 이 운서에 표기된 운을 분류하여 보면 평성 54종류, 상성 52종류, 거성 57종류, 입성 32종류로 모두 195운으로 나누어져 있다.

이후 절운은 운서 편찬의 모범으로 인식되어 중국 운서의 대종을 이루고 이를 모방한 다양한 운서가 만들어진다. 이런 운서들을 절운계 운서라고 부른다. 절운계 운서의 대표적인 운서는 송(宋)나라 때인 1008년에 진팽년(陳彭年), 구옹(邱雍) 등이 황제인 진종(眞宗)의 명을 받아 편찬한 『대송중수광운(大宋重修廣韻)』(앞으로 『광운(廣韻)』으로 줄여 부른다.)이다. 광운은 평성 57운, 상성 55운, 거성 60운, 입성 34운 등 206운으로 구성되어 있어 절운보다 운목의 숫자가 늘어났다. 이는 수나라 때보다 송나라 때에 운의 분류가 더욱 섬세하여 졌음을 의미한다.

『광운』의 206운은 평성, 상성, 거성, 입성 등 사성에 의해 서로 배합되

---

56) 당작번(2002)은 운과 관련된 용어들을 명확히 정리하고 있다. 즉 운(韻)은 운복과 운미를 포괄하는 개념인데, 운모(韻母)는 이외에 운두까지를 고려한 개념이라 하였다. 그러므로 운이 운모보다 더 넓은 개념이 된다. 운류(韻類)는 반절하자의 하위분류로 여기에는 성조가 고려의 대상이 된다. 운부(韻部)는 운모와 같은 개념이고, 운섭(韻攝)은 등운학에서 주요모음이 유사하고 운미가 동일한 운을 통합한 개념이다. 운목(韻目)은 각 운의 대표글자를 말한다. 그러나 본서에서는 통상적인 용례대로 운과 운모를 엄격히 구별하지 않고 개별적인 운을 얘기할 경우는 'A운'이라 하고 전체적인 체계를 얘기할 때는 '운모'로 통칭하여 사용한다. 나머지 용어에 대해서는 당작번의 정의를 따른다.

번호	평성	상성	거성	입성	번호	평성	상성	거성	입성
1	東	董	送	屋	2	冬		宋	沃
3	鍾	腫	用	燭	4	江	講	絳	覺
5	支	紙	寘		6	脂	旨	至	
7	之	止	志		8	微	尾	未	
9	魚	語	御		10	虞	麌	遇	
11	模	姥	暮		12	齊	薺	霽	
13			祭		14			泰	
15	佳	蟹	卦		16	皆	駭	怪	
17			夬		18	灰	賄	隊	
19	咍	海	代		20			廢	
21	眞	軫	震	質	22	諄	準	稕	術
23	臻			櫛	24	文	吻	問	物
25	欣	隱	焮	迄	26	元	阮	願	月
27	魂	混	慁	沒	28	痕	很	恨	
29	寒	旱	翰	曷	30	桓	緩	換	末
31	刪	潸	諫	鎋	32	山	產	襉	黠
33	先	銑	霰	屑	34	仙	獮	線	薛
35	蕭	篠	嘯		36	宵	小	笑	
37	肴	巧	效		38	豪	皓	號	
39	歌	哿	箇		40	戈	果	過	
41	麻	馬	禡		42	陽	養	漾	藥
43	唐	蕩	宕	鐸	44	庚	梗	映	陌
45	耕	耿	諍	麥	46	淸	靜	勁	昔
47	靑	迥	徑	錫	48	蒸	拯	證	職
49	登	等	嶝	德	50	尤	有	宥	
51	侯	厚	候		52	幽	黝	幼	
53	侵	寑	沁	緝	54	覃	感	勘	合
55	談	敢	闞	盍	56	鹽	琰	豔	葉
57	添	忝	掭	帖	58	咸	豏	陷	洽
59	銜	檻	鑑	狎	60	嚴	儼	釅	業
61	凡	范	梵	乏					

<표 11>『광운』의 운목과 사성상배표(四聲相配表)

어 각각 하나의 묶음을 형성한다. 206운을 사성별로 정리하면 61류가 된다. 이를 자세히 보이면 <표 11>과 같다.

그 후 세월이 지나면서 『광운』의 206운목 체계는 점차 통합되어 1212년 한도소(韓道昭)가 편찬한 『오음집운(五音集韻)』에 이르러 북방어를 근거로 160운으로 정리된다. 이 체계는 그 후 1219년 왕문욱(王文郁)이 편찬한 『평수신간예부운략(平水新刊禮部韻略)』에 이르러 소위 평수운(平水韻)이라 하여, 평성 기준으로 30개의 운부 106운으로 정리된다. 이 106운은 이후 시를 지을 때의 한자음의 표준으로 인식되어 오랜 세월, 중국은 물론 한국에서도 강력한 영향력을 가지게 된다. 심지어 성조 체계 및 성조 간의 차이를 인식하지 못하는 현대 한국 사회에서도 작시의 기본으로 여겨지고 있다. 그러나 그 후에도 운목 간의 통합이 꾸준히 이루어져 『중원음운(中原音韻)』은 평수운의 30개 운부를 19운부 48운모로, 『홍무정운(洪武正韻)』은 22운부 76운모로 합병하였다.

2.3.1.2. 운두 체계

운(韻)은 운두(韻頭)와 운복(韻腹), 운미(韻尾)로 나뉜다. 운두는 개음(介音)이라고도 부르는데, 현대 언어학에서 말하는 반모음(半母音)을 가리키는데, 성모와 운복 즉 주요모음 사이에 위치하며, 스스로 음절을 형성하지 못하고, 모음과 결합하여 이중모음을 형성하는 활음(滑音)으로 /j, w/의 두 종류가 있다.

운은 이들의 개재(介在)여부에 따라 4가지로 구별되는데 이를 '4호(四呼)'라고 부르는데 다음과 같이 구별된다.

ㄱ. 개구호(開口呼) : 반모음이 없이 주요모음으로만 구성되어 있는 운
ㄴ. 제치호(齊齒呼) : 주요모음이 /i/ 이거나 반모음 /j/가 개재되어 있는 운
ㄷ. 합구호(合口呼) : 주요모음이 /u/이거나 반모음 /w/가 개재되어 있는 운
ㄹ. 촬구호(撮口呼) : 주요모음이 /y/이거나 개음 /ü/가 개재되어 있는 운[57]

그런데 광의로 사용될 때는 개구호와 제치호를 합하여 개구(開口)라 하고, 합구호와 촬구호를 합하여 합구(合口)라 부르기도 한다. 결국 이 구분은 모음의 원순성의 유무로 구별되는 것이다.

국어의 음절에도 반모음은 /j, w/ 두 가지가 있다. 예를 들어 /a/는 /ㅏ/이고 /ja/는 /ㅑ/이며 /wa/는 /ㅘ/이다. 중기 국어 시기에는 화음의 경우와 마찬가지로 주요모음의 앞이나 뒤에 개재되어 이중모음을 형성하였다. 이 가운데 상승이중모음은 현대 국어에 이르기까지 유지되고 있으나 하강이중모음은 근대 국어 시기에 들어 대부분 단모음으로 변하였고 현재는 'ㅢ'가 유일하다.

2.3.1.3. 운복 체계

운모를 구성하는 주요모음을 운복이라고 하는데 이는 음절구성의 가장 중심이 되는 모음 즉 핵모음(核母音)이다. 국어의 음절구조와 비교하면 중성 즉 음절을 구성하는 가장 중요한 요소인 '모음'에 해당한다. 『광운』을 기준으로 정리한 중고음의 운모는 위에서 살펴본 바와 같이 모두 206운으로 정리된다. 이들은 사성으로 다시 나뉘는데 성조를 고려하지 않으면 운모의 숫자는 61류로 줄어들게 된다. 그러나 이는 개음과 운미를 포함하는 것이므로 실제로 핵모음의 숫자는 이보다 훨씬 적다.

왕력(1985)는 화음의 성모와 운모, 성조의 변화를 각 시대별로 나누어 고찰하고 있는데 이를 통해 귀납된 각 시대별 운복 체계는 <표 12>와 같다.

중국 한나라 때 사람들은 여섯 개의 핵모음을 활용하여 언어생활을 했다는 것이고 송나라 때 사람들은 이보다 2개의 모음이 더 많은 8개의 모

---

57) 개음 /ü/는 기저형의 개음 /j/와 /w/의 자질이 중복되어 표출되는 음이다. 즉 /w/가 /j/에 이끌려 전설화된 음이므로 개음의 체계에서는 제외한다.

시 대	운 복
한나라 시대	u, o, ɔ, ɑ, ə, e
위진남북조 시대	u, o, ɔ, ɑ, ə, e, ɐ, æ
수-중당 시대	u, o, ɔ, ɑ, a, ɐ, æ, ə, i
만당-5대 시대	u, o, ɑ, a, ɐ, æ, ə, i, ɿ
송나라 시대	u, ɔ, a, ɐ, æ, ə, i, ɿ
원나라 시대	u, ɔ, a, æ, ə, i, ɿ
명청 시대	u, ɔ, a, e, ə, i, y, ɿ

<표 12> 각 시대별 화음의 운복 체계

음을 사용하였다는 의미이다. 위 표에 따르면 화음의 운목 체계는 역사적으로 지속적인 분화와 통합의 과정을 겪은 것으로 보인다. 절운계 한자음의 시기인 '수-중당 시대'와 그 뒤를 잇는 '만당-5대 시대'의 중고음 운복 체계가 수적으로 9운목 체계가 되어 가장 분화되어 있었음을 알 수 있다. 언어는 살아있는 것이고 시대와 지역에 따라 늘 변화하는 것이기 때문에 이런 변화는 당연한 결과이다.

현대 한국 한자음의 기원이라고 추정되는 수, 당시대의 운복 체계가 위에 제시한 대로 /u, o, ɔ, ɑ, a, ɐ, æ, ə, i/의 9모음 체계라고 할 때, 이들은 한국 한자음에서는 대체적으로 /ㅜ, ㅗ, ·, ㅏ, ㅐ, ㅓ, ㅣ/의 7모음으로 반영되었다. 이러한 반영의 양상에 대해서는 각 운의 고찰에서 좀 더 구체적으로 논의하기로 한다.

2.3.1.4. 운미 체계

운미는 핵모음 뒤에 이어지는 자음을 말한다. 국어의 음절 체계와 비교하면 종성 즉 받침에 해당하는 소리이다. 중고한자음에서 운미는 다음과 같이 나뉘어진다.[58]

58) 현대 중국 표준어의 운미는 /i, u, n, ŋ/의 네 가지이다(왕력, 1985).

ㄱ. 양운미 : /m, n, ŋ/
ㄴ. 음운미 : /ø, i, u/
ㄷ. 입성운미: /p, t, k/

이들 운미는 화음에서는 운모의 일부이나 동음에서는 종성으로 초성, 중성과 함께 음절을 이루는 독립적인 요소이다. 따라서 이들이 동음에 반영될 때 양운미와 입성운미는 국어의 음절구조에 따라 종성의 위치에 사용된다. 그러나 음운미는 종성에 모음이 올 수 없는 국어의 특성 때문에 중성으로 대응되고 만다.

양운미는 동음에서 모두 규칙적으로 /ㅁ, ㄴ, ㅇ/으로 반영되고 있다. 이 가운데 순음의 운미 /m/의 경우, 화음에서 운미 /m/은 『중원음운』(1324) 시기에 들어와 /n/으로 변화하기 시작한다.[59] 『홍무정운』도 『광운』의 반절이 筆錦切(필금절), 丕飮切(배음절)로 침운(寢韻)에 속하는 品(품), 稟(품)을 軫韻(진운)에 소속시키고 있다.

이러한 /m>n/ 현상은 명말, 청초시기에 활발히 진행된다. 1442년에 편찬된 『운략회통(韻略匯通)』에 이르러 개구음은 /m/운미로, 합구음은 /n/으로 나뉘어지더니, 17세기에 들어서는 완전히 /n/으로 고정된다. 그러나 이런 변화는 동음에는 별다른 영향을 끼치지 않았다.

입성운미 /p, t, k/는 동음에서 규칙적으로 /ㅂ, ㄹ, ㄱ/으로 반영된다. 특히 입성운미 /t/가 동음에서 /ㄹ/로 반영된 것이 중국 한자음과 비교하여 매우 특이한 현상이다.

59) 안재철(1993)은 『중원음운』의 咸攝 開口韻의 운모음은 모두 양성운미 'm'을 유지하고 있으나, 合口韻 운모음은 성모가 非系인 경우 'an', 'ian', 'uan'으로, 見系인 경우 'iem'으로 양분되는 것으로 파악하였다.

2.3.2. 규장전운의 각 운별 고찰

앞서 밝힌 바와 같이 『규장전운』은 모든 한자를 106운으로 나누어 수록하고 있는데 본문은 평성기준으로 30개의 운류로 크게 나누고 있다. 이 절에서는 『규장전운』의 30개 평성운을 중심으로 각 운별로 수록되어 있는 한자음의 운두(韻頭)와 운복(韻腹), 운미(韻尾)에 대해 살펴보겠다. 아울러 동시대 한자음의 특성을 이해하기 위하여 『화동정음』 한자음과 비교하면서 살펴보도록 한다.

『화동정음』은 범례에 「각운중성(各韻中聲)」 항을 두고 각각의 운모에 쓰인 중성을 정리하여 보여 주고 있다. 아울러 각 운들과의 관계에 대해서도 자세한 설명을 하고 있어 조선 후기 운서 편찬자들이 가지고 있던 운에 관한 인식을 알게 해주는 귀한 자료이다. 『화동정음』의 편찬자인 박성원은 「각운중성」에서 운목 간의 유사성을 밝히고 있다. 예를 들어 동운(東韻)에는 중성으로 /ㅗ, ㅛ, ㅜ, ㅠ/가 쓰이고 있다고 밝힌 뒤 동운(冬韻)은 '東과 같다(同東)'라고 하였다. 이러한 기록을 통해 박성원은 『화동정음』의 평성 30운모를 다음과 같이 22종류로 묶어 놓고 있다.

운류	운목	운류	운목	운류	운목	운류	운목
1	東 冬	2	江	3	支 微	4	魚
5	虞	6	齊	7	佳	8	灰
9	隊	10	眞 文 元	11	寒	12	刪
13	先	14	蕭 豪	15	歌	16	麻
17	陽	18	梗 靑 曾	19	尤	20	侵
21	覃 咸	22	鹽				

<표 13> 『화동정음』의 22운류

그런데 이 구분은 『규장전운』이 통운(通韻)이라 하여 구분한 다음의 10종류와 서로 다르다.

운류	운목	운류	운목
1	東 冬 江	2	支 微 齊 佳 灰
3	魚 虞	4	眞 文 元 寒 删 先
5	蕭 豪 肴	6	歌 麻
7	陽	8	庚 清 蒸
9	尤	10	浸 覃 咸 鹽

<표 14>『규장전운』의 10운류

이렇듯 동시대에 만들어진 운서 사이에 나타나는 한자음에 대한 인식의 차이를 면밀히 비교하면 우리는 좀 더 분명하게 당시 한자음의 실상을 파악할 수 있을 것으로 기대하고 있다.

2.3.2.1. 동동송옥(東董送屋)

동동송옥(東董送屋)운에는 모두 562자의 한자가 수록되어 있다. 이들을 운목별로 살펴보면 다음과 같다. 각각의 운목에는 이미 설명한 바와 같이 『화동정음』의 한자를 수록한 본문 즉 '원(原)' 한자와 『규장전운』을 편찬하면서 보탠 '증(增)' 그리고 '협(叶)'운 등 세 종류의 한자로 구성되어 있다. 다음에 이들의 숫자를 제시한다.

운목	원	증	협	계
東	153	52	16	221
董	34	11	4	49
送	48	12	0	60
屋	200	26	6	232
계	435	101	26	562

<표 15> 동동송옥 운목의 수록 한자수

동운(東韻)으로 대표되는 이들 운목은 통섭(通攝)[60]에 속하는 운들이

60) 섭(攝)이란 운서 상의 소속은 다르나 음운적으로 유사한 운모를 모아서 하나로

다. 통섭에는 동(東)과 동(冬)운이 포함된다. 『규장전운』도 본문에서 각 운목의 수록 한자 뒤에 해당 운목이 다른 운목과 서로 통용될 수 있는 운목을 '通(통)'이라고 하여 표시하고 있는데, 동(東)운의 뒤에는 동(冬)과 강(江)을, 동(董)의 뒤에는 종(腫)과 강(講), 송(送)에는 송(宋)과 강(絳), 옥(屋)에는 옥(沃)과 각(覺)이 각각 표기되어 있다.

중국 중고음에서 동운은 1등과 3등에 속하며 /-uŋ, -juŋ, -juk/으로[61] 재구된다. 따라서 재구음으로만 살펴보면 모음이 /u/이므로 한국 한자음에서는 /ㅜ, ㅠ/로 나타나는 것이 자연스럽다. 그런데 이 운의 1등자는 예외 없이 /ㅗ/(/ㅎ, ㅋ/)로 반영되었다.[62] 이러한 현상은 화음의 /u/의 조음위치와 고대 국어 /ㅗ/의 위치와 가까웠기 때문에 나타난 현상이다. 이러한 대응은 매우 규칙적으로 나타난다. 그러나 3등운은 /ㅗ, ㅛ, ㅜ, ㅠ/에 다양하게 분포된다.

다음에 동운의 운모와 성모의 결합을 통해 만들어지는 음절의 관계를 각 모음별로 살핀다. 이를 통하여 우리는 실제로 동운에 나타나는 모음들이 어떤 모음에서 가장 활발하게 나타나는가를 알아 볼 수 있게 된다.[63]

동운에 속한 한자의 모음은 크게 /ㅗ, ㅛ, ㅜ, ㅠ/의 네 종류의 모음으로

묶어 놓은 것이다. 攝의 분류는 광운의 운모가 이미 당시의 음운 체계와 견주에 볼 때 지나치게 세분되어 있어서 일부 운모 사이에는 음운적 변별력이 떨어져 있었음을 의미한다. 그러므로 섭은 대표되는 하나의 운자로써 소리가 가까운 여러 개의 운을 파악할 수 있도록 분류한 체계이다. 현재 가장 일반적으로 널리 인정받는 분류는 다음과 같은 16섭이다.

通攝, 江攝, 止攝, 遇攝, 蟹攝, 臻攝, 山攝, 效攝, 果攝, 假攝, 宕攝, 曾攝, 梗攝, 流攝, 深攝, 咸攝

61) 중고음의 재구는 동동화(1975)에 의하였다.

62) 이들이 /ㅗ, ㅛ/로 나타나는 것을 상고음의 영향으로 보는 견해도 있다.(최희수, 1986)

63) 모음의 순서는 본문의 평성 한자음을 기준으로 하였다. 음절의 '/ ' 표시는 '/ ' 좌측은 평성, 상성, 거성의 음, '/ ' 우측은 입성의 음을 표시한다. 음저 표시에서 '-'표는 해당 음절의 한자가 없음을 나타낸다. 음절의 순서는 평성, 상성, 거성, 입성의 순서이다. 운목에 따라서는 입성이 없는 운목이 있다. 이때는 입성은 표시되지 않는다. 이하 운목의 음절표시도 이 방식에 의한다.

나타난다. 동시대의 『화동정음』에 나타나는 결과와 동일하다. 이는 중국 한자음과 비교하였을 때 매우 자연스런 결과이다. 이를 다시 나누어보면 핵모음은 /ㅗ, ㅜ/이고 개모 즉 운두는 /j/ 하나가 나타난다. 운미는 /ㅇ, ㄱ/ 두 가지가 나타난다.

이 운에 속하는 한자음의 종류는 다음과 같다.64)

<ㅗ>

공/곡 : 公 空 貢 轂　농/- : - - 齈 -　동/독 : 東 董 凍 禿

롱/록 : 櫳 攏 弄 祿　목/목 : 蒙 蠓 霿 木　봉/복 : 蓬 琫 賵 卜

송/속 : - - 送 速　옹/옥 : 翁 蓊 瓮 屋　종/족 : 嵕 嵸 糉 蔟

총/- : 悤 總 傯 -　통/- : 通 桶 痛 -　- /폭 : - - 曝

홍/혹 : 烘 澒 烘 熇

<ㅛ>

죵/- : 終 - - -

<ㅜ>

궁/국 : 弓 - 諤 鞠　웅/욱 : 雄 - - 郁　풍/- : 風 - 諷 -

<ㅠ>

- /뉵 : - - - 朒　륭/륙 : 隆 - - 六　슝/슉 : 崧 - - 肅

융/육 : 融 - - 育　즁/쥭 : 中 - 中 粥　츙/츅 : 忠 - - 顣

- /휵 : - - - 畜

동운에 속한 한자들의 음절 구성에서 살펴볼 수 있는 것처럼 동운은 대부분 동음에서 /ㅗ/로 나타난다. /ㅛ/로 나타나는 경우는 '죵' 한 음절의 경우이고 /ㅜ, ㅠ/도 활발하게 나타나지 않는다. 따라서 동운의 대표적인

64) 각각 모음별로 해당 모음을 중심으로 구성되는 음절들과 그에 해당하는 한자를 예로 보인다. 예를 들면 '공/곡 : 公 空 貢 轂'은 평성, 상성, 거성의 한자음은 '공'이고 입성 한자의 음이 '곡'이라는 의미이다. '-'은 해당되는 한자음이나 한자가 없다는 뜻이다. 즉 '농/- : - - 齈 -'의 경우, 입성에 해당하는 한자음이 없고, 또 평성과 상성, 입성에 해당하는 한자가 없다는 의미이다. 그러므로 '농'으로 읽히는 한자는 거성에만 나타난다는 의미이다. 아래의 각운별 한자음의 표시는 모두 이와 같다. 특히 입성이 없이 평성, 상성, 거성에 속한 한자만 있는 경우에는 한자음의 표시에 '/ '을 사용하지 않아 입성이 없음을 표시한다. 이하 모두 같은 방식으로 표시한다. 그리고 표시된 한자는 인쇄기술상 어려운 경우가 아니면 원칙적으로 해당 한자들 가운데 처음 보이는 한자를 대표자로 한다.

동음은 /ㅗ/이다.

그 원인의 일단으로 살펴볼 수 있는 것이 성모와의 결합 관계인데, 이 관계는 『훈몽자회』의 반영 결과와도 일치한다(이돈주, 1995). 성모가 양순음일 경우에는 모두 /ㅗ/로 반영되고, 아음과 후음의 영모(影母) 뒤에서는 /ㅜ/로, 기타 설음과 치음 뒤에서는 /ㅠ/로 반영되는데, 이때 일부가 /ㅛ/로 반영된다. 이는 중국음의 영향을 받고 있는 것으로 이해된다. 결론적으로 동운(東韻), 동운(冬韻)에 속한 자들이 /ㅗ, ㅛ, ㅜ, ㅠ/ 등으로 반영되어 있는 것은 중기 한자음의 전통을 잇는 정상적인 결과라고 보인다.

2.3.2.2. 동종송옥(冬腫宋沃)

동종송옥(冬腫宋沃)운에는 모두 302자의 한자가 수록되어 있다. 앞의 예와 같이 각 운목별 수록 한자수를 제시한다.

운목	원	증	협	계
冬	98	27	0	125
腫	44	12	0	56
宋	25	3	0	28
沃	82	11	0	93
계	249	53	0	302

<표 16> 동종송옥 운목의 수록 한자수

동운(冬韻)으로 대표되는 이들 운목은 앞서 살펴본 동운(東韻)과 함께 통섭(通攝)에 속하는 운들이다. 본문에서 표기된 통운을 보면 동운(冬韻)의 뒤에는 동(東)과 강(江)을, 종(腫)의 뒤에는 동(董)과 강(講), 송(宋)에는 송(送)과 강(絳), 옥(沃)에는 옥(屋)과 각(覺)이 각각 표기되어 있다.

중국 중고음에서 동운(冬韻)은 1등에만 나타나며 /-uoŋ, -uok/으로 재구된다. 따라서 재구음으로만 살펴보면 모음이 /u/이므로 한국 한자음에서는 /ㅜ, ㅠ/로 나타나는 것이 자연스럽다. 그런데 이 운에 속한 한자들은 대부분 /ㅗ/(/ㆁ, ㆁ/)로 반영되어 동운(東韻)과 크게 다르지 않은 모습을 보인다. 그런데 일부에서는 /ㅜ, ㅠ/로 반영되어 결과적으로 동운(東韻)과 구별되지 않는 모습을 보인다. 그러나 동운(東韻)에 비해 /ㅠ/에 반영된 숫자가 적다. 핵모음과 개모, 운미 등의 체계 역시 동운(東韻)과 동일하다.

이상 통섭(通攝)에 속한 동운(東韻)과 동운(冬韻)을 비교하면 이들이 중고음에서는 음가가 다소 차이가 있으나 동음의 반영에서는 변별력을 잃고 동일하게 반영되는 모습을 발견할 수 있다. 그러므로『규장전운』에서 동운된다고 한 것은 한자음의 실상을 정확히 설명하는 것이다.

이 운에 속하는 한자음의 종류는 다음과 같다.

<ㅗ>
공/곡 : 攻 拱 供 告　농/- : 農 - - -　동/독 : 冬 湩 - 篤
롱/록 : - 隴 - 綠　몽/- : - - 雺 -　봉/복 : 丰 捧 葑 僕
송/속 : - - 宋 涑　옹/옥 : 顒 擁 雍 玉　종/- : 宗 - 綜 -
총/촉 : 葱 - - 促　통/- : - - 統 -　-/혹 : - - - 鵠
<ㅛ>
룡/- : 龍 - - -　숑/쇽 : 松 竦 頌 續　용/욕 : 頌 勇 用 欲
죵/죡 : 蹤 慫 縱 足　춍/쵹 : - 塚 - 燭
<ㅜ>
-/국 : - - - 輂　-/욱 : - - - 旭
<ㅠ>
즁/- : 穜 重 重 -　츙/- : 衝 - - -　흉/- : 胸 - - -

2.3.2.3. 강강강각(江講絳覺)

강강강각(江講絳覺)운에는 모두 181자의 한자가 수록되어 있다. 앞의 예와 같이 각 운목별 수록 한자수를 제시한다.

운목	원	증	협	계
江	37	10	0	47
講	12	3	0	15
絳	10	1	0	11
覺	90	18	0	108
계	149	32	0	181

<표 17> 강강강각 운목의 수록 한자수

강운(江韻)은 중국 한자음 체계에서는 단독으로 강섭(江攝)을 이루는데 모두 2등으로 중고음은 /-ɔŋ, -ɔk/으로 재구된다. 그런데『규장전운』에서는 위의 동(東), 동(冬)과 서로 통운할 수 있다고 기록하였다. 중국에서도 독립적인 섭(攝)으로 분류하고 있는데『규장전운』이 통운할 수 있다고 한 이유가 불분명하다. 강운에 속한 한자에 대해『화동정음』은 각운중성에서 /ㅏ, ㅘ/로 반영되는 것으로 기록하고 있으나 실제로 /ㅘ/로 반영된 예는 없다. 그럼에도 박성원이 각운중성에 /ㅘ/를 기록하고 있는 것은 근대 중국 관화(官話)에서 순음, 아음, 후음자는 모두 개구음이고 설음과 치음자는 모두 합구음으로 바뀐 후기적 변화를(동동화, 1975) 인지하고 이에 이끌려 기록한 것이 아닌가 생각된다. 이는 강운과 음운적으로 동일한 핵모음을 가지는 양(陽), 가(歌), 마(麻) 등 탕섭(宕攝)과 가섭(假攝)에 소속된 자들이 /ㅘ/로 반영되어 있는 점에서 짐작이 가능하다. 특히 박성원이 각운중성의 주에 "중국음에서 /ㅘ/를 따르는 것은 /ㅏ/가 변한 것이다.『홍무정운』에는 양(陽)에 붙여 놓았다.(華從ㅘ者ㅏ之變 洪武韻附陽)"라고 기록하고 있는 것은 이러한 짐작의 신빙성을 높이는 결과이다.『규장전운』과『화동정음』의 기록들을 살펴보면 운서 편찬자의 한자음에 대한 인식이 현실 한자음과 다소 거리가 있었음을 알 수 있다.『규장전운』의 본문에 운목에 나타난 모음은 /ㅏ/모음 하나뿐이다. 개모는 나타나지 않고 운미는 /ㅇ, ㄱ/이다. 이 운에 속하는 한자음의 종류는 다음과 같다.

<ㅏ>

강/각 : 扛 講 絳 覺　낭/낙 : 鬞 - - 搦　랑/락 : 瀧 - - 犖

망/막 : 尨 傋 - 貌　방/박 : 邦 棒 胖 剝　상/삭 : 雙 - - 朔

장/- : 椿 - 戇 -　창/착 : 囱 - - 捉　항/학 : 肛 項 巷 學

2.3.2.4. 지지치(支紙寘)

지치지(支紙寘)운에는 모두 1138자의 한자가 수록되어 있다. 이 운목에는 입성자가 없다. 앞의 예와 같이 운목별 수록 한자수를 제시한다.

운목	원	증	협	계
支	395	116	15	526
寘	258	41	8	307
紙	240	50	15	305
계	893	207	38	1,138

<표 18> 지지치 운목의 수록 한자수

지운(支韻)으로 대표되는 이 운은 중고 한자음에서는 미운(微韻)과 함께 지섭(止攝)에 속한다. 지운은 모두 3등운이고 개구음과 합구음으로 나뉜다. 중고음에서는 1류운은 /-je, -jwe/로, 2류운은 /-jĕ, -jwĕ/로 재구된다. 그러나 그 후 중국 한자음에서는 매우 복잡하고 다양한 모습으로 변화한다. 『규장전운』에서는 지운은 미운은 물론 제(齊), 가(佳), 회(灰)운 등과도 통운되는 것으로 기록하였다. 지운에 속한 한자들의 모음은 매우 다양하게 나뉜다. 여기에 나타나는 모음은 /ㅠ, ㅣ, ㆍ, ㅚ, ㅟ, ㆌ, ㅢ, ㅖ, ㅞ/ 등 9개가 나타난다.

『화동정음』에는 각운중성에 /ㅣ, ㅢ, ㆌ, ㆎ/ 등의 모음으로 반영되는 것으로 기록하였다. 그런데 지운(支韻)과 미운(微韻)의 실제 반영을 살펴보면 이들 외에 /ㅟ, ㅚ, ㅔ, ㅖ/ 등의 중성이 나타나고 있어 일정한 반영 양상을 보이지 않는다. 이를 『규장전운』과 비교하면 /ㅠ, ㅞ/ 등이 『규장전운』에 더 나타나고 『화동정음』에는 /ㅔ/가 보인다. 이는 그만큼 지(支)운에 속한 한자의 음이 중국에서는 물론 한국에서도 혼란스런 양상을 보이고 있었음을 보여 준다.

이에 대해 박성원은 『화동정음』의 범례에서 당시에 이미 지운(支韻)의 중성이 상당히 혼란되어 있음을 다음과 같이 언급하고 있다.

> "각각의 운 가운데 오직 지(支)운이 심히 혼란된 모습을 보인다. 대개 홍무정운에 지(支), 미(微), 제(齊), 회(灰)운이 혼합되어 하나로 되어 있기 때문이다."[65]

박성원은 혼란상을 언급하면서 이것이 화음에 관한 것인지 혹은 동음에 관한 것인지는 분명히 하지 않았다. 그러나 이런 혼란상이 『홍무정운』의 운목 배속의 변화에 의한 것으로 기록하고 있는 것을 보면 대체로 화음의 변화에 주목하고 있는 것으로 보인다. 각운중성에서 지운의 아래에 다음과 같이 주를 달아 화음의 변화에 대한 자신의 생각을 기록하고 있음을 볼 수 있는 데에서도 이런 짐작은 타당성을 갖는다.

> "화음이 /ㅟ/를 따르는데 홍무정운에 회(灰), 대(隊), 회(賄)가 뒤섞인 것과 같고, /ㅣ/를 따르는 것은 제(薺), 제(霽)가 뒤섞인 것과 같다"[66]

그리고 『규장전운』에는 나타나나 『화동정음』에는 보이지 않는 /ㅠ/에 대해 박성원은 지운(紙韻)란에 다음과 같이 두주하여 /ㆌ/가 속음에서는 /ㅠ/로 반영되어 있었음을 밝히고 있다.

---

65) "各韻中惟支韻中聲甚殽亂者 盖洪武韻中支微齊灰四韻混合爲一之致也."(『華東正音』「凡例」)

66) "華從ㅟ則洪武韻灰隊賄之雜 從ㅣ或薺霽之雜."(『華東正音』「各韻中聲」)

"지운의 동음 /ㆌ/를 속음에서는 /ㅠ/를 따르나 이것은 잘못이다. 무릇 /ㆌ/의 속음을 번거로워 일일이 기록하지 않으니 책을 읽는 사람이 자세히 살펴보기 바란다."[67]

결국 박성원이 한자음의 변화와 그에 따른 현실음을 알고 있었으면서도 본문에서 속음을 기록하지 않고 비현실적인 음을 기록하고 있는 것은 운서 편찬자로서의 규범적 태도를 보이는 것이다.

지운(紙韻)에 속한 한자의 음절은 앞서 본 바와 같이 /ㅠ, ㅣ, ㆍ, ㅚ, ㅟ, ㆌ, ㅢ, ㅖ, ㅞ/ 등 9종이며 따라서 핵모음은 /ㆍ, ㅗ, ㅜ, ㅣ/ 등이고 개모는 /j, w/가 모두 쓰였다. 운미는 나타나지 않는다.

이 운에 속하는 한자음의 종류는 다음과 같다.

<ㅠ>
규: 規 癸 歸　　류: 纍 絫 類　　슈: 雖 髓 粹
유: 維 洧 遺　　츄: 隹 捶 出　　휴: 隳 - -
<ㅣ>
기: 岐 庋 企　　니: 尼 你 膩　　디: - - 地
리: 离 里 利　　미: 麋 彌 寐　　비: 卑 俾 畀
시: 覗 枲 試　　이: 伊 以 異　　지: 支 紙 智
치: 巵 時 寘　　피: 詖 彼 帔　　히: 屎 - -
<ㆍ>
ᄉᆞ: 斯 死 四　　ᄋᆞ: 唲 - -　　ᄌᆞ: 髭 子 恣
ᄎᆞ: - - 次
<ㅚ>
괴: - - 媿　　뢰: - 誄 -　　쇠: 衰 - -
최: 衰 - -
<ㅟ>
귀: 龜 - 喟　　위: 危 硊 僞　　휘: 麾 - -
<ㆌ>
ᄎᆔ: 吹 觜 醉

67) "此韻東音之從ㆌ聲者 俗從ㅠ非 凡ㆌ之俗音 註煩不著 觀者詳之."(『華東正音』「頭註」)

<ㅢ>
긔: 肌 己 寄　　싀: 厮 - -　　의: 欹 倚 意
츼: 淄 - -　　희: 噫 喜 戲
<ㅖ>
계: - - 季　　예: - 蘂 -
<ㅞ>
궤: - 几 樻　　훼: - 毁 恚

2.3.2.5. 미미미(微尾未)

미미미(微尾未)운에는 모두 176자의 한자가 수록되어 있다. 이 운목에도 입성자가 없다. 앞의 예와 같이 운목별 수록 한자수를 제시한다.

운목	원	증	협	계
微	63	18	0	81
尾	37	6	0	43
未	42	10	0	52
계	142	34	0	176

<표 19> 미미미 운목의 수록 한자수

미운(微韻)으로 대표되는 이 운은 중국 한자음이나 한국 한자음에서 앞서 살핀 지운과 매우 유사하다. 3등에만 속하고 개구와 합구로 나뉜다. 중고음의 재구음도 /-jəi, -jwəi/이다. 『화동정음』에서 박성원은 미운(微韻)에 "지운과 같다. 홍무정운에 지운을 붙여 놓았다"[68]고 하여 이들이 이미 중국에서부터 동일한 운이었음을 밝혔다.

그러나 『규장전운』에 표기된 한자음의 분포는 지운(紙韻)에 비해 간결하다. 여기에 나타나는 모음은 /ㅣ, ㄲ, ㅢ, ㅞ/ 등 4개가 나타날 뿐이다. 이는 근원적으로 중국 한자에서 미운(微韻)에 속하는 한자의 숫자가 적었기 때문일 것이다. 초성과의 연결도 복잡하지 않다.

68) "同支洪武韻附支."(『華東正音』「各韻中聲」)

이상 지섭(止攝)에 속한 두 운의 한자음을 비교하여 보면 동음에서의 반영도 유사하게 나타남을 볼 수 있다. 다만 지운에 비해 미운의 반영 양상이 간결하게 나타나는 특징을 보인다.

이 운에 속하는 한자음의 종류는 다음과 같다.

<ㅣ>
미 : 微 尾 未　　비 : 非 斐 費
<ㅟ>
귀 : 歸 鬼 歸　　위 : 巍 葦 魏　　휘 : 暉 - 諱
<ㅢ>
긔 : 機 幾 旣　　의 : 衣 扆 衣　　희 : 晞 豨 欷
<ㅞ>
훼 : - 虺 卉

2.3.2.6. 어어어(魚語御)

어어어(魚語御)운에는 모두 335자의 한자가 수록되어 있다. 이 운목에도 입성자가 없다. 앞의 예와 같이 운목별 수록 한자수를 제시한다.

운목	원	증	협	계
魚	96	30	10	136
語	91	17	18	126
御	49	15	9	73
계	236	62	37	335

<표 20> 어어어 운목의 수록 한자수

어운(魚韻)으로 대표되는 이 운은 우운(虞韻)과 함께 우섭(遇攝)에 속한다. 『규장전운』에도 두 운이 서로 통운하는 것으로 기록하고 있다. 어운은 개구 3등으로 매우 단순한 음으로 /-jo/로 재구된다. 한국 한자음에서는 주로 /ㅓ, ㅕ/로 반영된다.

어운 중에는 『훈몽자회』에서 猪(뎨), 譽(예)가 /ㅖ/로 반영된 경우가 있으나 원칙에 벗어난 음이다.

이 운목에 속한 한자의 모음은 비교적 간결하게 분포되어 있다. 여기에 나타나는 모음은 /ㅓ, ㅕ, ㅗ/ 등 3개만이 나타난다. 『화동정음』의 각운중성에는 /ㅓ, ㅕ/로 기록되어 있다. 입성자가 없으므로 운미는 없다. 이 운에 속하는 한자음의 종류는 다음과 같다.

<ㅓ>
거 : 居 擧 據　　어 : 魚 語 御　　허 : 虛 許 -
<ㅕ>
녀 : 袽 女 女　　려 : 閭 梠 慮　　셔 : 胥 胥 絮
여 : 余 與 豫　　져 : 且 咀 怚　　쳐 : 攄 處 覰
<ㅗ>
소 : 梳 所 疏　　조 : 鉏 阻 詛　　초 : 初 楚 -

이 가운데 /ㅓ, ㅕ/가 아닌 /ㅗ/로 반영된 한자들이 주목된다. 이들은 모두 치상음(齒上音)을 성모로 가지고 있다. 운경에는 어운(魚韻)의 치상음이 2등란에 배치되어 있다. 이들은 『동국정운』이나 중세 한국 한자음에서 모두 /ㅗ/로 반영되어 있다(이돈주, 1995). 이에 따라 『삼운성휘』나 『규장전운』 등에도 이들은 모두 /ㅗ/로 반영되어 있다. 따라서 이러한 반영은 동음의 전통을 잇는 반영이다.

그런데 이들이 『화동정음』에는 모두 /ㅜ/로 반영되어 기록하고 있다. 몇 예를 아래에 보인다.

수 : 疏 蔬 踈 梳 所　　주 : 助 詛 阻　　추 : 楚 礎 憷 齼

이들을 /ㅜ/로 반영한 것은 순전히 화음에 이끌린 결과로 보인다. 각운중성에서 박성원은 어운의 화음 중성은 /ㅜ, ㅠ/로 기록하고 있다. 그러면서 여기에 주를 붙여 "화음에 /ㅜ/를 따른 자는 홍무정운에서 우(虞)운에 붙였다"69)라고 하였다. 즉 화음의 /ㅜ/는 현실음이 아니라 홍무정운의 운목 체계를 따르기 때문이라는 것이다. 그리고 본문의 어운(魚韻)란에서는 동음의 /ㅜ/ 반영에 대해서 다음과 같이 두주(頭註)하고 있다.

> "이 운이 동음에서 /ㅜ/ 소리를 따르는 것은 홍무정운에서 이들을 우운(虞韻)에 속하게 하였기 때문에 이를 따른 것이다. 그러나 민간에서는 모두 /ㅗ/로 읽는다. 읽는 사람이 자세히 살펴보기 바란다."70)

고 하여 『규장전운』의 음이 현실음임을 밝혔다.

2.3.2.7. 우우우(虞麌遇)

우우우(虞麌遇)운에는 모두 683자의 한자가 수록되어 있다. 이 운목에도 입성자가 없다. 앞의 예와 같이 운목별 수록 한자수를 제시한다.

운목	원	증	협	계
虞	254	52	0	306
麌	164	24	0	188
遇	165	24	0	189
계	583	100	0	683

<표 21> 우우우 운목의 수록 한자수

우운(虞韻)으로 대표되는 이 운들은 앞서 설명한 어운(魚韻)과 함께 우섭(遇攝)에 속한다. 이 운에 속한 한자들은 합구 3등으로 /-jwo/로 재구된다. 그러므로 동음에서는 /ㅜ, ㅠ/로 반영되는 것이 정상적이다. 『화동정음』의 각운중성에는 /ㅜ, ㅠ/로 반영되는 것으로 기록되었다.

이 운에 속한 한자의 모음의 분포는 중국 한자음이 비교적 커다란 변화없이 전승되고 있다. 『규장전운』의 본문에는 우운(虞韻)에 속한 한자의

69) "華從ㅜ字洪武韻附虞."(『華東正音』「各韻中聲」)

70) "此韻東音之從ㅜ聲等字 洪韻統韻皆入虞而不在此故從虞釋音 而俗皆讀ㅗ 觀者詳之."(『華東正音』「頭註」)

모음이 /ㅗ, ㅜ, ㅠ/의 3개만이 나타난다. /ㅜ, ㅠ/는 운모의 특성상 자연스런 반영이다. /ㅗ/는 /ㅜ/와 조음 위치가 가깝고 조음 방법이 동일하여 음운적으로 매우 유사한 음이므로 상호 유동되는 것으로 생각되며 조선 후기 한자음에 매우 자연스런 현상이었다. 『화동정음』에는 우운(虞韻)란에도 다음과 같이 주를 붙여 실제 한자음에 /ㅗ/로 읽히는 것이 많음을 설명하고 있다.

> "이 운의 중성은 모두 /ㅜ, ㅠ/를 따른다. 민간에서는 /ㅗ/로 읽히는 것이 많으나 옳지 않다. 너무 번거로워 주를 달지 않으니 읽는 사람이 살펴보기 바란다."[71]

민간의 현실음에서는 /ㅗ/로 읽히는 음을 운서에서는 /ㅜ, ㅠ/로 표기한다는 것이다. 운서 편찬자들이 지니는 규범적인 의식을 보여 주는 예라고 하겠다.

이상 우섭(虞攝)에 속하는 한자들은 비록 동일한 섭에 속하여 있으나 실제 반영되는 양상은 전혀 다르다. 어운은 주로 /ㅓ/에, 우운은 주로 /ㅜ/에 반영되어 있다. 이는 중고음 시기 각 운의 음가 추정에 대해 깊이 있는 논의를 요하는 사항이다.

이 운에 속하는 한자음의 종류는 다음과 같다.

<ㅗ>

고: 柧 古 顧	노: 奴 弩 怒	도: 都 覩 渡
로: 盧 櫓 路	모: 模 姥 暮	보: 菩 補 步
소: 蘇 - 素	오: 吾 五 誤	조: 租 祖 措
토: - 土 兎	포: 逋 圃 布	호: 呼 虎 謼

<ㅜ>

구: 拘 矩 屨	두: - 敟 蠹	루: 婁 縷 屢
무: 無 武 務	부: 夫 簿 赴	수: - 數 揪

71) "此韻中聲皆從ㅜㅠ 俗多從ㅗ非 註煩不著俗音 觀者辯之."(『華東正音』「頭註」)

우: 虞 虁 遇　　주: - 麈 作　　추: 麤 - -
투: - - 妒　　후: 吁 詡 煦
<ㅠ>
슈: 鬚 竪 樹　　유: 兪 瘉 諭　　쥬: 朱 宔 住
츄: 娵 取 趣

2.3.2.8. 제제제(齊薺霽)

제제제(齊薺霽)운에는 모두 459자의 한자가 수록되어 있다. 이 운목에도 입성자는 없다. 앞의 예와 같이 운목별 수록 한자수를 제시한다.

운목	원	증	협	계
齊	144	18	0	162
薺	49	11	0	60
霽	196	41	0	237
계	389	70	0	459

<표 22> 제제제 운목의 수록 한자수

제운(齊韻)으로 대표되는 이들 운은 가운(佳韻), 회운(灰韻), 대운(隊韻)들과 함께 해섭(蟹攝)에 속하는 운모들이다. 『규장전운』의 의례에서도 제운과 가운, 회운은 서로 통운으로 분류하고 있다. 제운은 개구와 합구로 나뉘는 4등운으로 /-iɛi, -iwɛi/로 재구된다. 따라서 한국 한자음에서는 /ㅔ, ㅖ/ 등으로 반영되는 것이 자연스럽다.

『훈몽자회』 등의 중기 동음에서 중고음의 운미 -i가 탈락하여 麗(려), 黎(려), 壻(셔), 棲(셔), 犀(셔), 妻(쳐) 등과 같이 /ㅕ/로 반영된 예가 나타난다. 그러나 박성원은 이에 대해 다음과 같이 두주(頭註)하여 그 변화를 인정하지 않으려는 태도를 보이고 있으며 이런 입장을 나타내듯 각운중성에는 /ㅖ/만 기록하고 있다.

"이 운의 중성은 모두 /ㅖ/를 따른다. 그러나 민간에서는 /ㅕ/를 따르는 경우가 많은데 대부분 잘못된 것이다. 그러나 너무 번거로워 주를 달지 않으니 읽는 사람이 살펴보기 바란다."72)

그러나 『규장전운』의 본문에는 이 운에 속한 한자의 모음은 /ㅕ, ㅠ, ㅣ, ㅖ, ㅢ, ㅔ, ㅟ, ㆌ, ㅞ/ 등 모두 9종류로 나뉘어 매우 다양한 모습을 보인다. 『화동정음』에도 /ㅖ/ 이외에 /ㅔ, ㅟ, ㆌ, ㅞ/ 등이 나타난다. 제운의 한자음이 이렇게 다양하게 나타나는 것은 대체로 4등의 개모 /-j/가 탈락되어 나타난 것으로 보인다.

국어의 음절구조상 화음에서 운을 형성하는 세 부분인 개모 즉 운두와 운복이 운미와 동시적으로 조음되는 것은 그리 쉬운 일이 아니었던 것으로 보인다. 제운과 같이 4등합구음인 촬구음인 경우에는 운복 즉, 핵모음을 중심으로 운두나 운미가 탈락하는 일이 자연스레 이루어진다. 이에 따라 개모 /-j/가 탈락하는 과정에서 위와 같은 변이형들이 나타난 것으로 볼 수 있다. 그러나 아래 자료에서 볼 수 있듯이 제운의 대표음은 /ㅖ/이다.

이 운에 속하는 한자음의 종류는 다음과 같다.

<ㅕ>
뎌 : 氐 氐 柢　　려 : 邌 蠡 厲　　셔 : 西 － 壻
쳐 : 妻 － －
<ㅠ>
규 : 圭 － －　　유 : 烓 － －　　휴 : 攜 － －
<ㅣ>
니 : 埿 禰 泥　　미 : 迷 絲 謎　　비 : 豍 － 睥
<ㅖ>
계 : 雞 啓 計　　뎨 : 隄 悌 帝　　례 : － 禮 例
몌 : － － 袂　　셰 : 栘 洗 細　　예 : 鷖 掜 瘞
졔 : 躋 濟 霽　　쳬 : － 泚 切　　톄 : 睇 體 諦
폐 : 陛 陛 嬖　　혜 : 醯 徯 系
<ㅢ>

72) "此韻中聲 皆從ㅖ而俗從ㅕ者多非 註煩不著俗音 觀者詳之."(『華東正音』「頭註」)

식 : 嘶 － －
<ㅔ>
게 : － － 憩　　에 : － － 曀
<ㅟ>
위 : － － 衛
<ㅠ>
춰 : － － 脆
<ㅞ>
궤 : － － 鱖

2.3.2.9. 가해태(佳蟹泰)

가해태(佳蟹泰)운에는 모두 182자의 한자가 수록되어 있다. 이 운목에도 입성자는 없다. 앞의 예와 같이 운목별 수록 한자수를 제시한다.

운목	원	증	협	계
佳	56	12	0	68
蟹	22	5	0	27
泰	74	13	0	87
계	152	30	0	182

<표 23> 가해태 운목의 수록 한자수

가운(佳韻)으로 대표되는 이들 운은 앞에서 살펴본 제운(齊韻)과 함께 해섭(蟹攝)에 속하는 운모들이다. 이들은 개구와 합구의 2등자들로 /-æi, -wæi/로 재구된다. 그러므로 동음에서는 /ㅐ, ㅙ/로 반영되는 것이 자연스럽다. 이에 따라 『화동정음』의 각운중성에도 /ㅗ, ㅙ/가 기록되어 중고음 이래 중국 한자음의 충실한 반영 결과를 보여 준다. 『규장전운』에도 /ㅐ, ㅙ/ 이외에 /ㆎ, ㅚ/로 반영된 예들이 보인다. /ㆎ/는 중기 국어의 /ㆍ/가 근대 국어에 들어와 /ㅏ/로 합류되어 음운적 변별성이 사라졌는데도 규범적 표기에 의하여 보수적으로 표기된 것으로 보이고, 현대 한자음에서는 전혀 구별되지 않으므로 특별한 의미가 없다. /ㅚ/로 반영되는 것 역

시 /ㅐ/와 /ㅚ/의 음운적 유사성에 의한 혼동일 뿐이다. 이들이 형성하는 음절의 초성이 공통적인 점에서도 이들 사이에 특별한 이유를 찾기 어렵다는 점을 알 수 있다.

이러한 예외적 반영은 『화동정음』에도 마찬가지인데 『화동정음』의 경우에는 『규장전운』에 타나나지 않는 /ㅟ/와 /ㆌ/가 나타나나 사용된 예가 한 글자씩[73]에 불과하여 주목할 만한 대상은 아니다.

이 운에 속하는 한자음의 종류는 다음과 같다.

<ㅐ>

개 : 佳 – 匃　　내 : – 嬭 柰　　대 : – – 汏

새 : – 灑 –　　애 : 挨 騃 忞　　채 : 叉 廌 蔡

태 : – – 泰　　패 : 牌 擺 貝　　해 : – – 害

<ㅚ>

괴 : 乖 – 會　　뢰 : – – 賴　　외 : – – 外

최 : – – 最　　회 : 懷 – 會

<ㆎ>

ᄀᆡ : 皆 解 –　　ᄃᆡ : – – 帶　　ᄆᆡ : 埋 買 昧

ᄇᆡ : 排 – –　　ᄌᆡ : 齋 – –　　ᄎᆡ : 差 – –

ᄒᆡ : 諧 駭 –

<ㅙ>

괘 : 媧 枴 –　　왜 : 哇 矮 –　　홰 : – – 翽

2.3.2.10. 회회괘(灰賄卦)

회회괘(灰賄卦)운에는 모두 353자의 한자가 수록되어 있다. 이 운목에도 입성자는 없다. 앞의 예와 같이 운목별 수록 한자수를 제시한다.

운목	원	증	협	계
灰	135	30	0	165
賄	64	17	0	81

73) /ㅟ/의 경우는 殺(뒤), /ㆌ/의 경우는 橛(쥐)만 나타난다.

卦	94	13	0	107
계	293	60	0	353

<표 24> 회회괘 운목의 수록 한자수

회운(灰韻)으로 대표되는 이들 운도 앞의 제운(齊韻), 가운(佳韻)과 함께 모두 해섭(蟹攝)에 속하는 운모들이다. 회운에 속하는 한자들은 합구음 1등에 속하는데 /-wAi/로 재구되므로 동음에서는 /ㅐ, ㆎ, ㅙ/ 등으로 반영되는 것이 자연스럽다. 『규장전운』의 표기음을 살펴보면 /ㅐ, ㅚ, ㆎ, ㅖ, ㅙ/ 등이 사용되었다. /ㅖ/로 반영된 것이 매우 예외적인데, /ㄱ, ㅊ/과만 결합하는 제한적 모습을 보인다.

『화동정음』의 각운중성에는 /ㅐ, ㅙ, ㅚ, ㆎ/ 등의 모음이 쓰이고 있다고 기록하고 있는데 실제 표기된 예를 살펴보면 /ㅖ, ㅞ/가 더 있다. 이 두 운서를 비교하면 『화동정음』에 /ㅞ/[74]가 더 있는 것을 제외하면 한자음의 종류가 같다.

이 운에 속하는 한자음의 종류는 다음과 같다.

<ㅐ>
개 : 剴 愷 疥　　내 : 能 乃 -　　래 : 崍 - -
매 : - - 賣　　애 : 皚 靄 喝　　채 : - - 債
패 : - - 敗
<ㅚ>
괴 : 瑰 傀 怪　　뇌 : 捼 餧 -　　뢰 : 靁 磊 -
쇠 : 驨 - -　　외 : 桅 隈 聵　　죄 : - 罪 -
최 : 催 皠 嘬　　퇴 : 堆 腿 -　　회 : 灰 賄 壞
<ㆎ>
ᄀᆡ : 該 改 解　　ᄂᆡ : 臺 待 -　　ᄅᆡ : 萊 - -
ᄆᆡ : 枚 每 -　　ᄇᆡ : 棓 倍 扒　　ᄉᆡ : 顋 - -
ᄋᆡ : 哀 毒 隘　　ᄌᆡ : 哉 宰 眦　　ᄎᆡ : 猜 綵 寨
ᄐᆡ : 胎 怠 -　　ᄒᆡ : 咍 海 邂
<ㅖ>

74) /ㅞ/의 경우는 綷(췌)뿐이다.

계 : － － 戒　　체 : － － 懘

<내>

괘 : － － 卦　　쇄 : － － 曬　　쾌 : － － 夬

홰 : － － 畵

2.3.2.11. 대(隊)

대(隊)운은 거성만이 있는 운목이다. 이 운목에는 모두 150자의 한자가 수록되어 있다. 원문의 한자수와 증보, 협운 등의 숫자는 다음과 같다.

운목	원	증	협	계
隊	128	22	0	150
계	128	22	0	150

<표 25> 대 운목의 수록 한자수

이 운은 앞에 살펴본 제운(齊韻), 회운(灰韻), 가운(佳韻) 등과 함께 모두 해섭(蟹攝)에 속하는 운모들이다. 해섭에 속한다는 의미는 운모가 음운적으로 매우 유사하다는 것을 의미한다. 이 운에 속한 한자들은 모두 합구 3등에 속하며 재구음은 회운과 동일하게 /-wAi/로 재구된다. 따라서 동음에서는 /ㅐ, ·ㅣ, ㅙ/ 등으로 반영되는 것이 자연스럽다. 『규장전운』의 표기음을 살펴보면 회운에 사용된 /ㅐ, ㅚ, ·ㅣ, ㅖ, ㅙ/ 외에 /ㅞ/가 더 사용되었다. 두 운의 모음이 매우 유사함을 알 수 있다. 『화동정음』의 각운중성에는 /·ㅣ, ㅏ, ㅣ, ㆌ, ㅖ, ㅚ/로 표기되어 있고 예외적인 경우는 나타나지 않는다.

여기에서 위의 4운에 사용된 모음들을 비교하여 살펴보자.

제운(齊韻) : /ㅕ, ㅠ, ㅣ, ㅖ, ㅓ, ㅔ, ㅟ, ㆌ, ㅞ/

가운(佳韻) : /ㅐ, ·ㅣ, ㅙ, ㅚ/

회운(灰韻) : /ㅐ, ㅚ, ·ㅣ, ㅖ, ㅙ/

대운(隊韻) : /ㅐ, ㅚ, ㆎ, ㅖ, ㅙ, ㅞ/

이들을 비교하여 보면 가운과 회운, 대운은 /ㅐ, ㆎ, ㅙ, ㅚ/ 등 모음을 공통적으로 가지는 운들로 제운에 비해 서로 비슷한 소리를 보여 준다. 이는 이들의 재구음이 /æ/ 또는 /A/로 제운의 /ɛ/에 비해 개구도가 큰 모음이라는 공통성을 가지고 있기 때문에 좀 더 유사하게 반영된 것이다. 그리고 제운의 경우 /ɛ/는 개구도가 고모음과 저모음의 중간 모음이기 때문에 주변 모음으로의 전이가 용이하여 다양한 모음으로 반영되고 있음을 볼 수 있다.

이 운에 속하는 한자음의 종류는 다음과 같다.

<ㅐ>
개 : – – 漑　　내 : – – 耐　　애 : – – 礙
패 : – – 佩
<ㅖ>
예 : – – 穢　　폐 : – – 廢
<ㅚ>
괴 : – – 塊　　뢰 : – – 賚　　퇴 : – – 退
회 : – – 靧
<ㆎ>
ᄀᆡ : – – 欬　　ᄂᆡ : – – 內　　ᄃᆡ : – – 戴
ᄅᆡ : – – 徠　　ᄆᆡ : – – 妹　　ᄇᆡ : – – 背
ᄉᆡ : – – 賽　　ᄋᆡ : – – 磑　　ᄌᆡ : – – 再
ᄎᆡ : – – 菜　　ᄐᆡ : – – 態　　ᄒᆡ : – – 劾
<ㅙ>
쇄 : – – 碎　　쵀 : – – 焠
<ㅞ>
궤 : – – 憒　　훼 – – 喙

2.3.2.12. 진진진질(眞軫震質)

진진진질(眞軫震質)운에는 모두 638자의 한자가 수록되어 있다. 앞의 예와 같이 각 운목별 수록 한자수를 제시한다.

운목	원	증	협	계
眞	186	29	10	225
軫	78	15	0	93
震	104	21	2	127
質	170	13	10	193
계	538	78	22	638

<표 26> 진진진질 운목의 수록 한자수

진운(眞韻)으로 대표되는 이들 운은 문운(文韻)과 함께 진섭(臻攝)에 속한다. 『규장전운』에서는 진운(眞韻), 문운(文韻), 원운(元韻), 한운(寒韻), 산운(刪韻), 선운(先韻) 등 여섯 운이 통운하는 것으로 기록하여 운섭의 분류 당시보다 이들 운의 모음들이 더 유사한 소리로 변하였음을 보여주고 있다.

진운에 속한 한자들은 개구의 3등운으로 중고음에서 3등 1류가 /-jen/, 2류가 /-jĕn/으로 재구되므로 동음에서는 /ㅣ, ㅡ/ 등의 반영이 자연스럽다. 『규장전운』에는 /ㅜ, ㅠ, ㅡ, ㅣ/ 등 4개모음이 이 운에 속한 한자의 표기에 사용된다. /ㅜ, ㅠ/ 등이 나타나는 것은 문운(文韻)과의 통전에 의한 현상이다.

이는 『화동정음』의 각운중성 표기와도 일치한다. 다만 『화동정음』에는 /ㅗ/가 쓰인 예가 蜳(돈), 溫(온), 熅(온), 氳(온), 慍(온) 등에 나타날 뿐이다. 예외적인 /ㅗ/가 나타나는 것은 진운(眞韻)이나 문운(文韻) 외에 진섭(臻攝)에 속하는 혼운(魂韻)의 재구음 /-uən/이 한국 한자음에서 주로 /ㅗ/로 반영된 것[75]에 이끌린 음으로 보인다.

이 운에 속하는 한자음의 종류는 다음과 같다.

75) 坤(곤), 豚(돈), 孫(손), 村(촌), 昏(혼) 등이 이에 속한다.

<ㅜ>
군/굴 : - 窘 - 茁　운/ - : - 殞 - -　준/줄 : 僎 - - 卒
<ㅠ>
균/귤 : 均 箘 - 橘　륜/률 : 倫 - - 律　슌/슐 : 荀 筍 峻 恤
윤/율 : 匀 允 送 遬　쥰/ - : 逡 埻 俊 -　츈/츌 : 春 - - 出
<ㅡ>
근/ - : 巾 - 堇 -　- /슬 : - - - 膝　은/을 : 銀 - 慭 齕
- /즐 : - - - 喞　츤/ - : - - 藽 -　흔/ - : 礥 - 舋 -
<ㅣ>
긴/길 : - 緊 - 吉　닌/닐 : 紉 - - 暱　린/ - : 鄰 嶙 吝 -
민/밀 : 民 閔 - 密　빈/ - : 賓 牝 儐 -　신/실 : 辛 哂 信 悉
인/일 : 夤 引 印 一　진/질 : 津 盡 晋 嫉　친/칠 : 親 - 親 七
-/필 : - - - 必　- /힐 : - - - 肹

2.3.2.13. 문문문물(文吻問勿)

문문문물(文吻問勿)운에는 모두 292자의 한자가 수록되어 있다. 앞의 예와 같이 각 운목별 수록 한자수를 제시한다.

운목	원	증	협	계
文	96	19	0	115
吻	38	10	0	48
問	50	6	0	56
勿	63	10	0	73
계	247	45	0	292

<표 27> 문문문물 운목의 수록 한자수

문운(文韻)으로 대표되는 이들 운은 앞에서 살펴본 진운(眞韻)과 함께 진섭(臻攝)에 속한다. 문운에 속한 한자들은 합구 3등운으로 /-juən/으로 재구된다. 따라서 대체로 동음에서는 /ㅜ, ㅠ/로 반영될 것이 기대된다. 그러나 『규장전운』에서는 /ㅗ, ㅜ, ㅡ/의 세 개의 모음만이 나타나 개모 /j/가 반영되지 않았다. /ㅗ/가 나타나는 이유는 진운에서 밝힌 바와 같다.

『화동정음』에서는 /ㅑ, ㅡ, ㅜ, ㅠ/ 등이 나타나고 있는데 『규장전운』은 매우 간결한 모습을 보인다. 『화동정음』이 /ㅣ/를 기록하고 있는 것은 진운과 동섭임을 의식한 의도적인 표기로 보이는데, 『규장전운』의 한자음이 더 현실적임을 알 수 있다.

이 운에 속하는 한자음의 종류는 다음과 같다.

<ㅗ>
온/ -: 轀 韞 醞 -
<ㅜ>
군/굴: 君 麇 攈 屈　문/물: 文 脗 聞 物　분/불: 分 粉 湓 不
운/울: 云 惲 運 鬱　훈/훌: 熏 - 訓 [illegible]
<ㅡ>
근/글: 釿 謹 斤 吃　은/을: 垠 听 垽 屹　흔/흘: 欣 - 焮 迄

2.3.2.14. 원원원월(元阮願月)

원원원월(元阮願月)운에는 모두 490자의 한자가 수록되어 있다. 앞의 예와 같이 각 운목별 수록 한자수를 제시한다.

운목	원	증	협	계
元	155	27	0	182
阮	86	22	0	108
願	58	12	0	70
月	109	21	0	130
계	408	82	0	490

<표 28> 원원원월 운목의 수록 한자수

원운(元韻)으로 대표되는 이들 운은 한(寒), 산(刪), 선(先)운과 함께 산섭(山攝)에 속한 운들이다. 『규장전운』의 본문에서는 앞의 진운, 문운과 함께 통운된다고 하였다. 원운에 속한 한자들은 개구와 합구의 3등운으로 중고음은 /-jen, jwen/으로 재구되므로 /ㅏ,ㅓ, ㅝ/ 등으로 반영되는 것이

자연스러울 것으로 예상된다. 『규장전운』에 표기된 원운 한자들의 모음은 /ㅏ, ㅓ, ㅗ, ㅜ, ㅡ, ·, ㅝ/로 7가지나 되어 매우 복잡한 양상을 보인다. 이러한 다양성은 『화동정음』에도 동일하게 나타난다.

『화동정음』의 각운중성에는 원운의 모음을 /ㅣ, ㅡ, ㅜ, ㅠ, ㅏ, ㅘ, ㅓ, ㅕ, ㅝ/ 등으로 다양하게 기록하고 있다. 실제 표기에는 /ㅗ/도 나타난다. 원운에 속한 한자들이 이렇게 다양한 모음으로 반영되는 것에 대해 박성원은 각운중성에서 다음과 같이 설명하고 있다.

> 화음이나 동음 모두 진(眞), 문(文), 한(寒), 산(删), 선(先)운에 속한 한자들은 서로 뒤섞인다. 그러므로 홍무정운에서는 비슷한 것들 끼리 나누어 놓았다.[76]

고 하여 화음에서 서로 구분되지 않는 소리이기 때문에 동음에서도 마찬가지라는 설명을 하고 있다. 박성원은 『화동정음』의 본문에서도 다음과 같은 내용을 두주하여 원운의 다양한 모음의 실상을 설명하고 있다.

> 이 운의 중성은 혼란스러워 하나로 일치되지 않는다. 홍무정운이 문(文), 한(寒), 산(删), 선(先) 네운의 글자를 이 운에 넣은 것은 그 때문이다.[77]

이로 미루어 보면 이미 그 당시 화음과 동음 모두에서 진섭(臻攝)과 산섭(山攝)에 속한 자들의 음이 뒤섞여 있었음을 알 수 있다.

이 운에 속하는 한자음의 종류는 다음과 같다.

<ㅏ>
－/갈 : －　－　－　訐　　만/말 : －　晩　万　韈　　반/발 : －　飯　嬔　髮
－/알 : －　－　－　钀　　판/－ : －　阪　販　－
<ㅓ>
건/－ : 鞬　謇　建　－　　번/벌 : 翻　－　－　伐　　언/－ : 言　巘　堰　－

76) "華東並與眞文寒删先相混 故洪武韻從類分屬."(『華東正音』「各韻中聲」)
77) "此韻中聲 殽亂不一者 洪韻之文寒删先四韻字入此故也."(『華東正音』「頭註」)

헌/헐 : – 𢣷 憲 歇

<ㅗ>

곤/골 : 裈 衮 困 骨 　논/ –: 黁 – – – 　돈/돌 : 惇 囤 頓 咄

론/ –: 侖 – 論 – 　– /몰 : – – – 歿 　본/ –: – 本 – –

손/솔 : 孫 損 巽 窣 　온/올 : 膃 穩 – 兀 　존/졸 : 尊 – – 卒

촌/ –: 邨 刌 寸 – 　톤/ –: – 畽 褪 – 　혼/홀 : 昏 棍 慁 忽

<ㅜ>

– /굴 : – – – 淈 　눈/눌 : – – 嫩 訥 　둔/ –: 屯 盾 鈍 –

– /룰 : – – – 硉 　문/ –: 門 悗 悶 – 　분/불 : 奔 畚 噴 咄

준/ –: 罇 撙 焌 –

<ㅡ>

근/ –: 根 – – – 　은/ –: 恩 – – – 　흔/흘 : 痕 – – 麧

<ㆍ>

ᄀᆞᆫ/ –: – 懇 艮 – 　– /ᄇᆞᆯ : – – – 悖 　ᄐᆞᆫ/ –: 呑 – – –

ᄒᆞᆫ/ –: – 狠 恨 –

<ㅝ>

권/궐 : – 綣 劵 蕨 　원/월 : 鴛 阮 願 月 　훤/ –: 萱 烜 楦 –

2.3.2.15. 한한한갈(寒旱翰曷)

한한한갈(寒旱翰曷)운에는 모두 528자의 한자가 수록되어 있다. 앞의 예와 같이 각 운목별 수록 한자수를 제시한다.

운목	원	증	협	계
寒	147	29	0	176
旱	69	14	0	83
翰	114	23	0	137
曷	110	22	0	132
계	440	88	0	528

<표 29> 한한한갈 운목의 수록 한자수

한운(寒韻)으로 대표되는 이들 운은 산섭(山攝)에 속한 운들이다. 한운(寒韻)에 속한 한자들은 개구 1등 운으로 /-an/으로 재구되므로 동음에서는 /ㅏ/로 반영되는 것이 자연스럽다. 그러나 『규장전운』의 한자음을 보

면 /ㅏ/ 외에 /ㅘ/로 반영되어 합구성을 나타내는 경우가 보인다. 이는 통운되는 운목인 2등 합구운 산운(删韻)의 영향을 받아 나타나는 변화라고 생각된다. 이러한 반영은 중기 동음 이래 동음의 전승을 보여 준다.

『화동정음』에서도 각운중성에 /ㅏ, ㅘ/가 기록되어 있고 대부분 이대로 반영되었는데 예외적으로 豲(원) 한 글자가 /ㅝ/에 반영되었다. 이는 성부인 원운(元韻)의 합구 3등자인 原(원)에 이끌린 유추음이지 운모 자체의 변화를 보여 주는 것은 아니다.

이 운에 속하는 한자음의 종류는 다음과 같다.

<ㅏ>
간/갈 : 干 稈 幹 葛　난/날 : 難 㬉 難 捺　단/달 : 丹 亶 旦 怛
란/랄 : 闌 嬾 讕 辣　만/말 : 瞞 滿 幔 末　반/발 : 般 伴 半 撥
산/살 : 跚 散 筭 薩　안/알 : 豻 － 豻 櫱　잔/－ : 殘 － － －
찬/찰 : 鑽 儧 贊 擦　탄/탈 : 殫 坦 炭 掇　판/－ : － － 判 －
한/할 : 寒 寒 漢 惕
<ㅘ>
관/괄 : 官 管 貫 活　완/－ : 岏 椀 玩 －　－/촬 : － － － 繓
환/활 : 歡 滮 喚 豁

2.3.2.16. 산산간힐(刪潸諫黠)

산산간힐(刪潸諫黠)운에는 모두 244자의 한자가 수록되어 있다. 앞의 예와 같이 각 운목별 수록 한자수를 제시한다.

운목	원	증	협	계
刪	66	7	0	73
潸	42	7	0	49
諫	49	4	0	53
黠	51	18	0	69
계	208	36	0	244

<표 30> 산산간힐 운목의 수록 한자수

산운(刪韻)으로 대표되는 이들 운은 산섭(山攝)에 속한 운들이다. 산운(刪韻)은 개구와 합구의 2등운으로 /-an, -wan/으로 재구되므로 동음에서 /ㅏ, ㅘ/로 반영되는 것이 정음이다. 이미 중기 동음 이래 이러한 반영 양상이 전승된다. 『규장전운』의 한자음도 이런 전승과정을 충실히 보여주고 있다.

『화동정음』의 각운중성에도 /ㅏ, ㅘ/에 반영된다고 기록하였고 실제 표기예도 劵(권)만이 /ㅝ/인데 앞에서 설명한 것과 같이 유추로 인한 속음이지 운모음의 변화는 아니다.

이 운에 속한 한자음의 종류는 다음과 같다.

<ㅏ>
간/갈 : 姦 簡 諫 戛 난/날 : - 赧 - 疕 란/- : 爛 - - -
만/말 : 蠻 彎 慢 帓 반/발 : 盼 - 襻 拔 산/살 : 删 潸 訕 殺
안/알 : 顔 眼 鴈 齾 잔/- : 跧 僝 棧 - 찬/찰 : - 剗 鏟 札
판/팔 : 眅 版 辦 八 한/할 : 嫺 限 - 瞎
<ㅘ>
관/괄 : 關 - 慣 刮 -/놜 : - - - 豽 -/솰 : - - - 刷
완/왈 : 頑 婠 薍 刖 -/촬 : - - - 茁 환/활 : 還 睅 患 滑

2.3.2.17. 선선산설(先銑霰屑)

선선산설(先銑霰屑)운에는 모두 872자의 한자가 수록되어 있다. 앞의 예와 같이 각 운목별 수록 한자수를 제시한다.

운목	원	증	협	계
先	253	49	0	302
銑	134	42	0	176
霰	141	24	0	165
屑	193	36	0	229
계	721	151	0	872

<표 31> 선선산설 운목의 수록 한자수

선운(先韻)으로 대표되는 이들 운은 앞의 한운(寒韻), 산운(刪韻), 선운(先韻)과 함께 산섭(山攝)에 속한 운들이다. 선운(先韻) 에 속한 한자들은 개구와 합구의 4등운에 속하는데 중고음에서 /-jɛn, -jwɛn/으로 재구되므로 동음에서는 /ㅓ, ㅕ, ㅝ/로 반영되는 것이 자연스럽다.『규장전운』의 한자음도 /ㅓ, ㅕ, ㅝ/에 분포되어 아주 자연스런 반영을 보인다.

『화동정음』의 각운중성에도 /ㅓ, ㅕ, ㅝ/로 기록되어 있는데,『화동정음』에는 蠮(예) 만이 /ㅖ/로 반영되는 예외를 보이는데 성부인 翳(예)의 유추로 인한 음이다.

이 운에 속한 한자음의 종류는 다음과 같다.

<ㅓ>

건/걸 : 愆 蹇 - 孑　언/얼 : 焉 巘 彦 孼　헌/ - : 嘕 - - -

<ㅕ>

견/결 : 堅 趼 見 結　년/녈 : 秊 撚 晛 涅　뎐/뎔 : 傎 典 殿 窒

련/렬 : 連 輦 鍊 列　면/멸 : 眠 免 麪 蔑　변/별 : 邊 扁 徧 鷩

션/셜 : 先 銑 霰 屑　연/열 : 煙 兗 嬿 悅　젼/졀 : 箋 翦 箭 卩

쳔/쳘 : 千 淺 薦 哲　텬/텰 : 天 蚕 - 鐵　편/ - : 蝙 - 片 -

현/혈 : 儇 顯 絢 血

<ㅝ>

권/- : 棬 菤 眷 -　원/- : 員 - 院 -

2.3.2.18. 소소소(蕭篠嘯)

소소소(蕭篠嘯)운에는 모두 471자의 한자가 수록되어 있다. 성조도 평성과 상성, 거성만 있고 입성은 없다. 앞의 예와 같이 각 운목별 수록 한자수를 제시한다.

운목	원	증	협	계
蕭	197	47	7	251
篠	84	20	3	107

嘯	83	25	5	113
계	364	92	15	471

<표 32> 소소소 운목의 수록 한자수

소운(蕭韻)으로 대표되는 이들 운은 효운(肴韻), 호운(豪韻)과 함께 효섭(效攝)에 속한다. 소운에 속한 한자들은 4등운 개구음으로 /-jɛu/로 재구되니 동음에서 /ㅗ, ㅛ/로 반영되는 것은 중고음의 음가를 잇는 매우 자연스런 결과이다.

『화동정음』의 각운중성에 모두 /ㅗ, ㅛ/로 기록되어 있고 실제 반영도 예외 없이 이를 지키고 있다.

그런데 『규장전운』에는 이 운목에 분포되어 있는 모음은 /ㅛ/ 한 가지 뿐이다. /ㅛ/로 반영된 한자음 가운데 초성 /ㄷ, ㅅ, ㅊ/과 결합된 자음들은 이후 단모음화하여 /ㅗ/로 전승된다. 『규장전운』이 편찬되던 시기에 이미 상당히 진행되었던 치음 아래의 이중모음의 단모음화를 운서에 반영하지 않았기 때문에 나타난 현상이다.

이 운에 속하는 한자음의 종류는 다음과 같다.

<ㅛ>

교: 驍 皎 叫	뇨: - 裊 溺	됴: 刀 鳥 釣
료: 聊 了 療	묘: 苗 眇 妙	쇼: 蕭 篠 嘯
요: 幺 杳 窔	죠: 昭 沼 醻	쵸: 焦 剿 僬
표: 猋 表 勡	효: 囂 曉 -	

2.3.2.19. 효교효(肴巧效)

효교효(肴巧效)운에는 모두 181자의 한자가 수록되어 있다. 성조도 평성과 상성, 거성만 있고 입성은 없다. 앞의 예와 같이 각 운목별 수록 한자수를 제시한다.

운목	원	증	협	계
肴	75	18	0	93
巧	27	4	0	31
效	47	10	0	57
계	149	32	0	181

<표 33> 효교효 운목의 수록 한자수

효운(肴韻)으로 대표되는 이들 운은 효섭(效攝)에 속하는데, 한자들은 모두 2등운이고 중고음은 /-au/로 재구된다. 『규장전운』에는 /ㅗ, ㅛ/로 반영되어 자연스런 반영 모습을 보인다. 『화동정음』의 각운중성에도 /ㅗ, ㅛ/로 기록되어 있다.

이 운에 속한 한자음의 종류는 다음과 같다.

<ㅗ>

노 : 呶 - - 모 : 茆 - 皃 오 : 聱 - -

조 : - 爪 罩 포 : 包 飽 儤

<ㅛ>

교 : 交 絞 覺 뇨 : 鐃 撓 淖 묘 : - 卯 -

쇼 : 弰 - 稍 요 : 坳 齩 樂 죠 : 嘲 - -

쵸 : 抄 炒 抄 표 : - - 豹 효 : 虓 - 孝

2.3.2.20. 호호호(豪皓号)

호호호(豪皓号)운에는 모두 307자의 한자가 수록되어 있다. 성조도 평성과 상성, 거성만 있고 입성은 없다. 앞의 예와 같이 각 운목별 수록 한자수를 제시한다.

운목	원	증	협	계
豪	112	16	0	128
皓	88	3	0	91

号	77	11	0	88
계	277	30	0	307

<표 34> 호호호 운목의 수록 한자수

호운(豪韻)으로 대표되는 이들 운에 속한 한자들은 1등운으로 재구음은 /-ɑu/이다. 그러므로 동음에서는 /ㅗ/로 반영되는 것이 정음인데 『규장전운』에 /ㅗ/만 보이므로 매우 정상적인 반영이다.

이 운에 속한 한자음의 종류는 다음과 같다.

<ㅗ>

고：高 皓 誥　　노：猱 惱 －　　도：刀 擣 到
로：勞 老 勞　　모：毛 － 耄　　보：－ 寶 報
소：騷 嫂 喿　　오：熬 襖 傲　　조：糟 早 竈
초：－ 草 －　　토：－ 討 －　　포：褒 抱 暴
호：蒿 好 秏

2.3.2.21. 가가개(歌哿箇)

가가개(歌哿箇)운에는 모두 324자의 한자가 수록되어 있다. 성조도 평성과 상성, 거성만 있고 입성은 없다. 앞의 예와 같이 각 운목별 수록 한자수를 제시한다.

운목	원	증	협	계
歌	145	14	9	168
哿	76	20	0	96
箇	47	9	4	60
계	268	43	13	324

<표 35> 가가개 운목의 수록 한자수

가운(歌韻)으로 대표되는 이들 운은 과섭(果攝)을 이룬다. 가운에 속한 한자는 개구와 합구의 1등운으로 중고음에서 /-ɑ, -wɑ/로 재구된다. 따

라서 동음에서는 /ㅏ, ㅘ/로 반영되는 것이 정음이다. 『규장전운』에서는 이를 충실히 따르고 있다. 『화동정음』의 경우도 마찬가지이다.

이 운에 속한 한자의 한자음의 종류는 다음과 같다.

<ㅏ>
가 : 茄 哿 箇　　나 : 那 那 稬　　다 : 多 - 癉
라 : 羅 裸 邏　　마 : 摩 麼 磨　　사 : 挲 - 些
아 : 莪 我 餓　　자 : - 左 佐　　차 : 搓 瑳 磋
타 : 佗 彈 唾　　파 : 波 跛 播　　하 : 訶 歌 賀
<ㅘ>
과 : 戈 菓 過　　솨 : - 鎖 -　　와 : 譌 婐 臥
좌 : 矬 坐 剉　　화 : 鞾 火 貨

2.3.2.22. 마마마(麻馬禡)

마마마(麻馬禡)운에는 모두 315자의 한자가 수록되어 있다. 성조도 평성과 상성, 거성만 있고 입성은 없다. 앞의 예와 같이 각 운목별 수록 한자수를 제시한다.

운목	원	증	협	계
麻	122	23	0	145
馬	57	11	0	68
禡	91	11	0	102
계	270	45	0	315

<표 36> 마마마 운목의 수록 한자수

마운(麻韻)으로 대표되는 이들 운은 가섭(假攝)에 속하나 앞의 가운과 함께 음운적으로 매우 유사하다. 가운에 속한 한자들이 개구와 합구의 1등운에 속하는 데 반해 마운에 속한 한자들은 2등운에 속하고 있다는 점만이 차이일 뿐이다. 따라서 이들의 중고음은 /-a, -wa/로 재구되므로 동음에서는 두 운이 구별되지 않고 /ㅏ, ㅘ/로 나타난다.

다만 마운에 속한 한자 가운데 반절하자 '遮, 者, 夜'를 가지는 일부가 3등에 배속되어 있어 /-ja/로 재구되므로 동음에서도 /ㅑ/로 반영되는 예들이 나타난다. 『규장전운』 마운의 한자음은 /ㅏ, ㅑ, ㅘ/로 나타나는데 이는 중국음이 한국에 들어와 반영된 양상을 충실히 잇고 있는 것이다. 『화동정음』의 각운중성에도 동일하게 기록되어 있다.

이 운에 속한 한자음의 종류는 다음과 같다.

<ㅏ>

가 : 加 檟 駕　　나 : 拏 － －　　마 : 麻 馬 禡
사 : 沙 灑 嗄　　아 : 衙 雅 迓　　자 : － 鮓 詐
차 : 樝 姹 詫　　타 : － 打 －　　파 : 巴 把 覇
하 : 呀 閜 罅

<ㅑ>

갸 : 茄 － －　　먀 : － 乜 －　　샤 : 些 寫 卸
야 : 耶 野 夜　　쟈 : － 姐 藉　　챠 : 嗟 且 借

<ㅘ>

과 : 瓜 寡 胯　　솨 : － 耍 －　　와 : 蛙 － －
좌 : 檛 － －　　화 : 花 化 －

2.3.2.23. 양양양약(陽養漾藥)

양양양약(陽養漾藥)운에는 모두 902자의 한자가 수록되어 있어 비교적 다량의 한자가 수록된 운목이다. 성조도 평성과 상성, 거성과 함께 입성도 있다. 앞의 예와 같이 각 운목별 수록 한자수를 제시한다.

운목	원	증	협	계
陽	293	41	22	356
養	113	25	5	143
漾	131	13	8	152
藥	209	23	19	251
계	746	102	54	902

<표 37> 양양양약 운목의 수록 한자수

양운(陽韻)으로 대표되는 이들 운은 탕섭(宕攝)에 속한다. 이 운을 앞의 가운, 마운과 비교하면 운미에 /ŋ/이 있을 뿐 핵모음은 동일하게 재구된다. 양운(陽韻)에 속한 한자들은 개구와 합구 3등운이며 중고음은 /-jaŋ, -jwaŋ/으로 재구된다. 따라서 핵모음을 기준으로 하였을 때 동음에는 /ㅏ, ㅑ, ㅘ/로 반영되는 것이 정음이다.

『화동정음』의 각운중성에도 이렇게 기록되어 있고 『규장전운』의 한자음도 이를 충실히 따르고 있다. 『규장전운』은 양운은 다른 운과 통운되지 않는 독자적인 운으로 보았으나 실제로는 가운(歌韻)과 마운(麻韻), 양운(陽韻)은 핵모음의 유사로 인하여 동음 반영 결과는 동일하게 나타난다.

이 운에 속한 한자음의 종류는 다음과 같다.

<ㅏ>

강/각 : 岡 鏹 鋼 各	낭/낙 : 囊 曩 灢 諾	당/ - : 簹 黨 党 -
랑/락 : 郎 朗 埌 洛	망/막 : 忙 莽 妄 幕	방/박 : 幫 榜 謗 博
상/삭 : 桑 顙 喪 索	앙/악 : 卬 仰 仰 惡	장/작 : 臧 駔 葬 作
창/착 : 滄 蒼 刱 鑿	탕/탁 : 鏜 帑 湯 託	항/학 : 航 沆 吭 壑

<ㅑ>

- /갹 : - - - 屩	냥/ - : 孃 - - -	량/략 : 良 兩 諒 掠
샹/샥 : 襄 想 相 削	양/약 : 陽 養 釀 約	쟝/쟉 : 漿 槳 醬 雀
챵/챡 : 昌 敞 脹 著	향/ - : 香 響 鄉 -	

<ㅘ>

광/곽 : 光 廣 誑 矍	왕/ - : 尫 枉 王 -	황/확 : 荒 怳 況 臒

2.3.2.24. 경경경맥(庚梗敬陌)

경경경맥(庚梗敬陌)운에는 모두 708자의 한자가 수록되어 있다. 성조도 평성과 상성, 거성, 입성의 4성조가 모두 포함되어 있다. 앞의 예와 같이 각 운목별 수록 한자수를 제시한다.

운목	원	증	협	계
庚	211	38	11	260
梗	77	18	0	95
敬	73	8	0	81
陌	226	35	11	272
계	587	99	22	708

<표 38> 경경경맥 운목의 수록 한자수

경운(庚韻)으로 대표되는 이들 운은 청운(靑韻)과 함께 경섭(梗攝)을 이룬다. 이 운에 속한 한자들은 개구와 합구로 나뉘며 또 2등과 3등으로 나뉜다. 중고음의 경우 2등자는 /-ɐŋ, -wɐŋ/으로, 3등자는 /-jɐŋ, -jwɐŋ/으로 재구된다. 따라서 동음의 반영은 다양하게 나타날 가능성이 있다. 『규장전운』에는 /ㅕ, ㅚ, ·ㅣ, ㅣ, ㅡ/ 등 다섯 가지 모음으로 나타나는데 재구음으로 보아 /ㅡ/의 반영이 예외적일 뿐 나머지는 정상적인 반영이다. 예외적 반영 /ㅡ/는 통운 관계에 있는 증운(蒸韻)의 영향을 받은 것으로 보인다. 그러나 그 예는 극히 적다.

이 운에 속하는 한자음의 종류는 다음과 같다.

<ㅕ>

경/격 : 京 儆 敬 格　녕/ - : 獰 - - -　뎡/ - : - 玎 - -

령/ - : 令 領 令 -　명/ - : 明 皿 命 -　병/벽 : 兵 餠 柄 辟

셩/셕 : 觪 省 性 腊　영/역 : 蘏 景 鞕 役　졍/젹 : 精 井 淨 積

쳥/쳑 : 淸 請 凊 脊　평/ - : 抨 - 平 -　형/혁 : 兄 - - 虩

<ㅚ>

굉/괵 : 觵 礦 - 虢　횡/획 : 泓 - 横 砉

<·ㅣ>

ᄀᆡᆼ/ᄀᆡᆨ : 賡 - 更 客　ᄅᆡᆼ/ - : - 冷 - -　ᄆᆡᆼ/ᄆᆡᆨ : 盲 猛 孟 陌

- /ᄇᆡᆨ : - - - 百　ᄉᆡᆼ/ᄉᆡᆨ : 生 省 生 索　ᄋᆡᆼ/ᄋᆡᆨ : 鸎 - - 戹

ᄌᆡᆼ/ - : 爭 - 諍 -　- /ᄎᆡᆨ : - - - 迮　ᄑᆡᆼ/ - : 繃 - - -

ᄒᆡᆼ/ᄒᆡᆨ : 行 杏 行 覈

<ㅣ>

- /닉 : - - - 搦　빙/ - : - - 娉 -　잉/익 : - 梬 - 益

징/ - : - - 瞪 -　칭/ - : - 騁 - -

<一>
- /극 : - - - 戟

2.3.2.25. 청형경석(靑迥徑錫)

청형경석(靑迥徑錫)운에는 모두 386자의 한자가 수록되어 있다. 성조도 평성과 상성, 거성, 입성의 4성조가 모두 포함되어 있다. 앞의 예와 같이 각 운목별 수록 한자수를 제시한다.

운목	원	증	협	계
靑	89	28	0	117
迥	55	4	0	59
徑	63	14	0	77
錫	113	20	0	133
계	320	66	0	386

<표 39> 청형경석 운목의 수록 한자수

청운(靑韻)으로 대표되는 이들 운은 경운(庚韻)과 함께 경섭(梗攝)에 속한다. 이 운에 속한 한자들은 개구와 합구의 4등에 해당하는데 중고음은 /-jeŋ, -jweŋ/으로 재구된다. 따라서 동음에서는 /ㅕ/가 주요모음이 되고 이보다 개구도가 작아질 경우 /ㅡ/로 나타나는 것도 예상할 수 있다. 『규장전운』에 실제로 나타난 한자음은 /ㅕ, ㅣ, ㅡ, ·ㅣ/ 등 네 가지 모음에 분포하고 있다.

『화동정음』의 각운중성에는 /ㅕ, ·ㅣ, ㅡ, ㅣ/로 기록하였는데 반영 양상은 『규장전운』과 동일하다. 박성원은 각운중성 청운(靑韻)의 하단에 "홍무정운에서는 경운(庚韻), 청운(靑韻), 증운(蒸韻)을 합하여 놓았다"78)고 하여 이들이 중국음에서 통합되었음을 밝히고 있다. 경운과 청운, 증운

78) "洪武韻 庚靑蒸 合"(『華東正音』「各韻中聲」)

사이에 나타나는 음운적 유사점은 『규장전운』이 이들을 통운하는 것으로 파악하고 있는 것에서도 변화의 모습을 짐작할 수 있다.

이 운에 속하는 한자음의 종류는 다음과 같다.

<ㅕ>

경/격 : 經 潁 徑 激　녕/녁 : 寧 顁 寗 惄　뎡/뎍 : 丁 頂 訂 嫡

령/력 : 靈 － － 歷　명/멱 : 冥 酩 瞑 覓　병/벽 : 荓 鞞 － 壁

셩/셕 : 星 醒 醒 緆　－/역 : － － － 艗　졍/젹 : － － 艴 勣

쳥/쳑 : 靑 － 掅 慼　텽/텩 : 廳 － 廳 倜　평/－ : 萍 － － －

형/혁 : 馨 熒 鎣 鬩

<ㅣ>

－/긱 : － － － 喫　－/닉 : － － － 溺　빙/－ : 俜 － 凭 －

잉/－ : － － 孕 －　징/－ : － － 瞪 －　칭/－ : － － 秤 －

<ㅡ>

긍/－ : － 肯 亘 －　등/－ : － 等 證 －　븡/－ : － － 堋 －

승/－ : － 殑 勝 －　응/－ : － － 凝 －　증/－ : － 拯 甑 －

흥/－ : － － 興 －

<·ㅣ>

링/－ : － 冷 － －　밍/－ : － － 懜 －　힝/－ : － 婞 － －

2.3.2.26. 증직(蒸職)

증직(蒸職)운에는 모두 272자의 한자가 수록되어 있다. 성조는 평성과 입성의 2성조뿐이다. 앞의 예와 같이 각 운목별 수록 한자수를 제시한다.

운목	원	증	협	계
蒸	102	14	0	116
職	137	19	0	156
계	239	33	0	272

<표 40> 증직 운목의 수록 한자수

증운(蒸韻)으로 대표되는 이들 운은 증섭(曾攝)에 속하여 앞에서 살핀 경운(庚韻)이나 청운(靑韻)과는 음운적 특징이 다르다. 이 운에 속한 한자

는 3등 개구운인데 중고음은 /-jəŋ/으로 재구되므로 앞의 두운에 비해 전설적인 모음이다.

증운의 개모는 구개적인 /-j/와 비구개적인 /-ï/로 구별되는데, 전자는 동음에서 /ㅣ/로 후자는 /ㅡ/로 반영된다. 따라서 중고음의 반영이라는 측면에서는 이들의 중성은 서로 다르게 실현되고 현재 한국 한자음에서도 그대로 유지되고 있다. 개모의 반영이 통일되지 않았고 또 핵모음도 음가가 불안정한 중설적 모음이기 때문에 증운의 동음반영은 매우 다양하게 나타난다. 『규장전운』에는 /ㅓ, ㅕ, ㅗ, ㅚ, ㅜ ㅡ, ㅣ, ·ㅣ/ 등 여덟 가지로 분포되어 매우 다양한 모습을 보인다. 이런 다양성 때문에 중국에서는 독자적인 운섭을 이루지만 『규장전운』에서는 통운할 수 있다고 한 것이다. 『화동정음』의 각운중성에도 /ㅕ, ·ㅣ, ㅡ, ㅣ/로 네 가지 모음에 분포하는 것으로 기록되었는데 실제로는 이들 외에 /·, ㅓ, ㅗ, ㅚ, ㅜ/ 등이 나타난다.

이 운에 속하는 한자음의 종류는 다음과 같다.

<ㅓ>

- /덕 : - - - 德 　 - /억 : - - - 嶷

<ㅕ>

- /력 : - - - 力 　 - /벽 : - - - 逼 　 - /역 : - - - 域

- /척 - - - 陟 　 - /혁 : - - - 艴

<ㅗ>

- /혹 : - - - 或

<ㅚ>

굉/ - : 肱 - - - 　 횡/ - : 弘 - - -

<ㅜ>

- /국 : - - - 國 　 훙/ - : 薨 - - -

<ㅡ>

긍/극 : 兢 - - 革 　 능/ - : 能 - - - 　 등/득 : 登 - - 得

릉/륵 : 夌 - - 勒 　 - /믁 : - - - 墨 　 븡/븍 : 掤 - - 北

승/ - : 僧 - - - 　 응/ - : 凝 - - - 　 증/즉 : 增 - - 卽

층/측 : 層 - - 昃 　 - /특 : - - 忒 　 흥/흑 : 興 - - 黑

<ㅣ>

- /닉 : - - - 匿 　 빙/ - : 氷 - - - 　 - /식 : - - - 息

잉/익 : 仍 - - 弋　징/직 : 徵 - - 稷　칭/칙 : 稱 - - 敕

<·ㅣ>

-/ᄀᆡᆨ : - - - 刻　-/ᄉᆡᆨ : - - - 塞　-/ᄒᆡᆨ : - - - 劾

2.3.2.27. 우유유(尤有宥)

우유유(尤有宥)운에는 모두 680자의 한자가 수록되어 있다. 성조도 평성과 상성, 거성만 있고 입성은 없다. 앞의 예와 같이 각 운목별 수록 한자수를 제시한다.

운목	원	증	협	계
尤	249	44	20	313
有	141	20	9	170
宥	166	22	9	197
계	556	86	38	680

<표 41> 우유유 운목의 수록 한자수

우운(尤韻)으로 대표되는 이 운들은 유섭(流攝)에 속하는데『규장전운』에서는 다른 운과 통운되지 않는다고 하였다. 이 운에 속하는 한자는 개구 3등자로 /-ju/로 재구된다. 동음에서는 /ㅠ/로 재구되는 것이 자연스럽다. 그런데 개모음의 약화로 때로 /ㅜ/로 재구되기도 한다.『규장전운』에는 /ㅜ, ㅠ/의 두 모음에 분포한다.

『화동정음』의 각운중성에도 /ㅜ, ㅠ/로 기록하고 있는데 예외적으로 僦(춰)[79]가 나타난다. 이 운에 속하는 한자음의 종류는 다음과 같다.

<ㅜ>

구 : 句 苟 構　누 : - 穀 耨　두 : 兜 斗 梪

루 : 婁 塿 陋　무 : 矛 毋 戊　부 : 裒 剖 富

79) '춰'에 대해 이돈주(1995)는 -ju에 말음 i가 첨가되어 나타난 현상으로 파악하고 있다.

ᄼᅮ : 揪 叟 潄　　우 : 牛 偶 佑　　주 : － 走 奏
ᅕᅮ : 陬 取 綗　　투 : 偸 － 鬥　　후 : 帿 吼 蔻
<ㅠ>
규 : 樛 糾 －　　뉴 : － 紐 －　　류 : 留 柳 留
ᄼᅲ : 修 滫 秀　　유 : 幽 黝 幼　　쥬 : 賙 酒 晝
ᅕᅲ : 啾 帚 僦　　퓨 : 彪 － －　　휴 : 烋 － 畜

2.3.2.28. 침침심집(侵寢沁緝)

침침심집(侵寢沁緝)운에는 모두 285자의 한자가 수록되어 있다. 성조도 평성과 상성, 거성, 입성의 4성조가 모두 포함되어 있다. 앞의 예와 같이 각 운목별 수록 한자수를 제시한다.

운목	원	증	협	계
侵	90	13	8	111
寢	42	4	0	46
沁	32	9	0	41
緝	65	16	6	87
계	229	42	14	285

<표 42> 침침심집 운목의 수록 한자수

침운(侵韻)으로 대표되는 이 운들은 심섭(深攝)에 속한다. 『규장전운』에서는 침운(侵韻)과 담운(覃韻), 염운(鹽韻), 함운(咸韻) 등과 함께 통운된다고 하여 중국음의 운섭 분류와 다른 모습을 보인다.

이 운에 속하는 한자들은 개구 3등운으로 중고음은 /-jem/으로 재구된다. 따라서 /ㅡ, ㅣ/ 등으로 반영될 것이 예상된다. 그런데 심섭(深攝)에 속하는 한자들은 이미 『동국정운』에서부터 3류로 나뉘어지는데(이돈주, 1995) 비구개적 개모의 경우 아음과 후음, 순음 성모와 연결된 경우는 /ㅡ/로, 구개적 개모의 경우는 /ㅣ/로 반영되었다. 그리고 치상음 아래서는 모두 /ㆍ/로 반영되고 있다. 이런 반영 양상은 그대로 『규장전운』은 물론『화동정음』에도 이어지고 있다.『화동정음』의 각운중성에서도 /ㅣ, ㅡ, ·/로 기록되어 있다.

이 운에 속하는 한자음의 종류는 다음과 같다.

<ㅡ>
금/급 : 今 錦 噤 急　름/ - : - 廩 - -　- /습 : - - - 霫
음/읍 : 崟 飲 蔭 邑　- /즙 : - - - 咠　픔/ - : - 稟 - -
흠/흡 : 廞 - - 吸
<ㅣ>
님/ - : - - 賃 -　림/립 : 林 - 臨 立　심/ - : 心 伈 甚 -
임/입 : 壬 飪 妊 入　짐/집 : - 朕 鴆 湁　침/칩 : 侵 寑 浸 縶
<·>
ᄉᆞᆷ/ᄉᆞᆸ 森 - 滲 澁　ᄌᆞᆷ/ - : 撍 - - -　ᄎᆞᆷ/ - : 嵾 墋 譖 -

2.3.2.29. 담감감합(覃感勘合)

담감감합(覃感勘合)운에는 모두 333자의 한자가 수록되어 있다. 성조도 평성과 상성, 거성, 입성의 4성조가 모두 포함되어 있다. 앞의 예와 같이 각 운목별 수록 한자수를 제시한다.

운목	원	증	협	계
覃	79	24	0	103
感	66	17	0	83
勘	38	9	0	47
合	84	16	0	100
계	267	66	0	333

<표 43> 담감감합 운목의 수록 한자수

담운(覃韻)으로 대표되는 이들 운은 아래에 나오는 염운(鹽韻) 함운(咸韻)과 함께 함섭(咸攝)에 속한다. 이 운에 속한 한자들은 개구 1등운으로 중고음은 /-Am/으로 재구되고 동음에서는 /ㅏ/로 반영된다.『규장전운』에도 /ㅏ/에만 반영되었고,『화동정음』도 예외 없이 /ㅏ/에만 반영되

었다. 이는 중기 동음 이래 동음의 전통적 전승과정을 이어받는 것이다.

이 운에 속하는 한자음의 종류는 다음과 같다.

<ㅏ>

감/갑 : 甘 感 紺 合　남/납 : 南 - - 納　담/답 : 耽 膽 擔 答
람/랍 : 婪 覽 纜 臘　삼/삽 : 三 糝 三 颯　암/압 : 諳 唵 暗 唈
잠/잡 : 鐕 喒 暫 帀　참/ - : 驂 黲 - -　탐/탑 : 貪 噴 撢 榻
함/합 : 憨 喊 憾 盍

2.3.2.30. 염염염엽(鹽琰豔葉)

염염염엽(鹽琰豔葉)운에는 모두 400자의 한자가 수록되어 있다. 성조도 평성과 상성, 거성, 입성의 4성조가 모두 포함되어 있다. 앞의 예와 같이 각 운목별 수록 한자수를 제시한다.

운목	원	증	협	계
鹽	90	20	0	110
琰	61	19	0	80
豔	57	3	0	60
葉	118	32	0	150
계	326	74	0	400

<표 44> 염염염엽 운목의 수록 한자수

염운(鹽韻)으로 대표되는 이 운들은 함섭(咸攝)에 속하는데 개구 3등운으로 중고음은 /-jɛm/으로 재구된다. 따라서 동음에서는 /ㅕ/로 반영되는 것이 자연스럽다. 그런데 일부 한자들에서 염운의 구개적 개모 /-j-/가 주로 아음과 후음에 속한 성모와 연결되어서는 요음성(拗音性)을 상실하고 /ㅓ/로 반영되고 있다. 이런 현상은 『화동정음』의 경우도 마찬가지이다. 따라서 이런 반영은 중기 동음 이래 전승과정을 그대로 따르고 있다.

이 운에 속하는 한자음의 종류는 다음과 같다.

<ㅓ>
검/겁 : 鈐 檢 劒 劫　엄/업 : 醃 噞 驗 業　험/협 : 杴 險 - 脅
<ㅕ>
겸/겹 : 兼 歉 蒹 頰　념/녑 : 鮎 姩 念 讘　뎜/뎝 : - 點 店 蛅
렴/렵 : 廉 斂 殮 獵　셤/셥 : 銛 閃 苫 燮　염/엽 : 懕 檿 厭 葉
졈/졉 : 殲 漸 僭 接　쳠/쳡 : 尖 憯 塹 睫　텸/텹 : 添 忝 忝 怗
폄/ - : 砭 貶 砭 -　혐/협 : 嫌 - - 協

2.3.2.31. 함함함흡(咸豏陷洽)

함함함흡(咸豏陷洽)운에는 모두 400자의 한자가 수록되어 있다. 성조도 평성과 상성, 거성, 입성의 4성조가 모두 포함되어 있다. 앞의 예와 같이 각 운목별 수록 한자수를 제시한다.

운목	원	증	협	계
咸	50	11	0	61
豏	24	8	0	32
陷	28	11	0	39
洽	53	11	0	64
계	155	41	0	196

<표 45> 함함함흡 운목의 수록 한자수

함운(咸韻)으로 대표되는 이들 운은 모두 함섭(咸攝)에 속한다. 이운에 속한 한자들은 개구 2등운으로 중고음은 /-ɐm/으로 재구된다. 따라서 동음에서는 /ㅏ/로 반영되는 것이 자연스럽다. 『규장전운』에는 /ㅏ, ㅓ, ㅕ/ 세 가지 모음으로 반영되는데 통운되는 운인 염운(鹽韻)의 영향을 받은 음으로 보인다.

이 운에 속하는 한자음의 종류는 다음과 같다.

<ㅏ>
감/갑 : 監 減 歉 鉀　남/ - : 諵 - - -　맘/ - : - 鋄 - -

삽/삽 : 懺 摲 釤 歃 암/압 : 嵒 黯 俺 鴨 잠/잡 : 詀 湛 蘸 箚
참/ - : 欃 斬 懺 - 함/합 : 咸 [illegible] 陷 呷
<ㅓ>
- /겁 : - - - 猲 범/법 : 凡 犯 梵 法
<ㅕ>
- /겹 : - - - 夾 - /협 : - - - 洽

2.3.3. 근대 동음의 모음 체계와 특징

이 항에서는 『규장전운』에 표기된 한사음을 중심으로 근대 국어 시기 동음의 특징을 살펴보고자 한다. 특히 당시 국어 음운 체계에 진행되던 음운의 변화들이 한자음에는 어떤 영향을 주었는지에 대해 검토하여 한자음과 국어음과의 상관성을 찾아보고자 한다.

2.3.3.1. 근대 국어의 모음 체계

중기 국어의 모음 체계는 『훈민정음』에 의하여 분명히 드러난다. 『훈민정음』은 제자해(制字解)를 통해 『훈민정음』이 만들어진 15세기 국어의 기본적인 모음 체계가 7개의 단모음과 1개의 반모음으로 이루어져 있음을 보여 주고 있다. 『훈민정음』에 나타난 15세기의 단모음과 반모음은 다음과 같다.

단모음 : ·, ㅡ, ㅣ, ㅗ, ㅏ, ㅜ, ㅓ
반모음 : ㅣ

그리고 이들이 결합된 복합모음은 다음과 같았다.

복합모음 : ㅑ, ㅕ, ㅛ, ㅠ, ㅐ, ㅔ, ㅘ, ㅝ, ㅙ, ㅞ

그 후 근대 국어 시기에 들어오면서 이들 모음 체계에 몇 가지 변화가 발생한다. 가장 중요한 변화는 /·/의 비음운화이다.80) /·/는 일반적으로 두 단계에 걸쳐 비음운화된 것으로 알려져 있다. 먼저 /·/는 제2음절 이하에서 /ㅡ/와 통합되면서 음소로서의 기능을 상실하였고 이어 제1음절에서도 주로 /ㅏ/와 통합되면서 독립 음소로서의 변별력을 상실하였다. 이와 같은 /·/의 비음운화는 중세 국어의 7모음 체계를 아래와 같이 6모음으로 줄이는 모음 체계의 변화를 초래했다.

단모음 : ㅡ, ㅣ, ㅗ, ㅏ, ㅜ, ㅓ

그 후 근대 국어 후기에 들어 중기 국어 시기에 복합모음이었던 /ㅐ/와 /ㅔ/가 단모음으로 음가가 바뀌면서 다시 단모음의 숫자가 늘어나게 된다. 이 결과 근대 국어의 단모음 체계는 아래와 같은 8모음 체계로 바뀌게 된다.

단모음 : ㅡ, ㅣ, ㅗ, ㅏ, ㅜ, ㅓ, ㅐ, ㅔ

그러나 위와 같은 단모음 체계의 변화에도 불구하고 반모음이나 복합모음의 경우는 중기 국어의 경우와 크게 다르지 않았다.

2.3.3.2. 근대 동음의 모음 체계

근대 동음의 모음 체계를 확인하기 위하여 본서의 고찰 대상인 『규장

80) '비음운화'란 특정 음소가 음소로서의 기능을 상실하는 것을 말한다. 즉 /·/의 비음운화란 /·/가 더 이상 /ㅏ/나 /ㅡ/, /ㅗ/ 등 다른 음소와 구별되지 않게 되었음을 의미한다.

전운』과 함께 동시대에 편찬된 『화동정음』, 『삼운성휘』의 운모 체계를 분석해 보겠다. 다음에 각각 운서에 표기된 동음을 각 운목별로 정리하여 제시하면 다음 표와 같다.

운모	규장전운	화동정음	삼운성휘
東	ㅗ,ㅛ,ㅜ,ㅠ	ㅗ,ㅛ,ㅜ,ㅠ	ㅗ,ㅛ,ㅜ,ㅠ
冬	ㅗ,ㅜ,ㅠ	ㅗ,ㅜ,ㅠ	ㅗ,ㅜ,ㅠ
江	ㅏ,ㅣ	ㅏ,ㅗ	ㅏ
支	ㆍ,ㅚ,ㅟ,ㅠ,ㆌ,ㅞ,ㅖ,ㅢ,ㅣ	ㆍ,ㅚ,ㅟ,ㆌ,ㅔ,ㅖ,ㅢ,ㅣ	ㆍ,ㅚ,ㅟ,ㅠ,ㆌ,ㅖ,ㅢ,ㅣ
微	ㅟ,ㅢ,ㅣ	ㅟ,ㅢ,ㅣ	ㅟ,ㅢ,ㅣ
魚	ㅓ,ㅕ,ㅗ	ㅓ,ㅕ,ㅜ	ㅓ,ㅕ,ㅗ
虞	ㅗ,ㅜ,ㅠ	ㅜ,ㅠ	ㅗ,ㅜ,ㅠ
齊	ㅕ,ㅔ,ㅖ,ㅞ,ㅠ,ㅢ,ㅣ	ㅔ,ㅖ,ㅞ,ㅟ,ㆌ	ㅕ,ㅔ,ㅖ,ㅠ,ㅢ,ㅣ
佳	ㆎ,ㅐ,ㅚ,ㅙ	ㆎ,ㅐ,ㅚ,ㅙ,ㅟ,ㆌ	ㆎ,ㅐ,ㅚ,ㅙ
灰	ㆎ,ㅐ,ㅚ,ㅙ	ㆎ,ㅐ,ㅚ,ㅙ,ㅖ,ㆌ	ㆎ,ㅐ,ㅚ
眞	ㅜ,ㅠ,ㅡ,ㅣ	ㅗ,ㅜ,ㅠ,ㅡ,ㅣ	ㅜ,ㅠ,ㅡ,ㅣ
文	ㅗ.ㅜ.ㅡ	ㅗ.ㅜ.ㅠ.ㅡ	ㅗ.ㅜ.ㅡ
元	ㆍ,ㅏ,ㅓ,ㅗ,ㅜ,ㅝ,ㅡ	ㆍ,ㅏ,ㅓ,ㅗ,ㅜ,ㅝ,ㅡ	ㆍ,ㅓ,ㅗ,ㅝ,ㅡ
寒	ㅏ,ㅘ	ㅏ,ㅘ,ㅝ	ㅏ,ㅘ
刪	ㅏ,ㅘ	ㆍ,ㅏ,ㅘ,ㅝ	ㅏ,ㅘ
先	ㅓ,ㅕ,ㅝ	ㅓ,ㅕ,ㅝ	ㅓ,ㅕ,ㅝ
蕭	ㅛ	ㅗ,ㅛ	ㅛ
肴	ㅗ,ㅛ	ㅗ,ㅛ	ㅗ,ㅛ
豪	ㅗ	ㅗ.ㅛ	ㅗ
歌	ㅏ,ㅘ,ㅣ	ㅏ,ㅘ	ㅏ,ㅘ
麻	ㅏ,ㅑ,ㅘ	ㅏ,ㅑ,ㅘ	ㅏ,ㅑ,ㅘ
陽	ㅏ,ㅑ,ㅘ	ㅏ,ㅑ,ㅘ	ㅏ,ㅑ,ㅘ
庚	ㆎ,ㅓ,ㅕ,ㅚ,ㅢ,ㅣ	ㆎ,ㅕ,ㅚ,ㅡ	ㆎ,ㅚ,ㅕ
靑	ㅕ,ㅡ,ㅣ	ㆎ,ㅕ,ㅡ	ㅕ,ㅣ
蒸	ㅜ,ㅡ,ㅣ	ㆍ,ㅚ,ㅜ,ㅡ,ㅣ	ㆍ,ㅚ,ㅜ,ㅡ,ㅣ
尤	ㅜ,ㅠ	ㅜ,ㅠ	ㅜ,ㅠ
侵	ㆍ,ㅡ,ㅣ	ㆍ,ㅡ,ㅣ	ㆍ,ㅡ,ㅣ
覃	ㅏ	ㆍ,ㅏ	ㅏ
鹽	ㅓ,ㅕ	ㆍ,ㅓ,ㅕ	ㅓ,ㅕ

<표 46> 세 운서의 운모별 표기 모음

표에 나와 있는 것처럼 세 운서의 각 운목별 동음표기가 완전히 일치하지는 않는다. 모두 30개의 운목 가운데 세 운서의 동음이 완전히 일치하는 것은 다음의 10개뿐이다.

東, 冬, 微, 先, 肴, 麻, 陽, 尤, 侵, 咸

이외에 부분적으로 차이가 나는 나머지 20개의 운목의 경우에도 상호 차이가 나는 경우는 그리 많은 비율은 아니다. 비록 차이가 난다 하더라도 이들 운서 편찬의 시기적 근접성이나 이들에 표기된 동음이 대부분 당시 현실음을 근거로 했다는 점 등을 감안할 때 각 운서에 따라 동음에 심각한 동요가 있었으리라는 점은 예상하기 어렵다. 따라서 운목별 동음 중성의 차이는 편찬자가 현실음을 어느 정도로 반영하였느냐에 따른 차이일 뿐이다.

아래의 표에서 주목하게 되는 것은 각 운목별로 해당 운목에 표기된 모음의 분포에는 약간의 차이가 발생하고 있으나 각각의 운서에 표기된 모음의 종류와 숫자는 모두 23개로 동일하다는 점이다.

그러면 우리는 여기에서 당시 동음의 모음 체계를 23모음 체계로 추정해 볼 수 있다. 위의 세 운서에 표기된 23개의 모음을 단모음과 복합모음으로 나누어 보면 다음과 같다.

단모음	ㅏ	ㅓ	ㅗ	ㅜ	ㅡ	ㅣ	ㆍ			
복합모음	ㅑ	ㅕ	ㅛ	ㅠ	ㅘ	ㅝ	ㅚ	ㅟ	ㅐ	ㅔ[81]
	ㅢ	ㆎ	ㅙ	ㅞ	ㅒ	ㅖ				

81) /ㅐ, ㅔ/의 단모음화 완료시기는 여전히 논란의 대상이다. 이기문(1977) · 최범훈(1990)이 18세기에, 김동소(1998)는 18세기 중반 무렵에 이들이 단모음화하였다고 하였고. 박병채(1989)는 18세기 말 이후 19세기 초로 추정하고 있다. 『화동정음』과 『삼운성휘』, 『규장전운』 등이 편찬된 18세기 후반은 단모음화의 진행시기에 놓여 있는 것으로 판단된다. 따라서 본고에서는 이중모음으로 처리한다.

여기에서 고려해야 할 문제는 이들 표기된 문자가 과연 당시의 음운 체계를 실제로 반영하고 있느냐 하는 점이다. 대표적인 예가 /·/의 경우이다. 일반적으로 국어사에서는 18세기 말엽에는 이미 /·/의 비음운화가 완료된 것으로 보고 있다. 그러나 /·/는 음소로서의 기능 여부와 관계없이 표기문자로서는 20세기 초반까지도 지속적으로 사용되고 있었다.[82] 이들 세 운서에 사용된 /·/는 국어음에서는 비음운화가 완료되었으나 한자음이 지니는 규범적·보수적 성격으로 인해 표기에 사용되고 있는 것으로 보아야 한다. 따라서 당시 현실음으로 인정할 수는 없다.

이런 현상은 대운(隊韻)과 지운(支韻)에 쓰인 /ㆌ/도 마찬가지이다. 이들은 현실음에서는 음성적으로 실현되지 않는 문자이다. 그런데 이것이 표기에 사용되고 있는 것은 단지 화음표기에 이끌려 나타난 규범적 표기일 뿐이다.

그러므로 /·, ㆌ/를 제외하면 동음의 모음 체계는 당시 국어음의 음운 체계와 비교하여 다름이 없이 다음과 같이 정리된다.

단모음	ㅏ	ㅓ	ㅗ	ㅜ	ㅡ	ㅣ				
복합모음	ㅑ	ㅕ	ㅛ	ㅠ	ㅘ	ㅝ	ㅚ	ㅟ	ㅐ	ㅔ
	ㅢ	ㆎ	ㅙ	ㅞ	ㅖ					

2.3.3.3. 근대 동음 모음의 변화

운서를 중심으로 살펴보았을 때 이들 문헌에 표기된 근대 동음은 매우 의고(擬古)적인 모습을 보여 준다. 이를 달리 말하면 운서 류가 아닌 일반 문헌 즉 각종 언해류나 전적류의 한자음은 규범적 틀에 크게 얽매이지 않

82) 공식적으로 /·/의 표기를 폐지하기로 한 것은 1933년 조선어학회가 한글맞춤법 통일안을 제정하면서부터이다. 그러나 이러한 규정에도 불구하고 /·/는 20세기 중반까지 표기에 사용되었다. 현재는 일상적인 언어생활에는 사용되지 않으나 상표(商標)나 상호(商號) 등 특수한 경우에 사용되고 있다.

으므로 훨씬 더 다양한 현실 한자음을 보여 주고 있는데 비해 운서의 한자음은 규범적 표기를 보여 주고 있어 현실적인 한자음과는 다소 다른 한자음을 표기하고 있다는 아쉬움이 있음은 부인할 수 없다.

『규장전운』이나 『화동정음』, 『삼운성휘』 등의 표기를 살펴보면 당시 국어음에서 음소로서 실현되지 않았을 것으로 여겨지는 /·, ㅠ/ 등이 나타난다. 또 국어음에서 음운변화가 진행되고 있었을 치음에 후행하는 이중모음의 단모음화나 순음에 후행하는 평순모음의 원순모음화, 치음에 후행하는 중설고모음의 전설고모음화 등이 동음에는 극히 일부를 제외하고는 강력히 작용하지 않고 있으며 또 음운변화의 반영시기도 현실 국어음의 변화에 비하여 매우 늦게 나타나고 있다.

2.3.3.3.1 /·/의 표기

주지하는 바와 같이 /·/는 이미 17세기부터 비음운화가 진행되고 있었다. 그러나 이 시기에 편찬된 3대 운서는 모두 /·/를 여전히 동음의 표기에 사용하고 있다. 이는 문헌에 표기된 동음이 현실음을 충실히 반영한다기보다는 관념적·의고적 표기임을 보여 주는 것이다. /·/는 중기 동음 자료는 물론 모든 근대 동음 자료들이 한결같이 표기를 유지하고 있다. /·/의 변화가 동음에 나타나는 것은 근대 후기에 들어와서이다. 『삼성사실(三聖事實)』(1880)에 나타나는 다음과 같은 표기가 /·/의 변화를 보여 주기 시작한다.[83](남광우, 1973)

懇 (康佷切) … 간　　潛 (昨鹽切/慈豔切) … 잠
恒 (胡登切) … 항　　開 (苦哀切) … 개
內 (奴對切) … 내　　生 (所京切/所庚切) … 생
宰 (作亥切) … 재　　在 (才外切/昨宰切) … 재
行 (下庚切/下孟切/胡郎切/下浪切) … 행

83) 이하 『삼성사실』과 『태상감응편』의 자료는 남광우(1973)에서 인용한다.

그리고 『태상감응편(太上感應篇)』(1880)에도 '恒'(胡登切)이 '항'으로 표기되어 있어 변화를 보여 주기 시작한다.

『자전석요(字典釋要)』(1906)에는 이런 변화를 매우 분명하게 보여 준다. 『자전석요』는 현실음에 변화가 있을 경우 이를 한자의 뜻 다음에 표기하고 있는데[84] 이때 /·>ㅏ/, /ㆎ>ㅐ/의 변화가 나타나기 시작한다.

懇 (康佷切) … ᄏᆞᆫ　지성스러운 간
孟 (莫幸切) … ᄆᆡᆼ　날낼 맹

2.3.3.3.2. 치음 아래 단모음화

치음 아래 이중모음이 단모음으로 바뀌는 것도 근대 국어의 일반적인 음운변화이다. 그러나 한자음에서는 아직 이런 변화가 표기에 반영되어 있지는 않았다. 하지만 앞의 '·'의 변화와 마찬가지로 18세기 자료문헌에서는 극히 제한적으로만 나타난다.

운서에는 중기 동음에서 이중모음을 유지하던 동음이 거의 그대로 전승된다. 다만 다음의 몇 예는 『화동정음』에는 이중모음으로 표기되어 있으나 『삼운성휘』, 『규장전운』에는 단모음으로 표기되어 있어 이 시기 음운변화의 일단을 엿보게 해 준다.[85]

한자	반절	화동	삼운	규장	한자	반절	화동	삼운	규장
穗	倉紅切	춍	총	총	笊	側交切	죠	조	조
葼	作孔切	죵	총	총	罩	都敎切	죠	조	조
樅	卽用切	죵	총	총	諏	子于切	츄	추	추
黈	知庾切	쥬	주	주	穱	側角切	쟉	작	작
澍	之戍切	쥬	주	주					

<표 47> 치음의 단모음화 사례

84) 『자전석요』에 2개의 동음이 있는 경우 앞의 것은 정음이고 뒤의 것은 속음이다.
85) 瘯은 예외적으로 『화동정음』에는 '촉'인데 『삼운성휘』와 『규장전운』에는 '쵹'이다.

19세기 문헌에 이르러 상당수의 한자에 단모음화가 진행된 결과가 기록되어지는 것을 보면 이 시기에 한자음에도 이런 변화가 이루어졌음은 분명하다 하겠다.

『삼성사실』에는 다음과 같은 표기가 나타난다.

常 (市洋切) … 상　　上 (時掌切) … 상
笑 (私妙切) … 소　　昭 (止遙切) … 소
俗 (似足切) … 속

『태상감응편』에는 더 많은 자례들이 나타난다.

奢 (式車切) … 사　　賞 (書兩切) … 상
常 (市洋切) … 상　　傷 (式羊切) … 상
商 (式羊切) … 상　　象 (徐兩切) … 상
相 (息良切/息亮切) … 상　　蕭 (蘇彫切) … 소
少 (書沼切/式照切) … 소　　小 (私兆切) … 소
屬 (之欲切) … 속　　贖 (神蜀切) … 속
竦 (息拱切) … 송　　松 (詳容切) … 송
訟 (詳容切) … 송　　者 (章也切) … 자
爵 (側角切) … 작　　綽 (昌約切) … 작
張 (陟良切) … 장　　章 (諸良切) … 장
長 (直張切/直向切)… 장　　漳 (諸良切) … 장
將 (卽良切/子諒切)… 장　　朝 (直遙切/陟遙切)… 조
潮 (直遙切/陟遙切)… 조　　昌 (尺良切) … 창

그리고 1895년에 편찬된 『텬로역뎡(天路歷程)』에는 다음의 예들이 보인다.

酌 (之若切) … 작　　敵 (徒歷切) … 적

藉 (慈夜切) … 자　　　　　邪 (似嗟切) … 사

『자전석요』에는

寫 (悉姐切)　샤　글시 쓸 사
俊 (子峻切)　쥰　준걸 준

등이 보인다.

결론적으로 규범적 태도를 유지하는 운서에 이러 변화가 보이는 점은 매우 의미가 있다. 이런 음운변화가 당시 국어음에서 매우 활발히 일어났고 이것이 운서에도 영향을 주었음을 알 수 있다.

2.3.3.3.3. 원순모음화

근대 국어에서 순음에 후행하는 모음 'ㆍ'가 자음의 원순성에 이끌려 'ㅜ'로 변화하는 소위 원순모음화가 매우 빈번히 일어난다. 근대 동음에서도 드물기는 하지만 이러한 변화를 보여 주는 예들이 발견된다.[86]

吻 (武粉切) … 믄 (훈몽) > 문 (화동, 삼운, 규장)
勿 (文弗切) … 믈 (번소, 석천) > 물 (화동, 삼운, 규장)
物 (文弗切) … 믈 (훈몽, 번소, 유합, 석천) > 물(화동, 삼운, 규장)
不 (甫弗切) … 블 (유합, 석천, 구간) > 불 (화동, 삼운, 규장)
拂 (敷勿切) … 블 (훈몽, 유합) > 불 (화동, 삼운, 규장)
弗 (分勿切) … 블 (석천, 가례) > 불 (화동, 삼운, 규장)
芾 (分勿切) … 블 (유합) > 불 (화동, 삼운, 규장)

86) 표기문헌의 약호는 다음과 같다. 화동 : 화동정음, 삼운 : 삼운성휘, 규장 : 규장전운, 훈몽 : 훈몽자회, 번소 : 번역소학, 석천 : 석봉천자문, 구간 : 구급간이방언해, 가례 : 가례언해.

그러나 이 시기의 세 운서에는 동일한 환경에 있으면서도 아직 모음의 변화가 일어나지 않은 예들도 보인다.

墨. 默 (莫北切) … 믁 (화동, 삼운, 규장)
踣 (蒲北切) … 븍 (화동, 삼운, 규장)
棚. 綳. 輣 (薄萌切/薄庚切) … 븅 (화동)

따라서 원순모음화는 국어음에서와 마찬가지로 동음에서도 이 시기에 서서히 진행되어 가고 있었던 것으로 볼 수 있다.

2.3.3.3.4. 전설고모음화

근대 국어에서 치음에 후행하는 모음 /ㅡ/가 자음의 전설성에 이끌려 /ㅣ/로 변화하는 소위 전설고모음화가 매우 빈번히 일어난다. 그러나 동음에서는 이런 변화가 거의 일어나지 않는다. 이 시기의 세 운서를 살펴보면 아래의 다섯 예에서 운서 사이에 /ㅡ/와 /ㅣ/ 사이에 유동하고 있는 표기를 찾을 수 있다. 따라서 이 시기에 이러한 변화가 일어나고 있었음은 짐작할 수 있다. 그러나 더 많은 예를 찾기는 쉽지 않다. 이러한 현상은 동음의 보수성에 기인하는 것으로 생각된다.

한자	반절	화동	삼운	규장
瞪	宅耕切	증	징	징
僜	徒亘切	등	칭	칭
闖	丑禁切	츰	침	침
騭	之日切	즐	질	질
十	是執切	습	십	십

<표 48> 전설고모음화 사례

2.4. 규장전운의 성모 체계

우리는 앞 장에서『규장전운』에 표기되어 있는 한자음을 운모 체계에 맞춰 살펴보았다. 이 장에서는『규장전운』한자음의 특징을 한자음 분류의 전통적인 방식인 성모 체계 위주로 알아본다. 동음(東音) 즉 한국 한자음은 중국 한자음을 배워 학습하는 과정에서 자연스레 우리 국어의 음운 체계에 동화되어 점차 화음(華音) 즉 중국 한자음과 독자적인 체계로 발전하여 왔다. 따라서 동음을 살펴보려면 화음의 체계와 특징에 대해 살펴보지 않을 수가 없다.

이러한 체계와 특징을 일반적으로 성운학(聲韻學)이라고 부르는데 이 장에서는『규장전운』한자음의 특징을 성운학적 구조에 맞춰 설명하고자 한다. 이렇게 하는 것이 한자음의 분류에 대한 전통적인 관심을 유지하는 것이고 이것이 한자음을 수록하고 있는 문헌인 운서의 특징을 이해하는 데 도움이 되기 때문이다. 아울러 이를 통해 성운학이라는 학문에 대한 이해가 생겨나기를 기대하는 측면도 있다.

이 장에서는 한자음의 성모 체계를 중국의 중고음 시기 한자음을 중심으로 간략히 살펴본 뒤,『규장전운』의 성모 체계를 현대 언어학에서 일반적으로 채택하고 있는 자음 분류방식에 따라 자음 체계를 나누고 각각의 특징을 설명한 뒤 해당 자음의 근대적 특징들에 대해 언급하기로 한다.

자음의 분류는 파열음, 파찰음, 마찰음, 비음, 유음으로 나눈다. 그리고 이들 음소에 반영된 전통적인 36자모의 특징을 고찰하고자 한다. 아울러 근대 국어 시기 한자음이 이전 시기인 중기 국어 시기와 달라진 점에 대해서도 함께 살펴볼 것이다. 덧붙여 전통적인 자모 체계의 반영 양상을 벗어난 한자들의 양상에 대해 언급하기로 한다.

2.4.1. 한자음의 성모 체계

전통적으로 한자음의 성모 체계는 36자모로 귀납되어 왔다. 성모(聲母)란 음절을 성(聲)과 운(韻)으로 나누었을 때 성(聲)을 말한다. 즉 음절의 첫머리에 오는 자음을 말한다. 자모(字母)는 성(聲)을 나타내는 대표글자를 말한다. 예를 들면 자음 /k/로 시작되는 한자들을 대표하는 자모가 '견(見)'이고 /p/로 시작되는 한자들의 자모가 '방(幇)'이다.

36자모라는 것은 중국인들의 그들 한자음의 성모 체계를 모두 36종류로 나누었다는 것을 의미한다. 그들이 성모 체계를 나누기 시작한 것이 언제인지는 정확하지 않으나 현재 전해지는 자료 가운데 이와 관련하여 가장 이른 시기의 것은 당(唐)나라 말엽에 활동했던 승려인 수온(守溫)이 정리한 것으로 알려져 있는[87] 30자모이다. 30자모 체계의 구체적인 내용은 중국 서북부의 고적 유물인 돈황(敦煌)의 동굴서 발견된 『수온운학잔권(守溫韻學殘卷)』에 실려 전해지는데, 그 내용은 다음 <표 49>와 같다.

즉 모든 자음을 크게 순음과 설음, 아음, 치음 후음의 다섯 음계(音系)로 나누고 각각 음계 안에서 다시 3개 또는 4개의 음으로 나누어 고찰하고 있다.

한(漢)나라 말기 이래 반절(反切)법을 활용하여 자음을 분석하고 운(韻)을 정리한 중국인들은 당나라 말기에 이르러 인도로부터 전래된 음운학의 영향으로 체계적으로 성(聲)에 대해 연구하기 시작하였으며, 이에 의해 최초로 귀납된 성모 체계가 바로 위에 보인 30자모였다.

그 후 송(宋)나라 때에 들어와 등운학(等韻學)의 발달과 함께 30자모는 좀 더 정밀하게 분석되어 36자모로 확대되었는데, 운도(韻圖)에 따라 배

87) 중국 돈황에서 발견되어 현재 프랑스 파리 국립도서관에 보관중인 『수온운학잔권(守溫韻學殘卷)』에는 "남양의 비구 수온이 쓰다(南梁漢比丘 守溫述)"이라고 제목을 붙였다. "썼다(述)"의 의미로 미루어 이는 수온이 창제한 것이 아니라 당시 세간에 논의되던 내용을 정리하여 기록한 것으로 생각된다.

청탁(淸濁) / 오음(五音)	전청(全淸)	차청(次淸)	전탁(全濁)	불청불탁(不淸不濁)		비고
순음(脣音)	불(不)	방(芳)	병(竝)	명(明)		
설음(舌音)	단(端)	투(透)	정(定)	니(泥)		설두음(舌頭音)
	지(知)	철(徹)	징(澄)	일(日)		설상음(舌上音)
아음(牙音)	견(見)	계(溪)	군(群)	래(來)	의(疑)	
치음(齒音)	정(精)	청(淸)	종(從)			치두음(齒頭音)
	심(審)	천(穿)	선(禪)	조(照)		정치음(正齒音)
후음(喉音)	심(心)	사(邪)	효(曉)			청후음(淸喉音)
	갑(匣)	유(喩)	영(影)			탁후음(濁喉音)

<표 49> 『수온운학잔권』의 30자모

열 순서와 오음(五音) 및 청탁(淸濁)의 명칭에 약간씩의 차이가 있으나 점차 다음 <표 50>과 같이 통일되었다.

청탁(淸濁) / 오음(五音)		전청(全淸)	차청(次淸)	전탁(全濁)	차탁(次濁)	전청(全淸)	전탁(全濁)
아(牙)		견(見)	계(溪)	군(群)	의(疑)		
설(舌)	설두(舌頭)	단(端)	투(透)	정(定)	니(泥)		
	설상(舌上)	지(知)	철(徹)	징(澄)	낭(娘)		
순(脣)	중순(重脣)	방(幫)	방(滂)	병(並)	명(明)		
	경순(輕脣)	비(非)	부(敷)	봉(奉)	미(微)		
치(齒)	치두(齒頭)	정(精)	청(淸)	종(從)		심(心)	사(邪)
	정치(正齒)	조(照)	천(穿)	상(牀)		심(審)	선(禪)
후(喉)		영(影)	효(曉)	갑(匣)	유(喩)		
반설(半舌)					래(來)		
반치(半齒)					일(日)		

<표 50> 36자모

송나라 때에 36자모 체계가 정리된 이후 이 체계는 그 후 중국 음운학사상 전통적인 성모 분류 방식으로 인식되었다. 이를 받아들인 고려와 조선에서도 이 체계는 전통적인 성모 분류 체계로 인식되어 세종이 훈민정음을 창제하던 때에도 이 체계는 화음과 동음을 비교하는 기준이 되었을 뿐 아니라 조선 후기에 편찬된 운서들도 모두 이 체계를 따르고 있다.

본서에서도 전통적인 36자모 체계를 기준으로 하여 중국 한자음을 살피고자 한다. 아래의 표는 본서에서 필요한 경우 사용하는 각 성모별 재구음(再構音)이다. 이 재구음은 Karlgren(1985)을 기준으로 하였다. 다만 전탁음(全濁音)의 군(群), 병(並), 징(澄), 종(從), 상(牀), 신(神) 등은 육지위(陸志韋, 1947), 등당명보(藤堂明保, 1956) 등에 의거하여 무기유성음으로 음가(音價)를 설정하였다.

음계 / 청탁	아	설		순		치		후	반설	반치
		설두	설상	중순	경순	치두	정치			
전청	見k	端t	知ȶ	幫p	非f	精ts	照tś	影ʼ		
차청	溪kʼ	透tʼ	徹ȶʼ	滂pʼ	敷fʼ	淸tsʼ	穿tśʼ	曉x		
전탁	群g	定d	澄ȡ	並b	奉v	從dz	神dź	匣ɣ		
불청불탁	疑ŋ	泥n	娘ȵ	明m	微ɱ			喩j	來l	日ńź
전청						心s	審ś			
전탁						邪z	禪ź			

<표 51> 36자모와 재구음

2.4.2. 파열음

2.4.2.1. ㄱ, ㅋ, ㄲ

2.4.2.1.1. 파열음의 반영양상

전통적인 자모 분류 체계의 성모 가운데『규장전운』에 연구개 파열음 /ㄱ, ㅋ/으로 반영된 한자는 아음(牙音)의 견모(見母), 계모(溪母), 군모(群母)에 속하는 한자들이다. 이들 성모에 속한 한자들의 청탁구분과 음운적 특성 그리고 중고음의 재구음[88]과 이들이 동음에 주로 반영된 결과를 다

88) 청탁의 구분에서 전탁음으로 구분되는 군모(群母), 정모(定母), 병모(並母) 등의 성모에 속하는 한자들의 음가에 대해서 Karlgren(1985)은 이들을 송기음(送氣

음에 제시한다.

성모	청탁	특성	재구음	동음반영
견(見)	전청	무기 무성	k	ㄱ
계(溪)	차청	유기 무성	k′	ㄱ
군(群)	전탁	무기 유성	g	ㄱ

<표 52> 견계군모의 재구음

위의 표에 제시한 바와 같이 반영 결과로 볼 때 견모는 동음에서 /ㄱ/으로 반영된다. 이는 지극히 자연스런 음운 대응 결과이다. 이런 반영은 한자가 우리나라에 유입된 이래 지속된 현상으로 화음과 동음 사이에 음운적으로 일치를 보이는 자연스런 현상이다.

유기음인 계모는 중고음의 음가를 제대로 유지하지 못하고 음운적 변별성이 사라졌다. 그 결과 견모, 군모와 함께 /ㄱ/으로 반영되었으며 극히 일부만이 /ㅋ/으로 반영되어 있다.

군모는 모두 /ㄱ/으로 반영되었다. 이 결과는 우리 한자음은 물론 국어음에 유성음과 무성음의 구별이 존재하지 않기 때문에 나타나는 자연스런 현상이다

견모와 계모, 군모 등의 반영 결과는 『훈몽자회』를 비롯한 중기 동음의 반영 결과와 동일한 것이다(박병채, 1979; 이윤동, 1988). 파열음의 경우, 근대 동음은 중기 동음의 반영 결과를 그대로 이어받고 있으며 근대 국어에서 활발하게 일어난 격음화나 경음화 등이 한자음에서는 거의 일

音) 즉 유기음(有氣音)으로 해석하여 /g′, d′, b′/로 재구하였고, 동동화(1975)도 이를 따르고 있다. 그러나 육지위(1947)는 불경 번역에 사용된 범문(梵文)과의 비교, 『광운』의 중독자(重讀字)의 검토, 형성(形聲)자의 성부(聲符)와 해성자(諧聲字)간의 비교 등을 통하여 이들을 불송기음(不送氣音)으로 재구하였다. 박병채(1971), 등당명보(藤堂明保, 1957) 등도 이와 같은 입장이다. 필자 역시 전탁음이 조선 중기 동음에 대부분 무기음으로 반영되는 것에 비추어 유기음이었을 가능성은 적다고 생각한다.

어나지 않았음을 의미한다.

견모와 계모, 군모 등에 대해 좀 더 자세히 살펴보자. 견모는 연구개파열음으로, 『훈민정음』의 설명에 의하면 '설근폐후지형(舌根閉喉之形)'[89] 인 /ㄱ/과 조음자질이 동일하다. 견모에 속한 한자들은 중고음에서는 운모의 영향을 거의 받지 않고 4개 등운(等韻)에 고르게 분포되어 /k/의 음가를 유지하였다. 그러나 현대 중국음에서는 후속운의 자질에 따라 음가가 바뀐다. 즉 1등과 2등 합구운(合口韻)에서는 여전히 /k/를 유지하나 2등 개구운(開口韻)과 3, 4등 합구운(合口韻)에서는 일부가 구개화되어 /tɕ/로 바뀌고, 3, 4등 개구운에서는 모두 파열성을 상실하고 마찰음 /ɕ/로 바뀌는 것이 일반적인 음운변화이다(Karlgren, 1940; 董同龢, 1978). 방효악(方孝岳, 1979)의 설명에 따르면 중국어에 나타난 이러한 변화는 18세기 초엽에는 이미 완성이 되었던 것으로 보이는데 국어에서도 이 시기에는 영남방언에서부터 구개음화가 발달하기 시작하여 차차 이와 같은 변화가 이루어졌었다.[90] 그러나 국어에 나타난 이 변화는 영남권에서 시작되어 중부권까지 북상한 이후 더 이상 전국적으로 확산되지 못한 매우 제한된 현상이었고, 그것이 중기 동음 이래의 한자음에는 아무런 영향을 주지 못하였다.

계모는 연구개 파열음으로 유기성을 지닌다. 중고음에서 견모와 기(氣)의 유무에 의한 상관대립(相關對立)만을 이루고 있으며 현대 중국음의 변화도 후속운의 자질에 따라 견모와 동일한 양상을 보인다.[91] 그런데 동음

89) "正音二十八字 各象其形而制之 初聲凡十七字 牙音ㄱ象舌根閉喉之形 舌音ㄴ象舌附上月咢之形 脣音ㅁ象口形 齒音ㅅ象齒形 喉音ㅇ象喉形."(『訓民正音』「制字解」)

90) /k/구개음화는 16세기 말 동북 방언을 반영한 문헌에서 확인되며(안병희, 1978) 18세기 초 남부방언에서도 확인된다(이명규, 1981).

91) 계모(溪母)는 현대 중국음에서 방언에 따라 /h/로 바뀌는데 Karlgren(1940)은 성모가 계모에 해당하는 '항(炕), 호(犒), 회(盔), 활(闊), 혹(酷), 해(楷), 흡(恰), 확(確), 흠(欽), 흠(欠), 휴(虧)' 등이 동음에서 /ㅎ/임을 언급하고 있다. 그런데 이들

에서는 이미 『동국정운』에서 견모, 군모와 더불어 /ㄱ/으로 반영되어 기(氣)의 유무에 의한 대립을 상실하고 있다.[92] 국어음은 성(聲)의 유무가 변별적 자질로서의 기능을 갖지 않으므로 중기 동음에서 견모, 계모, 군모는 모두 /ㄱ/으로 반영되었다.

동음에 /ㅋ/이 나타나지 않는 것은 중기 동음은 물론 오래전부터 나타난 현상이다. 삼국시대의 인명, 지명, 관명 표기 및 향가표기에서도 견, 계, 군모에 속한 한자들은 국어의 /ㄱ/을 표기하는데 사용되었고(이승녕, 1982), 고구려 한자음의 표기에도 마찬가지로 쓰였다(유창균, 1980). 뿐만 아니라 고려시대 국어를 보여 주는 귀중한 자료인 『계림유사』이 한자음(강신항, 1980)이나 고려 말 조선 초 국어를 기록한 자료인 『조선관역어』 등의 자료에 나타난 한자음을 살펴보아도 모두 동일한 반영을 보인다.

음소 /ㅋ/은 동음에서는 기능부담량이 매우 적다. 기능부담량이 적다는 것은 국어에서 자주 쓰이지 않는다는 의미이다. 즉 /ㅋ/은 자음 체계 속에서는 다른 자음과 동등하게 하나의 자음으로 또는 하나의 글자로 인정받지만 우리말에 쓰이는 단어에는 거의 나타나지 않는다는 의미이다.[93] 국

자들은 『화동정음』에서는 모두 계모의 속성에 따라 /ㄱ/을 정음으로 판단하고, /ㅎ/을 속음으로 인정하여 /ㅎ/이 현실음임을 인정하였다.

92) "若以牙言言之 溪母之字 太半入於見母 此字母之變也"(『東國正韻』. 序文) 한편 같은 곳에 보이는 "溪母之字 或入於曉母 此七音之變也"의 기술에 의하면 계모(溪母)는 때때로 /ㅎ/으로 반영되기도 한다. 『훈몽자회』에 계모(溪母)가 효모(曉母)로 반영되어 표기된 예를 일부 찾아 보면 다음과 같다.

활 (蛞)　　호 (槁)　함(龕)　　흠(欠)　　합(榼)　　협(篋)

93) 현대국어에서도 마찬가지 양상을 보인다. 현대 국어 초성에 사용되는 19개의 음소(ㅇ포함) 가운데 어두에 ㅋ이 출현하는 빈도는 0.509%로 전체 순위 16위에 해당한다. 앞선 순위인 15위까지의 누적빈도는 98.731%에 달한다.(김홍규・강범모, 1997)

위 보고에 따르면 출현빈도 1.0% 미만인 음소를 순위별로 보면 ㄸ(14위, 0.832%), ㄲ(15위, 0.720%), ㅋ(16위, 0.509%), ㅆ(17위, 0.356%), ㅉ(18위, 0.224%), ㅃ(19위, 0.181%)이다. 이들은 ㄲ, ㅋ, ㅆ 등이 극히 제한적으로, 1자 또는 10자

어에서 기능부담량이 매우 적은 /ㅋ/은 한자음에서는 계모인 夬(苦夬切)만이 『동국정운』에 '쾌'로 나타나고,[94] 『훈몽자회』에도 快(苦夬切)만이 '쾌'로 나타난다. 『규장전운』에 /ㅋ/으로 표기된 한자는 다음과 같다.

견모(見母)	夬 (쾌) – 고매절(古賣切)
	獪 (쾌) – 고매절(古賣切)
계모(溪母)	噲 (쾌) – 고매절(苦賣切)
	駃 (쾌)– 고매절(苦賣切)
	快 (쾌) – 고매절(苦賣切)

국어에는 중기 국어 이래 기(氣)에 의한 상관대립이 존재하였으며, 유기음인 음소의 성질로 보아 계모가 당연히 /ㅋ/으로 반영되어야 하는데도, 음소의 자질을 상실하고 /ㄱ/으로 통합된 것은 한자가 전래되었을 당시 고대 국어의 음운 체계에 유기음이 존재하지 않았음을 보이는 것이다.

고대 국어에서 신라시대에 이미 유기음이 독립음운으로 존재하였다는 주장이 제기되어 있으나(李基文, 1971; 金亨奎, 1975) 당시의 한자음 표기로 미루어 보아 전면적인 유기음의 발달이라고 보기는 어렵다. Altai어에는 존재하지 않는 유기음은(Poppe, 1965; 李基文, 1971; 김방한, 1983) 한국어에서 독자적인 발달을 겪게 되는데 이렇게 국어 음운 체계에 유기음이 발생하게 된 원인으로는 한자음의 영향이라는 주장이 제기되기도 하였으나(河野六郎, 1968; 劉昌惇, 1973), 그것은 하나의 원인은 될지언정 유기음 발생 원인의 모두일 수는 없다. 그보다는 국어 음운 체계에 존재하던 /ㅎ/음의 영향이라고 보는 것이 더 온당할 것이다. 즉 국어에는 일찍이 /h/음이 있었고, 이 /h/음이 /k, t, c, p/ 등과 결합하여 유기음을 형성하였

이내의 한자음에 쓰이는 것을 제외하고는 거의 한자음 초성에 사용되지 않는다는 특징을 지닌다.

94) "國語多用溪母 而字音則獨夬之一音而已."(『東國正韻』 序文)

다고 생각한다(朴炳采, 1971; 南廣祐, 1984).

그런데 이 유기음은 모든 음소에 동시적으로 나타난 현상이 아니고 음소에 따라 발생 순서가 다르다. 이는 한자음의 반영에 잘 나타나는데 치음(齒音), 설음(舌音), 순음(脣音) 등의 경우 차청음에 속한 한자의 경우 대부분 유기음으로 되고, 전청음, 전탁음의 경우에도 주로 무기음에 반영되면서도 유기음 반영률이 비교적 높은데 반하여, 유독 아음(牙音)에서만 거의 드러나지 않는 것은 아음계(牙音系)의 음성적 특질에 기인하는 것이다. 즉 천후음(淺喉音)인 견모가 유기음화하려 할 때에는 심후음(深喉音) /h/와의 조음점이 비슷하기 때문에 중화(中和)의 가능성이 있으므로 아음에서는 거의 발달하지 않고 다른 음에서만 기음(氣音) /h/와 결합하여 발달한 것이다(朴炳采, 1971).

한자음에서 유기음의 발달은 치음이 가장 앞서고 그 다음으로 순음, 설음의 순서가 되며 아음은 거의 나타나지 않았다(文璇奎, 1967). 박병채(1971)도 고대 국어에서 유기음의 발달과정이 설음이나 순음, 치음에 비해 아음에서 매우 더디게 일어났다고 밝히고 있다.

이는 반절을 기준으로 하면 분명 예외적인 반영이다. 이런 이유로 『동국정운』에서는 이를 '자모지변(字母之變)'이라고 지적하고 있다. 그러나 이는 반절을 기준으로 한 경우일 뿐이고 한자 전래 당시 국어 음운 체계에서는 아음의 경우 유기음의 발달이 미처 이루어지지 않았기 때문에 계모를 무기음으로 받아들여 전승해 온 것이므로, 중기 동음 이래 계모의 /ㄱ/반영은 매우 자연스런 결과로 이해된다.

군모(群母)는 중고음에서는 유성음으로 무성음 견, 계모와 대립을 이루고 있다. 그러나 상고음에서는 계모와 통합되어 있었던 것으로 보인다. 황간(黃侃)은 "아음은 견모, 계모, 의모가 본성이고 군모는 계모가 변한 소리(牙音 見溪疑爲本聲 群爲溪之變)"라 하여 군모(群母가) 계모(溪母)로부터 변한 것임을 주장하였고, 이에 앞서 대진(戴震)은 『성류표(聲類

表)』에서 군모에 대한 설명을 한 뒤 "이 성모는 계모가 변한 소리이고 요즘 한자음에서 군모를 읽을 때 옛날 음에서 유래를 구하니 모두 계모에 들어가는 것이 마땅하다(此溪紐之變聲 今音讀群紐 求古音皆當改入溪類)"라고 주장하였다. 그의 주장을 요약하면 운도에서 2, 3등운에 속한 자모는 현재음에서 모두 변음이 되는데 군모는 다만 3등뿐이므로 상고음에서는 계모에 속한다는 것이다.

그리고 중고음의 전탁음은 14세기경에는 모두 청성모(淸聲母)로 변하는데 이에 따라 군모는 평성에서는 차청음 /k'/로, 측성에서는 전청음 /k/로 바뀌었고 특히 개음 /j/ 앞에서는 평성에서 /tɕ'/로, 측성에서 /tɕ/로 바뀌어 견모, 계모로 통합되었다(方孝岳, 1979).

그런데 아음과 후음은 상고음에서 음소적으로 뚜렷이 변별되지 않았던 것으로 보인다. 상고음의 성모에 관해 가장 먼저 관심을 가졌던 전대흔(錢大昕)은 "영모(影母), 유모(喩母), 효모(曉母), 갑모(匣母) 4모는 서로 혼동되어 구별이 되지 않을 뿐 아니라, 견모(見母), 계모(溪母) 등의 성모와도 뚜렷이 구별되지 않는다"고[95] 하여 소위 '고아후쌍성설(古牙喉雙聲說)'을 내놓았다. 장병린(章炳麟)은 이를 더 발전시켜 '고음쌍성설(古音雙聲說)'을 주장하였다. 그는 "동뉴에 속한 한자(同紐者)는 정뉴쌍성(正紐雙聲)을 이루고, 동류에 속한 한자는(同類者)는 방뉴쌍성(旁紐雙聲)을 이룬다. 견계(見系) 심후음(深喉音)과 영계(影系)의 천후음(淺喉音)은 또한 동류(同類)를 이룬다"고[96] 하였다. 그가 말한 동뉴(同紐)는 동일한 성모에 속하는 것이고, 동류(同類)는 성모는 같지 않으나 발음부위가 같은 한자를 의미하는 것이다(사운비, 1987). 그가 아음과 후음을 아울러 지칭하면서 모두 후음이라 하고 단지 심(深)과 천(淺)으로만 나눈 것이 이들 성모

95) "古音 影喩曉匣 四母 多相混無別 而與見溪諸母 亦無顯然之區分."(『潛研堂文集』「音韻問答」)

96) "諸同紐者爲正紐雙聲 諸同類者 爲旁紐雙聲 深喉(見系) 淺喉(影系) 亦爲同類."(『文始』)

의 유사성에 관한 그의 생각을 드러내는 것이라 보여진다. 그는 좀 더 구체적으로 아음과 후음의 유사성을 언급하는데, “유격(類隔)되는 설음과 치음은 방전이 되는 때가 있다. 아음과 후음의 두음 역시 서로 통한다”고 하였고 이어서 “후음과 아음은 족히 모든 음에 넘칠 수 있고, 모든 음은 또한 후음과 아음에 돌아온다”고[97] 주장하고 있다. 그는 그가 설정한 「세목표(細目表)」에서 견(見), 계(溪), 군(群), 의(疑) 4모를 후음(喉音)으로, 효(曉), 갑(匣), 영(影) 3모를 아음(牙音)으로 분류하고 있을 정도이다.

황간(黃侃)도 장병린과 마찬가지로 아음과 후음을 묶어 후음이라 하고, 이를 심(深), 천(淺)으로 나누고 있다. 황간은 영모(影母), 유모(喻母)를 묶어 심후(深喉)로, 견모(見母), 계모(溪母), 군모(群母), 의모(疑母), 효모(曉母), 갑모(匣母)를 묶어 천후(淺喉)로 부르고 있다. 왕력(王力, 1980)도 아음을 독립시키지 않고 후음에 통합한 뒤 견모(見母), 계모(溪母), 군모(群母), 의모(疑母), 효모(曉母), 갑모(匣母), 영모(影母) 등 7성모를 여기에 묶어 놓고 있다.

진신웅(陳新雄, 1976)은 중고음의 군모(群母), 위모(爲母), 갑모(匣母) 등 3개모가 상고음에서는 갑모(匣母)에 소속되어 있다가 운모의 차이에 의해 각각 분화되어 독립된 성모를 이루었다는 소위 ‘군뉴고귀갑뉴설(群紐古歸匣紐說)’을 제기하였다. 이에 따라 진신웅은 상고음의 5음을 발성부위에 따라 순음과 설첨음, 설첨전음, 설근음, 후음으로 나누고 있는데, 특히 설근음에 견모(見母), 계모(溪母), 의모(疑母), 효모(曉母), 갑모(匣母)를 배속시키고 후음에는 영모(影母) 하나만을 배속시켜 아음과 후음의 경계가 불분명함을 밝히고 있다. 따라서 상고음과 중고음 사이에 나타나는 이와 같은 특징적 차이는 앞으로 동음의 고찰에서도 주의 깊게 분석되어야 할 과제이다.

---

97) “類隔舌齒有時旁轉 喉牙二音亦互有蛻化 … 喉牙足以衍百音 百音亦終復喉牙.” (『國故論衡』「古雙聲說」)

중고음의 전탁음은 근고한음에서는 평성이 유기음화하는 것이 일반적인 현상이다. 동음에서도 치, 설, 순음에서는 이에 따라 유기음화하는데 아음의 군모는 전혀 이러한 변화가 일어나지 않았음도 이를 뒷받침하는 것이다. 따라서 동음에서 /ㅋ/으로 표기된 계모의 쾌(快, 駃, 噲)와 견모의 쾌(夬, 獪) 등은 중기 동음 체계에서 아음의 유기음 발생을 보여 주는 귀한 예라 하겠다.

여기에서 한 가지 언급해야 하는 것은 우리 한자음에 /ㄲ/이 오직 하나의 예만 나타날 뿐이라는 점이다. 국어의 음운 체계에 /ㄲ/은 비교적 활발히 나타나는 자음이다. 그러나 한자음에는 喫만 '끽'으로 읽히고 있을 뿐 다른 한자들에는 경음화된 예가 없다. 계모에 속하는 끽(喫/苦擊切)이 경음으로 기록되는 것은 『자전석요』의 범례에 처음으로 나타나므로 적어도 근대 동음의 말기에 와서야 비로소 경음으로 바뀌기 시작했을 것이다. 그러나 끽(喫)은 『훈몽자회』, 『유합』 등 중기 동음은 물론 18세기 운서들에도 모두 평음으로 반영되어 있어 당시에는 경음으로 인식되지 못하였던 것 같다.

2.4.2.1.2. 예외적 반영자

이상에서 살핀 바와 같이 견모, 계모, 군모에 속한 한자들은 대부분 /ㄱ/으로 반영된다. 특수한 경우 /ㅋ/과 /ㄲ/으로 반영되므로 이에 대해서는 달리 고찰하지 않아도 무방하다. 그런데 『규장전운』의 한자 가운데 위의 세 성모에 속한 한자들이 /ㄱ/이 아닌 다른 초성으로도 반영된 경우들이 있다. 즉 하나의 한자음이 두 개 이상의 음으로 읽히는 경우이다. 앞으로 예외적 반영자에 대한 고찰은 이와 같이 정상적 반영 이외에 다양하게 반영된 한자를 대상으로 먼저 예외적 반영의 양상을 살피고 각각의 한자에 대해 그 원인을 고찰해 보기로 한다.

가) /ㄱ～ㅎ/

1) 埳 : 감, 함

반절이 고감절(苦感切)로 '감'이 정음이다. 해성자[98] 가운데 감(欿), 감(惂), 감(輡) 등은 '감'인데 함(陷), 함(淊), 함(淊), 함(蜭), 함(餡), 함(錎) 등은 '함'으로 현재음에 전승되고 있다. 이러한 이유는 앞서 밝힌 바와 같이 상고음 시기에 아음과 후음이 분명하게 구분되지 않고 발음되었던 혼란에 원인이 있다.

2) 跫 : 강, 항

반절이 고강절(苦江切)이므로 '강'이 정음이다. 속음 'ᅘᅡᆼ' 은 당시 중국음의 영향인데 『동국정운』의 표기음이다.

3) 嗛, 慊 : 겸, 혐

반절이 고점절(苦簟切)이므로 '겸'이 정음이다. 성부인 겸(兼)을 지니는 해성자 가운데 혐(嫌), 혐(㾌), 혐(䅐) 등의 반절이 호참절(胡斬切), 호첨절(胡忝切) 등인데 이로 보아 해성자 사이에 /k/～/h/의 혼동이 발생한 사례이다.

4) 蛺, 夾 : 겹, 협

반절이 고흡절(古洽切)이므로 '겹'으로 반영되는 것이 정음이다. 그런데 성부 협(夾)을 가진 해성자들 가운데 협(狹), 협(峽), 협(陜) 등의 반절이

98) 해성자(諧聲字)는 한자의 생성 원리인 육서(六書)의 하나인 형성(形聲)에서 성부(聲符)와 결합되어 생성된 한자들을 말한다. 형성이란 기존에 만들어져 있는 두 개 또는 그 이상의 한자가 결합하여 새로운 한자를 만들어내는 방법인데 이때 일부의 한자는 뜻을 표시하는 기능을 하고 일부는 소리를 나타내는 역할을 한다. 예를 들면 '푸르다'라는 의미를 지닌 '청(靑)'에 '물'을 뜻하는 수(水)를 나타내는 부수(部首)인 '수(氵)'를 결합하면 '물이 맑음'을 뜻하는 '청(淸)'이 만들어진다. '부탁, 청탁'의 뜻을 가진 '청(請)'은 말로 하는 행위이므로 '청(靑)'에 '말씀 언(言)'이 결합되어 만들어진다. 이와 마찬가지로 '청(晴)', '청(淸)', '정(精)', '정(情)', '정(靖)' 등은 모두 '청(靑)'을 기본으로 하여 생성된 한자들이다. 이때 새로운 한자를 생성할 때 소리의 기본이 되는 '청(靑)'을 '성부(聲符)'라고 하고 이를 바탕으로 만들어진 한자들을 '해성자(諧聲字)'라고 한다.

모두 후협절(候夾切)이다. 따라서 이들 해성자들의 한자음은 성모 체계상 /k/와 /h/ 사이에서 유동하는 한자음이다. 해성자 가운데 협(莢), 협(頰), 협(鋏), 협(梜) 등은 『규장전운』에는 '겹'으로만 표기되어 있는데 『전운옥편』에는 '겹, 협' 양음이 표기되어 있다. 『화동정음』을 살펴보면 협(頰), 협(鋏), 협(夾), 협(郟) 등의 음을 '겹 俗 협'으로 표기하여 원칙적으로 '겹'이지만 당시 현실음은 오히려 '협'이었음을 보여 주고 있다. 따라서 이들 해성자들이 당시 '겹～협' 사이에서 혼동을 일으키고 있었던 것으로 보인다. 이러한 혼란의 원인은 앞서 밝힌 바와 같이 이미 상고음 시기에 이들이 서로 구분되지 않고 읽히다가 중고음기로 넘어오면서 분화되기 시작하였던 역사적 유래를 드러내는 예라 할 수 있다.

5) 皜 : 고, 호

반절이 고로절(古老切)이므로 '고'가 정음이다. 성부인 고(高)로 미루어 해성자들도 모두 '고'라야 자연스러운데 해성자들 가운데는, 호(蒿), 효(髜), 학(嗃) 등 효모(曉母)에 속한 자들과 호(鎬), 호(鰝), 호(滈) 등 갑모(匣母)에 속한 자들이 나타난다. 이로 미루어 '고～호'의 변화도 상고음 시기에 이들이 분화되지 않았었던 사실을 보여 주는 예라고 할 수 있다.

6) 髁 : 과, 화

『광운』에는 고화절(苦禾切), 고와절(苦瓦切), 고와절(苦臥切) 등 세 개의 반절이 나타난다. 따라서 동음에서는 '과'가 정음이다. 성부인 과(果)로 미루어 보아도 '과'가 정음이다. 속음 '화'가 나타나는 것은 앞의 경우들과 마찬가지로 상고음의 영향을 받고 있는 것으로 보인다. 해성자 가운데 반절이 호과절(胡果切)인 과(夥)가 있어 상고음 사이의 영향 관계를 알 수 있게 해 준다. 그런데 과(夥)는 『규장전운』에는 '화'이지만 『화동정음』에는 오히려 '화俗과'로 되어 있고 현대음도 '과'로 전승되고 있다.

7) 眷 : 권, 환

『광운』에 표기된 반절이 구원절(丘圓切), 거권절(居倦切)로 '권'이 정음이다. 속음 '환'은 『동국정운』의 음을 유지하는데 이는 14세기 말 중국 현실음의 반영이다.

이상의 예에서 나타나는 특징은 이들이 모두 계모에 속해 있는 한자라는 점이다. 따라서 아음과 후음의 상혼에 따른 음운변화가 주요한 원인이지만 또 하나의 가능성은 근원적으로 계모가 가지고 있는 유기성이 드러나는 변화라는 점도 무시할 수 없을 것이다.

나) /ㄱ～ㆁ/

1) 區, 毆 : 구, 우

이들의 반절은 모두 구기절(豈具切)로 동일 반절이다. 따라서 '구'와 '우' 사이에서는 '구'가 정음이다. 해성자를 살펴보면 『화동정음』에는 구(區), 구(毆), 구(驅), 구(軀) 등은 '구/우'의 두 가지 음으로 읽히는 것으로 표기되어 있고, 구(傴)는 '우俗구'로 표기되어 있다. 그러나 『규장전운』에는 구(區), 구(毆)를 제외한 나머지 한자의 음은 모두 '구'로만 표기된다. 『화동정음』에는 구(嫗)가 '우俗구'로 표기되어 있다. 그런데 구(嫗)의 반절은 의우절(衣遇切)이므로 '우'가 정음이다. 이것이 당시 속음에서 '구'로 바뀌었는데, 이는 성부인 구(區)에 이끌린 변화로 보아야 한다. 그럼에도 구(區)를 비롯하여 '구'가 정음인 해성자들이 일부 '우'로 바뀌는 것은 아음과 후음 사이의 혼란상을 보여 주는 것이다. 『동국정운』에는 이들 해성자들이 모두 '큫'로 표기되어 있다.

2) 掔 : 견, 완

반절은 고견절(苦堅切), 고한절(苦閑切)이므로 '견'이 정음이다. 속음 '완'은 그 이유를 찾기가 어렵다. 그런데 『규장전운』의 본문에서 견(掔)이 완(腕)과 같은 뜻일 때는 '완'으로 발음된다고 기록하였는바 완(腕/烏貫切)에서 이끌려 온 동의유추(同意類推) 현상으로 볼 수 있다.

3) 景 : 경, 영

반절이 거영절(居影切)이므로 '경'이 정음이다. 해성자 영(影)은 반절이 어병절(於丙切)로 '영'이 정음이다. 따라서 해성자 사이에 아음과 후음의 상혼이 나타난다.

4) 介 : 개, 알

반절이 고배절(古拜切)이므로 '개'가 정음이다. 개(价), 개(疥), 개(吤), 개(夰) 등 대부분의 해성자들도 '개'로 표기되어 있다. 그런데 해성자 개(圿)의 반절이 고힐절(古黠切)인데 여기에서 운미를 유추한 것이 아닌가 생각된다. 동시에 어두 /ㄱ/이 탈락하여 '알'이 나타난 것으로 보인다.

5) 㵣 : 갈, 알

반절이 고갈절(苦曷切)이므로 '갈'이 정음이다. 『동국정운』음도 'ꗊ'이다. 그러나 성부 갈(曷)은 호갈절(胡葛切)로 /h/음이지만 성모의 변화를 일으켜 '갈'로 반영되어 있다. 해성자들은 /ㄱ～ㅇ～ㅎ/ 사이에 나뉘어 있다. 예를 들어 성부인 갈(曷)을 포함하여 갈(葛), 갈(褐), 갈(渴), 갈(喝), 갈(鞨), 갈(楬) 등 대부분은 '갈'인데, 알(謁), 알(堨) 등은 '알'이다. 그리고 헐(歇), 헐(濊), 헐(猲) 등은 '헐'이다. 성부 갈(曷)은 『화동정음』에도 '할俗갈'로 표기되어 있어 음의 변화를 분명히 보여 준다. 그런데 『집운(集韻)』에 표기된 갈(曷)의 반절이 어헐절(於歇切)인 것으로 보아 후기 중국음의 변화에 따라 '알'로 변화한 음으로 보인다.

6) 均 : 균, 윤

반절이 거균절(居匀切)이므로 '균'이 정음이다. 속음 '윤'은 성부 균(匀/以然切)은 물론 동일 반절의 해성자 균(筠)의 영향을 받은 음이다. 『동국정운』음도 '윤'이다. 오히려 성부인 균(匀)이 반절로 보아 /ㅇ/로 반영되어야 하는데 /ㄱ/으로 바뀌어 전승되는 경우이고 이에 따라 '윤'은 해성자들조차 현대음에서는 모두 '균'으로만 전승되고 있다.

다) /ㄱ~ㅊ/

1) 串 : 관, 쳔

반절이 고환절(古患切)이므로 '관'이 정음이다. 『동국정운』에도 '관'이다. 그런데 『규장전운』의 본문에 천(穿)과 뜻이 같을 때 그 음이 '쳔'으로 바뀐다는 설명이 있다. 아마 이런 영향으로 천(穿)의 반절 창연절(昌緣切)의 영향을 받은 음이다.

라) /ㄱ~ㄹ/

1) 倞 : 경, 량

반절이 거경절(渠敬切)로 '경'이 정음이다. 속음 '량'은 해성자인 반절이 모두 려장절(呂張切)인 량(凉), 량(椋), 량(晾), 량(輬) 등에서 유추된 음이다. 그런데 이들 자례는 상고음 시기 중국 한자음의 복성모(複聲母/Consonant Cluster)/kl/의 존재를 보여 주는 사례이다.

2.4.2.2. ㄷ, ㅌ

2.4.2.2.1. 반영양상

『규장전운』에 설단음 /ㄷ, ㅌ/으로 주로 반영된 한자는 36자모 가운데 설두음계의 단모(端母), 투모(透母), 정모(定母)에 속한 한자들이다. 이들 성모에 속한 한자들의 청탁구분과 음운적 특성 그리고 중고음의 재구음과 이들이 동음에 주로 반영된 결과를 아래에 제시한다.

성모	청탁	특성	재구음	동음반영
단(端)	전청	무기 무성	t	ㄷ/ㅌ
투(透)	차청	유기 무성	t′	ㅌ/ㄷ
정(定)	전탁	무기 유성	d	ㄷ/ㅌ

<표 53> 단투정모의 재구음

위의 표에 제시한 바와 같이 반영 결과로 볼 때 단모는 동음에서 주로 /ㄷ/으로 반영되며, 일부만이 /ㅌ/으로 반영된다. 한편 유기음인 투모는 /ㄷ/과 /ㅌ/의 두음으로 반영되는 비율이 비슷하게 나타난다.[99] 이는 투모의 유기음적 속성이 반영된 것이다. 앞서 살핀 연구개 유기음 /ㅋ/의 경우 유기성을 지닌 계모(溪母)가 극히 일부의 자례를 제외하고는 본래의 음가인 /ㅋ/으로 반영되지 못했던 것에 비하면 투모의 경우는 제 음가를 거의 유지하고 있다. 이는 유기음의 발생이 조음 위치에 따라 다르게 진행되었음을 입증하는 것이다.

정모는 국어에서 유성음과 무성음이 구별되지 않기 때문에 대부분 /ㄷ/에 반영되고 일부 /ㅌ/으로 반영되었다.

중국 한자음에서 국어의 /ㄷ/이나 /ㅌ/에 반영되어진 설음(舌音)은 중고음 시기에는 설두음(舌頭音)과 설상음(舌上音)으로 나뉘어져 있었다. 이들은 상고음 시기에는 구별이 없는 단일 체계이었다가[100] 차차 설상음이 분리해 나가면서 독립성모가 되는데 이들의 차이는 연결되는 운모의 등호에 따라 구분되었다. 즉 설두음은 1, 4등의 운모에, 설상음은 2, 3등 운모와 결합한다.

우리나라 한자음에서도 이들은 본래부터 구별되지 않았던 것으로 보인다. 우리 한자음에 대하여 자세한 고찰을 시행한 『동국정운』에 따르면 국어음에서도 본래부터 이들은 서로 구별되지 않았었음을 알 수 있다. 왜냐하면 『동국정운』은 서문에서 세종 당시의 한자음을 설명하면서 "설음의

---

99) 투모에 속한 한자가 어느 정도나 /ㄷ/으로 반영되었는지를 훈몽자회 한자음을 대상으로 조사한 박병채(1971:58)는 약 28%, 이윤동(1988:20)은 33%로 집계하였다. 필자(1989)가 『화동정음』을 대상으로 조사한 결과에 의하면 투모자의 /ㄷ/ 반영률은 47.7%로 집계되었다. 필자는 이를 반영양상의 변화라기보다는 검토 대상의 많고 적음에 따른 통계적인 차이일 뿐 한자음 자체의 변화는 아니라고 결론지었다.

100) 錢大昕은 『十駕齋養新錄』에서 "古無舌頭舌上之分 知徹澄三母 以今音讀之 與照穿牀無別也 求之古音 則與端透定無異."라고 주장하였다.

설두음과 설상음, 순음의 중순음과 경순음, 치음의 치두음과 정치음 등이 우리나라 한자음에서는 구별되지 않았는데 그것은 오히려 당연한 현상이니 굳이 36자모 체계에 얽매일 필요가 있겠는가?" 하고 묻고 있다.[101]

그러나 조선 후기에 들어 편찬된 『화동정음』이나 『규장전운』, 『삼운성휘』 등의 운서들은 당시 국어 음운 체계에서 진행된 국어음의 구개음화 경향을 받아 들여 설상음에 속한 한자들을 /ㅈ, ㅊ/으로 반영하였다. 특히 『화동정음』은 범례에서 설상음과 치음이 서로 구별되지 않는 상황을 다음과 같이 설명하고 있다.

> 우리나라에서는 오음(五音)과 청탁(淸濁)의 구별을 알지 못한다. 그러므로 자서(字書)에서 반절을 읽을 때에 ㅈ, ㅊ을 혼동하여 ㄷ, ㅌ으로 잘못 읽는 일이 있으니 직당절(直當切)의 직(直)을 '직'이 아니고 '딕'으로 읽고, 축타절(丑他切)의 축(丑)을 '축'이 아닌 '툭'으로 읽는다. 반절이 직당절(直當切)인 장(贜)은 '당'으로 읽고 축타절(丑他切)인 차(咤)를 '타'로 읽는 것은 오음의 원리를 잃어버린 것이다. 그러므로 이런 한자들은 모두 본디 오음에 속한 바대로 해석해야 한다. 나머지들도 이와 같다.[102]

이에 따라 중기 동음에는 설상음도 /ㄷ, ㅌ/으로 반영되나 근대 동음에서는 /ㅈ, ㅊ/으로 반영된다. 물론 구개음화가 모든 한자에 전부 영향을 준 것은 아니고 설상음에 속하는 한자에게만 영향을 주었다. 설음 가운데 설상음은 『훈몽자회』 등 중기 동음에서는 /ㄷ, ㅌ/에 반영되나 근대 국어에서는 /ㅈ, ㅊ/ 등으로 반영되므로 뒤에 다시 설명한다.

설두음에 속하는 단모(端母)는 상고음에서는 지모(知母)와 함께 파열

101) "且字母之作諧於聲耳 如舌頭舌上 脣重脣輕 齒頭正齒之類 於我國字音 未可分辨 亦當因其自然 何必泥於三十六字乎."(『東國正韻』 序文)

102) "我音不知五音淸濁之別 故字書反切之讀 混淆商宮之 ㅈㅊ 誤作徵宮之 ㄷㅌ 假如直當切之直직作以딕 丑他切之丑축作以튝 直當之切本贜장而讀以當당 丑他切之本咤차而讀以타 五音相失 故此等之類 一依五音所屬之宮而釋之 餘皆倣此."(『華東正音』 凡例)

음이었다. 중고음에서 지모(知母)가 구개음인 설면음으로 바뀌었다. 지모 3등은 설면음의 경향이 매우 두드러지나 2등자는 그렇지 아니하여 때때로 단모와 혼동되는 경우가 생긴다(方孝岳, 1979). 단모 /t/는 현대 중국음에도 역시 /t/를 유지하고 있으며, 일부가 /t', n/으로 변화되기도 한다(謝雲飛, 1987).

투모(透母)는 중국음에서는 상고 이래 기음(氣音)을 유지하고 있으며 예외적으로 기음을 상실하여 /t/로 나타나기도 하나(謝雲飛, 1987) 기음의 상실이 동음에서 보이는 것과 같이 폭넓게 나타나지는 않는다.

정모(定母)는 중고음 이후 근대로 오면서 평성에서는 모두 기음화(氣音化)하여 차청(次淸)의 /t'/로, 측성(仄聲)에서는 전청(全淸)의 /t/로 바뀌어졌다. 따라서 현대 중국음은 /t'/가 /t/보다 그 수에 있어 우세를 보이는데(董同龢, 1978; 謝雲飛, 1987) 동음에서는 이와 상반된 양상을 보이고 있다. 이는 중국 근세음의 소위 탁평기음화(濁平氣音化) 현상이 동음에서는 성조에 관계없이 골고루 영향을 미쳤기 때문이다(朴炳采, 1971; 李敦柱, 1979).

동음의 /ㄷ/에 단모, 정모가, /ㅌ/에 투모가 주로 반영된 것은 국어에서는 성(聲)의 유무가 변별적 자질을 가지지 못하였으므로 정상적인 반영이라 하겠다. 그러나 이런 반영의 주류 이외에 /ㅌ/에 단모, 정모가, /ㄷ/에 투모가 반영된 비율도 무시할 수 없다. 이는 아음에서도 언급한 바, 고대국어에서 기음의 유무가 변별성이 없었음을 의미한다. 따라서 /ㅌ/은 고대 국어 시기에는 음소로서 독립되어 있지 않다가(文璇奎, 1969; 조규태, 1986), 국어 음운 체계 내부에서 유기음이 발달하는 중세 전기에 이르러 음소로서의 변별성을 가지게 되었고, 훈민정음에서 비로소 독립적 음운으로 고정된 것이라고 볼 수 있다(朴炳采, 1971). 단모, 정모의 /ㅌ/ 반영보다 투모의 /ㄷ/ 반영 비율이 높은 것은 유기음 발생 이전의 자음을 그대로 유지하는 것들이 상당히 많음을 시사한다(이윤동, 1988). 따라서 이들 성모가 /ㄷ, ㅌ/ 사이에 유동하면서 반영되는 것은 화음이 동음으로 정착하는 과정에 국어 음운 체계가 작용하는 자연스런 현상으로 이해하고자 한다.

2.4.2.2.2. 예외적 반영자

설두음 단모, 투모, 정모에 속하면서도 /ㄷ, ㅌ/ 이외에 다른 음소로 반영된 한자들에 대해 살펴보겠다.

가) /ㄷ～ㅇ/

증운건(曾運乾)은 이(夷/以脂切)와 제(弟/徒禮切・特計切), 역[103](易/羊益切・盈義切)과 적(狄/徒歷切)이 상호 교체되어 사용되는 예를 든 뒤 유모(喩母)에 속한 한자가 고대에는 정모(定母)에 속해 있었음을 입증하였다. Karlgren을 비롯한 여러 학자들도 상고음 /*d/가 개음 /i/ 앞에서 /y/화한 것으로 간주하였고, 등당명보(藤堂明保)는 특히 폐쇄가 약한 /ḍ/를 상정하고 이것이 개음과 합하여져 /y/로 변한 것으로 설명하였다(이돈주, 1995). 이돈주(1995)도 중고음의 유모는 상고음의 /*d/류와 상관성이 있음을 무시할 수 없을 것으로 판단하고 있다. 『규장전운』에도 유모와 정모의 관련성을 보여 주는 예들이 나타난다.

즉 유모가 상고 시기에 정모에 있었기 때문에 정모에 속한 한자가 때로 /ㅇ/으로 반영되는 것은 상고음의 흔적으로 볼 수 있는 예들이다.

1) 闒 : 답, 압

반절이 도합절(徒盍切)이므로 '답'이 정음이다. 속음 '압'은 어두자음의 탈락을 보여 주는데 정모와 유모의 상고음 시기 미분화의 흔적을 보인다.

103) 역(易)은 현대 한국 한자음에서 '역'과 '이'의 두 음으로 읽히고 있다. 반절로 보아 이미 중고음에서도 이와 같이 두 음으로 읽혔다. 본문에서는 운모가 유사한 '적(狄)'과의 비교를 위한 편의상 '역'으로 표기한다.

2) 槌 : 퇴, 유

반절이 직추절(直追切), 직외절(直畏切), 직위절(直僞切)로 다양한데 어떤 반절에 의해서도 '되'를 생각할 수 있다. '퇴'로 반영되어 있는 것은 중세 국어를 비롯하여 근대 국어 시기에 일어난 자음의 유기음화에 의한 ㄷ>ㅌ의 변화를 예상할 수 있다. 속음 '유'는 앞서 밝힌 이유와 같다.

3) 追 : 퇴, 유

반절이 척가절(陟隹切)이므로 '퇴'가 정음이다. 속음 '유'는 정모와 유모 사이의 관계에서 나온 자음의 탈락을 보여 준다.

4) 筩 : 통, 용

반절이 도홍절(徒紅切)로 정모에 속하므로 '동'으로 반영되는 것이 자연스러우나 정모의 /ㅌ/ 반영도 동음에서는 일반적인 것이므로 크게 문제될 것은 없다. 속음 '용'은 유모(喩母)인 성부 용(甬/余隴切)의 영향으로 바뀐 음이라고 생각해 볼 수도 있다. 그러나 용(甬)의 사용빈도가 그리 높지 않아 과연 성부에 의한 유추인지는 의문의 여지가 있다. 오히려 자형이 비슷하면서도 용(甬)과 음이 같은 용(勇/余隴切)에 유추된 음으로 볼 수도 있다. 성부 용(甬)의 해성자를 살펴보면 용(涌), 용(踊), 용(俑) 등은 성부와 마찬가지로 유모에 속하고, 통(捅/他孔切)은 투모에 속하는 등 다양한 분화를 보인다.

5) 桶 : 통, 용

반절은 타공절(他孔切), 도총절(徒惣切)이다. 투모이므로 '통'이 정음이다. 속음의 이유는 앞서 밝힌 이유와 같다

6) 鬌 : 튜, 타, 유

반절은 직수절(直垂切), 도과절(徒果切), 타과절(他果切) 등으로 '튜, 타'가 정음이다. 속음 '유'는 앞서 밝힌 이유와 같다.

7) 錟 : 담, 염

반절이 도감절(徒甘切)이므로 '담'이 정음이다. 해성자인 담(談), 담(淡),

담(惔) 등은 모두 '담'만 기록되어 있다. 『화동정음』에는 담(錟)에만 속음으로 '염'이 기록되어 있는데, 일차적으로는 성부 염(炎)이 우렴절(于廉切)로 유모이므로 이에 이끌린 것으로 판단된다. 역시 해성자 간의 대응을 살펴보면 정모와 유모 사이에서 상호 대응되는 양상을 보이고 있다.

나) /ㄷ~ㅈ/

1) 儵 : 됴, 쥬

반절이 직유절(直由切)이므로 '됴'로 반영하여야 한다. 속음 '쥬'는 구개음화된 음의 반영이다.

2) 阤 : 치, 시, 타

반절 타이절(他爾切)은 '티'로, 시시절(施是切)은 '시'로 반영되어야 한다. 속음 '치'는 '티'의 구개음화이며, '타'는 타(他/託何切)의 유추로 보인다.

3) 翟 : 탁, 뎍, 칙

반절은 장백절(場伯切), 도력절(徒歷切)이다. 징모(澄母)와 정모(定母)에 속하므로 /ㄷ/에 반영되는 것이 자연스럽다. 따라서 '뎍'이 정음이다. 속음 '탁'은 탁(濯/直角切)의 영향을 받아 '닥>탁'으로 변한 음으로 생각된다. '칙'은 구체적인 이유를 알기 어렵다.

4) 澤 : 탁, 뎍, 칙

반절은 장백절(場伯切), 도력절(徒歷切)이다. 앞의 경우와 마찬가지로 '뎍'이 정음이다. 또 '덕'을 예상해 볼 수 있다. 이 경우 '덕'의 유기음화와 구개음화를 예상할 수 있으나 정확한 이유를 찾기는 쉽지 않다.

5) 涂 : 도, 차

반절은 동도절(同都切), 직어절(直魚切)이므로 '도'가 정음이다. 반절이 택가절(宅加切)인 차[104](荼)가 동음에서 '다'와 '차'의 두 가지 음으로 읽

104) 차(荼)는 현대 동음에도 '차'와 '다'의 두 음으로 전승된다. 본문에서는 편의상

히고 있는데 이의 영향으로 속음 '차'가 나타난 것으로 보인다.

6) 磓 : 퇴, 츄

반절은 도회절(都回切)이므로 '퇴'가 정음이다. 성부 추(追/陟隹切)의 영향으로 속음 '츄'가 발생한 것으로 볼 수 있다.

7) 魋 : 퇴, 츄

반절은 두회절(杜回切)이므로 '퇴'가 정음이다. 속음 '추'는 성부인 추(隹/職追切)의 영향을 받아 유추된 음이다.

8) 蠶 : 잠, 뎐

반절은 타전절(他典切)이므로 '뎐'이 정음이다. 자형이 유사한 잠(簪), 잠(潛) 등의 반절이 작금절(作今切), 측음절(側吟切)인데 이들의 영향으로 속음 '잠'을 예상할 수 있다.

9) 酖 : 담, 짐

반절은 타함절(他含切)이므로 '담'이 정음이다.『광운』에는 반절이 하나뿐이지만 칼그렌에 의하면 중국 근대음을 /dǐəm/으로 재구하는데 이의 영향으로 속음 '짐'을 예상할 수 있다.

다) /ㄷ～ㅅ/

1) 甸 : 뎐, 승

반절은 당련절(堂練切)이므로 '뎐'이 정음이다. 현대음은 구개음화가 되어 '전'으로 전승된다. 속음 '승'은 이유를 찾기 어렵다.

2) 黮 : 담, 탐, 심

반절은 도감절(徒感切), 타감절(他感切)이므로 '담', '탐'이 정음이다. 속음 '심'은 성부 심(甚/常枕切)의 영향을 받아 변화된 음이다.

라) /ㄷ～ㅌ/

'차'로 표기한다.

단모와 투모, 정모 등의 성모는 중기 동음 이래 /ㄷ/과 /ㅌ/의 어느 한 음으로 반영되는 것이 일반적이다. 그러나 때로는 두 가지 음으로 반영되어 전승되는 경우도 있다. 다음에 그러한 예를 보인다.

1) 打 : 뎡, 타

반절은 덕냉절(德冷切), 도정절(都挺切)이므로 '뎡'이 정음이다. 속음 '타'는 자형이 유사한 타(他/託何切)의 유추로 보인다.

2) 敦 : 돈, 단, 됴, 디, 퇴

반절은 도회절(都回切), 도관절(度官切), 도곤절(都昆切), 도혼절(都图切) 등이므로 '돈, 단, 됴, 디' 등이 모두 정음으로 보인다. 속음 '퇴'는 도회절(都回切)의 정음 '되'의 유기음화된 음으로 보인다.

3) 鰈 : 뎝, 탑

반절은 토합절(吐盍切)이므로 '탑'이 정음이다. 속음 '뎝'은 해성자 접(蹀), 접(鰈)[105] 등의 영향을 받은 음이다.

4) 貸 : 디, 특

반절은 타대절(他代切)이므로 '디'가 정음이다. 속음 '특'은 자형이 유사한 특(貣/他德切)의 영향을 받은 음으로 생각된다.

5) 妬 : 뎍, 투

반절은 당구절(當救切)이므로 '투'가 정음이다. 속음 '뎍'은 성부인 석(石/常隻切)의 운모의 영향으로 모음이 바뀐 음으로 생각된다.

2.4.2.3. ㅂ, ㅍ

2.4.2.3.1. 반영양상

『규장전운』에 양순음 /ㅂ, ㅍ/으로 반영된 한자는 순음(脣音)계의 방모

---

105) 접(蹀), 접(鰈) 등의 운서음은 '뎝'이다. '뎝'은 근대 국어 시기 국어 음운변화를 따라 구개음화와 치음 아래 단모음화의 변화를 거쳐 '접'으로 바뀐 음이다.

(幫母), 방모(滂母), 병모(並母)에 속한 한자들이다. 이들 성모에 속한 한자들의 청탁 구분과 음운적 특성 그리고 중고음의 재구음과 이들이 동음에 주로 반영된 결과를 아래에 제시한다.

성모	청탁	특성	재구음	동음반영
방(幫)	전청	무기 무성	p	ㅂ/ㅍ
방(滂)	차청	유기 무성	p′	ㅍ/ㅂ
병(竝)	전탁	무기 유성	b	ㅂ/ㅍ

<표 54> 방방병모의 재구음

무기음인 방모와 병모에 속한 한자들의 성모는 한국 한자음에서도 재구음대로 주로 /ㅂ/에 반영되고 일부가 유기음 /ㅍ/으로 반영되었는데 반해, 유기음 방모(滂母)는 무기음 /ㅂ/으로 반영된 비율과 유기음 /ㅍ/으로 반영된 비율이 비슷하다. 이는 중기 동음의 반영 결과와도 일치하는 것으로 /ㅂ, ㅍ/에 반영된 한자는 그리 커다란 변화를 보이지 않는다.

상고음 시기에는 미처 분화되지 않았던[106] 순음은 중고음 시기에 들어와 중순음과 경순음으로 나뉘어진다. 방모(幫母), 방모(滂母), 병모(並母)는 중고음에서 중순음(重脣音)으로, 1, 2, 4등운에 나타나며 경순음(輕脣音)인 비모(非母, /f/), 부모(敷母, /f′/), 봉모(奉母, /v/)는 3등운에 나타난다.

그러나 중고음기의 초기에는 아직 완전히 분화되지는 않았던 모양이다. 이렇게 생각하는 이유는 『절운(切韻)』에도 아직 경순음이 나타나지 않았으며, 수온(守溫)의 30자모에도 마찬가지이기 때문이다. 그러다가 순음이 본격적으로 분화되는 것은 당나라 때인 것으로 보인다. 당나라 말엽, 한자음을 정리한 혜림(彗林)의 『일체경음의(一切經音義)』에 이르러 반절에 경순음자가 두드러지게 나타나는데(朴炳采, 1971; 河野六郎, 1968) 이에 따라 경순음과 중순음, 즉 /p/, /f/ 두 계열이 나타나게 된다.

106) "凡輕脣之音 古讀皆爲重脣."(錢大昕, 『十駕齋養新錄』)

그 후 송나라 때에 만들어진 『광운』에는 중순, 경순의 구별이 분명히 나타나나 여전히 상호 통용되는 예들이 많이 나타나는 것을 미루어 보아 상고음기 미분 상태가 매우 강력한 현상이었음을 짐작할 수 있다. 송(宋)나라 때의 운도(韻圖)에는 중순음이 1, 2, 4등에, 경순음은 3등에 뚜렷이 나타나는데 이로 미루어 중순음과 경순음의 분화는 중고음기 후반에 이르러 이루어진 것으로 보인다(王力, 1971; Karlgren, 1985; 方孝岳, 1979). 특히 왕력(王力, 1980)은 이들의 분화시기를 9세기에 시작되어 늦어도 12세기를 넘지 않은 것으로 보고 있다. 그 이유는 첫째, 당나라 말기, 송나라 초기에 형성된 36자모에 경순음인 비모(非母), 부모(敷母), 봉모(奉母), 미모(微母)가 나타나며, 둘째 1037년에 편찬된 『집운』에 이들이 나타나는 사실을 들고 있다.

중순음은 근고음을 거치면서, 방모는 /p/를 유지하면서 일부가 /p‘, m/으로 바뀌어지고, 방모는 /p‘/(극히 소수가 /p/), 병모는 /p’/와 /p/로 변화한다. 경순음 비모, 부모, 봉모는 /f/로 통합되었고 미모는 유모(喩母)와 합류하였다(謝雲飛, 1987).

그러나 동음에서는 향가표기의 전승자음에서나 『계림유사』, 『조선관역어』 등에서도 이들을 구별하였으리라는 흔적이 전혀 없다. 따라서 순음은 중고음 이전의 고층에 기반을 둔 것이라 볼 수 있다(朴炳采, 1971; 이숭녕, 1982).

다른 파열음과 마찬가지로, /ㅂ, ㅍ/에 방모(幫母), 방모(滂母), 병모(竝母)가 모두 반영되어 있음은 동음 전래 당시의 국어 음운 체계에 유기음이 아직 독립음소로 자리 잡지 못하였음을 보여 준다. 『계림유사』에 유기음 /p′/를 표기했다고 여겨지는 자는 모두 13자인데 성모의 분포는 /p/ 7자, /p′/가 5자, /f/가 1자이다(姜信沆, 1980). 차청자보다 전청자가 많이 쓰이고 있음이 두드러지는데, 이러한 혼용은 국어음에 있어서 기(氣)의 대립이 존재하지 않았음을 보이는 것이다.

그런데 아음의 경우에 비하여 순음에서는 무기음 성모의 /ㅍ/ 반영이 매우 높은 비율로 나타나는데, 이는 국어음에서의 기음 발달에 있어 순음 계열이 아음 계열에 비해 일찍부터 활발했음을 나타내는 것이다. 전탁음 병모는 화음에선 주로 /p'/으로 바뀌어 갔으나 동음에서는 주로 /ㅂ/으로 반영되었다.

2.4.2.3.2. 예외적인 반영자

여기서는 방모(幇母) 방모(滂母), 병모(並母)에 속한 한자들 가운데 /ㅂ/ 이외에 달리 반영된 경우의 자례들을 살펴보겠다.

가) /ㅂ~ㅁ/

1) 百 : 빅, 믹

반절이 박백절(博百切)이므로 '빅'이 정음이다. 속음 '믹'은 상고음 복성모 /mp/의 흔적을 보여 준다. 백(百)은 방모(滂母)인데 해성자인 맥(洦/莫白切)), 맥(陌/莫白切) 등은 명모(明母)에 속한다.

동동화를 비롯한 몇몇 학자들은 이 예를 복성모의 예로 제시하고 있다. 즉 상고시대에 /m/과 /p/가 분화되지 않고 /mp/로 존재하다가 중고시대에 이르러 분화되었다는 것이다. 상고시대 복성모의 존재는 주로 해성자 사이에 공유되는 소리를 기준으로 설정하게 된다. 앞에서 본 것처럼 백(百)의 해성자가 방모와 명모 사이에 유동하는 것으로 보아 복성모의 존재가 인정된다.

나) /ㅂ~ㅍ/

1) 膰 : 번, 파

반절은 부원절(附袁切)이므로 '번'이 정음이다. 속음 '파'는 성부인 번(番)의 해성자인 파(播), 파(皤), 파(鄱) 등의 반절이 보과절(補過切)인데 이의 영향을 받은 음이다.

2) 磻 : 반, 파

반절은 부관절(附官切)이므로 '반'이 정음이다. 속음 '파'는 앞의 예와 같이 해성자 파(播), 파(皤), 파(鄱) 등의 반절 보과절(補過切)의 영향을 받은 음이다.

3) 馮 : 풍, 빙

반절은 방융절(房戎切)이므로 '풍'이 정음이다. 속음 '빙'은 자형이 유사한 빙(憑)의 영향을 받아 발생한 음이다.

4) 佛 : 불, 필

반절은 부불절(符弗切)이므로 속음 '필'은 성모의 유기성이 영향을 주어 만들어진 음으로 생각된다.

5) 拂 : 불, 필

반절은 부물절(敷勿切)이므로 '불'이 정음이다. 속음의 생성 이유는 앞의 경우와 같다.

6) 封 : 봉, 평

반절은 방용절(方用切), 방용절(方容切), 부용절(府容切)이므로 '봉'이 정음이다. '평'은 유기성의 영향을 받은 음이다.

7) 暴 : 박, 포

반절은 포각절(蒲角切), 방각절(滂角切)이므로 '박'이 정음이다. 『훈몽자회』나 여타 운서, 현대음에는 모두 '폭'으로 반영되어 있는데 이 또한 정음으로 간주된다. 속음 '포'는 '폭'의 어말자음 /ㄱ/ 탈락형이다.

8) 渢 : 풍, 범

반절은 방융절(房戎切)이므로 '풍'이 정음이다. 그런데 해성자에 독특하게 범(颿/符咸切)이 있어 '범'의 가능성을 보여 준다. 이의 유추가 아닌가 한다.

9) 波 : 판, 변

반절은 방만절(芳萬切)이므로 '판'이 정음이다. 반절에 의하면 '변'으로 반영될 가능성도 나타난다. 반절의 다양한 반영으로 이해된다.

10) 北 : 패, 븍

반절은 박묵절(博墨切)이므로 '븍'이 정음이다. 현대음으로의 전승 과정에 원순모음화되어 '븍>북'으로 변화한다. 중국 근대음에 들어 어말 자음 /k/의 탈락, 운모의 변이 등을 거치면서 /p'ei/가 나타나는데 속음 '패'는 이의 영향이다. 한편 현대음에서는 '배'로 전승된다.

다) /ㅍ~ㄱ/

1) 捭 : 패, 격

반절은 북매절(北買切)이므로 '패'가 정음이다. 『광운』에는 나타나지 않으나 칼그렌에 의하면 입성의 음이 재구되어 '벽'으로 재구된다. 그러나 /ㅂ/>/ㄱ/의 원인은 찾기 어렵다.

라) /ㅂ~ㄹ/

1) 龐 : 방, 롱

반절은 박강절(薄江切)이므로 '방'이 정음이다. 속음 '롱'은 상고음 시기 복성모 /pl/의 흔적이다.

방(龐)의 성부 룡(龍)은 역종절(力鍾切)로 래모(來母)이다. 그러나 방(龐)은 방모(滂母)에 속하는데 이를 이용하여 복성모의 존재를 인정한다.

마) /ㅂ~ㅇ/

1) 坌 :분, 원

반절은 포민절(蒲悶切)이므로 '분'이 정음이다. 속음 '원'은 어두자음의 탈락을 보여 준다.

바) /ㅍ~ㅅ/

1) 柿 : 폐, 시

반절은 방폐절(方肺切)로 '폐'가 정음이다. 속음 '시'는 시(市/時止切)의 영향으로 생겨난 음이다.

2.4.3. 파찰음

『규장전운』에 파찰음 /ㅈ, ㅊ/으로 반영된 한자음은 치음(齒音)과 설음(舌音)에 속한 한자들이다. 치음에서는 치두음(齒頭音)의 정모(精母), 청모(淸母), 종모(從母)와 정치음(正齒音)의 조모(照母), 천모(穿母), 상모(牀母) 등이며, 설음에서는 설상음(舌上音)에 속한 지모(知母), 철모(徹母), 징모(澄母)에 속한 한자들이다. 편의상 치음과 설음으로 나누어 살펴본다.

2.4.3.1. 치음의 반영양상

먼저 치두음과 정치음에 속한 성모들의 청탁 구분과 음운적 특성 그리고 중고음의 재구음과 이들이 동음에 주로 반영된 결과를 아래에 제시한다.

성모	청탁	특성	재구음	동음반영
정(精)	전청	무기 무성	ts	ㅈ/ㅊ
청(淸)	차청	유기 무성	ts´	ㅊ/ㅈ
종(從)	전탁	무기 유성	dz	ㅈ/ㅊ
조(照)	정청	무기 무성	tś	ㅈ/ㅊ
천(穿)	차청	유기 무성	tś′	ㅊ/ㅈ
상(牀)	전탁	무기 유성	dź	ㅈ/ㅊ/ㅅ

<표 55> 정청종조천상모의 재구음

상고음 시기 아직 분화되지 않았던 것으로 생각되는 치음은 중고음 시

기에 들어오면서는 치두음과 정치음으로 나뉘어졌었다. 다른 성모들과 마찬가지로 치두음과 정치음은 성모와 결합되는 운모의 등호에 의하여 뚜렷이 구분된다. 치두음과 정치음은 운모의 결합과정에서 상보적 분포를 보이는데, 치두음은 1등과 4등의 운모에 결합되고, 정치음은 2등과 3등의 운모와 결합된다.

물론 이들이 이렇게 운모결합 상황만 달라지는 것이 아니고 성모의 기본 특징인 조음방법에서도 차이가 난다. 조음 방법에서도 전자는 설첨적(舌尖的, apical) 조음이고 후자는 이에 반해 설배적(舌背的, dorsal) 조음의 음이라 할 수 있다. 즉 치두음은 혀끝이 잇몸에 가까이 가서 이루어지는 조음으로 국어의 치음과 유사하고 정치음은 혀가 좀 더 앞으로 내밀어져 혀의 가운데 부분이 잇몸 근처에 접근하여 이루어지는 소리이다.

이들의 재구음은 정모는 /ts/, 청모는 /ts'/, 종모는 /dz/로 재구되며 정치음 조모는 /tś/, 천모는 /tś'/, 상모는 /dź/로 재구된다.

그러나 중기 동음 이래 동음에서는 치두음과 정치음의 구별이 없었으므로107) 치음계는 모두 파찰음은 /ㅈ, ㅊ/으로만 반영되었다. 다른 음소와 마찬가지로 이러한 반영 결과는 국어 음운 체계에서 파찰음의 통시적 변화가 별로 없었다는 점에도 관련이 있으나 그것보다는 한자음이 가지는 규범적, 보수적 성향에 더 원인이 있는 것으로 생각된다.

치음의 /ㅈ, ㅊ/ 반영에도 /ㄱ/이나 /ㄷ/ 등 파열음의 반영과 마찬가지로 성(聲)과 기(氣)에 의한 대립은 뚜렷이 나타나지 않는다. 다만 /ㅊ/의

---

107) 치두음(齒頭音)과 정치음(正齒音)에 대해 월인석보본 『훈민정음』에는 전자를 "이 소리ᄂᆞᆫ 우리나랏 소리예셔 열ᄫᅳ니 혓그티 웃닛머리예 다ᄔᆞ니라"라 설명하고 후자에 대해서는 "이 소리ᄂᆞᆫ 우리나랏 소리예셔 두터ᄫᅳ니 혓그티 아랫닛므유메 다ᄔᆞ니라"라고 하여 설첨음과 설면음의 차이로 설명하고 있다. 『四聲通攷』 범례는 이들을 "今以齒頭爲 ᄼ ᅎ ᅔ 以整齒爲 ᄾ ᅐ ᅕ 以別之"라 하여 구별하려고 했다. 그러나 『東國正韻』에는 "齒頭正齒之類 於我國字音 未可分辨"이라 지적하였고, 『四聲通攷』 범례에도 "我國齒聲 ㅅ ㅈ ㅊ 在齒頭整齒之間"이라 했으므로 구분되지 않았던 것이다.

반영률이 파열음에 비해 높은 것이 눈에 띈다. 이는 국어 음운 체계에서 기음의 발생이 가장 먼저였음을 시사하는데,[108] 치음의 음질상 파열음보다 쉽게 유기음을 형성하는 [+asp]의 자질과 쉽게 결합할 수 있었던 때문이라고 판단된다.

전탁음의 반영은 성모에 따라 각각 다르다. 치두음 종모(從母)는 주로 /ㅈ/에 반영되고 일부가 /ㅊ/에 반영되며, 정치음 상모(牀母)는 /ㅊ/으로 반영된 비율이 가장 높고 /ㅈ, ㅅ/에 유동하고 있다.[109] 이러한 현상은 이윤동(1988)에서도 지적된 바와 같이 고대 국어에 파찰음이 독자적인 음소로 존재하지 않았기 때문에 치음계는 일단 /ㅅ/으로 반영되었다가 차차 /ㅈ, ㅊ/으로 재분류된 것이라 여겨진다.

2.4.3.2. 설상음의 반영양상

앞서 말한 바와 같이 설상음에 속한 지모(知母), 철모(徹母), 징모(澄母) 등은 『규장전운』에 모두 /ㅈ, ㅊ/으로 반영된다. 중기 동음에 반영된 한자음은 국어 음운 체계의 변화에 크게 영향을 입지 않고 후기까지 이어지고 있다. 중기 국어 이후 근대 국어 시기에 들어오면서 나타난 대표적인 음운변화인 경음화, 격음화 현상이 근대 국어 한자음에는 그리 커다란 영향을 미치지 못했던 점을 생각한다면 우리 한자음은 국어의 변화와 크

---

108) 강신항(1974)에 의하면 『조선관역어』의 표기자 중에 유기음으로 해독된 자수는 어두(語頭)에서 ㅋ:2, ㅌ:2, ㅍ:2, ㅊ:6이고, 어중(語中)에는 ㅋ:1, ㅌ:2, ㅍ:2, ㅊ:9이다. 또 『계림유사』에는 어두에는 나타나지 않고 어중에만 나타나는데 그 분포는 ㅋ:4, ㅌ:2, ㅍ:2, ㅊ:9이다(강신항, 1980).

109) 박병채(1972)는 『훈몽자회』에 牀母는 ㅅ/ㅈ에 주로 분포되고, 무기파찰음 ㅈ에는 거의 반영되지 않았다고 분석했다. 그러나 이윤동(1988)에 의하면 『화동성음』과 비슷한 분포를 보이고 있다. 이는 각자가 연구대상으로 삼은 판본의 차이에 의한 것으로 보이는 바, 異本간의 세밀한 검토가 요구된다. 이에 대하여는 이돈주(1979) 참조.

게 관계를 맺지 않고 독자적인 발달을 하여 온 것으로 짐작할 수 있다.

그러나 설상음계의 한자들에 있어서만은 그렇지 않다. 설상음은 설음에 속한 한자들의 일부를 가리키는 말이다. 설두음에 속한 한자들 가운데 2등과 3등의 운모를 가진 한자들에 나타나는 구개적 요소가 강조되면서 분화해 나온 한자들이다. 이들의 음질에 대해 나상배(1956)는 권설음(捲舌音)이라 했으나 이들은 극소수가 2등운에 나타나고 대부분 3등에 나타나므로(Karlgren, 1985) 개음(介音) /i/가 권설음과 서로 배합하는 것은 아주 부적절하다(董同龢, 1975). 따라서 중고음에서 지모는 /ȶ/, 철모는 /ȶ'/, 징모는 /ȡ/ 등 구개적 음으로 재구된다. 그러나 중고음 이후에 설면음(舌面音)인 정치음 3등자와 결합하고, 다시 치상음과 결합하는 과정을 거쳐 현재에는 권설음이나 설첨음으로 변천되었다(董同龢, 1975; 王力, 1972).

그러나 중국 한자음에 나타나는 이러한 변화와 관계없이 중기 동음에는 설두음과 구별없이 모두 /ㄷ, ㅌ/에 반영되어 온 것이 한국 한자음의 중요한 특징이었다(朴炳采, 1971; 이윤동, 1988; 이승녕, 1982).

그러던 것이 근대 국어 시기로 들어오면서 설상음에 속한 한자들의 소리가 변화한다. 『규장전운』은 물론 동시대에 편찬된 『삼운성휘』나 『화동정음』 등에 보면 설상음에 속한 한자들이 모두 경구개파찰음 /ㅈ, ㅊ/으로 반영되어 있다.

다음 표에 설상음의 성모들의 특징과 이들이 중기 국어와 근대 국어에 주로 어떻게 반영되었는지를 보인다.

성모	청탁	특성	재구음	중기 동음 반영	근대 동음 반영
지(知)	전청	무기무성	ȶ	ㄷ/ㅌ	ㅈ/ㅊ
철(徹)	차청	유기무성	ȶ'	ㅌ/ㄷ	ㅊ/ㅈ
징(澄)	전탁	무기유성	ȡ	ㄷ/ㅌ	ㅈ/ㅊ

<표 56> 지철징모의 재구음

이러한 변화의 원인으로 생각할 수 있는 것은 일차적으로 중국음의 변

천과 맥락을 같이 하는 것이 아닌가 하는 점이다. 또 하나는 당시 국어 음운 체계에 나타나는 구개음화의 영향으로 생각해 볼 수도 있다.

먼저 중국음의 영향 관계에 대해 생각해 보자. 이러한 견해는 『규장전운』을 비롯한 운서들의 한자음이 당시 우리나라에서 읽히고 있던 현실 한자음을 충실히 보여 주는 것이 아니라, 13, 14세기 이후 중국에서 설상음의 한자들이 정치음에 통합되어 파찰음으로 바뀐 중국 근대음의 체계에 맞추기 위한 인위적 개변임을 뜻하는 것이다. 이는 운서의 기본적 성격이 중국 한자음에 맞춘 규범적이라는 데에 초점이 맞추어져 있는 관점이기도 하다.

중국 한자음에서 설상음은 근대 한음기에 정치음과 통합되어 있었고 우리나라의 학자들도 자연스레 중국에서 일어난 이와 같은 한자음의 변화를 알고 있었다. 중국에서 만들어진 『홍무정운』에 한글로 음을 달아 만든 운서인 『홍무정운역훈』의 색인격으로 최세진이 만든 『사성통고』의 「범례」에는 중국 한자음에 13세기에 이미 이와 같은 변화가 일어났음을 밝히고 있다.

> 무릇 설상음은 혓몸이 잇몸에 닿아서 만들어진다. 그러므로 그 소리는 발성이 어려워 자연히 정치음과 같아진다. 그러므로 운회에서 지(知), 철(徹), 징(澄), 양(孃)모에 속한 자들을 조(照), 천(穿), 상(牀), 선(禪)모에 귀속시킨 것은 중국의 당시 음에 따른 것이다. 다만 양(孃)모만 니(泥)모에 귀속시킨 것은 본운(本韻)에 이 두 성모가 혼동되어 구별되지 않았기 때문이다. 이제 지, 철, 징모를 조, 천, 상모에, 양모를 니모에 귀속시킨다.110)

여기서 말하는 '운회'는 『고금운회거요』를 가리키는 것이고, '본운'이

---

110) "凡舌上聲 以舌腰點齶 故其聲難而 自歸於正齒 故韻會以知徹澄孃 歸照穿牀禪 以中國時音 獨以孃歸泥 且本韻混泥孃而不別 今以知徹澄 歸照穿牀 以孃歸泥." (『사성통고』「범례」)

란 『홍무정운』을 가리키는 것이므로, 이 두 운서가 편찬되던 13, 14세기에는 이미 설상음인 지, 철, 징 3모에 속한 자들은 정치음인 조, 천, 상 3모에 속한 자들과 음이 같아졌던 것이다.

그러나 『동국정운』의 편찬자들은 이미 중국 한자음에서 설상음이 정치음과 통합되었다는 사실을 알고 있었음에도[111] 불구하고, 한국 한자음에서는 설두음과 설상음이 여전히 구분되지 않는 현실을 인정하여 이를 설음으로 통합하여 전통적인 36자모 체계를 답습하고 있었다. 이는 중국음에 대한 한국 한자음의 독자성을 인정한 결과로 보인다. 따라서 중기 동음의 설상음이 /ㄷ, ㅌ/으로 반영되는 것은 당시 한국 한자음이 기계적으로 중국 한자음을 받아들여 변화하는 것이 아니라 우리나라 한자음으로 일단 정착한 뒤 독자성을 가지고 변화해 온 전승음의 유지로 보아야 한다.

물론 13, 14세기에 정치음과 통합된 설상음이 중기 동음에 전혀 영향을 끼치지 않은 것은 아니라고 생각되는 예들이 나타나기도 한다. 『훈몽자회』에 나타나는 다음과 같은 설상음자의 파찰음 반영은 부분적이긴 하나 근대 한음의 영향이라고 보여지는 것이다.[112]

知母	炸 (陟駕切)	자	檛 (陟瓜切)	좌
	站 (陟陷切)	잠	箚 (竹洽切)	잡
徹母	椿 (丑倫切)	츈	黐 (丑知切)	치

이러한 예는 최세진이 화음의 변화를 알고 있었으면서도 동음에서는 설상음의 유지라는 관념에서 모두 /ㄷ, ㅌ/으로 반영하는 한편 부분적으로 그 변화를 수용한 것이다. 그런데 근대 동음인 『규장전운』이나 『화동

111) "如舌頭舌上脣重脣經齒頭正齒之類 於我國字音 未可分辨亦當因其自然 何必泥於三十六字乎."(『東國正韻』 序文)

112) 강신항(1987)은 『훈몽자회』의 한자음이 설두음과 설상음을 모두 설단음으로만 기록하였다고 하여 華音의 영향을 부정하고 있다.

정음』에 와서 이들 소리를 /ㄷ, ㅌ/에서 /ㅈ, ㅊ/으로 바뀌어 표기하는 것은 이들 운서의 편찬자들이 당시의 중국음에서 소리가 바뀐 현실을 전혀 무시할 수만은 없었기 때문으로 이해된다. 왜냐하면 운서의 편찬 목적 가운데 하나가 중국어 학습이기 때문이다. 중국어를 학습하기 위해서는 현실적인 중국 한자음을 전혀 무시할 수는 없었을 것으로 볼 수 있다.

다음에 구개음화와 관련하여 논의해 보자. 대체로 국어의 구개음화는 대체로 17세기와 18세기의 교체기에 나타나 18세기 후반에는 중부방언에서 완료된 것으로 보인다.

그러나 한자음에 있어서는 한자가 속한 음계에 따라 구개음화의 진행 양상이 조금씩 달리 나타난다. 즉 설상음과 설두음에 속한 한자들의 구개음화가 시기적으로 다소 달리 나타나고 있음을 알 수 있다. 또 문헌에 따라서도 구개음화의 양상이 다르게 나타남을 볼 수 있다. 우선 구개음화가 18세기 당시에 진행되고 있었음을 보여 주는 관련 기록을 먼저 검토해 보기로 한다.

먼저 『규장전운』과 동시대에 편찬된 『화동정음』은 구개음화에 대한 새로운 사실을 알려 준다. 『화동정음』은 중세 국어의 동음을 커다란 변화 없이 이어받고 있다. 그러나 설상음에 속하는 한자들에 대해서는 중세 국어부터의 전승음을 버리고 새로이 교정하여 표기하고 있다.

이렇게 한 이유를 박성원은 다음과 같이 말하고 있다.

> 우리나라 한자음은 오음(五音)과 청탁(淸濁)을 정확히 구별하지 못한다. 그러므로 자서(字書)의 반절을 읽을 때 /ㅈ, ㅊ/을 /ㄷ, ㅌ/으로 잘못 읽기도 한다. 예를 들어 반절 직당절(直當切)의 '직'(直)을 '딕'으로 읽거나, 축타절(丑他切)의 축(丑)을 '툭'으로 읽어 직당절(直當切)인 '장'(瞕)을 '당'으로 읽고 축타절(丑他切)인 '차'(咤)를 '타'로 읽는 것은 오음(五音)의 원리를 상실한 것이다. 그러므로 이러한 한자들은 한결같이 원래 오음에 의하여 풀이하였다.[113]

113) "我音不知五音淸濁之別 故字書反切之讀 混殽商宮之ㅈㅊ誤作徵宮之ㄷㅌ 假如

그의 설명을 간추리면 이렇게 바꾸어 기록한 이유는 우리 한자음이 오음과 청탁을 제대로 구분하지 못했기 때문이라고 하였다. 이 기록이 말하는 바는 설상음을 원래대로 /ㅈ, ㅊ/으로 표기하고 있는 이유를 밝히는 것이지만 우리는 그 설명 속에서 당시 현실음의 모습을 알아낼 수가 있는 것이다.

이와 관련한 대표적인 기록은 신경준이 편찬한 『운해』의 「초성해자모분속」에 기록된 다음의 언급이다.

> "홍무정운은 지(知), 철(徹), 징(澄) 양(孃) 부(敷)모에 속한 한자를 조(照), 천(穿), 상(床), 니(泥), 비(非)모에 통합하여 30자모로 만들었다. 비록 소리가 비슷하다 하여도 설음을 치음에 병합하고, 차청에 속한 한자를 전청에 병합한 것은 온당치 않아 보인다. …중략…지(知), 철(徹), 징(澄)모에 속한 자들은 우리나라에서는 서북지방 사람들이 많이 사용하고 서울지방 사람들이 간혹 사용한다."114)

이미 『홍무정운』에서 설상음이 치음에 병합되었음을 알고 있었다는 것이며 당시 일부에서만 설상음을 발음하고 있었음을 밝히고 있다. 특히 서북지방에서는 여전히 구개음화가 이루어지지 않았음을 보여 준다.

한편 유희가 편찬한 『언문지』의 다음 기록은 구개음화가 지속적으로 진행되었음을 잘 알려주고 있다.

> 우리나라에서 '댜뎌'와 '쟈져', '탸텨'와 '챠쳐'의 소리가 비슷하다. 이는 턱을 들어 올리는 정도에 따라 이 소리는 쉽고 저 소리는 어렵기 때문이다. 요즘

直當切之直직作以딕 丑他切之丑츅作以튝 直當之切本 戇장而讀以당 丑他之切本 咤차 而讀以타 五音相矢 故此等之類 一依五音所屬之宮而釋之 餘皆倣此."(『화동정음』「범례」)

114) "洪武正韻以知徹澄孃敷幷于照穿床泥非 爲三十字母 雖其音相似 而舌音幷于齒音 次淸幷于全淸似未穩 …… 至于知徹澄 我國西北人多用之 在京中泮村人亦或用之."(『운해』「초성해자모분속」)

관서지방 사람들은 천(天)과 천(千), 지(地)와 지(至)를 다르게 발음하고 있다. 내가 정동유에게 들으니 그의 고조(高祖)의 형제 한 분이 지화(知和)이고 또 한분이 지화(至和)였는데 이름을 부르는데 전혀 혼동되지 않았다고 한다. 디와 지의 혼란이 그리 오래된 일이 아님을 알 수 있다.[115]

이 기록을 통해 우리는 17세기 초반과 19세기 초반 사이의 설음의 변화 모습을 알아 볼 수 있다. 이 기록에 나오는 정장(鄭丈)은 곧 유희의 스승인 정동유(鄭東愈)인데 그가 살았던 시기가 1744년부터 1808년까지이니 그의 고조인 지화(知和), 지화(至和) 형제는 17세기 초반에 활동했던 인물로 추정된다. 그런데 그들의 이름이 전혀 혼동되지 않았다는 사실은 적어도 17세기 초반까지는 설음의 변화가 그리 널리 확산되어 있지는 않았음을 알 수 있다. 그러나 『언문지』가 편찬될 무렵에는 '댜뎌'나 '탸텨'보다는 '쟈져'와 '챠쳐'가 발음하기 쉽다고 할 정도로 설음의 변화가 진전되었음을 알 수 있다.

그렇다면 이런 결과가 개별적인 한자음에는 어떻게 나타나는가? 먼저 규범적인 양상을 보이는 운서류의 한자음을 살펴보면, 『규장전운』에서는 설상음은 2등운과 3등운에 속한 한자를 구별하지 않고 /ㅈ, ㅊ/으로 반영되었으며, 구개음화 규칙의 적용범위에 해당하는 설두음 4등운의 자들은 구개음화하지 않고 /ㄷ, ㅌ/으로 반영되고 있다. 이러한 양상은 동시대의 『삼운성휘』, 『화동정음』도 동일하다. 한자음이 구개음화가 일어나

115) "如東俗 댜뎌呼同쟈져 탸텨呼同챠쳐 不過以按頤之此難彼易也 今雖關西之人呼天不與千同 呼地不與至同 又聞鄭丈言 其高祖昆弟 一名知和 一名至和 當時未嘗疑乎 可見디지之混 未是久遠也."(『언문지』)

지(知)와 지(至)는 현대 한자음에서는 동일한 음으로 읽힌다. 그러나 지(知)는 성모가 설상음에 속한 한자로 『훈몽자회』는 물론 『천자문』, 『유합』, 『화동정음』, 『삼운성휘』, 『규장전운』 등 모든 운서에 '디'로 표기되어 있어 적어도 운서상으로는 18세기 후반까지 지(至)와 확실히 구분이 되었다. 그 후 설상음의 구개음화의 영향으로 지(知)가 '디>지'의 구개음화 과정을 겪게 되어 지(至)와 동일한 음으로 읽히게 되었다.

는 조건에 놓여 있음에도 불구하고 변화를 겪지 않고 성모의 음계에 따른 기계적인 반영양상을 보이는 것이 주목된다.

한편 18세기 초반에 편찬된 것으로 추정되는 일본어 학습서인 『왜어유해』 역시 위의 운서들과 마찬가지로 설상음 3등운에 속하는 한자들은 /ㅈ, ㅊ/으로, 설두음 4등운의 한자들은 /ㄷ, ㅌ/으로 반영하고 있다(文璇奎, 1963). 그런데 18세기 중반의 문헌에는 설상음 외에 설두음이 구개음화된 예가 나타나기 시작한다.

단모(端母)	典 (多殄切)	… 뎐(『韓漢淸文鑑』, 1779)
	點 (多忝切)	… 뎜(『韓漢淸文鑑』, 1779)
투모(透母)	體 (他禮切)	… 톄(『三譯總解』, 1774)
	鐵 (他結切)	… 텰(『韓漢淸文鑑』, 1779)
정모(定母)	定 (丁定切)	… 뎡(『三譯總解』, 1774)
	敵 (徒歷切)	… 뎍(『同文類解』, 1748)

19세기 초반에 편찬된 『주해천자문』에는 설상음은 /ㅈ, ㅊ/에 설두음은 /ㄷ, ㅌ/에 반영되어 있으나 1862년에 편찬된 『주씨천자문(周氏千字文)』에는 설두음 4등운자도 모두 구개음화되어 있다(都孝根, 1980). 결국 동음의 구개음화는 설상음은 이미 18세기 초에 완성되었고, 설두음은 19세기 중반에야 이루어진 것으로 보인다.

그런데 동일한 음운 환경에 놓여 있는 설상음 3등운자와 설두음 4등운자의 구개음화의 시기가 이처럼 다른 것은 무엇 때문인가? 이는 중기 동음 이래 모두 /ㄷ, ㅌ/에 반영되던 설상음과 설두음이 근대 동음에 이르러 중국 근대음의 영향으로 설상음이 먼저 구개음화되고 그 이후에 국어의 구개음화 현상이 설두음에도 서서히 영향을 주어 변화한 것으로 생각되며 이렇게 한자음이 국어보다 음운변화의 영향을 뒤늦게 받은 것은 그것이 지니는 보수적 성격 때문이다.

이것은 이들의 표기음이 당시 현실음을 충실히 보여 주는 것이 아니라. 13·14세기 이후 설상음 지모(知母), 철모(徹母), 징모(澄母)의 한자들이 정치음 조모(照母), 천모(穿母), 상모(牀母)에 통합되어 파찰음으로 바뀐 중국 근대음의 체계에 맞추기 위한 인위적 개변임을 뜻하는 것이다. 이런 판단의 근거에는 설상음의 변화에 대한 우리 학계의 인식을 들 수 있다. 당시 운학자들은 화음에서 일어난 설상음의 변천에 대해 매우 정확히 인식하고 있었다. 즉 설상음이 근대 한음기에 정치음과 통합되어 있었다는 사실을 이미 조선 초기부터 알고 있었던 것이다.

2.4.3.3. 예외적 반영자

앞서 살핀 대로 치음과 설상음에 속한 한자들은『규장전운』에 대부분 /ㅈ, ㅊ/으로 반영되어 매우 규칙적인 모습을 보인다. 전청음과 차청음 사이에서 /ㅈ/~/ㅊ/에 넘나드는 것도 한국 한자음의 특징으로 여겨지는 현상들이다. 여기에서는 치음과 설상음에 속한 한자들 가운데 /ㅈ, ㅊ/이 아닌 다른 음으로 반영된 한자들에 대해 알아보겠다.

가) /ㅈ~ㅎ/

1) 扱 : 잡, 흡

반절이 초흡절(楚洽切)이다. '잡'이 정상적인 반영음이다. '흡'은 음운론적인 이유보다는 후기음의 영향으로 변한 음이다.『집운』에는 초흡절(楚洽切) 외에 걸급절(乞及切)이 더 있다. 현대음은 이 반절을 전승하여 '급'이다. 그런데 걸급절(乞及切)은 견모에 속하는데 견모는 앞에서 살핀 대로 /ㄱ/~/ㅎ/ 사이에 유동하므로 이 반절이 '급~흡' 사이에 유동할 가능성이 있다.

나) /ㅈ, ㅊ~ㄱ/

1) 茁 : 졀, 촬, 굴

반절이 다양한데 측열절(側劣切), 징필절(徵筆切)은 '졀', 추활절((鄒滑切)은 '촬'로 반영되는 것이 정음이다. 성부인 출(出)도 창률절(昌律切)이므로 정상적인 반영음은 '출'이다. 예외적인 음인 '굴'은 해성자인 굴(屈), 굴(詘) 등의 반절이 구물절(區勿切)이고 굴(倔), 굴(崛) 등이 구물절(衢物切)이어서 모두 '굴'로 반영되는데 따라 나타난 음이다.

다) /ㅈ, ㅊ~ㅅ/

1) 涑 : 측, 속

반절이 칠적절(七迹切)이므로 '측'이 정상적 반영이다. '속'은 성부인 속(束)의 반절이 서옥절(書玉切)인데 이의 유추로 보인다. 『동국정운』에도 이미 'ᄉᆇ'으로 되어 있어 조선 초기부터 /ㅅ/으로 반영된 경우이다. 차청음인 청모(淸母)는 중고 시기에 /ㅈ/이나 /ㅊ/으로 반영되는데 /ㅅ/이 나타나는 것은 상고음 기층의 영향을 받고 있음을 보여 준다.

2) 承 : 증, 승

반절이 식릉절(食陵切), 실증절(實證切)로 모두 종모(從母)에 속하므로 '증'으로 반영되는 것이 정음이다. 『훈몽자회』에 이미 '승'으로 표기되어 있는 것으로 보아 이미 조선 초기에 /ㅈ/>/ㅅ/의 변화가 이루어졌을 것이다. 그러나 『규장전운』에서는 전통운서의 음으로 회귀하여 '증'으로 표기하고 있다. 현재음도 '승'이다.

3) 菙 : 추, 수

반절이 지루절(之累切)이므로 /ㅈ/>/ㅊ/ 의 변화를 거친 /츄/가 정음이다. 『화동정음』에는 '츄'는 나타나지 않고 '슈俗쉬'로 표기하여 /ㅊ/>/ㅅ/의 변화를 받아들였다.

4) 飧 : 찬, 손

반절이 사안절(士安切)인데 /ㅈ/>/ㅊ/의 변화로 /찬/으로 반영되는 것이 정상적이다. 속음 /손/은 해성자 가운데 사혼절(思渾切)인 손(飧)이 있는데 이들 사이의 유추로 인하여 나타난 음으로 보인다.

5) 湌 : 찬, 손

위 4)의 예와 같다.

라) /ㅈ~ㅂ/

1) 彴 : 작, 박

반절이 지약절(之若切)이므로 '작'이 정음이다. 성부는 작(勺)인데 작(勺)의 해성자들은 매우 다양한 성모상의 분포를 보이고 있다. 작(勺)을 비롯하여 작(芍), 작(汋), 작(妁) 등은 『광운』에 표기된 반절은 모두 시약절(市若切)인데 반절 상자 시(市)는 한국 한자음에서 대체로 /ㅅ/으로 반영되는 선모(禪母)의 성모이다. 그러나 이들은 모두 '작'으로 표기되었다. 이러한 이유로 생각해 볼 수 있는 것은 성부 작(勺)에 또 하나의 반절이 있다는 점이다. 즉 작(勺)에는 시약절(市若切) 외에 또 다른 반절인 지약절(之若切)이 있는데 해성자인 작(灼), 작(㣿) 등도 같은 반절이다. 이들은 자연스럽게 '작'으로 반영된다.

그런데 해성자 사이에 독특하게 /ㅂ/으로 반영되는 방모(幫母)의 북각절(北角切)인 박(肑)이나 병모(並母)인 포각절(蒲角切)의 포(瓝) 등도 나타난다.

그러나 /ㅈ/~ㅅ/ 사이에는 음운론적 유사성을 고려할 수 있으나 /ㅂ/과는 이를 설명할 수가 없다. 그러므로 해성자들은 중국 상고음의 방언적 차이가 강한 음이었던 것으로 추정하게 된다. 박(彴)이 '박'으로 읽히는 것은 결국 /ㅂ/을 가진 한자들의 영향으로 현재까지 전해지는 음이다.

마) /ㅈ, ㅊ~ㅇ/

1) 樞 : 츄, 우

반절이 창주절(昌朱切)로 '츄'가 자연스런 반영이다. 그런데 해성자인 우(嫗)는 반절이 의우절(衣遇切)이므로 '우'가 예상되나 여러 운서의 표기음이나 현실음은 모두 '구'이고 구(區), 구(毆), 구(漚) 등도 오후절(烏候切)인 반절로 미루어보면 '우'로 반영되는 것이 자연스러우나 모두 '구'로 반영되었다. 물론 이러한 현상은 아음과 후음 사이에서 나타나는 상고음의 미분현상을 보여 주는 것인데 추(樞)의 속음으로 '우'가 보이는 것은 앞에 예를 든 한자들의 반절에 이끌린 음으로 판단된다.

2) 推 : 퇴, 유

두 개의 반절 차가절(叉佳切), 탕회절(湯回切)을 따르면 '최' 또는 '퇴'가 자연스런 반영음이다. 그런데 『규장전운』에는 '퇴'만 표기하고 있다. 『동국정운』에는 '췽'이고 『전운옥편』에는 '츄俗유'로 표기하고 있다. 속음 '유'는 해성자인 유(惟), 유(唯), 유(維) 등의 반절이 모두 이추절(以追切)이어서 '유'인데 이들에 영향을 받은 음이다.

2.4.4. 마찰음

『규장전운』의 한자음 가운데 마찰음은 치조마찰음 /ㅅ, ㅆ/과 성문마찰음 /ㅎ/ 등이 있다. 이들 가운데 /ㅅ, ㅆ/에 반영된 한자들은 치두음에 속한 심모(心母), 사모(邪母), 정치음의 상모(牀母), 심모(審母), 선모(禪母)에 속한 한자들이고, /ㅎ/에 반영된 한자는 후음(喉音)의 효모(曉母)와 갑모(匣母)에 속한 한자들이다. 다음에 이들을 나누어 설명한다.

2.4.4.1. ㅅ, ㅆ

2.4.4.1.1. 반영양상

앞서 /ㅈ, ㅊ/의 반영양상에 대해 설명하면서 밝힌 바와 같이 중국 한자음에서 치음은 치두음과 정치음으로 나뉜다. 그러나 이들은 우리나라 한자음에서는 구별되지 않고 하나로 통합되어 반영되었다. /ㅅ/으로 반영된 한자들은 치두음에는 심모(心母)와 사모(邪母)에 속한 한자들이고, 정치음인 심모(審母), 선모(禪母)에 속한 한자들도 모두 /ㅅ/으로 반영되는 것이 정음이다. 그런데 상모(牀母)는 그 음질상 종모(從母)와 함께 파찰음 /ㅈ, ㅊ/으로 반영되는 것이 당연한 듯하나 동음에서는 전부 또는 일부 상당수가 /ㅅ/으로 반영됨은 파찰음에서 언급한 바와 같이 국어 음운 체계의 특성에 의한 것이다.

먼저 치두음과 정치음에 속한 성모들의 청탁구분과 음운적 특성 그리고 중고음의 재구음과 이들이 동음에 주로 반영된 결과를 아래에 제시한다.

성모	청탁	특성	재구음	동음반영
심(心)	전청	무기 무성	s	ㅅ
사(邪)	차청	유기 무성	s′	ㅅ
상(牀)	정청	무기 무성	t′s	ㅅ/ㅈ/ㅊ
심(審)	차청	유기 무성	t′s′	ㅅ
선(禪)	전탁	무기 유성	dź	ㅅ

<표 57> 심사상심선모의 재구음

현대 중국음에서 치두음의 전청음은 모두 /s, ś/로 크게 변화가 없다. 그리고 전탁음에서는 평성에서 기음화하므로 파열적 요소가 결합되어 /z, ź, dź/로 바뀐다. 그러나 동음에서는 이와 관련이 없이 모두 /ㅅ/으로 통합, 반영되어 특별한 예외가 없다.

한자음에서 주목되는 것은 당시 국어에는 광범위하게 퍼져있던 /ㅆ/이 나타나지 않는다는 점이다. 앞의 /ㄲ/에서도 언급했지만 경음화는 중기 국어와 근대 국어 시기에 매우 광범위하게 확산된 음운 현상이다. 뿐만 아니라 현대 국어에서도 여전히 생산적인 음운 현상이다. 그러나 한자음에서만은 그렇지 못하다. 국어 음운 체계에 /ㄲ, ㄸ, ㅃ, ㅆ, ㅉ/ 등 파열음과 마찰음, 파찰음 계열에 모두 경음이 나타나고 있는 것과 비교하면 한자음에는 /ㅆ/과 /ㄲ/에만, 그것도 극히 일부의 한자에만 경음이 존재하는 것은 매우 중요한 특징이다.

현재 쓰이고 있는 한자 가운데 /ㅆ/으로 읽히는 한자들은 다음의 두 가지만 있을 뿐이다.

쌍 … 雙, 孇, 籰, 艭 (所江切)
씨 … 氏 (承紙切)

이들 가운데도 쌍(孇), 쌍(籰), 쌍(艭) 등은 옥편에는 올라 있지만 실제 사용되는 경우를 찾기는 쉽지 않다.

이들에 대해 좀 더 자세히 알아보자. 쌍(雙)은 중기 동음의 자료인 『동국정운』이나 『훈몽자회』에는 /솽/으로 표기되어 있었고, 『유합』이나 『가례언해』에는 /상/으로 표기되었다. 그러다가 근대 국에 시기에 들어와 『왜어유해』나 『동문유해』 등 학습서에 /쌍/으로 나타나기 시작한다. 비슷한 시기에 나온 『송강가사』 성주본에는 /ᄲᅡᆼ/으로 표기되어 당시 경음으로 변하였음을 보여 준다. 그러나 『삼운성휘』나 『규장전운』 등 운서에는 여전히 평음인 '상'으로 기록되어 있다. 이는 운서가 가지는 보수적인 성격에 의한 것이다. 왜냐하면 쌍(雙), 쌍(艭), 쌍(孇)이 『화동정음』에는 속음이 아닌 정음으로 '쌍'으로 경음에 반영된 것은 이미 이들의 자음이 현실음에서 경음으로 인식되기 시작하였음을 의미하는 것으로 볼 수 있다. 이후 이들은 현재까지 경음으로 유지되고 있다. 쌍(艭), 쌍(孇) 등도 그 사용빈도로 미루어 성부인 쌍(雙)이 경음으로 인식되자 이에 유추되어 반영된 것으로 생각된다.

씨(氏/承紙切)도 『동국신속삼강행실도』에 '씨'로 기록된 뒤, 현대음까지 경음으로 유지되고 있다. 예외적으로 심(審/式任切)이 『석봉천자문(石

峰千字文)』에는 '씸'으로 반영되어 있었으나 오히려 그 뒤에 '심'으로 회귀하였고 현재음도 '심'이므로 『석봉천자문』의 표기가 잘못된 것이 아닌가 하는 의문이 생긴다.

그런데 왜 한자음의 경음화는 진전되지 않았을까? 동음에서 경음화가 진전되지 않은 이유는 분명하지 않다. 그러나 한 가지 주목해 볼 수 있는 가능성은 화음에 경음이 존재하지 않았다는 사실이다. 상고음기는 물론 중고음기에도 화음에는 경음이 존재하지 않는다.116) 따라서 한자가 유입되던 고대 국어 시기에는 동음에는 물론 국어음에도 경음이 없었으므로 동음의 정착기에는 경음이 나타날 수 없었다. 따라서 일단 경음이 존재하지 않은 상태로 전승되어 왔다. 이후 근대 국어 시기에 들어 국어음에서는 경음화가 강력하게 진행되었으나 동음의 경우에는 보수적인 성격상 경음화의 진행이 이루어지지 않았다. 아울러 유기음화의 경우에는 화음 체계에 기원적으로 유기음이 존재하고 있었음은 물론 근고음 시기에는 탁음의 평성이 기음화하는 현상의 영향을 받는 등 여러 요인이 작용하였던 것에 비하여 경음화의 경우는 국어음의 변화 요인만이 있었기 때문에 이것이 생산적으로 작용하지 않고 보수적으로 전승음을 유지하여 온 것으로 생각된다.

/ㅅ, ㅆ/과 함께 살펴보아야 할 한자음의 중요한 특징 가운데 하나가 /ㅿ/의 소멸이다. 중기 동음에서는 일모(日母)에 속한 한자를 비롯하여 많은 한자들이 /ㅿ/으로 표기되고 있다. 그러나 /ㅿ/은 국어음에서 16세기 이후 음가를 상실하였는데 이들이 근대 한자음에서는 어떻게 변화하였을까?

먼저 운서의 경우를 살펴보자. 『화동정음』에는 기계적으로 일모(日母)

116) 현재의 상황도 그리 다르지 않다. 중국어 음운 체계에 경음은 존재하지 않는다. 그러나 한국인의 음성인식으로 볼 때 중국어의 탁성이 1성이나 4성의 경우에 경음으로 발음되는 것으로 인식할 수 있다. 그러나 중국어에서는 이를 음운적 변별성으로 인정하지 않는다.

에 속한 한자를 /△/으로 표기하고 있다. 그리고 유모(喩母), 니모(泥母), 심모(心母), 선모(禪母), 심모(審母) 등에 속한 한자도 일부 /△/으로 표기하고 있다.[117] 『규장전운』은 일모를 모두 /ㅇ/으로 표기하고 있는데 다만 치음의 '삭(箾), 수(數), 수(嗽), 수(欶)' 등만 'ᅀᅡᆨ(箾), ᅀᅮ(數), ᅀᅮ(嗽), ᅀᅮ(欶)'로 표기하고 있다. 이들에 비해 『삼운성휘』는 /△/을 전혀 표기하지 않고 있다.

그런데 운서에 사용된 /△/은 과연 당시 실제 음을 반영하고 있는 것인가? 이를 확인하기 위하여 우선 운서 편찬자의 생각을 살펴보기로 한다. 『화동정음』에는 화음과 동음의 표기에 모두 /△/이 사용되고 있다. 『화동정음』의 「범례」와 「오음초성도」를 종합해 보면 박성원은 /△/의 음가를 '수우의 사잇소리(수우之間音)'이라 설명하면서, 종래의 분류인 치음에 귀속시키지 않고 후음에 집어넣었다. 이는 그가 /△/의 음가가 중기 국어와 달리 이미 변화하여 음가가 소멸되었음을 인정한 것으로 매우 주목할 만한 기술이다. 즉 '수우의 사잇소리'에서 '수'로 보면 반치음이 되고 '우'로 보면 반후음이 되는데 당시 발음으로 보아 후자를 취한 것 같다(김민수, 1980). 그런데 『화동정음』에 두주된 속음을 살펴보면 속음에는 /△/이 나타나지 않는다.[118] 정음에 비하여 속음이 당시 현실적으로 사용되던 현실 행용음이라고 볼 때 속음에 /△/이 사용되지 않고 있는 것은 /△/이 당시에 이미 음가를 상실하였다는 사실을 편찬자인 박성원이 알고 있었다는 증거로 삼을 수 있다.

한편 『삼운성휘』의 편찬자인 홍계희는 서문에서 /△/의 음가에 대해 /

117) 다음과 같은 예들이 이에 해당한다.
○ 喩母 : 睿, 叡, 銳(ᅀᅨ) ○ 泥母 : 粎(ᅀᅧ) ○ 心母 : 綏(ᅀᅮ) ○ 禪母 : 鱅. 慵(ᅀᅭᆼ) ○ 審母 : 蜺(ᅀᅨ)

118) 본문에 '△'으로 표기된 정음에 대해 속음을 기록하고 있는 경우는 다음의 3예이다.
爇 ᅀᅧᆯ俗셜. 蘂 ᅀᅱ俗예. 陾 ᅀᅵᆼ俗응

ㅅ/과 /ㅇ/의 ‘중간음’[119]이라 하여 박성원과 일치하는 견해를 보이고 있다. 그러나 이 음은 현실적으로는 변별하기 어렵기 때문에 동음의 표기에 사용하지 않고 모든 일모자를 /ㅇ/으로 표기하였다. /△/의 음가에 대해 두 운서의 편찬자는 동일한 인식을 가지고 있었다.[120] 그러나 실제로 운서에 표기할 때에는 박성원은 여전히 전통적인 방식을 존중하여 /△/을 일모의 표기에 사용하는 반면 홍계희는 현실성을 인정하여 모두 /ㅇ/으로 바꾸어 표기한 점이 다르다. 아래에 이들 세 운서 사이에 나타나는 /△/표기의 차이를 몇 예만 제시한다.

한자	반절	화동정음	삼운성휘	규장전운
유(緌)	유가절(儒佳切)	ᅀᆔ	유	유
예(蘂)	여루절(如累切)	ᅀᅱ	예	예
용(冗)	이롱절(而隴切)	ᅀᅭᆼ	용	용
아(兒)	여이절(汝移切)	ᅀᆞ	ᄋᆞ	ᄋᆞ
순(瞤)	여균절(如勻切)	ᅀᅲᆫ	슌	슌
설(焫)	여열절(如熱切)	ᅀᅧᆯ	셜	셜
염(姌)	이염절(而琰切)	ᅀᅧᆷ	념	념

<표 58> △의 사용예

위의 자례를 보면 『화동정음』에서 /△/으로 표기된 예를 『삼운성휘』나 『규장전운』은 /ㅇ/이나 /ㅅ/으로 바꾸어 표기하고 있다. 특이하게 /ㄴ/으로 표기한 예가 발견되는데 이는 위에 제시한 ‘염(姌)’ 한 글자에 그친다. 이들을 살펴보면 박성원이나 홍계희가 모두 /△/을 /ㅇ/과 /ㅅ/의 중간음이라고 인식한 것이 매우 타당한 견해였음을 알게 된다. 이는 국어음에서의 변화와도 동일하다.

언해류의 경우에는 더욱 분명하게 /△/이 동음 표기에 사용되지 않는

119) “△(日母) 卽 ㅅㅇ間音 而我國難於成音 故今不錄”(『삼운성휘』「서문」)

120) 신경준도 『韻解』에서 위의 두 사람과 동일한 견해를 보이고 있음을 볼 수 있다. “來母所屬ᄛᅮ卽누우間音　日母所屬ᅀᅮ卽수우間音　皆兼宮”(『운해』「운해36자모」)

다. 동음에서 /ㅿ/의 소멸은 이미 중기 동음 시기부터 나타나고 있었다. 중기 동음 문헌들인 『육조법보단경언해』(1496)에서는 거의 모든 일모자가 /ㅿ/으로 반영되고 있는데 비해 『번역소학』(1518)에 오면 사용이 현저히 줄어들고 있다. 『훈몽자회』에는 다시 일모자가 거의 전부 /ㅿ/으로 표기되는데 이는 /ㅿ/의 음가가 현실음에서는 동요하고 있었지만 이를 바로잡기 위하여 의도적으로 통일한 듯하다. 그러나 16세기 후반의 『신증유합』, 『천자문』, 『선조판 소학언해』(1587)와 같은 문헌들에 오면 거의 사라지고 만다. 이는 /ㅿ/의 음가 소멸 과정이 그대로 자음에 반영된 것이라고 보인다.

이렇게 임진란을 계기로 표기상의 혼란을 겪은 /ㅿ/은 18세기에 들어오면 일부 운서에서 관념적 의고적 표기방식에 의하여 표기된 것을 제외하면 실제 표기에서는 완전히 사라진다.

2.4.4.1.2. 예외적 반영자

여기에서는 위에 언급한 심모(心母)와 사모(邪母), 심모(審母), 선모(禪母), 상모(牀母) 등에 속한 한자들이 /ㅅ/ 이외의 자음으로 반영된 경우를 살펴보겠다.

가) /ㅅ～ㄱ/

1) 繕 : 선, 경

반절이 시전절(時戰切)로 '선'이 정음이다. '경'은 바뀌어진 이유를 찾기가 어렵다.

2) 拾 : 습, 섭, 겁

반절이 시집절(是執切)이므로 '습', '섭' 모두 정음이다. '겁'은 『집운』에 나타난 반절 극엽절(極葉切)이 전승된 것으로 보인다.

나) /ㅅ~ㄴ/

1) 挼 : 쇠, 뇌, 나

반절이 소회절(素回切)이므로 '쇠'가 정음이다. 속음 '뇌', '나'는 해성자인 유(桵), 뇌(娞)의 반절이 유가절(儒佳切)인데 이의 영향을 받은 음이다.

다) /ㅅ~ㄷ/

1) 餳 : 셩, 당

반절이 서영절(徐盈切)이므로 '셩'이 정음이다. '당'은 해성자인 장(場)이 직양절(直良切)로 '장'인데 이의 영향을 반은 음이다.

라) /ㅅ~ㄹ/

1) 纚 : ᄉᆞ, 리

반절이 소기절(所綺切)로 'ᄉᆞ'가 정음이다. 『동국정운』에도 이미 'ᄉᆞᆼ'이다. 속음 '리'는 성부인 려(麗/呂支切)의 유추음이다.

마) /ㅅ~ㅇ/

1) 綏 : 슈, 유

반절이 식유절(息遺切)이므로 '슈'가 정음이다. 속음 '유'는 '슈'가 통시적 변화를 거쳐 형성된 음으로 추정한다. 즉 '슈>ᅀᅲ>유'의 변화과정을 상정할 수 있다. 동일한 반절인 유(荾)가 『훈몽자회』에 '유'인데 이것이 현대음으로 전승된 것으로 미루어 위와 같은 변화를 예상해 볼 수 있다.

2) 蟫 : 슴, 담, 음

반절이 다양한데 식침절(式針切)은 '슴'으로, 도함절(徒含切)은 '담'으로 반영되는 것이 정음이다. '음'은 위의 예와 같이 /ㅅ/>/ㅇ/의 변화를 상정한다.

바) /ㅅ～ㅈ, ㅊ/

1) 篡 : 산, 젼

반절이 소관절(蘇官切)이므로 '산'이 자연스런 음이다. 속음 '전'은 홍무정운의 반절이 제연절(除戀切)인 것으로 보아 후기적인 중국 한자음의 영향을 받은 듯하다. 현대음도 '찬'으로 전승된다.

2) 摻 : 삼, 참

반절이 소감절(所感切), 소참절(所斬切)로 모두 '삼'으로 반영되는 것이 정상이다. 성부인 삼(參)이 소금절(所今切), 창함절(倉含切)로 '삼', '참'의 두 가지 음을 가지고 있으므로 해성자들이 /ㅊ/, /ㅅ/ 사이에 유동하는 것은 상고음의 음가를 고려할 때 당연하다.

3) 昔 : 셕, 착

반절이 사적절(思積切)이므로 '셕'이 정음이다. 해성자에는 /ㅊ/으로 반영되는 청모(淸母)의 반절 칠작절(七雀切)인 작(鵲), 작(碏) 등이 있다. 이들은 오히려 '작'으로 반영되었으니 이러한 양상은 상고음의 미분현상을 반영하는 것으로 보아야 한다.

4) 數 : 수, 삭, 촉

반절이 여러 가지인데 소구절(所矩切)은 '수'로, 소각절(所角切)은 '삭'으로 반영되는 것이 정음이다. 예외적인 반영음 '착'은 원인을 찾기가 어렵다.

사) /ㅅ～ㅌ/

1) 裼 : 셕, 톄

반절이 선격절(先擊切)이므로 '셕'이 정음이다. 그런데『동국정운』에는 '톙',『훈몽자회』에는 '텩'이다. 속음 '톄'는『동국정운』음을 유지하고 있다.

2) 鱓 : 션, 탄

반절이 상연절(常演切)이므로 '션'이 자연스런 음이다.『훈몽자회』에는 해성자인 선(蟬)이 '션'으로 표기되어 있다. 성부 단(單)은 상연절(常演切), 도한절(都寒切)의 이중반절이어서 '상' 또는 '단'으로 반영되는 것이 모두 가능하다. 이에 따라 해성자들도 /ㅅ/과 /ㄷ/ 사이에 유동되는데 /ㄷ/으로 반영된 한자음은 다시 유기음화되어 /ㅌ/에 주로 반영된다. 해성자 가운데 '탄'의 예는 탄(彈), 탄(僤), 탄(嘽) 등 여러 예가 발견된다. 그러므로 선(鱓)의 속음 '탄'도 이런 해성자의 영향을 받은 음이다.

3) 稅 : 셰, 탈, 톄

반절이 서예절(舒芮切)로 '셰'가 정음이다. 속음 '톄'는 성부인 태(兌)의 반절이 두외절(杜外切)인데서 영향을 받았고, '탈'은 해성자로 반절이 타괄절(他括切)인 '탈(脫)'에 영향을 받은 음이다.

아) /ㅅ~ㅍ/

1) 疋 : 소, 필

반질은 소저절(所葅切), 소서설(疎擧切)이므로 '소'가 정음이다. 『광운』에는 앞의 두 반절만이 표시되어있는데 칼그렌은 필(疋)의 상고음을 /p'iĕt/로 재구하였고 주법고 역시 /p'jiet/로 재구하였다. 따라서 '필'은 상고음의 전승이다.

자) /ㅅ~ㅎ/

1) 奭 : 석, 혁

반절이 시척절(施隻切)이므로 '셕'이 정음이다. 현재음도 '석'이다. 마찰음 /ㅅ/과 /ㅎ/은 저음 위치는 다르나 조음방법이 유사하여 국어음에서 쉽게 넘나드는 음이다. 국어에서도 '형님'~'성님', '힘줄'~'심줄' 등에서 이런 현상을 발견할 수 있다. 이런 현상은 한자음에서도 마찬가지여서 석(奭)은 『동국성운』에서 이미 '셕'과 '혁'의 두 가지 음으로 표기되어 있다. 또 『광운』의 뒤를 잇는 『집운』에 흑각절(黑角切)이 보이는 것으로 보아

'혁'은 후기적인 발달로 보인다.

2) 馴 : 슌, 휸

반절이 상준절(詳遵切)이므로 '슌'이 정음이다. '휸'은 위의 석(奭)과 같은 이유를 생각해 볼 수 있는데, 『집운』에 기록된 우운절(吁運切)의 영향을 받은 것이 아닌가 생각된다.

3) 洵 : 슌, 현

반절이 상륜절(相淪切), 상순절(詳旬切)로 모두 '슌'이 정상적이다. '현'은 이유가 불명하다.

2.4.4.2. ㅎ

2.4.4.2.1. 반영양상

『규장전운』에 /ㅎ/으로 반영된 한자는 앞서 밝힌 바와 같이 후음의 차청음 효모(曉母)와 전탁음 갑모(匣母)이다. 이들은 거의 예외 없이 모두 /ㅎ/으로 반영되었다. 효모(曉母)와 갑모(匣母)는 중고음에서는 성(聲)에 의한 대립을 가지는데, 이러한 대립은 국어음에서는 여타음과 마찬가지로 나타나지 않는다.

먼저 효모와 갑모의 청탁구분과 음운적 특성 그리고 중고음의 재구음과 이들이 동음에 주로 반영된 결과를 아래에 제시한다.

성모	청탁	특성	재구음	동음반영
효(曉)	차청	유기 무성	h	ㅎ
갑(匣)	전탁	무기 유성	ɦ	ㅎ

<표 59> 효갑모의 재구음

이들 외에 /ㅎ/으로 반영된 한자들은 대부분 아음에 속한 한자들이다. 앞에서도 살펴본 바와 같이 아음과 후음은 상고음 시기에 거의 구별이 되지 않았다. 전대흔은 '아후쌍성설(牙喉雙聲說)'을 주장하였고,[121] 이영은

절운음계를 귀납하면서 위의 8모를 하나로 묶어 '견조(見組)'라 표하였다(潘重規 · 陳紹棠, 1981). 전현동은 이들 중 영모(影母)와 유모(兪母) 등 2개의 성모에 속한 한자만을 심후음(深喉音)이라 하고 나머지 6개의 성모에 속한 한자들은 천후음(淺喉音)이라고 불러 후음에 귀속시켰다.[122]

이러한 음소적 특성에 따라 이들 아음과 후음에 속한 한자들은 동음에서는 /ㄱ, ㅎ/에 주로 반영되면서 서로 뒤섞여 나타나게 된다. 이런 양상은 이미 고대 국어 시기부터 나타난 것으로 보이는데, 유창균(1980)에 의하면 이미 고구려 시기 지명표기에서도 이러한 상혼현상이 나타나고 있음을 알 수 있다.

2.4.4.2.2. 예외적 반영자

여기에서는 갑모와 효모에 속한 한자들이 /ㅎ/ 이외에 달리 반영된 예들에 대해 살펴보겠다.

가) /ㅎ～ㄱ/

1) 佸 : 활, 괄

반절이 호괄절(戶括切)이므로 '활'이 정음이다. 속음 '괄'은 해성자인 괄(括), 괄(刮)의 반절이 고활절(古滑切)인데 이들의 유추음이다. 앞에서 밝힌 대로 /ㄱ/과 /ㅎ/, /ㅇ/은 상고시대 아음과 후음의 미분으로 인해 구별되지 않다가 중고시대 이후 구별된 소리이다. 따라서 이들 사이에 유동은 모두 상고시대의 흔적으로 보아야 한다. 따라서 해성자 사이에 유동하는 자례들이 나타난다.

2) 俠, 挾 : 협, 겹

121) "古音影喩曉匣 四母多相混無別 而見溪諸母亦無顯然之區分."(『潛硏堂文集』「音韻問答」)

122) 그러나 章炳麟은 『文始』에서 見, 溪, 群, 疑 4母를 深喉, 曉, 匣, 影, 喩를 淺喉라 했다.

반절이 호협절(胡頰切)로 모두 '협'이 정음이다. 성부 협(夾)에는 호협절 이외에 견모(見母)의 반절인 고협절(古恢切)이 더 있는데 이에 따라 유동되는 소리이다.

3) 銒 : 형, 견

반절이 호경절(戶經切)로 '형'이 정음이다. 속음 '견'은 성부인 견(幵)의 반절 고현절(古賢切)의 영향을 받은 음이다.

4) 皓 : 호, 고

반절이 호로절(胡老切)로 '호'가 정음이다. 속음 '고'는 성부인 고(告)의 반절 고도절(古到切)의 영향을 받은 음이다.

5) 巂 : 휴, 슈, 규

반절이 호규절(戶圭切)로 '휴'가 정음이다. 속음 '규'는 /ㄱ/~/ㅎ/ 사이의 상혼에서, '슈'는 마찰음 /ㅅ/과 /ㅎ/ 사이의 음운적 유사에서 발생한 것으로 볼 수 있다.

6) 紅 : 홍, 공

반절이 호공절(戶公切)로 '홍'이 정음이다. 『동국정운』과 『훈몽자회』에도 모두 '홍'이다. 속음 '공'은 성부인 공(工)의 반절 고공절(苦公切)의 영향을 받은 음이다.

나) /ㅎ~ㄹ/

1) 協 : 협, 랍

반절이 허업절(虛業切)이므로 '협'이 정음이다. 속음 '랍'은 『동국정운』에 이미 '랍'인데 당시 중국 현실음의 반영으로 보인다.

다) /ㅎ~ㅁ/

1) 昏 : 혼, 민

반절이 호곤절(呼昆切)이므로 '혼'이 정음이다. 상고음의 복성모 /xm/

의 존재를 보여 주는 예이다. 해성자에 명모(明母)인 민(暋/眉殞切), 민(緡/武巾切), 민(鍲/武巾切)등이 '민'이고 혼(婚), 혼(棔), 혼(涽), 혼(焜) 등은 '혼'인 점에서 이러한 사실을 알 수 있다.

라) /ㅎ~ㅂ/

1) 缸 : 항, 부

반절이 하강절(下降切)이므로 '항'이 정음이다. 『동국정운』에 부(缶)와 함께 '뿧'으로 표기되어 있고 缶와 동일 의미일 때 '부'로 읽힌다고 했으니 속음 '부'는 부(缶)의 반절 부구절(俯九切)의 영향을 받은 음이다.

마) /ㅎ~ㅅ/

1) 犧 : 희, 사

반절이 허패절(許羈切)이므로 '희'가 정음이다. 속음 '사'는 마찰음 사이의 음운유사를 원인으로 생각할 수 있다.

바) /ㅎ~ㅇ/

1) 煇 : 휘, 훈, 혼, 운

한자음이 매우 다양하게 표기되어 있다. 반절도 다양한데 허귀절(許歸切)은 '휘'로, 호곤절(戶昆切), 호본절(胡本切)은 '혼, 훈'으로 반영되어 정음이다. 속음 '운'은 해성자들인 운(餫), 운(暈), 운(韗) 등의 반절인 왕문절(王問切)의 영향을 받은 음이다.

사) /ㅎ~ㅌ/

1) 頷 : 함, 탐

반절이 호남절(胡男切), 호감절(胡感切)로 모두 '감'이 정음이다. 속음 '탐'의 이유는 알 수 없다.

2.4.5. 비음

비음이란 자음 가운데 허파로부터 흘러나오는 공기가 비강(鼻腔)을 통해 발음되는 소리로 국어의 음운 체계에는 /ㄴ, ㅁ, ㅇ/이 여기에 해당한다. 우리 한자음 가운데 이런 자음을 가진 한자에 대해 검토하겠다.

2.4.5.1. ㄴ

2.4.5.1.1. 반영양상

『규장전운』에 비음 /ㄴ/으로 반영된 한자들은 니모(泥母)와 낭모(娘母)에 속한 한자들이다. 성모의 분류에서 30자모 체계에서는 니모만 나타나나 이를 세분한 36자모 체계에서는 이를 분화하여 낭모를 독립시키기도 한다. 그러나 이들은 국어 음운 체계에서는 변별되지 않으므로 동음에서는 동일하게 반영된다.

다음에 니모(泥母)와 낭모(娘母)의 청탁구분과 음운적 특성 그리고 중고음의 재구음과 이들이 동음에 주로 반영된 결과를 아래에 제시한다.

성모	청탁	특성	재구음	동음반영
니모(泥母)	불청불탁	무기무성	n	ㄴ
낭모(娘母)	불청불탁	무기무성	ń	ㄴ

<표 60> 니낭모의 재구음

운도(韻圖)에 수록된 한자들을 살펴보면 니모는 1, 2, 4등의 운모에, 낭모는 3등의 운모에 주로 나타나므로 그 음가에는 분명 차이가 있다. 그러나 상고음에서는 이미 장태염(章太炎)이 "고음낭일귀니설(古音娘日歸泥說)"이라 하여 밝힌 대로 일모와 함께 모두 통합되어 있었다. 일모에서

낭모가 분리된 것은 매우 후기적인 일이다.

30자모에 의하면 설두음 니모에 대응하는 설상음 설면비음(舌面鼻音)은 낭모가 아니라 일모였다. 그 후 일모가 반치음으로 독립적 음소가 되자 이에 따라 발생한 설상음 체계의 차탁음 자리가 비게 되는 공결을 메꾸기 위해 낭모를 설정한 것이다(董同龢, 1975).

그러나 중국음에서의 변화와 관계없이 상고음적 특성으로 보거나 중고음으로 보거나 니모(泥母)와 낭모(娘母)는 우리나라 한자음에서는 전혀 구분이 되지 않고 모두 /ㄴ/으로 반영되었다.

2.4.5.1.2. 예외적 반영자

여기서는 니모(泥母)와 낭모(娘母)가 /ㄴ/ 이외에 달리 반영된 예들에 대해 살펴보겠다.

가) /ㄴ～ㅇ/

1) 嫋 : 뇨, 약

반절이 노오절(奴烏切)로 '뇨'가 정음이다. 속음 '약'은 성부인 약(弱)의 반절 이작절(而灼切)의 영향을 받은 음이다.

2) 暖 : 난, 원

반절이 내관절(乃官切)로 '난'이 정음이다. 속음 '원'은 성부인 원(爰)을 비롯하여 해성자인 원(援), 원(媛), 원(猨)의 반절이 우원절(雨元切)인 점에서 이들의 영향을 받은 음이다.

나) /ㄴ～ㅈ/

1) 聶 : 녑, 졉

반절이 니첩절(尼輒切)로 '녑'이 정음이다. 속음 '졉'은 해성자인 접(攝), 접(灄)의 반절 서섭절(書涉切)의 영향을 받은 음이다.

2.4.5.2. ㅁ

2.4.5.2.1. 반영양상

『규장전운』에 비음 /ㅁ/으로 반영된 한자들은 중순음 명모(明母)와 경순음 미모(微母)에 속한 한자들이다. 앞서 /ㅂ, ㅍ/에서 밝힌 바대로 중순음과 경순음은 상고음기에 구분되지 않다가 중고음에 이르러 분화되었다. 그러나 우리 한자음에서는 전혀 구분되지 않았다.

다음에 명모(明母)와 미모(微母)의 청탁구분과 음운적 특성 그리고 중고음의 재구음과 이들이 동음에 주로 반영된 결과를 아래에 제시한다.

성모	청탁	특성	재구음	동음반영
명모(明母)	불청불탁	무기무성	m	ㅁ
미모(微母)	불청불탁	무기무성	ɱ	ㅁ

<표 61> 명미모의 재구음

중고음 /m/인 명모(明母)가 당나라 때에 3등운에서 반모음 /j/의 영향으로 순치음화하고 다시 비음성을 상실하여 /mv→v→w→ʔ/의 과정을 밟아 나아갔음에 비해, 국어에서는 상고음대로 비음성을 간직하고 있다.

2.4.5.2.2. 예외적 반영자

여기서는 명모와 미모가 /ㅁ/ 이외에 달리 반영된 예를 살펴보겠다.

가) /ㅁ～ㅎ/

1) 芴 : 물, 홀

반절이 문불절(文弗切)이므로 '물'이 정음이다. 속음 '홀'은 상고음의 복성모를 보여 주는 예이다. 성부 물(勿)의 해성자에는 홀(忽), 홀(惚), 홀

(笏), 홀(囫) 등 많은 자들이 모두 '홀'이다. 이러한 해성자 사이의 관계를 통해 복성모 /xm/을 예상하며 결국 속음 '홀'은 상고음의 흔적으로 본다.

2.4.5.3 ㅇ

2.4.5.3.1. 반영양상

『규장전운』에 비음 /ㅇ/으로 반영된 한자들은 불청불탁(不淸不濁)인 아음(牙音)의 의모(疑母), 후음(喉音)의 영모(影母), 유모(喩母)에 속한 한자들이다.

다음에 이들의 청탁구분과 음운적 특성 그리고 중고음의 재구음과 이들이 동음에 주로 반영된 결과를 아래에 제시한다.

성모	청탁	특성	재구음	동음반영
의모(疑母)	불청불탁	무기무성	ŋ	ㅇ
영모(影母)	불청불탁	무기무성	ʔ	ㅇ
유모(喩母)	불청불탁	무기무성	j	ㅇ

<표 62> 의영유모의 재구음

이러한 결과는 중기 동음에 반영된 이래 줄곧 지속되어 우리 한자음의 특징으로 자리 잡아 왔다.

의모(疑母)는 견(見), 계(溪), 군(群)모 등 구음(口音)에 대한 비음(鼻音)이다. 중원음운(中原音韻)시대에 들어 음가가 소실되어 유모(喩母)와 구별되지 않았으나(王力, 1971) 극소수는 /ɣ, ŋ/을 보유하고 있으며 우모(牛母), 의모(疑母) 등 반모음이 후속되는 경우에는 /n/으로 변하고 있다(方孝岳, 1979).

영모(影母)는 후두파열음 /ʔ/로 재구되며 의모(疑母)와 마찬가지로 등운(等韻)에 관계없이 분포하고 있다. 그런데 영모는 중국 한자음에서 일찍이 음운으로서의 독립성을 상실하고 있다.

유모(喩母)는 3등운과 4등운의 음가가 다르다. 3등운은 본디 갑모(匣母) 3등에 소속되었던 것으로[123], 개모(介母) /j/의 영향으로 발음부위가 설면(舌面)으로 향하여지면서 /ɣ/ 구개화된 /ɣj/로 바뀌어진 것이다. 대체로 절운음계가 유동하던 시기인 6세기 초에 두 성모의 구별이 시작되었는데 유모 3등운에 속한 한자가 /ㅎ/으로 반영되는 것은 이 단계의 음을 유지하고 있는 것으로 볼 수 있다.[124]

유모 4등자는 상고음에서는 정모에 귀속되어 있었는데 /d/>/dz/의 과정을 거쳐 『절운』시대에 탈락하고 개모 /j/만 남게 되는데 이때 /ɣj/에서 /ɣ/이 탈락된 유모 3등자와 함께 무성모자가 된다. 따라서 이들 세 성모는 현대 중국음에서는 모두 통합되어 무성모를 이룬다.

국어에서도 이들은 역시 구별되지 아니한다. 『훈민정음』에서는 의모는 /ㆁ/에, 영모는 /ㆆ/에 유모는 /ㅇ/에 반영하였다. 그러나 이는 중국 성운학 체계에 부합시키기 위한 의도적 표기일 뿐 실제로 당시에 /ㆁ, ㆆ, ㅇ/는 음소로서 독립되지 못하였다.

『훈민정음』 초성해는 이들의 관계를 다음과 같이 설명한다.

> 아음(牙音)의 ㆁ은 비록 혀뿌리가 목구멍을 막아서 나는 소리이기는 하나 공기가 코를 통하여 나오기 때문에 ㅇ과 비슷하다.[125]

또 합자해에는

> 초성의 /ㆆ, ㆁ/와 /ㅇ/는 서로 비슷하여 우리말에서는 서로 통용된다.[126]

---

123) 曾運乾은 「喩母古讀考」에서 喩母 3등의 '音匣母說'과 4등의 '古音定母說'을 주장하였다.

124) 『화동정음』에 喩母로서 'ㅎ'으로 반영된 다음 字들은 모두 3등에 속한다.
鴞, 彙, 帟, 弈, 奕, 鷸, 潏, 矞, 霱, 堉

125) "牙之ㆁ雖舌根閉喉聲 氣出鼻而其聲與ㅇ相似."(『訓民正音』 初聲解)

126) "初聲之ㆆㆁ與ㅇ相似 於諺可以通用也."(『訓民正音』 合字解)

라 했으니 결국 /ㆁ/과 /ㅇ/, /ㆆ/의 세 가지 소리는 성모로서 구별되지 않고 하나로 합하여졌던 것이다. 이러한 내용은 근대 국어에 들어와 만들어진 다른 기록들에서도 찾아볼 수 있다. 아래에 여러 문헌에 나타난 내용들을 소개한다.127)

> 오직 ㆁ의 초성은 ㅇ과 속세에서 부르는 소리가 비슷하다. 그러므로 속세에서는 초성에 모두 ㅇ을 사용한다.(훈몽자회)
>
> 본운(홍무정운)에서는 의모와 유모에 속한 자들이 많이 뒤섞여 있다.(사성통고)
>
> 영모와 의모, 일모는 옛날 경전이나 언해류에 이들로 자음을 기록하지 않았다. 모두 유모로 기록하였다. 대개 현실에서 사용할 때 구별할 수 없었기 때문이다.(훈민정음운해)

결국 의모와 영모, 유모에 속한 한자들은 국어 한자음에서 모두 /ㅇ/으로 반영되었고 이는 중기 동음을 거쳐 현재까지 이어지고 있다.

2.4.5.3.2. 예외적 반영자

여기서는 의모, 영모, 유모에 속한 한자들이 /ㅇ/ 외에 달리 반영된 예들을 살펴보겠다.

가) /ㅇ～ㅎ/

1) 吳 : 오, 호

반절이 오호절(五乎切)이므로 '오'가 정음이다. 속음 '화'는 해성자인 오(鋘)의 반절 호화절(戶花切)의 영향을 받은 음이다.

---

127) "唯ㆁ之初聲與ㅇ字音 俗呼相近 故俗用初聲則皆用ㅇ音(『訓蒙字會』)
"本韻疑喩母諸字多相雜."(『四聲通攷』「凡例」)
"影疑日三母 古時經傳諺解亦無以此懸字音 而皆以喩母書之 蓋用於行話之間而不能分別."(『訓民正音韻解』)

2) 聵 : 익, 홰

반절이 오괴절(五怪切)이므로 '익'가 정음이다. 속음 '홰'는『동국정운』에 '횅'인데 상고음의 영향으로 유동되는 상황을 보여 준다.

2.4.6. 유음

2.4.6.1. 반영양상

『규장전운』에 유음 /ㄹ/에 반영된 한자들은 불청불탁(不淸不濁)인 반설음(半舌音)의 래모(來母) 속한 한자들이다.

다음에 래모의 청탁구분과 음운적 특성 그리고 중고음의 재구음과 동음에 주로 반영된 결과를 제시한다.

성모	청탁	특성	재구음	동음반영
래모(來母)	불청불탁	무기무성	l	ㄹ

<표 63> 래모의 재구음

래모는 중고음 /l/로 재구되는데 현대 중국음에서는 니모(泥母)와 혼합되어 /n/으로 바뀌기도 한다. 이는 /l/에 비음의 요소가 첨부되면 쉽게 /n/과 혼동되기 때문이다(董同龢, 1975).

한편 국어에는 어두에 /ㄹ/이 올 수 없음에도 한자음에는 /ㄹ/이 나타나는 것은 한자음이 국어와는 독자적 음운 체계를 지닌 외국음임을 의식하여 반영한 것이다.[128]

그런데『규장전운』이 만들어진 근대 국어 시기의 한자음에는 국어 음운변화의 일반적인 현상인 두음법칙이 한자음에도 적용되었던 것으로 보이는 예들이 나타나기도 한다. 이런 현상은 이미 중기 동음에서도 일어났

128) 따라서 이들이 어두에 올 경우 국어음에서는 발음되지 않는다.

고 근대 동음에서도 여전히 지속되었다. 『훈몽자회』는 래모에 속한 자들을 모두 /ㄹ/로 표기하였다. 이는 반절에 따른 당연한 표기이다. 그런데 동시대에 편찬된 『속삼강행실도』에는 초성에 /ㄹ/을 가진 한자는 뢰(賴/洛蓋切), 렴(廉/力鹽切) 두 자뿐이다(이승자, 2003). 나머지 래모자들은 /ㄴ/으로 표기되고 있다. 예를 들면 다음과 같다.

녹 … 祿 (盧谷切)	나 … 羅 (魯何切)
낙 … 樂 (盧各切)	ᄂᆡ … 來 (洛哀切)
노 … 魯 (郎古切)	냥 … 粱 (呂張切)
녕 … 領 (郎郢切)	녕 … 靈 (郎丁切)
년 … 連 (力延切)	녈 … 烈 (郎薛切)
니 … 吏 (力置切)	니 … 李 (良士切)
니 … 鯉 (良士切)	

이러한 자들은 근대 동음 시기에 편찬된 언해류에도 모두 /ㄴ/으로 표기된다. 그러나 운서에는 모든 래모자가 일관되게 /ㄹ/로 표기되어 있다. 이는 반절상 래모에 속한 자들이 일단 우리 음운 체계에서 /ㄹ/로 반영되어 표기되는 것이 원칙이었음을 보여 주는 것이다. 하지만 현실 한자음에서는 이러한 원칙보다는 실제 발음을 중시하여 이들을 대부분 /ㄴ/으로 표기하게 되었을 것이다. 이런 원칙과 현실 사이의 혼란은 때로는 동일한 문헌에서 래모에 속한 자의 표기가 상이하게 나타나는 결과를 빚기도 한다. 인조 때에 편찬된 것으로 알려져 있는 『마경초집언해』는 위의 예와 같이 래모에 속한 자들을 대부분 /ㄴ/으로 표기하고 있다. 그러나 일부 예외가 있다.

래모에 속한 자를 /ㄴ/이 아니라 반절대로 /ㄹ/로 표기한 경우로 다음의 예가 보인다.

류 … 類 (力遂切)　　　　　루 … 累 (力遂切)
루 … 漏 (盧候切)

그리고 /ㄴ/과 /ㄹ/의 두 가지 표기 사이에서 혼란을 보이는 예도 있다.

니 / 리 … 離 (呂支切 / 力智切)
니 / 리 … 裏 (良士切)
누 / 루 … 淚 (力遂切)

2.4.6.2. 예외적 반영자

여기서는 래모가 /ㄹ/ 이외에 달리 반영된 예를 살펴보겠다.

가) /ㄹ～ㅊ/

1) 龍 : 룡, 춍

반절이 역종절(力鐘切)이므로 '룡'이 정음이다. 해성자인 춍(寵)의 반절이 축롱절(丑隴切)인데 이의 영향으로 속음 '춍'이 나타난 것으로 보인다. 그러나 현대음으로의 전승은 '룡'뿐이다.

제3장 전운옥편(全韻玉篇)

3.1. 전운옥편 해제

『전운옥편(全韻玉篇)』은 조선 후기 정조 때에 『규장전운』의 자매편으로 만들어진 것으로 추정되는 옥편(玉篇)으로 10,840자[1]의 한자를 214부수(部首)에 나누어 수록하고 있다. 옥편의 형식은 청나라 때 만들어진 『강희자전(康熙字典)』을 따르고 있다.

한자를 표제자로 보인 뒤에 한글로 음을 표기하고 한문으로 주석(註釋)을 달았고, 마지막에 운모(韻母)를 표기하였다. 한자음은 『규장전운』의 음을 기준으로 하였는데, 620여 자의 한자에 대해서는 속음(俗音) 또는 정음(正音)을 기록하였다.

3.1.1. 편찬자와 편찬 시기

『전운옥편(全韻玉篇)』은 언제 누구에 의해 만들었는지를 파악할 수 있는 기록이 남아 있지 않기 때문에 편찬과 관련한 정확한 사항은 알 수가 없다. 따라서 편찬시기와 동기에 대해서는 『규장전운』과 관련하여 추정하는 것이 일반적이다.

1) 『전운옥편』에 수록된 한자의 숫자는 Rainer Dormels(1999)의 집계를 따랐다.

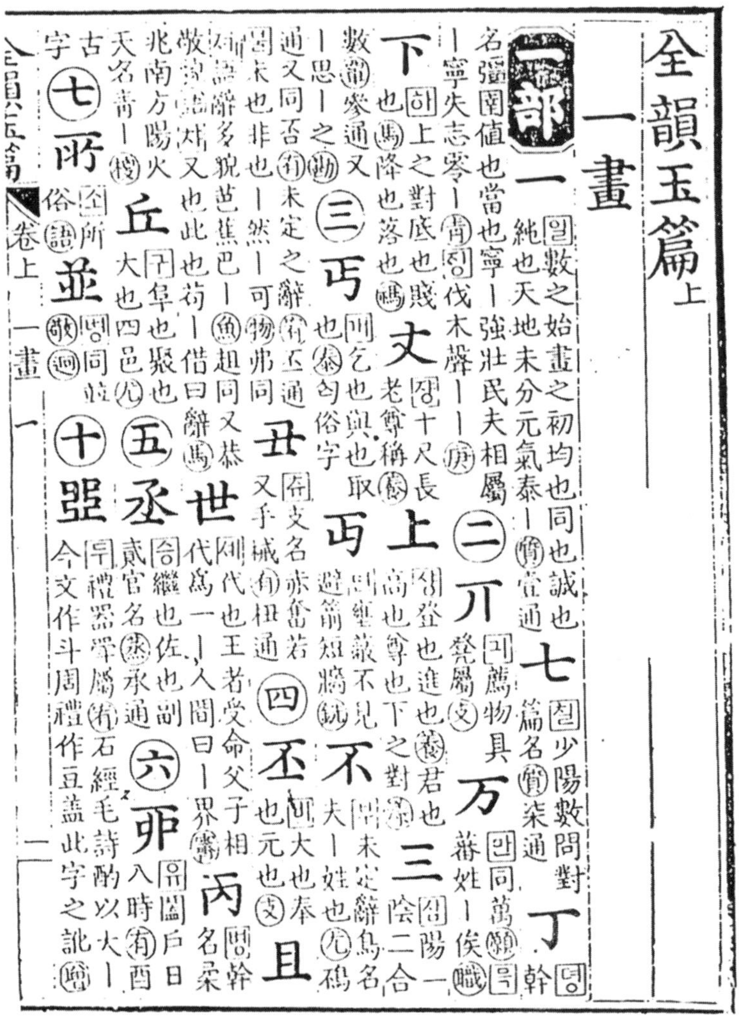
全韻玉篇 上

一畫

一部

一 [일] 數之始畫之初均也同也誠也 純也天地未分元氣泰一(質)壹通 七 [칠] 少陽數問對 篇名(質)柒通 丁 [뎡] 幹 名彊圉值也當也寧丨強壯民夫相屬 丨寧失志零丨(靑)[졍]伐木聲丨丨(庚) (二) 丌 [긔] 薦物具 發聲(支) 万 [만] 同萬(願)[묵] 蕃姓丨俟(職)

下 [하] 上之對底也賤也 也(馬)降也落也(禡) 丈 [쟝] 十尺長 老尊稱(養) 上 [샹] 登也進也(養)君也 高也尊也下之對(漾) 三 [삼] 陽一 陰二合 數(覃)參通又 丨思丨之(勘) (三) 丐 [개] 乞也與也取 也(泰)匄俗字 丏 [면] 蔽不見 避箭短牆(銑) 不 [블] 未定辭鳥名 夫丨姓也(尤)鴀 通又同否(有)未定之辭(宥)否通 [부] 未也非也丨然丨可(物)弗同 丑 [츄] 支名赤奮若 又手械(有)杻通 (四) 丕 [비] 大也奉也 也元也(支) 且 [져] 語辭多貌苴蕉巴丨(魚)趄同又恭 敬貌(語)[챠] 又也此也苟丨借曰辭(馬) 世 [셰] 代也王者受命父子相 代爲一丨人間曰丨界(霽) 丙 [병] 幹 名柔 兆南方陽火 天名靑丨(梗) 丘 [구] 阜也聚也 大也四邑(尤) (五) 丞 [승] 繼也佐也副 貳官名(蒸)承通 (六) 丣 [유] 闔戶日 入時(有)酉 古 字 (七) 丽 [소] 所 俗(語) 並 [병] 同竝 (敬)(迥) (十) [illegible] [두] 禮器斝屬(有)石經毛詩酌以大丨 今文作斗周禮作豆蓋此字之訛(暗)

全韻玉篇 卷上 一畫 一

<그림 10>『전운옥편』

『전운옥편』은 『규장전운』이 만들어진 뒤에 이 운서의 내용을 바탕으로 한자를 부수(部首)와 획수(劃數)로 찾아보도록 개편한 옥편이다. 이 책이 만들어진 시기와 동기를 『규장전운』과 결부시켜 생각하는 것은 두 가지 이유가 있기 때문이다. 첫째는 『규장전운』에 나타난 옥편과 관련한 기록이다. 『규장전운』의 「의례」에 보이는 다음 기록을 보자.

> 이제부터 과거에 입성을 압운하는 것을 허락하도록 하라. 그리고 또 새로이 옥편을 지어 생생자(生生字)와 정리자(整理字)로 인쇄하여 널리 편다.[2]

이 기록에 의하면 『규장전운』이 만들고 나서 그동안 과거 시험에서 시를 지을 때 관례적으로 입성자를 사용하지 않던 폐습을 없애도록 하고, 새로이 옥편을 만들어 널리 폈다는 것이다. 이 기록에 나타나는 옥편을 『전운옥편』이라고 해석하는 것은 큰 무리가 아니다.

둘째는 이미 중국에서부터 운서가 만들어지면 이를 찾아보기 쉽도록 간략화한 옥편이 만들어지는 사례가 있어 왔기 때문에 『전운옥편』도 『규장전운』의 자매편이라 할 수 있다는 것이다.

현재 전해지는 중국 운서 가운데 가장 대표적인 것은 『광운』이다. 『광운』은 송나라 진종(眞宗)의 명에 의하여 진팽년(陳彭年) 등이 편찬하였는데, 『광운』이 만들어진 뒤 이를 바탕으로 만들어진 옥편이 『대광익회옥편(大廣益會玉篇)』이다. 우리나라에서도 최세진이 중국 운서인 『고금운회거요(古今韻會擧要)』를 바탕으로 『운회옥편(韻會玉篇)』을 만들었고, 홍계희가 『삼운성휘(三韻聲彙)』를 만든 뒤 이를 개편하여 『삼운성휘보옥편(三韻聲彙補玉篇)』을 만들기도 하였다.

이에 따라 『전운옥편』은 1796년 『규장전운』이 만들어진 뒤 이를 바탕으로 만든 옥편이라고 추정하게 된다. 앞의 기록에서 밝히고 있는 활자

---

2) "自今科試許押入聲增韻 而又有新定玉篇 以生生字整理字印頒."(『奎章全韻』「義例」)

명칭인 ‘생생자(生生字)’와 ‘정리자(整理字)’를 만든 시기가 각각 1794년과 1796년이고 『규장전운』이 1796년에 편찬되었으므로 이 책의 간행 연도는 1796년 이후가 될 수밖에 없다. 그러나 누가 편찬했는지에 대해서는 여전히 확인할 수가 없다.

3.1.2. 전운옥편의 형식과 내용

3.1.2.1. 체재와 형식

『전운옥편』은 상하 2권으로 되어 있다. 체재는 단순하여 다음과 같다.

전운옥편총목(全韻玉篇總目)
본문(本文)

『전운옥편』 총목은 214개의 부수를 획수별로 수록하고 있다. 본문은 상하 2권으로 나누어지며 상권(上卷)은 1획~4획까지의 부수에 속한 한자를, 하권(下卷)은 5획~17획까지의 부수에 속한 한자를 수록하고 있다.

형식은 청나라 때 만들어진 『강희자전(康熙字典)』을 따르고 있다. 한자를 표제자로 보인 뒤에 한글로 음을 표기하고 한문으로 주석(註釋)을 달았고, 마지막에 운모(韻母)를 표기하였다. 또 필요한 경우 그 글자와 통용되는 자(通字)나 같은 자(同字) 또는 민간에서 변형된 자(俗字)를 차례대로 제시하고 있다. 한자음은 □ 속에 한글로 표시하고 글자가 속하는 운은 ○ 안에 한자로 표시하고 있다.

『전운옥편』에 수록된 한자의 첫 글자인 ‘일(一)’의 표기 내용을 아래에 보인다.

[一部] 一 [일] 數之始畫之初均也同也誠也純也天地未分元氣泰一(質)壹通

[一部]는 부수(部首)이고 [일]은 한자의 음이다. '數之始畫之初均也同也誠也純也天地未分元氣泰一'은 '一'의 뜻풀이이고 (質)은 이 글자가 속한 운목이다. '壹通'은 '一'이 '壹'과 서로 통하는 한자라는 의미이다.

3.1.2.2. 한자의 숫자와 배열 순서

『전운옥편』에는 모두 10,840자의 한자를 수록하고 있다. 옥편은 한자를 부수에 의해 분류하고 배열한다는 점에서 운서와 구별되는데 『전운옥편』의 한자 분류 기준은 다음과 같다.

1) 부수(部首)
2) 자획(字劃)
3) 운목(韻目)

배열 기준에서 가장 중요한 것은 부수이다. 『전운옥편』의 부수는 모두 214개이다. 현재 전해지는 중국 옥편 가운데 가장 오래된 『대광익회옥편(大廣益會玉篇)』은 송나라 때 만들어졌는데 부수가 모두 542개로 되어 있다. 이후 명(明)나라 말기에 매응조(梅膺祚)가 만든 『자휘(字彙)』는 부수를 214개로 정리하여 현재 옥편 체제의 틀을 완성하였다. 이를 이어받아 청(淸)나라 때 만들어져 중국 옥편의 집대성이라 불리는 『강희자전(康熙字典)』도 214부수 체제를 따르고 있다.

우리나라에서 만들어진 옥편의 부수도 초기의 복잡한 부수체제에서 점차 간소화되는 과정을 보이고 있다. 가장 먼저 만들어진 『운회옥편』은 한자를 먼저 부수에 따라 분류하고, 이를 다시 4성(四聲)의 순으로 나누어 놓았는데, 부수는 모두 339부로 천부(天部)에서 시작하여 풍(風)・일(日)

등으로 나아가는 체제이다. 이러한 부수의 종류는 중국에 없는 『운회옥편』의 독특한 분류이다. 그 후 『삼운성휘』의 색인 격으로 만들어진 『삼운성휘보옥편』은 1획에서 17획까지 모두 224개의 부수로 이루어져 있다.

『전운옥편』은 214부수로 이루어져 있어 『자휘』 이래 전승되어 온 전통적인 부수 체계를 이어받고 있다. 214부수를 획수별로 보이면 다음 표와 같다.

획수	부 수
1	一 丨 丶 丿 乙 亅
2	二 亠 人(亻) 儿 入 八 冂 冖 冫 几 凵 刀(刂) 力 勹 匕 匚 匸 十 卜 卩(㔾) 厂 厶 又
3	口 囗 土 士 夂 夊 夕 大 女 子 宀 寸 小 尢 尸 屮 山 巛 工 己 巾 干 幺 广 廴 廾 弋 弓 彐 彡 彳
4	心(忄) 戈 戶 手(扌) 支 攴 文 斗 斤 方 日 无 曰 月 木 欠 止 歹 殳 毋 比 毛 氏 气 水(氵) 火(灬) 爪(爫) 父 爻 爿 片 牙 牛(牜) 犬(犭)
5	玉 玄 瓜 瓦 甘 生 用 田 疋 疒 癶 白 皮 皿 目(罒) 矛 矢 石 示(礻) 内 禾 穴 立
6	竹(⺮) 米 糸 缶 网(罒⺳) 羊 羽 老(耂) 而 耒 耳 聿 肉(月) 臣 自 至 臼 舌 舛 舟 艮 色 艸(艹) 虍 虫 血 行 衣(衤) 襾
7	見 角 言 谷 豆 豕 豸 貝 赤 走 足 身 車 辛 辰 辵(辶) 邑(右阝) 酉 釆 里
8	金 長 門 阜(左阝) 隶 隹 雨 靑 非
9	面 革 韋 韭 音 頁 首 飛 風 食 香
10	馬 骨 高 髟 鬥 鬯 鬲 鬼
11	魚 鳥 鹵 鹿 麥 麻
12	黃 黍 黑 黹
13	黽 鼎 鼓 鼠
14	鼻 齊
15	齒
16	龍 龜
17	龠

<표 64> 『전운옥편』의 214부수

한자 배열의 두 번째 기준은 자획이다. 자획의 숫자가 적은 글자부터 먼저 수록하였다. 세 번째 기준은 운목인데, 자획의 숫자가 같은 경우에는 운목의 순서로 배열하였다. 운목은 106운을 기준으로 하였으며 동일 운에서 평성, 상성, 거성, 입성의 순으로 배열하고 다음 운으로 넘어가는 순서로 배열하고 있다.

3.1.2.3. 『전운옥편』의 뜻풀이

운서와 옥편의 가장 큰 차이점은 운서는 한자의 음을 찾기 위한 문헌이고 옥편은 한자의 뜻을 확인하기 위한 문헌이라는 점이다. 물론 이들이 실제로 명확히 구분되는 것은 아니나 일반적으로 운서와 옥편의 발생과정에 나타난 목적은 이와 같이 구별이 된다.

그런데 한국에서 만들어진 『전운옥편』은 이전에 만들어진 다른 옥편들과 비교할 때 대단히 중요한 특징을 보여 준다. 종래의 자전은 운서에서 한자를 찾는데 편리하도록 한자음을 확인하는 용도로 만들어졌다. 따라서 한자의 뜻에 대해서는 상대적으로 소홀하였다. 이는 『동국정운』이 새로이 정리한 한자음을 보여 주기 위하여 뜻풀이를 하지 않은 것과 비슷하게 생각할 수 있다.

뿐만 아니라 우리나라에서 만들어진 최초의 옥편인 『운회옥편』은 글자들을 부수에 따라 배열하고 다시 부수별로 평성, 상성, 거성, 입성의 사성으로 나누어 글자를 수록하고 있으나 각 글자의 아래에는 한자음이나 뜻을 전혀 기록하지 않고 오직 해당 글자의 운목만을 표기하고 있다. 이런 형식은 『삼운성휘보옥편』도 마찬가지이다. 그러므로 이때까지 만들어진 옥편은 본래 의미의 옥편이 아니라 단순히 운서에서 한자음을 찾기 위한 보조적인 역할만을 하였다.

그러나 『전운옥편』은 모든 수록 한자에 대해 상세한 뜻을 기록하고 있어 종합적인 자전으로서의 면모를 갖추었다. 그러한 점에서 이 책은 이후에 나오는 옥편이나 자전류의 모범으로 인정되어 근대 옥편 편찬에 커다란 영향을 미치었다. 같은 글자에 대해 『규장전운』과 『전운옥편』의 뜻풀이가 어떻게 되어 있는지를 몇 예를 들어 보이면 다음과 같다.

1) '東'의 뜻풀이
『규장전운』: 日出方
『전운옥편』: 日出方陽氣動於時爲春始就耕東作
2) '玉'의 뜻풀이
『규장전운』: 美石
『전운옥편』: 寶玉陽精之純溫潤而澤君子比德又愛也成也
3) '金'의 뜻풀이
『규장전운』: 西方之行五金鉦鐸一兩兵也
『전운옥편』: 西方之行五金秦鎰 漢斤皆一金又兵也

위의 세 예를 통해 보면 두 문헌 사이에 한자의 뜻풀이 양상의 차이를 알 수 있다.[3)]

---

3) 중국 운서들은 자음 뿐 아니라 한자의 뜻에 대해서도 자세히 기록하고 있다. 그러나 한국에서 만들어진 운서들은 뜻풀이에 대해서는 그리 중요하게 생각하지 않았다. 이는 우리 선인들이 한자를 사용할 때 대개 뜻은 구전되어도 크게 차이가 없었기 때문에 일차적으로 시를 짓기 위해 한자의 운(韻)을 확인하는 일이 중요하였기 때문에 나타난 현상으로 이해된다.

참고로 중국 운서와 한국 운서에 표기된 '東'의 뜻풀이를 아래에 옮겨 적어 그 차이를 드러내 보인다.

<중국 운서>

○절운(切韻) : 按說文春主東方也 萬物生動也 從木從日 又云日在水中 德紅反二加二

○광운(廣韻) : 春方也 說文曰 動也 從日在木中亦東風 菜廣州記云陸地生莖赤和肉作羹味如酪香似蘭吳都賦云草則東風扶留 又姓舜 七友有東不訾 又漢複姓十三氏 左傳魯卿東門襄仲後因氏焉齊有大夫東郭偃又有東宮得臣 晋有東關嬖 五神仙傳有廣陵人東陵聖母適杜氏 齊景公時 有隱居東陵者 乃以爲氏世本宋大夫 東鄉爲賈執英賢傳云今高密有東鄉姓宋有員外郎 東陽無疑撰齊諧記七卷昔有東閭子

3.1.3. 전운옥편의 한자음

3.1.3.1. 정음(正音)과 속음(俗音)

『전운옥편』은 『규장전운』의 자매편으로 만들어졌기 때문에 한자음은 원칙적으로 『규장전운』에 표기된 음을 이어받고 있다. 그런데 이 옥편은 단순히 『규장전운』의 자음을 운서에 표기된 대로만 기록한 것이 아니라 편찬자의 판단에 따라 약 620여 자에 달하는 정음과 속음을 기록하고 있다. 『전운옥편』의 정음과 속음은 아래와 같이 세 가지 방식으로 표기되어 있다.

1) 해당 자음을 제시하고 정음을 밝힌 경우

嘗富貴後乞於道 云吾 爲相六年未薦一士 夏禹之後東樓公封于杞後以爲氏 莊子東野稷漢有平原東方朔 曹瞞傳有南陽太守東里昆何氏姓苑 有東萊氏 德紅切十七

○집운(集韻) : 許愼 說文 動也 從木 官溥說 從日在木中 一日 春方也 又姓文二十五

○고금운회거요(古今韻會擧要) : (說文) 動也 從日在木中 (漢志)東方陽氣動 夾漈鄭氏曰木若木也 日所升降在上曰杲 在中曰東 在下曰杳(廣韻)春方也 又姓舜後有東不訾

○배자예부운략(排字禮部韻略) : 春方也

○홍무정운(洪武正韻) : 春方也 說文 動也 從日在木中 漢志少陽者 東方東動也陽氣動於時爲春又陽俗作東

<한국 운서>

○삼운통고 : 春方

○증보삼운통고 : 春方

○삼운보유 : 春方曰升按乘降若木在上曰杲 在中曰東 在下曰杳(左)□□ 首欲東(莊)水萬折女東(揚)日沒賁東注賁光□□也('□'는 판독이 불가능한 글자임/필자 주)

○화동정음 : 春方

○삼운성휘 : 春方

崇 종正슝　　床 장正상　　尨 망正방

2) 해당 자음을 제시하고 속음을 밝힌 경우

宅 칙俗틱　　巾 근俗건　　屹 을俗흘

3) 해당 자음을 제시하고 정음, 속음을 모두 밝힌 경우

偪 벽 正 픽 俗 핍

위와 같은 방식으로 표기된 음은 1)에 해당하는 것이 220여 자, 2)에 해당하는 것은 390여 자이며 3)의 방식은 위에 제시한 자례가 유일하다.

여기에 나타난 正과 俗의 의미는 무엇인가? 결론부터 말하면 전통적인 정속관념과 달리 『전운옥편』이 근거하고 있는 정음은 조선 운서의 동음을 기준으로 하고 있다는 점이다.

전통적인 정음(正音)과 속음(俗音)의 개념은 우리 한자음의 뿌리가 중국 한자음이고 중국 한자음을 정확히 보여 주는 근거가 중국 운서이므로 중국 운서의 한자음을 그대로 이어받고 있으면 정음이고 그렇지 않으면 속음으로 판단하는 것이다. 따라서 정음과 속음의 기준은 중국 운서의 한자음을 우리 선조들이 어떻게 받아들였는지를 알게 해 주는 수용 양상이다. 그런데 『전운옥편』은 중국 운서가 아닌 우리나라 운서의 한자음을 기준으로 정음과 속음을 구분하고 있는 점이 특징이다. 이를 보여 주는 대표적인 운서가 바로 『화동정음』이다. 『화동정음』은 본문에는 정음을 표기하고 본문의 외곽에 속음을 기록하여 당시의 변화된 한자음을 보여 주고 있다.

『전운옥편』의 정음과 속음에 대해 이돈주(1997)는 '정(正)'과 '속(俗)'이 동일한 의미로 사용되었는데 다만 그 구별은 『전운옥편』이 근거하고 있는 운서의 음에 따른 구분으로 설명한다.

다시 말해 『화동정음』에 쓰인 정속관념과 『전운옥편』의 정속관념이 같지 않다는 것이다. 그는 『전운옥편』의 속음 표기 방식을 다음과 같이 정리하고 있다.

1) X 俗 Y
2) X 正 Y

그리고 이들의 기술 내용이 동일한 결과를 표시한다고 하면서 다음과 같이 통합될 수 있다고 하였다.

3) X 俗(正) Y

결국 『전운옥편』의 속음표기 방식은 '정(正)'과 '속(俗)'의 표기에 관계없이 Y가 X의 속음이라는 것이다. 원칙적으로 『전운옥편』은 『규장전운』을 바탕으로 편찬되었기 때문에 모든 한자음은 『규장전운』의 음을 따르고 있다. 그러나 이 옥편의 편자는 오로지 『규장전운』의 음만을 기준으로 기계적으로 옮겨 적은 것이 아니라 당시에 통용되던 다른 운서의 음을 비교하여 그 결과를 위와 같이 기록하고 있다. 그리하여 『화동정음』에서 정음과 속음을 동시에 표기한 자는 '俗'으로 표기하여 구분하고, 『삼운성휘』와 『규장전운』에서 교정한 음이 『화동정음』의 음과 다를 경우에는 '正'으로 나타냈다. 예를 들어 呵, 苛, 訶에 대해 『화동정음』은 정음을 '하'로 표기하고 난외에 '俗 가'라고 두주를 달았다. 그러나 『삼운성휘』와 『규장전운』에는 '하'뿐이므로 『전운옥편』에서는 이를 '하俗가'로 표기하였고, 枯의 경우 『화동정음』에는 '구'이지만 『삼운성휘』, 『규장전운』에는 '고'로 표기되어 있으므로 『전운옥편』에서 '고正구'로 표기하였다는 것이다.

결국 이돈주의 설명에 따르면 『전운옥편』의 속음이나 정음은 『삼운성휘』나 『규장전운』의 음을 기준으로 하여 속음은 『화동정음』의 속음을, 정음은 『화동정음』의 정음 즉 본문에 표기된 음을 표기하였다는 것이다.

한편 Rainer Dormels(1999)은 다소 다른 견해를 드러낸다. 그는 속음의 숫자를 639자로 집계하고 이를 다음과 같이 나누고 있다.

4) 俗 X : 규범화된 동음 이외의 속음 – 415자
5) 正 X : 『화동정음통석운고』의 음과 달라진 음 – 224자

그는 규범화된 동음이란 『삼운성휘』의 음을 가리킨다고 하면서, 그는 이런 결과로 "『전운옥편』은 18세기 말엽 규범화된 동음의 최종 결과물을 반영한다"고 말하고 있다.

이승자(2003)의 견해도 이돈주의 견해와 일치한다. 이승자는 『전운옥편』은 일차적으로 『규장전운』의 음을 따르고 있는데 그 가운데 『규장전운』의 음이 『화동정음』과 다를 경우 이 『화동정음』의 음을 정음으로 기록하였다고 설명하고 있다. 또 『화동정음』이 속음을 표기하고 있는 경우 이 음을 속음으로 표기하고 있다고 하였다.

실제로 운서에 표기된 동음을 고찰하여 보면 『규장전운』과 『화동정음』 사이에 약간의 차이가 나타나는 것을 볼 수 있다(이승자, 2003; 정경일, 2004). 『전운옥편』이 『규장전운』을 따르고 있고, 『규장전운』은 『화동정음』을 준거로 하여 편찬되었다[4]는 점을 생각해 볼 때 옥편의 편찬자는 두 운서 사이에 나타나는 동음의 괴리를 어떤 방식으로든 옥편에 반영하려고 노력하였을 것으로 이해된다. 이런 노력의 결과가 『규장전운』음을 기준으로 하여 상치되는 음을 찾고 그것이 『화동정음』의 본문에 있는 음일 경우 이를 '정음'으로, 속음으로 표기되어 있는 음일 경우 '속음'으로 표기한 것이다.

3.1.3.2. 『전운옥편』의 한자음 가운데 잘못 표기된 음

『전운옥편』은 원칙적으로 『규장전운』의 음을 따르고 있다. 앞에서 밝

4) "標以傍識之匡以圈加之諺註以分析之 皆依華東正音之舊而尤致詳焉."(『奎章全韻』「義例」)

힌 대로 편찬자가 보기에 『규장전운』의 음이 『규장전운』이나 또는 『규장전운』이 기반으로 하고 있는 『화동정음』에 맞지 않는다고 판단될 경우에는 '속(俗)', '정(正)' 등의 표기를 하여 따로 밝히고 있다.

그런데 실제로 표기되어 있는 『전운옥편』의 한자음은 『규장전운』의 음과 달리 표기된 경우가 있다. Rainer Dormels(1994)은 이를 분류하여 제시하고 있는데, 이를 다음에 옮겨 옥편 이용의 참고로 삼게 한다.

잘못 표기된 이유는 대체로 이 옥편이 목판본이었기 때문에 나타나는 오류로 판단된다. 즉 목판본을 인쇄하기 위해서는 주어진 원고를 보고 판각 기술자가 나무판에 새겨야 하는 데 이 과정에서 주어진 글자를 잘못 보고 새기는 오각(誤刻)이 발생하는 경우가 가장 많다. 또 새겨진 판본을 이용하여 인쇄를 하는 과정에서 취급 부주의로 인하여 새겨진 글자의 일부가 마모되거나 떨어져 나가는 탈각(脫刻) 현상이 발생하기도 한다.

1) 『전운옥편』에서 잘못 표기한 것을 『교정전운옥편』에서 바로 잡은 경우

이 경우는 『규장전운』과 『전운옥편』 사이에 나타나는 오류를 『교정전운옥편』이 다시 바로잡은 예이다.[5)]

	옥편	교정옥편		옥편	교정옥편
俙	회	희	俊	슌	쥰
傒	혜	혜	登	믕	등
虓	읍	올	墟	커俗허	거俗허
挾	겹俗협	겹俗협	妹	밀	말
撚	텬	년	攃	실	살
昳	뎔俗밀	뎔束딜	湆	급俗옵	급俗읍
湩	등	동	漠	믹	막
潰	회俗 궤	회俗궤	澱	던	뎐
甑	믕	능	矢	지	시

5) 『교정전운옥편』에 대하여는 다음의 3.2.에서 자세히 서술함.

緞	히	하	繄	에	예
繐	세	셰	翽	홰	홰
舛	젼	쳔	葯	약	악
蕩	팅	탕	蠡	락	라
行	힝	힝	蹧	졈	쳠
鐔	십	심	闉	민	인
駉	기	가	鶗	데	뎨

『규장전운』의 음에 나타나는 오류를 바로 잡은 것이다. 이 예들은 『규장전운』과 『전운옥편』의 편찬시기의 선후관계를 밝히는 데에도 중요한 요인이 된다.

2) 『규장전운』의 음 대신에 『화동정음』의 음을 취하여 표기한 경우

앞서 밝힌 바대로 『전운옥편』이 『규장전운』의 한자음이 아닌 『화동정음』의 한자음을 표기할 경우 'A俗B'의 방식으로 표기하였다. 그런데 아래의 일부 한자는 이런 방식을 취하지 않고 아무런 별도 표시 없이 『화동정음』의 한자음을 표기하고 있다.

	규장	옥편		규장	옥편
峻	슌	쥰	恂	슌	슌
熁	협	협	疐	지	치
脅	협	협	芍	샥	쟉
鍤	잡	삽			

이러한 경우는 의도적으로 만든 예외이거나 실수로 볼 수 있다. 이를 실수라고 한다면 첫째, 『전운옥편』에 기록된 화동의 음은 『규장전운』의 음으로 고쳐야 하거나, 둘째, 먼저 『규장전운』의 음을 놓고 뒤에 『화동정음』의 음을 '正X'의 방식으로 표시해야 한다. 즉 위의 자례 가운데 준(峻), 순(恂)은 '슌正쥰', 협(熁), 협(脅)은 '협正협', 치(疐)는 '지正치', 작(芍)은 '샥正쟉', 삽(鍤)은 '잡正삽'으로 표시해야 했다.

3) 『규장전운』의 음이 아닌 속음이나 이음을 표기한 경우

『전운옥편』의 한자음이 『규장전운』의 한자음을 따르지 않고 있는데 그 음이 속음이나 이음으로 인정되는 경우이다.

	규장	옥편		규장	옥편
劊	괴	회	疼	등	동
箇	가	기	釅	엄	염
飌	횡	황			

속음이나 이음의 발생 원인은 대부분 유추에 의한 것들이다. 이 경우 이들의 처리는 『전운옥편』의 음이 잘못이므로 『규장전운』의 음으로 바꾸어야 할 것이고, 또는 『규장전운』의 음을 먼저 제시하고 실제 표기된 음은 속음으로 인정하여 '俗전X'처럼 기록했어야 옳다.

4) 『규장전운』의 화음을 표기한 경우

『규장전운』에는 동음과 화음이 병기되어 있는데 다음의 예들은 화음을 기록한 것이다. 이는 옮겨 적는 과정에서의 실수에 의한 것으로 추정된다.

	규장	옥편
宄	궤	귀俗궤
磊	뢰	뤼
騫	헌	현

5) 초성의 음운 변동을 보여 주는 경우

두음법칙의 적용을 받아 초성이 변화하는 경우를 보여 주는 예

	규장	옥편
儸	라	나
稆	려	녀
鬲	력	녁

한자음 초성에 나타나는 /ㄹ>ㄴ/의 변화는 이미 중기 국어 시기부터 일어나고 있었다. 근대 국어에 들어와서도 이런 현상은 동일하게 진행되었다. 그러나 운서는 래모(來母)에 속한 모든 한자를 당시의 현실적인 발음과 관계없이 /ㄹ/로 표기하였다. 『전운옥편』이 이를 /ㄴ/으로 표기한 것은 현실음을 존중하는 태도의 일부를 드러낸 것이다. 그러나 『전운옥편』도 모든 한자에서 /ㄹ>ㄴ/ 또는 나아가 /ㄴ>0/의 첫소리의 변화를 완전히 수용한 것은 아니다. 이는 운서나 옥편류가 보여 주는 현실음의 괴리현상을 보여 주는 것이다.

6) 식자공의 오식(誤植)일 가능성이 매우 높은 경우

	규장	옥편		규장	옥편
况	황	항	憊	비	비俗븨
惝	챵	창	握	악	와
搽	차	사俗다	熨	위	외
獩	예	에	磓	퇴	뢰
臏	빈	비	蘬	위	뢰正위
蟪	혜	헤	謔	-	확
閏	윤	뉸	颿	범	볌
飦	젼	쳔	鳻	분	분俗갈

『전운옥편』이 전적으로 『규장전운』의 음을 이어받아 표기한다고 하는 원칙에 비추어 볼 때 위의 예들은 모두 잘못된 것이다. 그러나 위의 경우는 『전운옥편』에 수록된 한자의 숫자에 비하면 지극히 적은 숫자이다. 따라서 『전운옥편』은 원칙적으로 『규장전운』의 한자음을 충실히 따르고 있다고 판단해도 무방하다.

3.2. 교정전운옥편 해제

『전운옥편』과 동일한 체제와 내용을 가진 옥편이면서 한자음의 교정을 거친 옥편으로 교정 『전운옥편』이 전해지고 있다. 체제는 서문이나 범례가 없이 『교정전운옥편』 총목과 본문으로 되어 있고 본문의 체제는 『전운옥편』과 동일하다. 다만 『교정전운옥편』 총목의 끝부분에 편찬자의 후기가 실려 있어 교정 『전운옥편』을 펴내게 된 경위를 알 수 있게 해 준다. 서문에 기록된 편찬자의 활동연대를 추정해 볼 때 이 옥편의 편찬 시기는 대략 19세기 말로 추정된다.

『교정전운옥편』에서 관심의 대상이 되는 것은 교정자가 일부 한자에 대한 속음을 난외에 두주(頭註)하고 있는 점이다. 운서의 본문에 표기된 이외에 편찬자의 판단에 따른 현실음을 속음이라 이름 붙여 난외에 두주하는 방식은 『화동정음』에 처음 나타난 방식인데 이 옥편의 편찬자도 이 방식을 원용하여 일부 한자에 대한 속음을 두주하고 있다. 따라서 두주된 속음은 『전운옥편』이 편찬된 뒤 한국 한자음의 변화를 보여 주는 귀한 자료가 된다.

3.2.1. 교정전운옥편의 편찬자와 편찬 시기

『교정전운옥편』에 실려 있는 교정자의 후기 원문은 다음과 같다.

我東字學古以韻書 若正音通釋 三韻聲彙 韻考 奎章全韻 皆爲取便於科試 計劃檢字初無其書至健陵晟際始有 新定玉篇 目次倣字典 多少依奎韻 以授初學馴致極功 大有裨益 行世旣久 板刓字缺 間或讎刻 義舛音乖 反多滋誤 戊戌冬坊人謀鋟新本 請余校訂 以其嘗有正於奎韻 故也 見獵之想 不能自已 逐字査正復見眞面 間頭俗音 且以醒目 云 愼村子 書

아래에 이를 번역하여 보인다.

> 우리나라의 자학(字學)은 예로부터 운서(韻書)로써 하였는데 『정음통석(正音通釋)』[6), 『삼운성휘(三韻聲彙)』, 『운고(韻考)』[7), 『규장전운(奎章全韻)』 등은 모두 과거에 편리하게 사용하기 위함이었다. 획수를 계산하여 글자를 찾는 책은 없었다. 정조임금 때에 이르러 새로이 옥편을 만들었으니 차례는 자전(字典)[8)을 본떴고 주로 『규장전운』에 의거하였다. 처음 배우는 이들이 받아 열심히 공부하니 크게 보탬이 있었다. 세상에 통용된 지가 오래되니 판이 닳고 글자가 빠진 것이 있고 간혹 잘못 새겨진 부분도 있고 뜻과 음이 어긋난 것이 있는데 오히려 잘못이 더 많아졌다. 무술년 겨울에 모씨(某氏)가 새로이 책을 새기면서 나에게 교정을 청하였다. 일찍이 『규장전운』을 바르게 한 일이 있었기 때문이다. 글자를 따라 올바르게 고쳐 다시 참 모습을 드러냈다. 속음을 두주하여 눈을 밝게 하였다. 신촌자가 쓰다.

이에 의하면 교정한 사람은 신촌자(愼村子)이다. 교정 연대는 무술(戊戌)년 겨울이다. 『규장전운』이 1796년에 만들어졌는데 이후의 무술년은 1838년(헌종 4년), 1898년(고종 36년)이다. 그런데 다음에 논하겠지만 편찬자의 활동시기가 19세기 말이므로 이를 통해 추정한다면 『교정전운옥편』은 1898년 겨울에 이루어진 것으로 보인다.[9) 이렇게 추정하면 『전운옥편』이 세상에 나온 지 약 100년 뒤의 일이므로 후기에서 "세상에서 사용된 지 이미 오래이다(行世旣久)"라는 표현을 사용하는 것이 자연스럽게 이해된다.

『교정전운옥편』의 교정자는 '신촌자'이다. 여러 자료들에 의하면 신촌

---

6) 『화동정음(華東正音)』을 이른다.
7) 『삼운통고(三韻通考)』를 이른다.
8) 『강희자전(康熙字典)』을 이른다.
9) 후기의 내용으로 보면 이 시기에 일단 원고의 교정이 이루어졌음은 확인할 수 있다. 그러나 인쇄와 배포도 이 시기에 이루어졌는지에 대해서는 확인할 수 없다.

자는 조선 말기 유의(儒醫)였던 황필수(黃泌秀)의 호(號)이다. 그의 출생과 사망 시기는 정확히 알 수 없다. 본관은 창원(昌原)이며 도연(道淵)의 아들이다. 유의로 이름이 높았고 유학자로도 손색이 없었다고 한다. 1885년에 『방약합편(方藥合編)』을 편찬하였고, 1901년에는 종래 서리들의 문장 규범서였던 『유서필지(儒胥必知)』를 개정하여 『신식유서필지(新式儒胥必知)』라는 이름으로 간행했다.

이렇듯 유의로서 활동한 그였기 때문에 당시 한자음에 대해 관심을 가지고 있었을 법하며 정확한 연유야 밝힐 수 없으나 『전운옥편』의 재 인쇄 과정에 그가 참여하여 교정의 일익을 담당하게 된 것이다. 그리고 그가 활동한 시기로 미루어 『교정전운옥편』의 인쇄와 이에 따른 한자음의 교정은 19세기 중엽 이후에서 말기에 이르는 시기에 이루어졌을 것으로 추정할 수 있다.

3.2.2 교정전운옥편 속음의 성격

『교정전운옥편』의 특징은 『전운옥편』에 수록된 한자음 가운데 138개의 한자를 교정자가 바로 잡아 본문의 난외에 두주하였다는 점이다. 난외의 두주된 내용을 살펴보면 속음 이외에도 '椿'이 태조 이성계의 조부인 '탁조(度祖)'의 이름이라거나 '懌'이 중종의 이름이라는 등[10] 임금의 이름에 쓰인 한자들을 알려 주거나, "'僳'자가 『전운옥편』에는 15획에 포함되어 있으나 이는 잘못된 것으로 18획에 집어 넣는다[11]"는 내용 등 글자의 모양에 대한 교정도 포함되어 있다. 그러나 이는 극히 소수에 불과하고 두주되어 있는 내용의 중심은 한자음에 있다.

---

10) "椿 度祖諱, 懌, 中宗諱."(『校正全韻玉篇』 頭註)

11) "僳本十五畫誤作僳入十八畫."(『校正全韻玉篇』 頭註) 그러나 이는 교정자의 실수로 보인다. 僳는 亻변에 15획이 맞다.

교정자는 위에 보인 서문에서 한자음을 교정하게 된 이유를 밝히고 있다. 그는 한자음이 잘못되는 원인과 교정의 필요를 다음과 같이 설명한다.

> (『전운옥편』이) 세상에 통용된 지가 오래되어 판이 닳고 글자가 빠진 것이 있고 간혹 잘못 새겨진 부분도 있고 뜻과 음이 어긋난 것이 있는데 오히려 잘못이 더 많다.12)

즉 한자의 음이 바뀌었거나 혹은 판각상의 실수로 인하여 잘못된 것이 있어 이를 바로 잡는다는 것이다. 여기서 주목되는 것은 "뜻과 음이 어긋난 것이 있는데 오히려 잘못이 더 많다(義舛音乖 反多滋誤)"의 부분이다. 그가 교정하는 것은 단순히 음에만 그치는 것이 아니라 의미까지 포괄한다는 것이다. 그러나 실제 교정 예들을 살펴보면 의미의 변이에 의한 교정은 극히 일부에 그치고 있다.

『교정전운옥편』에서 교정된 한자음은 모두 138자이다.13) 속음의 표기 양식은 다음과 같이 나뉜다.

1) 俗 B
2) A 俗 B
3) 正 B
4) 正B俗 C
5) 音 B

---

12) "行世旣久 板刓字缺 間或飜刻 義舛音乖 反多滋誤."(『校正全韻玉篇』 序文)

13) 이승자(2003)는 『교정전운옥편』에서 교정된 한자가 "백여항"에 달한다고 보고하였다. 그가 교정음의 숫자를 정확히 밝히지 않는 이유는 "두주에 기록한 내용 중 지워진 곳들이 있어 확실한 수자를 통계하기 어렵기" 때문이라 하였다. 이승자(2003)에 수록된 교정 한자수는 107항목이다. 필자가 사용한 한국학중앙연구원본도 판독이 까다로운 부분이 없지 않으나 전혀 불가능한 정도는 아니다. 필자의 조사는 이승자의 판독에 21자를 보탠 결과이다. 다만 『교정전운옥편』 上 20면의 한 글자는 판독이 불가능하였다. 이에 따라 본문에서 다룬 자례는 모두 137자이다.

6) 기타

1)은 가장 일반적인 방식이다. 옥편의 본문에 표기된 음을 반복하지 않고 다만 속음만 표기하는 방법이다. '丑 俗축'과 같은 방식이다. 138개의 속음 가운데 124개가 이에 해당한다.

2)는 해당 자례의 『교정전운옥편』 음이 2개 이상이거나 의미가 다양한 경우, 그 중에 일부분의 음을 교정할 경우에 사용한다. '伯 파俗패', '涸 후俗고 학俗확', '頓 돌俗톡'처럼 특정음을 교정하거나 '下之俗햐', '北 敗走俗뷔', '稽 留止俗히' '則 做也以下俗츠', '咽 咽喉俗인', '丹 契丹俗란'처럼 특정한 의미일 경우의 속음을 보여 준다.

3)은 『전운옥편』과 『화동정음』의 음이 다를 경우 『화동정음』의 음을 '正'으로 표기하는 경우이다. '丁 징 正정', '袷 正합'이 이에 해당한다. 『전운옥편』에 표기된 '正'의 표기와 방식이 일치한다.

4)는 『화동정음』인 '正'음과 편찬자의 속음을 동시에 보여 주는 경우이다. '鍮 正듀俗유'가 이에 속한다 .

5)는 해당 자례의 음을 또 하나 보여 준다. '속'이라는 표시를 하지 않은 점으로 보아 단순한 속음이 아니라 전래되는 운서 음에 부합하는 경우로 인식한 듯하다. '癎 音간'이 이에 해당한다.

6)은 속음이라기보다는 특수한 의미에 해당하는 음을 보여 주는 경우이다. '祭 祭官名 쵀'가 이에 해당한다.

3.2.3. 속음의 유형별 고찰

다음에 각각의 속음을 보이고 교정의 이유에 대해 살펴본다. 순서는 본문에 기록된 순서를 따르지 않고 논의의 편의를 위하여 필자가 재조정하여 교정의 원인별 유사성에 따라 묶어서 설명하기로 한다.

3.2.3.1. 유추에 의한 경우

한자음이 변하는 원인 가운데 가장 일반적인 것이 유추이다.[14] 유추 현상은 한자의 보급과 학습 과정에서 새로이 학습하게 되는 한자 또는 학습한 글자와 유사한 글자를 접하게 될 때 운서나 옥편을 이용하여 정확한 음을 확인하기보다 이미 알고 있는 한자의 形과 音을 기준으로 읽으려고 하는 심리적 기제에 의한 현상이다. 필자는 앞선 연구에서 유추현상을 다시 다음의 세 가지로 나눈 바가 있다(정경일, 1989; 2003)

1) 성부(聲符)의 유추
2) 해성자(諧聲字) 사이의 유추
3) 자형상사(字形相似)에 의한 유추

이런 기준에 의해 『교정전운옥편』에 두주된 속음을 살펴보면 다음과 같다.

3.2.3.1.1. 성부의 유추

성부의 유추에 의한 속음화는 유추 가운데 가장 일반적인 현상이다. 성부는 형성(形聲)의 기본을 이루는 한자로 한자 학습의 초기단계에 습득하게 되는 기초 한자들이 대부분이다. 따라서 유추의 기본 대상이 되는 것이다.[15]

---

14) 河野六郎(1968), 유창균(1968), 박병채(1971), 이돈주(1977), 정경일(1984, 1989, 2003) 등을 비롯하여 이준환(2003), 최미현(2006ㄱ) 등 대부분의 연구자들이 한자음 변이 원인 가운데 가장 일반적인 현상으로 유추를 꼽고 있다.

15) 한자음의 속음화 가운데 가장 일반적인 현상이 유추임은 주지의 사실이다. 그러나 종래 유추로 알려져 왔던 자례들 가운데 상당수는 단순한 유추가 아니라 상고음의 흔적임이 밝혀진 바 있다(정경일, 2004). 본고에서도 이러한 경우에 해

1) 窖 : 俗 고

반절이 고효절(古孝切)이므로 정음은 '교'이다. 속음 '고'는 성부 告(古到切)의 영향으로 보인다.

2) 涸 : 후俗고, 학俗확

반절이 하각절(下各切)이므로 정음은 '학'이다. 『교정전운옥편』에는 '학, 호正후'로 표기되어 있다. 『화동정음』에는 '후', 『삼운성휘』에는 '호'인데 『규장전운』에는 '학, 호'의 양음이다. 속음 '고'는 성부 고(固/古暮切)에 이끌린 음이다.

3) 獷 : 俗 광

반절이 고맹절(古猛切), 거왕절(居往切)이므로 '굉'이 정음이다. 『화동정음』에도 '굉俗광'으로 두주되어 있다. 『삼운성휘』와 『규장전운』에는 '굉'이다. 『화동정음』의 속음으로 미루어 성부 광(廣/古晃切)에 유추되어 속음화한 음이다.

4) 磔 : 俗 길

반절이 척격절(陟格切)이므로 정음은 '칙'이다. 성부 걸(桀/渠列切)의 유추이다.

5) 懶 : 俗 라

반절이 락한절(落旱切)이므로 정음은 '란'이다. 성부 라(賴/落蓋切)의 유추이다.

6) 囫 : 俗 물

반절이 호골절(呼骨切)이므로 정음은 '홀'이다. 『화동정음』에는 '훌', 『삼운성휘』와 『규장전운』에는 '홀'이다. 현대음은 '홀'이다. 속음 '물'은 성부 물(勿/文弗切)의 영향이다. 물(勿)은 Karlgren이 복성모 /xm-/을 재구하면서 대표적으로 꼽은 자례이다. 그는 물(勿)과 홀(忽/呼骨切)을 비교하면서 복성모 /xm-/을 재구하고 홀(忽)의 상고음을 /*xmwət/로 재구하였다.

당하는 자례는 다음 항에서 다룬다.

그러나 홀(囫)은 이미 동음에서 '홀'로 전승되고 있었으므로 '물'로 교정된 것은 상고음의 영향으로 보기보다는 성부의 유추로 보는 것이 타당하다.

7) 紱 : 俗 불

반절이 분물절(分勿切)이므로 정음은 '불'이다. 성부 발(犮/蒲撥切)의 유추이다. 성부와 동일 반절인 발(拔), 발(胈), 발(跋) 등이 현대음에 모두 '발'로 전승되고 반절이 분물절(分勿切)인 불(紱)을 비롯하여 불(沷), 불(帗), 불(韍) 등은 현대음에 '불'로 전승된다.

8) 嫂 : 俗 슈

반절이 소로절(蘇老切)이므로 정음은 '소'이다.『훈몽자회』에는 '수'이다. 성부 수(叟/蘇后切)의 유추이다.

9) 婈 : 俗 슈

반절이 소로절(蘇老切)이므로 정음은 '소'이다. 성부 수(叜/蘇后切)의 유추이다.

10) 縊 : 俗 읙

반절이 어계절(於計切), 어사절(於賜切)이므로 정음은 '의'이다. 성부 익(益/伊昔切)의 유추이다.

11) 稔 : 俗 염

반절이 여심절(如甚切)이므로 정음은 '임'이다.『훈몽자회』에는 '님'이다. 속음은 성부 염(念/奴店切)의 유추이다.

12) 鍮 : 正듀俗유

반절이 탁후절(託侯切)이므로 정음은 '투'이다.『훈몽자회』에는 '듀'이다.『화동정음』에는 '듀',『삼운성휘』에는 '튜',『규장전운』에는 '투'이다. 성부 유(兪/羊朱切)의 유추이다.

13) 咽 : 咽喉俗 인

반절이 오전절(烏前切), 어전절(於甸切), 오결절(烏結切)이므로 정음은 '연' 또는 '열'이다. 현대음은 운모에 따라 달리 전승되는데 선운(先韻)은

‘인’, 산운(霰韻)은 ‘연’, 설운(屑韻)은 ‘열’로 각각 다르게 전승되었다. 속음 ‘인’은 성부 인(因/於眞切)의 유추이다.

14) 滓 : 俗 지

반절이 저사절(阻史切)이므로 정음은 ‘ᄌᆞ’이다. 성부 재(宰/作亥切)에 유추된 음이다. 『훈몽자회』에도 이미 ‘직’이다.

15) 匾 : 俗 편

반절이 방전절(方典切), 비련절(卑連切)이므로 정음은 ‘변’이다. 『화동정음』 현대음도 ‘편’이다. 성부 편(扁)은 성모가 방모(幫母)인 방전절(方典切), 방모(滂母)인 방련절(芳連切), 병모(並母)인 부현절(簿玄切) 등으로 다양하게 나타난다. 이에 따라 해성자들도 /ㅂ~ㅍ/ 사이에 유동한다. 교정음은 이들 사이의 유추음이다. 하야육랑(河野六郎, 1968)도 편(扁)의 해성자인 편(篇), 편(偏), 편(遍) 등의 유추로 보고 있다.

16) 嗄 : 俗 하, 할, 해

반설이 어개절(於犗切), 소가절(所嫁切)이므로 정음은 ‘사’와 ‘애’이다. 반절로 미루어 보아 ‘사’와 ‘애’가 모두 정상적으로 반영된 음이다. 속음 ‘하’는 성부 하(夏/胡雅切, 胡駕切) 에 이끌리어 교정된 음으로 보인다. 현대음도 ‘사’이다.

17) 祫 : 正 합

반절이 후협절(侯夾切)이므로 정음은 ‘협’이다. 『화동정음』에 ‘합’, 『삼운성휘』와 『규장전운』에는 ‘협’이다. 『전운옥편』은 원칙적으로 『규장전운』의 음을 따르면서 『화동정음』과 차이가 있을 경우 ‘정(正)’으로 표시하는데 이 방식을 준용하여 바로잡은 경우이다. 성부 합(合/候閤切)의 영향을 생각할 수 있다.

18) 扃 : 俗 향

반절이 식량절(式亮切)이므로 정음은 ‘샹’이다. 성부 향(向)의 반절이 효모(曉母)인 허량절(許亮切), 심모(審母)인 식량절(式亮切)의 두 가지인데,

이에 따라 중고음의 한자음이 이미 /ㅅ/과 /ㅎ/에 유동하고 있었다. 『유합』 이하 모든 중기 동음 자료는 이를 '향'으로 반영되었다. 속음은 이에 이끌린 것이다.

19) 卹 : 俗 휼

반절이 신율절(辛聿切)이므로 정음은 '슐, 솔'이다. 『화동정음』에는 '슐俗휼', 『삼운성휘』와 『규장전운』에는 '슐'이다. 동일한 반절로 표기되어 있는 휼(䘏), 휼(恤) 등이 『화동정음』에 '슐俗휼'로 속음이 나타난다. 휼(恤)은 『훈몽자회』, 『유합』에 휼(䘏)은 『유합』에 '휼'인 바, 성부 혈(血/呼決切)의 영향을 받아 성모만이 변화한 것이다.

3.2.3.1.2. 해성자 간의 유추

동일 성부를 지닌 해성자들이 상이한 음을 가진 경우 이 가운데 한 쪽으로 기울어지는 경향이 있다.

1) 芡 : 俗 감

반절이 거험절(巨險切)이므로 정음은 '검'이다. 『훈몽자회』에 '감'이다. 운모인 범운(梵韻) 3등으로 미루어 보아 /ㅓ/ 또는 /ㅡ/의 반영이 자연스럽다. 성부 흠(欠/去劍切)은 『화동정음』에는 '금俗흠'이지만 『훈몽자회』, 『유합』에는 '흠'으로 반영되어 있다. 성부 흠(欠)을 지니는 자례는 이외에도 군모(群母)인 검(芡/巨險切), 효모(曉母)인 험(杴/虛嚴切), 영모(影母)인 음(飮/於錦切) 등이 있는데 모두 반절대로 운모가 /ㅓ, ㅡ/로 반영되고 있다. 다만 계모(溪母)의 감(坎/苦感切)은 앞의 자례들이 모두 개구 3등운에 속하였는데 비해 유독 개구 1등운으로 /ɐ/로 재구되므로 국어에서 /ㅏ/로 반영되었다.

2) 繻 : 俗 유

반절이 상유절(相兪切), 인주절(人朱切)이므로 반절로 보아 '슈'와 '유'는 모두 정상적인 반영이다. 해성자의 분포도 성부 수(需/相兪切)를 비롯하여 수(嶿), 수(孺) 등이 /ㅅ/으로 반영되어 있는데 비해 유(儒), 유(孺), 유(濡) 등은 /ㅇ/으로 반영되어 있어 서로 넘나드는 양상을 보인다.

3) 郝 : 俗 혁

반절이 가각절(呵各切), 시척절(施隻切), 창석절(昌石切)이므로 정음은 '각, 척' 등이다. 해성자 가운데 혁(赫/呼格切)의 영향을 생각해 볼 수 있다.

4) 篲 : 俗 혜

반절이 상세절(祥歲切)이므로 정음은 '슈, 셰'이다. 『화동정음』에는 '셰俗혜', 『삼운성휘』와 『규장전운』에는 '셰'이다. 성부인 혜(彗)는 반절이 서취절(徐醉切), 상세절(祥歲切)이므로 '셰'로 반영되는 것이 자연스러우나 운서음이 아닌 현실음에서는 이미 '혜'로 반영되어 있었다. 혜(彗)가 『화동정음』에 '쉬俗혜'로 표기되어 있는 점이 이를 잘 보여 주고 있다. 수(篲)는 『훈몽자회』에 '슈'인데 이로 보아 교정음은 비교적 후기에 나타난 것이다. 해성자인 갑모(匣母)의 혜(慧/胡桂切)가 『훈몽자회』, 『유합』에 '혜'인데 이의 유추일 것이다.

5) 鷁 : 俗 일

반절이 오력절(五歷切)이므로 정음은 '역正익'이다. 『훈몽자회』에는 '읙'이다. 『화동정음』에는 '익', 『삼운성휘』와 『규장전운』에는 '역'이다. 속음 '일'은 해성자 가운데 유모(兪母) 일(鎰/夷質切), 일(溢/夷質切) 등이 분포하는데 이들의 영향으로 볼 수 있다. 현대음은 '익'이다.

6) 笞 : 俗틔

반절이 축지절(丑之切)이므로 정음은 '치'이나, 『훈몽자회』에는 '틔'이다. 성부 태(台)는 특이한 반절양상을 보인다. 台는 유모(喩母)의 여지절(與之切)과 투모(透母)의 토래절(土來切)을 가지는데, 해성자 이(怡), 이(貽), 이(飴) 등은 유모의 반영이고, 태(蛻), 태(苔), 태(胎), 태(邰) 등은 투모의 반영이다. 따라서 정음은 반절의 반영이고, 교정음은 해성자 가운데 투모의 반영을 좇고 있는 것이다. 『삼운성휘』는 「범례」에서 태(笞)가 본

디 '치'였으나 '틔'로 변하였다고 설명하고 있다.[16]

7) 椎 : 俗 퇴

반절이 직추절(直追切)이므로 정음은 '츄'이다.『훈몽자회』에도 '퇴'이다. 해성자 퇴(堆/都回切)의 유추이다.

3.2.3.1.3. 자형 상사에 의한 유추

동일 성부를 가진 해성자의 관계는 아니면서 우연의 일치로 자형이 유사한 경우에 유추되는 경우이다.

1) 碓 : 俗 학

반절이 도대절(都隊切)이므로 정음은 '듸'이다. 현재음도 '대'이다. 음운적으로 당시 운서들의 음도 모두 반절을 따라 '듸'로 표기되어 있고 현재음도 '대'이다. 자형이 유사한 학(確)이 고각절(苦角切)로 계모(溪母)에 속한 자인데『화동정음』에 '각俗확'으로 속음이 두주되어 있다. 그런데 확(確)이『삼운성휘』,『규장전운』에는 '각'인데 오히려『유합』에는 이미 '확'이었다. 따라서 현실 한자음에서 일찍이 '확'으로 바뀌어진 음이다. 교정음 '학'은 '확(確)'과의 자형상사로 인한 유추로 보인다

2) 禰 : 俗 메

반절이 노례절(奴禮切)이므로 정음은 '니正녜'이다.『화동정음』은 '녜俗메',『삼운성휘』와『규장전운』에는 '니'이다. 그런데『화동정음』에는 초간본에만 속음이 기록되고 중간본에는 정음 '녜'만 있다. 이로 미루어 당시 현실음에서 속음의 위치가 공고하지 않았던 것으로 보인다.『전운옥편』도 '녜', 현대음도 '녜'이다. 속음은『화동정음』의 속음과도 다르다.『화동정음』의 속음과 정음의 모음을 고려한다면 '메'는 '몌'의 오각일 가능성도 있다. '메'는 명모(明母) 미(彌/武移切)의 유추로 인한 속음으로 보인다.

16) "中聲之僞如答之與峕同音而俗音怠…"(『三韻聲彙』「凡例」)

3.2.3.2. 중국 근대음의 영향

1) 芰 : 俗 지

반절이 기의절(奇寄切)이므로 정음은 '기'이다. 『화동정음』에는 '기俗지', 『삼운성휘』와 『규장전운』에는 '기'이다. 『훈몽자회』에는 '기'로 반절대로 반영되었다. 따라서 근대에 들어 바뀐 음이다. 성부 지(支/章移切)는 조모(照母)인데, 반절의 성모는 군모(群母)이다. 군모는 중국 근대음에서 구개음화의 영향을 받아 3, 4등에서 평성은 /tɕ/, 측성은 /tɕ'/로 바뀐다.

2) 蛻 : 俗 예

반절이 서예절(舒芮切), 타와절(他臥切), 타외절(他外切)이므로 정음은 '셰, 태'이다. 『화동정음』에는 '셰俗예', 『규장전운』에는 '셰', 『삼운성휘』에는 '예'이다. 『훈몽자회』에 '예'로 반영되었다. 이미 중고음 시기부터 다양한 음으로 읽히었음을 반절을 통하여 알 수 있다. 교정음 '예'는 해성자인 열(悅/弋雪切)의 현대 중국음 /yüe/를 반영한 것이라고 보인다. 그러나 현재음은 '세, 태'이니 당시의 일반적 현실음은 아니었던 것으로 보인다.

3) 鶂 : 俗 얼

반절이 오력절(五歷切)이므로 정음은 '역, 예'이다. 아(兒)의 중국 근대음 /ɚr/의 영향을 생각해 볼 수 있다. 현대음은 '역'이다.

3.2.3.3. 자음의 변화

3.2.3.3.1. 상고 성모의 분화로 인한 음운론적 유사

흔히 상고음기로 불려지는 중국 주(周), 진(秦)시대 한자음을 파악하려는 노력은 오랫동안 지속되어 왔다.[17] 사운비(1987)는 그동안의 연구결과

---

17) 상고음 성모 체계에 관한 여러 학자의 연구와 구체적인 내용에 대해서는 이돈

들을 종합하여 모두 11가지 주장들을 타당한 것으로 인정하였다.[18] 정경일(2003)은 이를 바탕으로 고대 국어의 특징을 검토한 결과 우리 한자음에 나타나는 상고음적 특징을 '아음과 후음의 대응', '치음과 치음의 대응', '설음과 치음의 대응', '설음과 치음의 대응', '복성모의 영향' 등 다섯 가지로 나누어 살펴보았다. 『교정전운옥편』에 두주된 속음에는 이 가운데 '아음과 후음의 대응', '치음과 치음의 대응', '복성모의 영향'만이 나타난다. 이에 대해 살펴보겠다.

3.2.3.3.1.1. 아음과 후음의 대응

아음과 후음은 상고음에서는 미분된 상태로 혼용되었다. 이는 음운적 유사에 기인한다. 전대흔(錢大昕)의 '고후아쌍성설(古喉牙雙聲說)', 장병린(章炳麟)의 '고음쌍성설(古音雙聲說)', 황간(黃侃)의 '심후천후설(深喉淺喉說)', 왕력(王力)의 '견계군의효갑영 후음설(見溪群疑曉匣影喉音說)', 진신웅(陳新雄)의 '군뉴고귀갑뉴설(群紐古歸匣紐說)' 등이 모두 아음과 후음이 상고음에서 분화되지 않았음을 보여 준다(정경일, 2003).

이들이 중고음 시기에 분화되는 과정에 우리나라에 유입된 한자들은 상당부분 상고 시기 아음과 후음이 혼동되는 상황에서 전래되었을 것으로 짐작되며 이에 따라 중고음의 반절을 기준으로 하는 정음 이외에 상고음적 흔적을 보이는 속음들이 나타나게 된다.

한국 한자음에서 아음은 /ㄱ, ㅋ, ㅇ/에, 후음은 /ㅎ, ㅇ/으로 반영되는 것이 자연스럽다. 그런데 특정 자례들은 해성자 사이에 이들이 서로 뒤섞여 유동하는 모습을 보인다. 필자(2003)는 이러한 자례들을 상고음기 아

주(1995)를 참고하기 바람.

18) 11가지는 다음과 같다. 자세한 내용은 사운비(1987)을 참고하기 바람.

古無輕脣音說, 古無舌上音說, 喉牙雙聲說, 古娘日二紐歸泥說, 喩紐古歸影紐說, 群紐古歸溪紐說 邪紐古歸心紐說, 照系三等古讀舌頭音說, 照系二等古讀精系說, 喩四古歸定紐說, 古匣紐歸見紐說

음과 후음의 미분현상을 보여 주는 예로 생각한다. 『교정전운옥편』에 나타난 속음 가운데 이에 해당하는 예들은 다음과 같다.

1)确 : 俗 각

반절이 호각절(胡覺切)이므로 정음은 '학'이다. 성부인 각(角/古岳切)은 견모(見母)이다. 『훈몽자회』에도 '각'이다. 해성자들도 학(斛)과 각(埆), 각(捔), 각(桷) 등으로 나뉜다.

2) 瘤 : 音 간

반절이 호간절(戶間切)이므로 정음은 '한'이다. 『화동정음』에 '한俗간'으로 두주되어 있고 『삼운성휘』와 『규장전운』은 '한'이다. 『훈몽자회』에 '간'으로 반영되었다. 성부 간(間/古閒切)은 물론 해성자들이 모두 견모(見母)이다. 속음 '간'은 견모로부터 갑모의 분화 즉 /k>ɣ/ 이전의 음을 유지하고 있는 것이다.

3) 婐 : 俗 과

반절이 오과절(烏果切), 고화절(古華切)이므로 정음은 '외'이다. 반절로 보아 /ㄱ, ㅇ/의 어느 자음으로 반영되어도 정상적인 경우이다. 견모(見母)인 성부 과(果/古火切)를 따라 /ㄱ/으로 반영된 경우이다. 그런데 『교정전운옥편』의 '외'는 반절로 보거나 동시대 운서음 및 교정음과 비교할 때 '와'의 오각일 가능성이 있다. 성부 과(果)를 비롯하여 해성자인 과(菓), 과(輠), 과(蜾), 과(猓) 등의 반절이 대부분 견모인 고화절(古火切)이다.

4) 槐 : 俗 괴

반절이 호괴절(戶乖切), 호회절(戶恢切)이므로 정음은 '회'이다. 반절의 성모는 갑모(匣母)이나 성부는 견모인 귀(鬼/居偉切)이다. 『훈몽자회』에도 '회'이다.

5) 畦 : 俗 규

반절이 호규절(戶圭切)이므로 정음은 '휴'이다. 『화동정음』에는 '휴俗규'로 두주되어 있다. 『삼운성휘』와 『규장전운』은 '휴'이다. 『훈몽자회』, 『유합』에 이미 '규'로 반영되었다. 그런데 현대음은 '휴'이다. 성부인 견모(見母) 규(圭/古携切)의 영향을 입어 '규'가 현실음으로 인식되어 『화동정음』과 당시 운서에 반영되었으나 현대음으로 진행하면서 다시 운서음에 의해 수정되었다.

6) 秸 : 俗 알

반절이 고힐절(古黠切)이므로 정음은 '갈'이다. 성부 길(吉)은 견모(見母)의 거질절(居質切)이다.

7) 呷 : 俗 압

반절이 호갑절(呼甲切)이므로 정음은 '합'이다. 현대음은 '합'으로 전승된다. 성부 갑(甲)은 견모(見母)인 고압절(古狎切)이나 해성자들은 /ㄱ~ㅎ~ㅇ/ 사이에 유동한다.

8) 媧 : 俗 와

반절이 고화절(古華切), 고와절(古蛙切)이므로 정음은 마운(麻韻)에 '과', 가운(佳韻)에는 '괘正왜'이다. 동시대 운서의 표기음도 다양하다. 마운(麻韻)의 경우 『화동정음』은 '왜', 『삼운성휘』와 『규장전운』은 '괘'이다 그러나 가운(佳韻)은 『화동정음』과 『규장전운』은 '과'인데 『삼운성휘』는 '와'로 표기하고 있다. 반절로 보아서는 /ㅇ/이 나타날 이유가 없다. 성부인 와(咼)의 반절은 계모(溪母)의 고와절(苦緺切)이므로 역시 /ㄱ/ 반영이 정상일 뿐 /ㅇ/ 반영의 이유는 없다. 『유합』에는 같은 반절 한자인 와(蝸)가 '와'로 표기되어 있어 /ㄱ/>/ㅇ/의 반영은 상당히 오랜 전승과정을 거쳤다.

해성자는 매우 다양한 성모들을 보여 주는데 견모(見母)의 과(過/古禾切)), 과(鍋/古禾切), 갑모(匣母)의 화(禍/胡果切), 유모(喩母)의 와(渦/烏禾切), 와(窩/烏禾切) 등이 중기 동음에 나타나는데 모두 반절대로 반영되었다. 해성자 사이의 유동으로 보아 아음과 후음의 상혼을 보여 준다.

9) 喎 : 俗 왜

반절이 고와절(苦緺切)이므로 정음은 '괘'이다. 『삼운성휘』에는 '과, 괘'이다. 『전운옥편』에는 '과正와'이다. 현대음은 '와'이다. 8)의 경우와 같다.

10) 鍋 : 俗 와

반절이 고화절(古禾切)이므로 정음은 '과'이다. 『훈몽자회』에 '과'이다. 속음 '와'는 '와'의 오각일 것이다. 8), 9)와 같다.

11) 暈 : 俗 훈

반절이 왕문절(王問切)이므로 정음은 '운'이다. 성부 군(軍/舉云切)은 견모(見母)이나 해성자에 혼(渾/胡本切), 혼(琿/胡本切)등 갑모에 속한 자례가 나타난다. 해성자가 /ㄱ~ㅇ~ㅎ/ 사이에 유동하는 경우이다.

12) 榎 : 俗 화

반절이 고소절(古疋切)이므로 정음은 '가'이다. 성부 하(夏/胡雅切, 胡駕切)가 갑모(匣母)이나.

13) 儈 : 俗 쾌

반절이 고외절(古外切)이므로 정음은 '괴'이다. 현대음은 '쾌'이다. 그러나 『훈몽자회』에는 '회'이다. 성부 회(會)는 견모(見母/古外切)와 갑모(匣母/黃外切) 등 두 개의 반절이 『광운』에 나타난다. 상고음 시기 아음과 후음의 미분현상을 보여 주는 예이다. 해성자에는 계모인 쾌(噲/(苦夬切)가 있어 이러한 상황을 잘 보여 준다. 쾌(噲)는 현대 동음에서 /쾌/로 읽히는 쾌(快)와 동일 반절이다. 하야육랑(1968)은 쾌(儈)의 /ㅋ/반영을 쾌(噲)의 유추로 보았다. 성부 회(會)가 현대 중국음으로 변천과정에서 유기음화되었는데 해성자의 /ㅋ/반영은 이 과정의 영향으로 보인다. 모음의 변화는 반절이 태운(泰韻)의 합구1등으로 /uai/로 재구되는데 /ㅙ/반영이 자연스럽나.

14) 稽 : 留止俗히

반절이 강례절(康禮切), 고계절(古溪切)이므로 정음은 '계'이다. 『훈몽자회』에도 '계'이다. /ㄱ~ㅎ/의 유동에 의한 속음이다.

15) 竑 : 俗 굉

반절이 호굉절(戶萌切)이므로 정음은 '횡'이다. 성부 굉(厷)은 고홍절(古弘切)이다. 해성자인 굉(紘)이 『훈몽자회』에, 굉(宏)이 『유합』에 '굉'으로 반영되었다. 해성자의 현대음은 굉(宏), 굉(肱), 굉(竑) 등은 /ㄱ/으로, 횡(呟), 횡(鈜), 횡(谹) 등은 /ㅎ/으로 반영되어 전승되고 있다.

16) 緱 : 俗 후

반절이 고후절(古侯切)이므로 정음은 '구'이다. 성부 후(侯)는 호구절(胡溝切)이다.

17) 緘 : 俗 함

반절이 고함절(古咸切)이므로 정음은 '감'이다. 성부 함(咸)은 호참절(胡讒切)이다.

18) 詿 : 俗 와

반절이 호괘절(胡卦切), 고매절(古賣切)이므로 정음은 '괘, 홰'이다. 이미 반절에 갑모와 견모의 이중반절이 나타난다.

19) 赶 : 俗 한

반절이 거언절(巨言切), 기월절(其月切)이므로 정음은 '간, 걸'이다. 성부인 간(干)도 고한절(古寒切)이니 유추 가능성은 없다. 해성자는 /ㄱ~ㅎ/ 사이에 유동된다.

20) 趕 : 俗 한

반절이 거언절(巨言切), 기월절(其月切)이므로 정음은 '간, 걸'이다. 『훈몽자회』에도 '한'이다. 성부 한(旱)은 호안절(胡案切)이다.

21) 邯 : 人名감

반절이 호안절(胡安切), 호감절(胡甘切)이므로 정음은 '함, 한'이다. 속음은 인명일 경우에만 적용한다고 하였다. 『화동정음』에서는 의미의 제한 없이 한(邯)과 함께 동일 반절인 감(감(酣))도 '함俗감'으로 두주하였다. 『유합』에는 감(酣)만이 '감'으로 표기되어 있는데 성부인 감(甘)은 고삼절(古三切)이다.

22) 郟 : 俗 협

반절이 고흡절(古洽切)이므로 정음은 '겹'이다. 『화동정음』에는 협(郟) 뿐 아니라 해성자인 견모의 협(夾/古洽切), 협(袷/古洽切), 협(頰/古愜切), 협(鋏/古愜切), 협(筴/古愜切), 협(莢/古愜切), 협(唊/古愜切), 계모의 협(愜/苦協切), 협(悏/苦協切), 협(匧/苦協切), 협(篋/苦協切) 등을 '겹俗협'으로 두주하여 속음이 광범위하게 나타나고 있음을 보여 준다. 『삼운성휘』에는 '협', 『규장전운』에는 '겹'이다. 『훈몽자회』에도 '협'으로 반영되어 있다. 또 다른 해성자는 갑모 협(狹/侯夾切), 협(陜/侯夾切), 협(峽/侯夾切), 정모 협(浹/子協切) 등이 있다.

속음 '협'을 갑모의 유추로 보려는 견해가 있다. 그러나 성부 협(夾)이 기본자이며 위의 자례들과 삽보자들이 모두 중기 동음에 나타남은 그 사용빈도가 비슷함을 보이는 것이다. 따라서 단순히 갑모자에 대한 유추가 아니라, 견모, 계모가 약화되어 갑모화되는 경향을 좇아 확대 적용한 것으로 보아야 한다.

23) 酵 : 俗 효

반절이 고효절(古孝切)이므로 정음은 '교'이다. 『훈몽자회』에 '교'이다. 성부 효(孝)는 호교절(呼教切)이다.

3.2.3.3.1.2. 치음과 치음의 대응

상고음에서 치음에 속하는 음소들은 아직 분화되지 않았던 것으로 보인다. 동동화(1975)는 마찰음과 파찰음의 분화를 인정하지 않았고, 방효악(1979)도 조모(照母), 전모(穿母), 상모(牀母), 심모(審母)의 2등과 정모(精母), 청모(淸母), 종모(從母), 심모(心母)의 성모는 매우 밀접한 관계에 있어 이들이 중고음기에 분화하였다고 보고 있다. 이러한 견해는 이후 연구자들에 의하여 일반적 상황으로 지지되고 있다. 따라서 한국 한자음에 나타나는 치음 사이의 유동도 이런 관점에서 해석할 수 있다.

1) 什 : 什物俗 즙

반절이 시집절(是執切)이므로 정음은 반절의 선모(禪母)를 반영하여 '습'이다. 현대 전승음은 『교정전운옥편』음과 교정음을 모두 이어받아 '집, 십'으로 나타난다. 『교정전운옥편』음 이후 현대음으로 전승되면서 나타난 모음의 변화는 치음 아래에서 나타나는 자연스런 근대 국어의 변화인 /ㅡ>ㅣ/의 변화인 소위 전설모음화를 보여 주는 예라 생각된다.

『광운』에는 시집절(是執切)만이 나타나므로 이를 근거로 하면 '습'이 자연스럽다. 그런데 『교정전운옥편』의 뜻풀이를 보면 '십인편집기류집물집구(十人篇什器類什物什具)'로 되어 있다. 그런데 현대 한자음에서 '그릇'의 의미를 가지는 '집기류(什器類), 집물(什物), 집구(什具)' 등으로 쓰일 때에는 '집'으로 읽히고 10명이라는 뜻(十人)으로 읽힐 때는 '십'인데 이는 『교정전운옥편』을 전승하고 있다. 『화동정음』이나 『삼운성휘』 등에서는 '습'만 표기되어 있다. 해성자에 조모(照母)인 즙(汁/之入切)이 있어 성모 변화의 단서를 발견할 수 있다.

2) 倅 : 俗 슈

반절이 사내절(士內節)[19] 장몰절(臧沒切)이므로 정음은 '쵀正쉬'이다. 교정음 '슈'는 '쉬'의 속음으로 보인다. 『화동정음』에 '쉬'로 표기되어 있으나 『삼운성휘』, 『규장전운』은 모두 '쵀'이다. '슈'는 동일 성부를 지니고 현대음이 '수'인 수(粹), 수(睟), 수(脺) 등의 유추로 생각할 수도 있다.

그러나 동일 성부를 지닌 자들 가운데는 여전히 졸(卒), 졸(猝), 쵀(啐), 쵀(啐) 등 경구개음을 초성으로 가지는 한자들이 있어 단순히 유추에 의

19) 임윤이 교정한 『신교정절송본광운』에는 『唐韻』에 의거하여 士內切의 士를 七로 교정하였다.

한 것이라고 결론을 내리기도 쉽지 않다. 결국 앞서 보인 예들처럼 해성자 사이에 /ㅅ~ㅈ~ㅊ/의 유동을 보이고 있어 상고음의 흔적으로 해석하여야 할 자례들이다.

3) 睟 : 俗 수

반절이 자대절(子對切)이므로 정음은 '쵀正쉬'이다. 『화동정음』에는 '취', 『삼운성휘』와 『규장전운』에는 '쵀'이다. 속음이 나타난 원인은 2)와 같이 생각할 수 있다.

4) 淬 : 俗 쇄

반절이 사재절(士內切)이므로 정음은 '쵀正쉬'이다. 『화동정음』은 '쉬'이고 『삼운성휘』와 『규장전운』은 '쵀'이다. 속음이 나타난 원인은 2), 3)과 같이 생각할 수 있다.

5) 蚱 : 俗 작

반절이 측백절(側伯切)이므로 정음은 '책'이다. 『훈몽자회』에도 '작'이다. 해성자인 작(作), 삭(昨) 등이 즉락절(則落切)이므로 이의 유추이다.

6) 適 : 俗 젹

반절이 시척절(施隻切), 지석절(之石切), 도력절(都歷切)이므로 정음은 '뎍, 셕'이다. 『유합』, 『천자문』에는 '뎍'이고 『화동정음』에는 '젹/뎍', 『삼운성휘』에는 '셕', 『규장전운』에는 '셕, 뎍'이다. 반절이 단모(端母)와 심모(審母), 조모(照母) 등으로 다양한데 단모를 위주로 하여 현실음에 반영되고 심모와 조모는 운서 편찬자에 따라 반영여부가 결정되었다. 현대음은 속음이 이어지고 있다

7) 幘 : 俗 젹

반절이 측혁절(側革切)이므로 정음은 '칙'이다. 『훈몽자회』에도 '젹'이다. 따라서 속음으로의 변화는 이미 오래전부터 이루어져 있었다. 현대음은 속음이 단모음화되어 '적'이다. 해성자에 정모(精母)인 적(積/子昔切), 적(績/則歷切), 적(勣/則歷切) 등이 있어 /ㅈ~ㅊ/ 사이에 유동하고 있음

을 보여 준다.

8) 濬 : 俗 준

반절이 사윤절(私閏切)이므로 정음은 '슌'이다. 준 앞서 설명한 많은 예들처럼 치음 사이의 유동을 보인다.

9) 筲 : 俗 쵸

반절이 소교절(所交切)이므로 정음은 '쇼'이다. 『훈몽자회』에도 '쇼'이다. 『화동정음』에는 해성자들인 초(肖/私妙切), 초(鞘/私妙切), 초(韒/私妙切), 초(綃/相邀切) 등이 모두 '쇼俗쵸'로 되어 있어 이러한 속음이 당시 널리 퍼져 있었음을 보여 준다.

해성자인 소(銷), 소(消), 소(宵), 소(霄) 등은 모두 반절 상자의 성모가 심모(心母)인데 이들은 『훈몽자회』, 『유합』, 『천자문』 등에 모두 '소'로 반영되어 자연스런 모습을 보인다. 그런데 해성자 가운데 하나인 초(鞘)가 『훈몽자회』에는 '쇼'인데 『유합』에 '쵸'이니 16세기에 이와 같은 변화가 진행되기 시작한 것으로 보인다.

10) 則 : 效也以下俗측

반절이 자덕절(子德切)이므로 정음은 '즉'이다. 현대음은 '즉'과 '칙'의 두 가지 음이다. 해성자에 천모(穿母)의 측(測/初六切), 측(惻/初六切)이 있어 해성자 사이에 /ㅈ～ㅊ/ 사이에 유동하고 있음을 보여 준다.

11) 漬 : 俗 치

반절이 질지절(疾智切)이므로 정음은 'ᄍᆞ正지'이다. 『화동정음』에는 '지', 『삼운성휘』와 『규장전운』에는 'ᄌᆞ'이다. 책(責/側革切)에 이끌려 /ㅊ/으로 바뀐 음이다.

3.2.3.3.2. 자음의 강화

1) 喫 : 俗 긱

반절이 고격절(苦擊切)이므로 『교정전운옥편』에도 '긱'이다. 『훈몽자회』에도 '긱'이다. 속음 '긱'은 현대음으로 전승되어 온 '끽'의 오각으로 보인다. '끽'은 한자음에서 극히 드물게 나타나는 경음화의 예이다.

3.2.3.3.3. 자음의 약화

1) 丹 : 契丹俗 란

반절이 도한절(都寒切), 상연절(常演切)이므로 정음은 물론『훈몽자회』음도 '단'이다. 현대 전승음도 마찬가지이다. 그런데 단(丹)이 '란'으로 읽히는 것은 이미 조선 초기부터 있었던 일이다.『동국정운』은 서문에서 한자음의 변화에 대해 설명하면서 丹 이 이미 '라'으로 읽히고 있음을 밝히고 있다. 즉 중국 한자음의 입성에 쓰인 어말자음 /t/가 한국 한자음에서는 모두 /l/로 변화하는 것이 두 나라 한자음 사이에서 나타나는 매우 일반적인 현상인데 /t>l/의 변화가 다만 어말자음에서만 일어나는 것이 아니고 어두에서 발생하는 예로 '차례(次第)', '모란(牡丹)' 등을 들고 있다. 즉 제(第)는 본디 음이 '뎨'인데 위의 예에서는 '례'로 읽히고 본디 음이 '단'인 단(丹)이 경우에 따라서 '란'으로 읽힌다는 것이다.[20] 따라서 교정음 '란'은 몇몇 어휘에서만 특수하게 나타나는 한자음이다.

2) 碭 : 俗 당

반절이 도랑절(徒郞切)이므로 정음은 '탕'이다. 반절에 따르면 교정음이 자연스럽다. /ㅌ/이 약화되어 /ㄷ/으로 변화한 경우이다.

3.2.3.3.4. 구개음화

1) 丁 : 징 正 정

반절이 중경절(中經切), 당경절(當經切)이므로 정음은 청운(靑韻)에 '뎡', 경운(庚韻)에 '징'이다.『훈몽자회』음은 '뎡'이다. 현대음은 '정'으로 전승된다.『교정전운옥편』에 두 가지 음이 나타나는데 이를 한 가지로 바

20) "端之爲來不唯終聲 如次第之第牡丹之丹之類."(『東國正韻』序文)

로 잡기 위한 교정이다. '징'을 '정'으로 교정하는 것은 '뎡'이 이미 구개음화와 단모음화의 영향을 받아 '정'으로 변한 현실적인 음을 인정한 것이다. 근대 국어 한자음의 변화를 잘 보여 주는 좋은 예이다.

'정(正)'은 『교정전운옥편』의 경우와 마찬가지로 『화동정음』의 음을 보여 준다. 그런데 『화동정음』의 경운에는 정(丁)이 '졍'으로 표기되어 있다. 경운은 중고음에서 3등음으로 /jeŋ/으로 재구되므로 한국 한자음에서는 /ㅕ/로 나타나는 것이 자연스럽다. 따라서 '징'은 교정이 되어야 한다. 또 『화동정음』에 '졍'인데 『교정전운옥편』에 나타난 '뎡'은 매우 오랜 시기의 한자음으로 당연히 교정의 대상이 되어야 하는 음이다.

3.2.3.3.5. 두음법칙

1) 嫠 : 俗 이

반절이 리지절(里之切)이므로 정음은 '리'이다. 『훈몽자회』에도 '리'이다. 동일 반절 한자들인 리(釐), 리(剺), 리(氂) 등이 모두 현대음에서 '리, 이' 양음을 가진다. 두음법칙의 적용 가능성을 생각해 볼 수 있다.

3.2.3.4. 모음의 변화

3.2.3.4.1. 원순모음화

근대 국어 음운변화의 대표적인 현상이었던 원순모음화 현상이 한자음에 영향을 준 경우이다. 이들은 18세기 말에 편찬된 『화동정음』이나 『삼운성휘』 등에 나타나지 않은 변화이다. 따라서 『교정전운옥편』의 속음은 국어음의 음운변화가 18세기 말경에 한자음에 본격적으로 영향을 주기 시작했음을 보여 주는 귀한 예이다.

1) 冒 : 俗 묵

반절이 막북절(莫北切), 막보절(莫報切)이므로 정음은 '믁'과 '모'의 양음이 표기되어 있다. 현대음은 '모'만 전승된다.

2) 嘿 : 俗 묵

반절이 막북절(莫北切)이므로 『교정전운옥편』에 '믁'이다. 당시 통용되던 운서들에도 모두 '믁'으로 표기되어 있다.

3) 墨 : 俗 묵

반절이 막북절(莫北切)이므로 정음은 '믁'이다. 『훈몽자회』에도 '믁'이다.

4) 北 : 俗 북

반절이 박묵절(博墨切)이므로 정음은 운모에 따라 달리 표기되어 있다. 즉 직운(職韻)에는 '븍', 대운(隊韻)에는 '패正빅'이다. 『교정전운옥편』에 두주된 속음에 의미에 따른 변이음으로 '敗走俗븨'를 더 기록하고 있다. 『화동정음』에는 '빅', 『삼운성휘』와 『규장전운』에는 '패'로 표기되어 있다. 『훈몽자회』에는 '븍' 뿐이다. 반절에 비추어 훈몽의 '븍'이 자연스럽다. '빅, 패' 등은 근대 한음의 영향을 받은 음이다.

5) 堋 : 俗 붕

반절이 보붕절(步崩切), 보붕절(普朋切), 방등절(方登切)이므로 정음은 '븡'이다.

6) 崩 : 俗 붕

반절이 보붕절(步朋切)이므로 정음은 '븡'이다.

3.2.3.4.2. ㅜ>ㅗ의 변화

속음 가운데 모음 /ㅜ>ㅗ/의 변화 예들이 나타난다. 아래의 예들은 모두 유섭(流攝)에 속하는 자례들이다. 유섭은 핵모음은 동동화(1975)는 /u/로, 방효악(1979)은 /ǒu/로 재구하였다. Karlgren은 후운(侯韻)은 /əu/, 우운(尤韻)은 /iəu/로 재구하였는데 여기 /ə/는 전이음으로 핵모음은 /u/이다(최영애, 2000). 그런데 유섭에 속한 글자들은 현대 방음에서 대개

/-ou, -əu, -ɛu, -au/ 등 이중모음으로 나타난다(최영애, 2000). 근대음에서의 이중모음으로의 변화가 근대 동음에 영향을 주어 모음의 변화가 일어난 것으로 해석된다. 이중모음의 경우 동음에서는 절구조의 특성상 분리하여 반영할 수밖에 없고 이 경우 마지막 모음 /u/를 운미로 해석하여 반영은 /ㅜ/를 /ㅗ/로 변화시켰을 가능성을 생각할 수 있다.

1) 叩 : 俗 고

반절이 고후절(苦后切)이므로 정음은 '구'이다. 유섭(流攝)의 후운(厚韻)에 속한다.

2) 扣 : 俗 고

반절이 고후절(苦后切)이므로 정음은 '구'이다.

3) 兜 : 俗 도

반절이 당후절(當侯切)이므로 정음은 '두'이다. 현대음도 '두'이다. 현대음에서는 불교 용어인 '도솔(兜率)'의 경우에만 '도'로 읽는다. 후운(侯韻)에 속한다.

4) 母 : 俗 모

반절이 막후절(莫厚切)이므로 정음은 '무'이다. 『훈몽자회』에는 이미 '모'이다. 후운(厚韻)에 속한다.

5) 拇 : 俗 모

반절이 막후절(莫厚切)이므로 정음은 '무'이다.

6) 牡 : 俗 모

반절이 막후절(莫厚切)이므로 정음은 '무'이다. 『훈몽자회』에도 이미 '모'이다.

7) 畝 : 俗 묘

반절이 막후절(莫厚切)이므로 『교정전운옥편』에 '무'이다. 『훈몽자회』에는 '모'이다. 위의 예를 좇아 '모'로 바뀌었다가 다시 '묘'로 교정된 음이다.

8) 迂 : 俗 오

반절이 우구절(羽俱切), 억구절(憶俱切), 어무절(於武切)이므로 정음은 '우'이다. 『화동정음』에는 해성자인 우(訏/况于切), 우(吁/况于切), 우(盱/况于切) 등의 속음이 '후俗우'로 두주되어 있다. 성부 우(于)를 비롯하여 해성자 우(迂), 우(盂), 우(竽) 등 대부분이 유모(喩母)의 우구절(羽俱切)이다. 우모(虞母) 합구3등으로 '우'가 정음이다. 속음 '오'는 우모(虞母)의 변이에 따른다.

9) 倜 : 俗 쥬

반절이 직유절(直由切)이므로 정음은 '쥬'이다. 우운(尤韻)의 개구3등이다.

10) 箒 : 俗 츄

반절이 지구절(之九切)이므로 정음은 '츄'이다. 우운(尤韻)의 개구3등이다.

3.2.3.4.3. ㅗ>ㅜ의 변화

다음의 예는 위의 예들과는 상반된 경향을 보인다. 호운(豪韻)은 대부분의 연구자들이 /ɑu/로 재구한다. 근대음에서 /au/로 변하는데 이에 따라 중기 동음에 /ㅗ/로 반영되었다가 /ㅜ/로 교정된 경우이다.

1) 套 : 俗 투

반절이 타호절(他浩切)이므로 정음은 '토'이다. 호운(豪韻)에 속한다. 현대음도 '투'로 이어진다.

3.2.3.4.4. ㅣ모음첨가

음절 말에 /ㅣ/모음을 첨가하는 형태가 나타난다. 이미 『훈몽자회』에서부터 이러한 현상이 나타나고 있었다. 근대 동음에서 활발히 일어난 것으로 판단되는데 운서는 규범적 성격상 이를 반영하지 않았던 것이다. /l/가 첨가되는 이유를 밝히기 위해서는 각 운모별 대응 양상에 대한 정밀한 검토가 필요하다.[21] 본서에서는 이에 대한 논의를 다음 기회로 미룬다.

1) 個 : 俗 개

반절이 고하절(古賀切)이므로 정음은 '가'이다. 개운(箇韻)에 속하므로 자연스런 반영이다. 현대음은 교정음을 이어받아 '개'이다.

2) 筥 : 俗 게

반절이 거허절(居許切)이므로 정음은 '거'이다. 『훈몽자회』에 '게'이다.

3) 莒 : 俗 게

반절이 거허절(居許切)이므로 정음은 '거'이다.

4) 牢 : 俗 뢰

반절이 로도절(魯刀切)이므로 정음은 '로'이다.

5) 賂 : 俗 뢰

반절이 락고절(洛故切)이므로 정음은 '로'이다. 『훈몽자회』에도 '뢰'이다.

6) 偲 : 俗 싀

반절이 식리절(式吏切)이므로 정음은 'ᄉᆞ'이다.

7) 刷 : 俗 쇄

반절이 수괄절(數刮切), 소열절(所劣切)이므로 정음은 '솰'이다. 『훈몽자회』에는 '솨'로 표기되어 있다. 현대음은 교정음을 이어받고 있다. 최미현(2006)이 밝힌 어말자음 /ㄹ>ㅣ/에 해당하는 자례이다.

8) 璽 : 俗 싀

반절이 사씨절(斯氏切)이므로 정음은 'ᄉᆞ'이다. 『훈몽자회』에도 'ᄉᆞ'이다.

9) 璽 : 俗 싀

---

21) 伊藤(2002)은 여(輿, /여~예/), 제(除, /져~졔/), 거(筥, /거~게/) 등을 근거로 어운(魚韻)의 전설성을 논하고 있으나 /ㅣ/모음첨가의 원인에 대해서는 언급하지 않고 있다.

반절이 사씨절(斯氏切)이므로 『교정전운옥편』에 'ᄉᆞ'이다. 『훈몽자회』에도 'ᄉᆞ'이다.

10) 倭 : 俗 왜

반절이 어위절(於爲切), 오화절(烏禾切), 오과절(烏果切)이므로 정음은 지운(支韻)에 '위', 가운(歌韻)에 '와'의 양음이 표기되어 있다. 지운과 가운의 속성을 보아 위 두 가지 음은 모두 중고음의 자연스런 반영이다. 『화동정음』이나 『삼운성휘』 등에도 '위, 와'로 표기되어 있다. 『훈몽자회』음은 '와'이다. 현대음은 교정음인 '왜'로 전승된다.

11) 葸 : 俗 싀

반절이 서리절(胥里切)이므로 정음은 'ᄉᆞ'이다. 『화동정음』에는 '시俗싀', 『삼운성휘』에는 '싀', 『규장전운』에는 'ᄉᆞ'이다.

12) 滁 : 俗 져

반절이 직어절(直魚切)이므로 정음은 'ᄌᆞ'이다. 어운(魚韻)이 개구3등이므로 교정음이 자연스럽다.

13) 礜 : 俗 예

반절이 양여절(羊如切), 이제절(以諸切)이므로 정음은 '여'이다. 『훈몽자회』에도 '예'이다.

14) 豫 : 俗 예

반절이 양여절(羊如切)이므로 정음은 '여'이다.

15) 預 : 俗 예

반절이 양여절(羊如切)이므로 정음은 '여'이다.

16) 僦 : 俗 췌

반절이 즉취절(卽就切)이므로 정음은 '츄'로 표기되어 있다. 『화동정음』과 『삼운성휘』 등도 모두 '츄'이다. 현대음은 『교정전운옥편』의 표기음을 이어받아 '추'로 나타난다. 그런데 『훈몽자회』에는 '췌'이다. 이돈주(1995)가 /u/에 말음 /i/가 첨가된 형태라고 설명한다.

17) 臭 : 俗 췌

반절이 척구절(尺救切)이므로 정음은 '츄'이다. 『훈몽자회』에 '췌'이다.

18) 醜 : 俗 췌

반절이 창구절(昌九切)이므로 정음은 '츄'이다. 『훈몽자회』에도 '췌'이다.

19) 馱 : 俗 태

반절이 도하절(徒河切), 당좌절(唐佐切)이므로 정음은 '타'이다. 『훈몽자회』에도 '타'이다.

20) 覇 : 俗 패

반절이 변가절(邊駕切)이므로 정음은 '파'이다.

21) 伯 : 파俗패

반절이 박맥절(博陌切)이므로 정음은 '빅'과 '파'의 양음으로 나타난다. 이 가운데 '파'음만을 교정하였다. 백(伯)이 '파'로 읽히는 경우는 마운(禡韻)에 속한 경우이다. 『훈몽자회』에는 '빅'만이 나타나며, 현대음도 '백'뿐이다. '빅'의 영향으로 말음이 첨가된 경우이다.

22) 怕 : 俗 패

반절이 보가절(普駕切), 보백절(普伯切)이므로 『교정전운옥편』에 '파'이다.

3.2.3.4.5. 단모음화

이중모음을 단모음으로 간략화하여 교정한 경우이다.

1) 晷 : 俗 구

반절이 거유절(居洧切)이므로 정음은 '궤正귀'로 표기되어 있다. 『화동정음』에는 '귀'이고 『삼운성휘』와 『규장전운』에는 '궤'이다.

2) 幗 : 俗 국

반절이 고획절(古獲切), 고대절(古對切)이므로 정음은 '괵正귂'이다. 『화동정음』에는 '궉', 『삼운성휘』와 『규장전운』에는 '괵'이다.

3) 壘 : 俗 루

반절이 역구절(力軌切)이므로 정음은 지운(紙韻)에 '류', 회운(賄韻)에 '뢰'이다. 『훈몽자회』에는 '류', 『화동정음』에는 '뤼', 『삼운성휘』에는 '류', 『규장전운』에는 '류/뢰'이다.

4) 淚 : 俗 루

반절이 력수절(力遂切)이므로 정음은 '류正뤼'이다. 『화동정음』에는 '뤼', 『삼운성휘』와 『규장전운』에는 '류'이다. 『훈몽자회』에도 '류'이다. 현대음은 '루'로 전승된다.

5) 縲 : 俗 루

반절이 력추절(力追切)이므로 정음은 '류'이다. 『훈몽자회』에는 '루'이다.

6) 纍 : 俗 루

반절이 력추절(力追切), 력수절(力遂切)이므로 정음은 '류'이다. 『화동정음』에는 '뤼', 『삼운성휘』와 『규장전운』에는 '류'이다.

7) 累 : 俗 루

반절이 량위절(良僞切), 력위절(力委切)이므로 정음은 '류'이다. 『화동정음』에 '뤼俗류'이고 『삼운성휘』와 『규장전운』에는 '류'이다.

8) 迫 : 俗 박

반절이 박맥절(博陌切)이므로 정음은 '빅'이다.

9) 派 : 俗 파

반절이 필괘절(匹卦切)이므로 정음은 '패'이다. 『훈몽자회』에는 '패'이다.

3.2.3.4.6. ㅡ > ㅣ의 변화

1) 金 : 俗 김

반절이 거금절(居吟切)이므로 정음은 '금'이다. 『훈몽자회』에도 '금'이다. 금(金)은 현대음에서 '금, 김'의 양음으로 이어진다. 대체로 일반명사에서는 '금'이고, 성(姓)으로 쓰일 경우 '김'이다. 그러나 지명의 경우 예외적으로 두 가지가 다 사용된다.[22] 엄익상(1998)은 왕력(王力)의 상고 재구음 /kiəm/과 중고 재구음/kiĕm/을 근거로 /iə/>/iĕ/은 전설화이므로 '금'이 '김'보다 고음이라고 추정하고 있다. 주법고(1973)의 재구음도 왕력의 재구음과 같다. 따라서 '금'이 좀 더 고음으로 추정한다.

3.2.3.5. 이중반절의 반영

1) 郜 : 俗 곡

반절이 고옥적(古沃切), 고도절(古到切)이므로 정음은 '고'이다. 이중반절 가운데 하나인 입성운으로 교정한 경우이다.

2) 施 : 俗 이

반절이 식지절(式支切), 이치절(以寘切)이므로 정음은 반절대로 '시, 이' 양음이다. 양음 가운데 '이'로 교정한 경우이다.

3) 左 : 俗 좌

반절이 장가절(臧可切), 즉개절(則箇切)이므로 정음은 '자'이다. 『훈몽자회』에도 '좌'이다. 따라서 교정음으로의 변화는 이미 오래전부터 이루어져 있었다. 현대음도 '좌'이다. 운모가 개구음인 개운(箇韻)과 합구음인 과운(果韻)에 유동하므로 모음이 /ㅏ~ㅘ/ 사이에 걸쳐 있는 것은 자연스럽다.

4) 祭 : 祭官名 쵀

반절이 자례절(子例切), 측계절(側界切)이므로 정음은 '졔, 채'이다. 단

22) 金海, 金泉, 金化, 金浦 등에서는 '김'으로, 金谷, 金村, 渼金 등에서는 '금'으로 읽힌다.

순한 교정음이 아니라 '제관(祭官)'이라는 의미일 경우에만 '좨'로 읽도록 하였다. 제운(祭韻)에 속한 한자 가운데 반절 례(例)류는 개구의 /jæi, jǎi/로 재구되는데, 예(芮)류는 합구의 /juæi, juǎi/로 재구된다. 운모 내부의 이러한 유동에 따라 합구음이 반영된 경우이다.

5) 懥 : 俗 체

반절이 척리절(陟利切), 지리절(脂利切)이므로 정음은 '지正치'이다. 『화동정음』에는 '치', 『삼운성휘』와 『규장전운』에는 '지'이다. 반절은 운모가 치운(寘韻) 개구3등으로 /ĭei/이므로 동음에서는 /ㅣ/와 /ㅔ/ 사이에 유동한다.

6) 褫 : 俗 쳬

반절이 직리절(直離切), 지이절(池爾切), 자리절(刺里切)이므로 정음은 '치'이다. 『화동정음』에는 '치俗쳬', 『삼운성휘』와 『규장전운』에는 '치'이다. 해성자에 체(遞/特計切, 徒禮切)가 있는데 교정음은 이의 영향으로 볼 수 있다.

3.2.3.6. 이유 불명

속음으로 교정한 이유를 찾기 어려운 자례들이다.

1) 頓 : 돌 俗 톡

반절이 도곤절(都困切)이므로 정음은 '돌, 돈, 둔'의 세 음이 표기되어 있다. 『훈몽자회』에는 '돈'이다. 교정음은 '선우모둔(單于冒頓)'인 경우에만 적용한다고 하였다.

2) 磊 : 俗 뢰

반절이 락외절(落猥切)이므로 정음은 '뤼'이다.

3) 畚 : 俗 번

반절이 포촌절(布忖切)이므로 정음은 '분'이다. 『훈몽자회』에는 '본'이다.

4) 盼 : 俗 변

반절이 필견절(匹莧切)이므로 정음은 '반'이다. 『화동정음』과 『규장전운』은 '반'인데 『삼운성휘』가 '변'이다.

5) 郯 : 俗 셤

반절이 도감절(徒甘切)이므로 정음은 '담'이다.

6) 卸 : 俗 아

반절이 사여절(司夜切), 사여절(司余切)이므로 정음은 '샤'이다. 현대음은 '사'로 전승된다.

7) 這 : 俗 져

반절이 어변절語變切)이므로 정음은 '쟈'이다.

8) 丑 : 俗 츅

반절이 척구절(敕久切)이므로 정음은 '츄'이다. 현대음은 '추, 축'으로 전승된다. 축(丑)은 우운(尤韻)에 속하는데 중고음 /ju/로 재구된다. 따라서 『교정전운옥편』의 음이 자연스럽다. 속음이 '축'인 것은 그 이유를 알기가 어렵다. 광운의 반절도 '척구절(勅久切)' 하나뿐으로 어말자음 /-k/를 가질만한 환경에 있지 않다.

9) 平 : 俗 변

반절이 병연절(房連切), 부병절(符兵切)이므로 정음은 '편, 평'의 두음이다. 『훈몽자회』를 비롯하여 근대 국어 운서들에도 모두 '평'이다. 과도교정된 음으로 보인다.

10) 下 : 下之俗 햐

반절이 호아절(胡鴉切), 호가절(胡駕切)이므로 『교정전운옥편』에 마운(馬韻)과 마운(禡韻)에 두 번 나오는데, 음은 모두 '하'이다. 『훈몽자회』에도 '하'이고, 현대음도 '하'로 전승된다. 한자는 성조언어이므로 성조가 다르면 의미가 달라진다. 『교정전운옥편』에 기록된 의미는 마운(馬韻)에서

'上之對底也賤也' 즉 '위의 반대인 아래쪽, 천한 것'의 의미이다. 반면 마운(禡韻)에서는 '降也 落也' 즉 '내려오다, 떨어지다'의 의미이다. 그러나 한자음의 경우에는 모두 '하'로 표기되어 있으므로 성조 간의 차이는 없다.

마운(馬韻)과 마운(禡韻)의 중고음은 2등 개구음은 /a/, 합구음은 /ua/, 3등 개구음은 /ja/로 재구된다. '하(下)'는 2등 개구에 속하므로 '하'로 나타나는 것이 자연스럽다. 한국 한자음에는 '햐'로 읽히는 한자가 없다. 이 운에 속한 한자로 모음 /ㅑ/로 읽히는 대표적인 예는 '야(夜)'이다. 야(夜)는 3등 개구에 속하므로 매우 자연스럽게 모음 /ㅑ/를 가진다. 하(下)가 '햐'로 교정된 것은 이해하기 어렵다. 과도교정된 음으로 생각된다. 『훈몽자회』나 『화동정음』, 『삼운성휘』 등 당시 운서음, 현대 전승음도 모두 '하'이다.

11) 嵇 : 俗 혜

반절이 호계절(胡雞切)이므로 정음은 '혜'이다. 모음변이에 의한 과도교정이다.

12) 喙 : 俗 회

반절이 허예절(許穢切), 창예절(昌芮切)이므로 『교정전운옥편』에 '훼'이다. 『훈몽자회』에도 '훼'인데, 『화동정음』에는 '휘', 『삼운성휘』와 『규장전운』에는 '훼'이다. 현대음도 '훼'인데, 과도한 교정으로 보인다.

제4장 결　론

한자와 한문은 한글과 함께 우리 민족문화의 바탕을 형성해 온 표기수단이었다. 우리가 한글을 만들어 쓰기 시작한 것이 지금으로부터 550여 년 전의 일이니 한글이 사용되기 훨씬 오래전부터 한자와 한문은 우리 민족의 문화적 역량을 형성, 축적, 계승해 온 가장 중요한 표기수단이었다.

우리가 한자를 중국인들로부터 처음 배웠을 시기에는 그들이 읽는 소리대로 한자를 읽었을 것이다. 그러나 점차 우리 민족은 중국식 한자음이 아닌 우리 국어의 발음 체계에 알맞은 우리 식의 한자음을 만들어 학습하고 사용하여 왔다. 한자는 형(形), 음(音), 의(義)의 세 가지 요소로 이루어졌기 때문에 한자를 학습하기 위해서는 이 세 요소를 모두 익혀야 한다.

이 책에서 살펴본 『규장전운』은 한자의 음을 정확히 보여 주기 위하여 만들어진 운서의 한 종류이다. 그리고 『전운옥편』은 『규장전운』의 자매편으로 만들어진 옥편인데 한자의 음도 중요하지만 뜻풀이에 더 비중을 두고 있음을 알 수 있다. 이제 앞에서 살펴본 내용들을 요약하여 전체의 결론으로 삼기로 한다.

4.1. 규장전운의 편찬 사항

『규장전운』은 정조의 명에 의하여 이덕무 등이 중심이 되어 1796년에 만들어졌다. 영조와 정조 때는 잘 알려져 있는 바와 같이 조선 후기, 문화의 부흥 시기이다. 특히 이 시기에 널리 퍼져 있던 실학의 영향은 우리 국어에 대한 연구를 활발하게 하는 계기가 되었는데 이의 영향으로 우리 한자음에 대한 관심도 일어나 정확한 한자음을 표기하기 위한 운서들이 나타나기 시작하였다. 운서는 정확한 한자음을 확인하는데 사용되었는데, 정확한 한자음의 확인은 한시(漢詩)를 비롯한 한문문학(漢文文學)의 기초가 되는 것이다. 또 조선 사회는 중국과의 외교적 목적으로 인해 중국어 학습이 필수적이었고 이에 따라 정확한 중국식 한자음을 표기한 운서의 필요성이 대두되고 있었다.

이런 사회적 영향으로 영조 때에 박성원이 『화동정음』(1747년)을, 홍계희가 『삼운성휘』(1751년)를 만드는 등 운서가 나타나기 시작하였다. 이들 운서는 모두 중국 한자음 즉 화음(華音)과 한국 한자음 즉 동음(東音)을 함께 기록하였다. 그러나 정조는 이들 운서가 만들어졌음에도 불구하고 이들 운서가 성조의 기본인 사성(四聲)을 무시하고 있는 것에 불만을 표시하고 새로운 운서를 만들도록 명하였는데 이때 만들어진 운서가 바로 『규장전운』이다.

4.2. 규장전운의 특징

『규장전운』은 당시 만들어진 운서들을 따라 모두 13,345자의 한자에 화음과 동음을 표기하고 있다. 범례나 서문은 없고 『규장전운』 의례와 운

부목록, 그리고 본문으로 구성되어 있다. 『규장전운』에는 실려 있지 않으나 편찬자인 이덕무가 쓴 범례가 이덕무의 문집에 실려 전해지고 있다.

본문의 체재는 다른 운서들과 분명히 구별되는 특징적인 모습을 보여준다. 동시대의 다른 운서들은 한자를 수록할 때에 본문을 삼단(三段)으로 나누어 각각 평성과 상성, 거성에 속하는 한자들을 수록하고 입성에 속하는 한자들은 뒷부분에 일괄적으로 싣고 있는데 비해, 『규장전운』은 평성, 상성, 거성, 입성의 한자들을 모두 본문에 수록하는 사단(四段)체재를 채택하였다. 이는 한자의 기본적인 성조가 사성(四聲)이므로 시를 지을 때에 이러한 성조의 본질을 살리고자 했던 정주의 의지가 반영된 것이다.

4.3. 규장전운의 운모 체계

『규장전운』은 전체 한자를 106운으로 나누어 놓았다. 106운 체계는 중국 송나라 때 편찬된 『예부운략』에서 소위 시운(詩韻)이라고 하는 106운목 체계로 정리된 이래 작시(作詩)의 기본으로 인식되어 왔고, 우리나라 운서들도 모두 이를 따르고 있다. 106운은 평성을 기준으로 할 경우 30운류로 나뉜다. 그러나 한국 한자음에서는 운이 30종류로 나뉘지 않고 통합되어 있다. 『규장전운』은 「의례」에서 이들 운 사이에 비슷한 운끼리 서로 통용되는 것을 정리하여 모두 10개의 운류로 나누고 있다. 이는 비록 중국의 운모 체계를 따르고 있어도 실제 한자음에서는 화음과 동음이 같지 않음을 인식한 결과이다.

『규장전운』 한자음의 운모는 중고 재구음을 대체로 유지하고 있으며 『훈몽자회』나 『유합』 등 중기 동음에 반영되는 양상과 일치하고 있다. 『규장전운』의 표기에 실제로 사용된 모음은 단모음 /ㅏ, ㅓ, ㅗ, ㅜ, ㅡ, ㅣ,

・, ㅐ, ㅔ/와 복모음 /ㅑ, ㅕ, ㅛ, ㅠ, ㅖ, ㅘ, ㅝ, ㅚ, ㅟ, ㅢ, ㆎ, ㅙ ㅞ, ㆌ/ 등 모두 23모음이다. 이는 동시대 다른 운서들과도 동일하다. 이 가운데 /・, ㆎ, ㆌ/ 등은 과연 그 당시 실제 발음이 되었는지에 대해 확인하기 어렵다. 실제 음운적 변별성이 있었다기보다는 운서의 성격상 보수적, 규범적 표기라고 보인다.

중고 재구음과 비교할 때 대체로 재구음을 충실히 전승하고 있으나 강운(江韻), 지운(支韻), 미운(微韻), 어운(魚韻), 원운(元韻), 청운(青韻) 등의 경우는 재구음에서 벗어난 다양한 반영을 보이고 있다. 이는 중국 근대음의 변화를 수용하는 것으로 『화동정음』에서 이미 『홍무정운』의 운목 배속에 따른 변화를 수용하였던 규범적 태도를 『규장전운』도 답습하고 있다.

중기 동음과 비교할 때 『규장전운』 한자음에 나타나는 특징은 치음 아래 이중모음의 단모음화, 원순모음화, 전설고모음화 등 당시 국어에서 일어난 음운변화의 양상들이 미미하게나마 한자음에도 나타난다는 점이다.

4.4. 규장전운의 성모 체계

『규장전운』에 반영된 동음의 성모 체계를 본문에 표기된 자음을 검토하여 보면 /ㄱ, ㄴ, ㄷ, ㄹ, ㅁ, ㅂ, ㅅ, ㅇ, ㅈ, ㅊ, ㅋ, ㅌ, ㅍ, ㅎ/의 14자모로 되어 있다. 이는 『삼운성휘』에 쓰인 자모와 동일하며 『화동정음』과 비교하면 /ㅋ, ㅿ/의 두 자모가 표기되지 않았다. 『화동정음』의 /ㅋ/은 쾌(快), 쾌(儈) 등 극소수에 사용되었을 뿐이고, /ㅿ/은 일모(日母)에 속한 한자들의 규범적 표기에 사용된 것으로 현실적인 음은 아니었으므로 『규장전운』의 14자모가 당시 동음의 현실 자모 체계를 보여 준다.

『규장전운』의 성모 체계는 중고음의 36자모 체계를 그대로 유지하고 있으며 중기 동음에 반영되는 양상과 대체로 일치하고 있다. 전청음(全淸音)은 무성무기음으로, 차청음(次淸音)은 무성유기음으로, 전탁음(全濁音)은 무성무기음으로 주로 반영된다. 그러나 전청음과 전탁음이 유기음으로 반영되는 경우나 차청음이 무기음으로 반영되는 경우도 상당히 있다. 이는 동음 정착시기 고대 국어에 아직 유기음이 변별력을 가진 음소로 독립되지 못하였기 때문에 정청음과 차청음을 받아들이는 과정에서 혼동이 생기고 이것이 그대로 전승되어 왔기 때문이다.

이런 현상은 『훈몽자회』, 『유합』, 『천자문』 등 중기 동음 자료를 통하여도 확인할 수 있다. 『규장전운』을 비롯한 근대 운서들의 한자음이 중기 동음과 차이가 나는 것은 설상음의 반영이다. 종래 설상음은 설두음과 마찬가지로 모두 /ㄷ, ㅌ/으로 반영되었으나 근대 운서들은 이를 모두 /ㅈ, ㅊ/으로 반영하고 있다. 이런 구개음화 현상은 국어 음운 체계 내부에서 발생한 구개음화의 영향을 강하게 받은 것이 아니라 설상음이 중국 근대음에서 구개음화하는 것에 영향을 받은 변화이다.

4.5. 전운옥편의 특징

『전운옥편』은 『규장전운』의 자매편으로 만들어졌다. 중국과 우리나라에서 새로운 운서가 만들어지면 이를 바탕으로 운서의 한자를 좀 더 쉽게 찾아 볼 수 있도록 옥편을 만드는 선례가 있는데, 『광운』이 만들어진 뒤 『대광익회옥편』이 만들어지고, 『삼운성휘』의 짝이 되는 『삼운성휘보옥편』이 만들어지는 등의 예가 있다. 『전운옥편』은 이런 전통을 이어받아 만들어진 운서이다.

『전운옥편』은 우리나라에서 만들어진 다른 운서나 옥편보다 훨씬 자세한 주해(註解) 즉 뜻풀이를 하고 있다. 그리고 『규장전운』의 한자음을 그대로 이어받고 있으나 부분적으로 『화동정음』이나 당시 실제 한자음과 차이가 있는 경우 약 620여 자에 대해 이를 '속(俗)'이나 '정(正)'으로 구분하여 표시해 주고 있어 당시 실용 한자음을 파악하는데 도움을 주고 있다.

한편 『전운옥편』보다 100여 년 뒤에 만들어진 것으로 추정되는 교정정운옥편은 130여 항의 속음을 두주(頭註)하여 그 기간 동안 한자음의 변화를 보여 주고 있다. 특히 이들 속음은 『규장전운』이나 『전운옥편』의 한자음에서 확인할 수 없는 다양한 국어 음운변화 현상들이 나타나 한자음도 독자적인 음운 체계로 존재하는 것이 아니라 국어의 전반적 음운 체계 속에서 변화를 경험하고 있음을 보여 주는 귀한 예가 된다.

참고문헌

姜吉云(1964),「世宗朝의 韻書 刊行에 대하여」,『趙潤濟博士 回甲紀念 論文集』.

姜信沆(1970),「韓國韻書研究-三韻聲彙와 奎章全韻을 中心으로」,『성대문학』 15, 16, 성균관대학교.

______(1973),『四聲通解研究』, 新雅社.

______(1974),『朝鮮館譯語研究』, 百合出版社.

______(1980),『鷄林類事'高麗方言'研究』, 성균관대학교 출판부.

______(1987),『訓民正音研究』, 성균관대학교 출판부.

______(1994),「高麗時代의 韻學과 譯學」,『우리말 연구의 샘터』, 연산 도수희 선생화갑기념논총 간행위원회.

권인한(1995),「조선관역어의 음운론적 연구」, 서울대학교 박사학위 논문.

權在善(1985),「世宗의 御製 東國正韻과 申叔舟 등의 反切」,『人文科學研究』 3, 大邱大學校.

金根壽(1979),『韓國圖書解題論攷』, 青鹿出版社.

金武林(1990),「洪武正韻譯訓의 音韻論的 研究」, 고려대학교 박사학위 논문.

______(1992),『국어음운론』, 한신문화사.

______(1999),『洪武正韻譯訓研究』, 月印.

金敏洙(1980),『新國語學史 全訂版』, 一潮閣.

김동소(1998),『한국어변천사』, 형설출판사.

金芳漢(1983),『韓國語의 系統』, 民音社.

金錫得(1971),「韓國 三大韻書의 言語學史的 意義」,『인문과학』 24·25, 연세대학교.

______(1983),『우리말 연구사』, 정음문화사.

金仁經(1986),『華東正音通釋韻考攷』,「東泉 趙健相先生 古稀紀念論叢」, 형설

출판사.
김현창(1997),「李方桂 上古音體系에 근거한 上古音韻表」, 연세대학교 석사학위 논문.
金亨奎(1975),『國語史槪要』, 일조각.
김흥규 · 강범모(1997),『한글 사용빈도의 분석』, 고려대학교 민족문화연구소.
南廣祐(1973),『朝鮮(李朝)漢字音 硏究』, 일조각.
______(1984),『한국어의 발음연구(Ⅰ)』, 一潮閣.
남성우(1979),「중국 운학과 성리학이 훈민정음 창제에 미친 영향」,『中國硏究』4, 한국외국어대학교.
도효근(1980),「경구개음화고」,『지헌영선생화갑기념논총』, 간행위원회.
리득춘(1993),『한조언어문자관계사』, 서광학술자료사.
______(1994),『조선어 한자음 연구』, 서광학술자료사.
文璇奎(1963).「漢字音上의 口蓋音化」,『中國學報』1, 한국중국학회.
______(1967),「字音의 次淸考」,『대동문화연구』4, 성균관대 대동문화연구원.
______(1987),『中國古代音韻學』, 민음사.
朴炳采(1971),『고대국어의 연구』, 고려대 출판부.
______(1983),『洪武正韻譯訓의 新硏究』, 고려대 출판부.
______(1989),『국어발달사』, 세영사.
박창원(1986),「국어 모음체계에 대한 한 가설」,『국어국문학』95.
박태권(1976),『국어학사논고』, 샘문화사.
方鍾玄(1963),「四聲通解硏究」,『一蓑國語學論集』, 民衆書館.
배윤덕(1995),「사성통해가 국어학에 미친 영향」,『우리말글연구』1, 한국문화사.
______(1995),「최석정의 경세정운연구」,『국어국문학』114.
成元慶(1976),『十五世紀 韓國漢字音與中國 聲韻之關係』, 槿域書齋.
신상순 · 이돈주 · 이환묵 편(1988),『訓民正音의 理解』, 한신문화사.
安奇燮(1989),「朝鮮時代 對 漢語 譯音書의 正音 · 俗音 성격의 재고」,『中語中文學』10, 中語中文學會.
安秉禧(1978),「村家救急方의 鄕名에 대하여」,『언어학』3, 언어학회.
安在哲(1993),「韻略匯通硏究」, 성균관대학교 박사학위 논문.
엄익상(1998),「多音漢字의 中國音韻學的 分析」,『중국어문학논집』10, 중국어

문학연구회.

吳鍾甲(1976), 「崔世珍의 韻會音 체계」, 『영남어문학』 3, 영남대학교.

禹敏燮(1990), 「洪武正韻譯訓 俗音의 ㅸ終聲表記攷」, 『새국어교육』 46, 한국국어교육학회.

劉明鍾(1983), 『韓國의 陽明學』, 동화출판공사.

兪昌均(1968), 「韓國漢字音의 性格과 體系」, 『명지대논문집』 1, 명지대학교.

______(1979), 『東國正韻』, 형설출판사.

______(1980), 『韓國 古代 漢字音의 硏究 I』, 계명대출판부.

______(1988), 『國語學史』, 형설출판사.

______(1991), 『三國時代의 漢字音 硏究』, 민음사.

劉昌惇(1968), 「古今韻會擧要의 反切과 東國正韻의 比較」, 『동양문화』 8, 영남대학교.

______(1973), 『李朝國語史硏究』, 宣明文化社.

李氣銅(1982), 「全韻玉篇에 註記된 正俗音에 대하여」, 『어문논집』 23, 고려대학교 어문연구회.

李基文(1971), 『訓蒙字會 硏究』, 한국문화연구소.

______(1977), 『國語音韻史硏究』, 탑출판사.

이돈주(1977), 「화동정음통석운고의 속음자에 대하여」, 『이숭녕선생 고희기념 국어국문학 논총』, 탑출판사.

______(1979), 「訓蒙字會 漢字音 硏究」, 전남대학교 박사학위 논문.

______(1995), 『한자 음운학의 이해』, 탑출판사.

______(1997), 「전운옥편의 정속음 한자음에 대한 연구」, 『국어학』 30, 국어학회.

李東林(1970), 「東國正韻硏究」, 동국대학교 국어국문학 연구실.

李明奎(1981), 「口蓋音化에 대한 文獻的 考察」, 『국어연구』 31, 국어연구회.

李丙疇(1987), 『韓國 漢詩의 理解』, 민음사.

李崇寧(1982), 『新羅時代 表記法 體系에 관한 試論』, 탑출판사.

이승자(2003), 『조선조 운서 한자음의 전승양상과 정리규범』, 역락.

李潤東(1988), 『中期 韓國 漢字音의 硏究-성모편』, 우골탑.

______(1992), 「中期 韓國漢字音 硏究」, 『국어국문학』 106, 국어국문학회.

______(1997), 『한국한자음의 이해』, 형설출판사.

이재돈(1993), 『중국어음운학』, 서광학술자료사.
이준환(2003), 「삼운성휘 한자음 성모체계 고찰」, 성균관대학교 석사학위 논문.
鄭卿一(1984), 「奎章全韻研究」, 고려대학교 석사학위 논문.
______(1989), 「화동정음통석운고 한자음 성모연구」, 고려대학교 박사학위 논문.
______(2001), 「조선후기 국어연구의 실학적 경향」, 『한국어학』 14, 한국어학회.
______(2002), 『한국 운서의 이해』, 아카넷.
______(2003), 「한국 한자음의 상고음적 특징」, 『어문논집』 47, 민족어문학회.
______(2004), 『조선후기 운서 한자음연구』, 고려대학교 민족문화연구원.
최남희(1999), 『고대국어 표기 한자음 연구』, 박이정.
최미현(2006ㄱ), 「한국 한자음의 이중음 연구」, 동의대학교 박사학위 논문.
______(2006ㄴ), 「이중 한자음에 나타나는 운미음 /ㄹ/의 변화 양상에 대하여」, 건양대학교 인문과학연구소 학술회의 자료집.
최범훈(1990), 『한국어발달사』, 경운출판사.
최영애(2000), 『중국어음운학』, 통나무.
최희수(1986), 『조선한자음연구』, 흑룡강조선민족출판사.

姜亮夫(1986), 『中國聲韻學』, 文史哲出版社.
羅常培(1956), 『漢語音韻學導論』, 中華書局.
唐　蘭(1971), 『中國文字學』, 樂天出版社.
唐作藩(2002), 『音韻學教程』, 北京大學出版社.
董同龢(1965), 『漢語音韻學』, 中華書局.
董同龢 著, 孔在錫 譯(1975), 『漢語音韻學』, 汎學圖書.
______(1978), 『中國語音史』, 華江出版有限公司.
藤堂明保(1957), 『中國語音韻論』, 江南書院.
潘重規・陳紹棠(1981), 『中國聲韻學』, 東大圖書公司.
方孝岳(1979), 『漢語語音史概要』, 商務印書館.
謝雲飛(1987), 『中國聲韻學大剛』, 學生書局.
小倉進平(1940), 『朝鮮語學史』, 增訂版, 刀江書院.

王　力(1971),『中國語言學史』. 이종진 · 이홍진 역(1983),『중국언어학사』, 계명대 출판부.

______(1972),『漢語音韻』, 中華書局. 오세준 역주(1993),『한어음운』, 중문출판사.

______(1980),『漢語史考』, 科學出版社.

______(1981),『漢語音韻學』, 中華書局.

______(1985),『漢語語音史』, 社會科學出版社.

劉若愚 著, 李章佑 譯(1984),『中國 詩學』, 同和出版公社.

劉葉秋(1984),『中國字典史略』, 源流文化事業有限公司.

陸志韋(1947),『古音說略』, 學生書局.

李珍華 · 周長楫(1993),『漢字古今音表』, 中華書局.

伊藤英人(1994),「申景濬의 韻解訓民正音에 대하여」,『주시경학보』14, 주시경연구소.

伊藤智ゆき(2002),「朝鮮漢字音研究」, 東京大學校 박사학위 논문.

李思敬(1985),『音韻』, 商務印書館.

李新魁(1983),『漢語等韻學』, 中華書局.

______(1986),『漢語語音學』, 北京出版社. 박만규 역(1990),『중국성운학개론』, 대광문화사.

林燾 · 耿振生(1997),『聲韻學』, 三民書局.

林　尹(1971),『文字學概說』, 正中書局.

______(1977),『中國聲韻學通論』, 世界書局.

張世錄(1982),『中國音韻學史』, 商務印書館.

______(1983),『廣韻研究』, 商務印書館.

趙陰棠(1936),『中原音韻研究』, 商務印書館.

周法高(1973),『漢字古今音彙』, 中文大學 出版社.

陳新雄(1976),『中原音韻概要』, 學海出版社.

竺家寧(1986),『古今韻會擧要的語音系統』, 學生書局.

河野六郎(1968),『朝鮮漢字音の研究』, 天理時報社.

Karlgren. Bernard(1915~1926), "Etudes sur la phonologie Chinoise", Stockholm, 조원임 · 이방계 역(1940),『중국음운학연구』, 상무인서관.

______(1923), "Analytic Dictionary of Chinise and Sino-Japanese", Paris.

______(1954), "Compendium of Phonetics in Ancient and Archaic Chinese", B.M.F.E.A. Vol.XXII, pp.211~362. Stockholm. 이돈주 역주(1985), 『중국음운학』, 일지사. 최영애 역(1985), 『고대한어음운학개요』, 민음사.

Poppe. N.(1965). "Introduction to Altaic Linguistics". Otto Harrassowitz. Wisbadenarlgren.

Rainer Dormels(1994), 「옥편류의 한자음 비교연구」, 서울대학교 석사학위 논문.

______(1999), 「18세기 한국한자음의 규범화 과정에 숨겨진 동기」, 『국어학』 33.

부록 : 규장전운 수록 한자 일람

○ 『규장전운』에 수록된 한자를 모두 제시하였다.
○ 한자의 배열은 『규장전운』 본문의 운목 배열 순서를 따랐다.
○ 한자음은 동음만을 표기하였다. 한자의 뜻풀이는 수록하지 않는다.
○ 본문을 따라 원문(原文)은 별도 표기하지 않고 증운(增韻)과 협운(叶韻), 통운(通韻)에 대해서는 <增>, <叶>, <通>으로 표시하였다.

1. 東董送屋

《東》

/공/ 公 工 功 紅 空 崆 箜 悾 /동/ 東 涷 蝀 同 仝 侗 銅 峒 桐 酮 鮦 童 僮 曈 瞳 罿 犝 獞 穜 潼 /롱/ 櫳 櫐 籠 嚨 朧 聾 礱 曨 瓏 /몽/ 蒙 冡 濛 矇 幪 幏 饛 艨 罞 雺 霿 夢 瞢 懜 懵 /봉/ 蓬 篷 芃 逢 韸 搴 芃 /옹/ 翁 /종/ 葼 鬷 艐 椶 棕 騣 鬉 豵 崇 宗 /총/ 悤 怱 忩 匆 蔥 聰 驄 叢 葼 藂 叢 潨 /통/ 通 恫 痌 筒 筩 /홍/ 烘 洚 洪 紅 葒 蕻 訌 虹 鴻 /중/ 終 螽 /궁/ 弓 躬 躳 窮 宮 穹 芎 竆 竆 藭 /웅/ 雄 熊 /풍/ 風 飌 颪 楓 豐 酆 灃 渢 馮 /륭/ 隆 窿 癃 癃 /슝/ 嵩 崧 菘 駥 鷟 娀 /융/ 融 瀜 肜 烿 狨 戎 茙 駥 絨 /즁/ 中 /츙/ 忠 衷 充 珫 忱 芜 忡 沖 翀 冲 种 盅 爞 蟲

<增> /공/ 蚣 玒 攻 釭 玒 倥 椌 涳 /동/ 絧 戙 膧 艟 舸 橦 氃 /롱/ 巃 龐 蘢 /몽/ 曚 艨 驜 鬆 /봉/ 菶 汎 /옹/ 鶲 螉 /종/ 緵 鬉 葼 鯼 猣 稯 崧 嵷 潨 /총/ 緫 璁 囪 篵 /통/ 蓪 侗 /홍/ 鉷 谼 /중/ 颸 /풍/ 豊 葑 霻 麷 /륭/ 蘴 /슝/ 懳 /융/ 狨 /즁/ 衆 霐

<叶> 禽 調 分 尊 淙 應 陰 弘 明 虞 牙 家 章 堂 諶 國

<通> 冬 江

《董》

/공/ 空 孔 悾 倥 /동/ 董 懂 蘳 蝀 動 挏 /롱/ 攏 篭 /몽/ 蠓 幪 懵 /봉/ 琫 鞛 菶 唪 唪 /옹/ 蓊 滃 /종/ 嵸 /총/ 總 摠 揔 惣 傯 憁 /통/ 捅 桶 /홍/ 澒 鴻 汞

<增> /동/ 曈 洞 /롱/ 鸗 曨 蘢 /몽/ 濛 /종/ 輟 葼 /총/ 穗 縱 /홍/ 嗊

<叶> 降 往 荏 任

<通> 腫 講

《送》

/공/ 貢 贛 灨 湏 墳 鶇 玒 虹 輇 倥 控 空 /동/ 涷 棟 恫 洞 /롱/ 弄 哢 /몽/ 霿 夢 寱 瞢 懵 /봉/ 賵 鳳 /송/ 送 /옹/ 瓮 甕 罋 /종/ 糉 粽 /총/ 傯 謥 憁 /통/ 痛 慟 /홍/ 烘 哄 鬨 /궁/ 諤 窮 㑋 /풍/ 諷 風 /즁/ 中 衆 仲 /츙/ 衷

<增> /공/ 贛 /농/ 齈 /동/ 涷 蝀 湩 詷 峒 衕 動 /롱/ 礱 /종/ 緵 /홍/ 洚

<叶>

<通> 宋 絳

《屋》

/곡/ 轂 軎 穀 槃 縠 觳 槃 瑴 嗀 珏 谷 哭 /독/ 禿 鵚 牘 櫝 匵 殰 讀 瓄 黷 瀆 犢 讟 獨 髑 韣 /록/ 祿 錄 碌 琭 睩 簶 盝 漉 淥 鹿 簏 麗 麓 樚 轆 騼 角 甪 木 沐 霂 楘 鶩 目 苜 睦 罙 牧 穆 繆 /복/ 卜 濮 樸 扑 擈 撲 醭 僕 福 幅 輻 蝠 楅 蔔 腹 馥 複 復 覆 蝮 伏 茯 栿 服 鵩 箙 瑼 菔 匐 虙 宓 /속/ 速 餗 涑 觫 樕 蔌 遬 藗 謖 /옥/ 屋 剭 /족/ 蔟 簇 鏃 族 /폭/ 曝 暴 瀑 /혹/ 熇 斛 觳 槲 縠 /국/ 匊 掬 鞠 鞠 菊 蘜 鵴 麴 麯 /욱/ 郁 彧 稶 薁 燠

澳 隩 墺 昱 煜 /뉵/ 朒 恧 忸 衄 蚵 衂 /륙/ 六 陸 稑 穋 蛙 剹 戮 僇 蓼 /슉/ 肅 翻 鱐 宿 蓿 夙 縮 蹜 茜 尗 菽 叔 琡 婌 淑 俶 倏 儵 孰 熟 塾 璹 /육/ 育 毓 堉 囿 鬻 粥 儥 肉 /쥭/ 粥 竹 /츅/ 顣 蹙 蹴 緎 蹴 踧 祝 竺 筑 築 柷 蓫 矗 閦 蓄 稸 畜 逐 軸 柚 舳 /휵/ 畜 慉

<增> /독/ 読 嬻 韇 /록/ 盝 谷 摝 /복/ 鞢 墣 副 輹 鍑 袱 垘 澓 洑 /옥/ 阿 /족/ 瘯 /국/ 趜 踘 阬 椈 /슉/ 驌 鷫 /츅/ 妯 鱁 /휵/ 搐

<叶> 國 答 囿 活 家 孝

<通> 沃 覺

2. 冬腫宋沃

《冬》

/공/ 攻 恭 共 供 龔 銎 邛 筇 茾 蛩 蛩 /농/ 農 儂 震 膿 醲 濃 穠 襛 /동/ 冬 彤 浵 佟 鼕 憹 /봉/ 丰 夆 峯 鋒 烽 漨 蠭 蜂 封 葑 逢 縫 浲 /옹/ 顒 喁 邕 噰 噰 灉 廱 廱 雝 雍 饔 /종/ 宗 賨 琮 淙 慒 悰 /총/ 從 樅 /룡/ 龍 /숑/ 松 鬆 蜙 蚣 舂 惷 /용/ 頌 容 溶 蓉 鎔 瑢 庸 墉 鏞 傭 鄘 慵 茸 /죵/ 蹤 縱 從 鐘 鍾 /즁/ 穜 重 /츙/ 衝 衝 罿 憧 /흉/ 胷 匈 凶 兇 訩 詾 哅 洶 恟

<增> /동/ 零 /봉/ 峯 犎 /옹/ 禺 壅 /종/ 鬃 淙 /총/ 葼 鏦 瑽 /룡/ 龍 瓏 /숑/ 淞 凇 蹤 鬆 驄 /용/ 榕 戫 鱅 竈 /즁/ 蝩 /츙/ 幢 穜 艟 傭 /흉/ 蛩

<叶>

<通> 東 江

《腫》

/공/ 拱 珙 栱 鞏 碧 恐 /동/ 湩 /롱/ 隴 /봉/ 捧 覂 泛 奉 /옹/ 擁 壅 /숑/ 竦 悚 聳 /용/ 勇 埇 甬 涌 湧 慂 臾 蛹 踊 踴 悀 俑 宂 滽 茸 毹 /죵/ 慫 腫 踵 種 尰 瘇 /춍/ 塚 冢 寵 龍 /즁/ 重

<增> /공/ 拲 /룡/ 蘢 龍 /숑/ 駷 擻 嵷 /용/ 筩 桶 /흉/ 詾 訩 兇 洶
<叶>
<通> 董 講

《宋》
/공/ 供 恐 共 /몽/ 雺 /봉/ 葑 俸 縫 㦀 /송/ 宋 /옹/ 雍 壅 灉 鞰 襛 /종/ 綜 猔 /통/ 統 /숑/ 頌 誦 訟 /용/ 用 /죵/ 縱 從 種 /즁/ 重
<增> /봉/ 封 /츙/ 憃 /흉/ 哅
<叶>
<通> 送 絳

《沃》
/곡/ 告 梏 牿 酷 鵠 嚳 曲 /독/ 篤 竺 督 裻 毒 蝳 纛 /록/ 綠 錄 淥 醁 碌 騄 籙 濼 /복/ 僕 幞 襆 宓 /속/ 涑 粟 剩 束 /옥/ 玉 獄 沃 鋈 /촉/ 促 趣 /폭/ 襮 /혹/ 翯 熇 /쇽/ 續 藚 俗 蜀 韣 瓙 蠋 襡 贖 /욕/ 欲 慾 谷 浴 鵒 辱 蓐 褥 縟 溽 鄏 /죡/ 足 /쵹/ 燭 屬 矚 囑 斸 钃 瘃 觸 歜 亍 躅 蠾 /국/ 輂 檋 梮 挶 局 跼 /욱/ 旭 勖 勗 頊
<增> /곡/ 秸 䒼 蛐 /독/ 碡 /록/ 菉 /옥/ 鈺 /촉/ 數 /혹/ 鵠 /쇽/ 屬 /쵹/ 矚 /국/ 拲
<叶>
<通> 屋 覺

3. 江講絳覺

《江》
/강/ 扛 杠 釭 矼 江 玒 茳 腔 悾 跫 /랑/ 瀧 /망/ 尨 狵 厖 哤

/ 방/ 邦 夆 龎 逄 /상/ 雙 㔌 艭 /장/ 椿 淙 幢 /창/ 囪 窓 牕 窻 摐 /항/ 肛 腔 缸 瓨 㼚 降

<增> /강/ 椌 /낭/ 聰 /상/ 瀧 /망/ 駹 /방/ 舽 /앙/ 峴 /장/ 橦 /창/ 鏦 惷 /항/ 舡

<叶>

<通> 東 冬

《講》

/강/ 講 耩 港 控 /방/ 棒 棓 玤 蚌 蜯 /항/ 項 缿 傋 /강/ 傋 /망/ 䖖 /방/ 棓

<增>

<叶>

<通> 董 腫

《絳》

/강/ 絳 降 洚 虹 /장/ 戇 惷 撞 /항/ 巷 衖 閧

<增> /방/ 胮

<叶>

<通> 送 宋

《覺》

/각/ 覺 角 桷 捔 縠 㱿 珏 榷 推 傕 斠 較 較 㱿 㱿 慤 㱿 確 碻 埆 /낙/ 搦 /락/ 犖 /막/ 貌 藐 邈 /박/ 剝 駁 駮 曝 樸 朴 璞 璞 颮 雹 骲 瓟 瓝 撲 鰒 /삭/ 朔 矟 槊 箾 嗽 欶 數 /악/ 渥 握 偓 幄 喔 箹 嶽 岳 樂 鷟 /착/ 捉 斮 齭 斵 椓 拯 涿 諑 琢 啄 啅 卓 倬 踔 娖 齪 擉 籗 逴 趠 濁 鐲 擢 濯 浞 鷟 濁 /학/ 學 鷽 嶨 确 翯 皠

<增> /각/ 睢 㲉 礐 /박/ 爆 鏷 彴 犦 譽 /악/ 齷 剭 葯 /착/ 瘃 穱 穛 錠 /학/ 㲉 㱿 梟

<叶>

<通> 屋 沃

4. 支紙寘

《支》

/규/ 規 巂 規 嫣 潙 闚 窺 虧 虧 逵 馗 騤 葵 戣 頯 頍 /류/ 纍 累 縲 纝 虆 欙 樏 /슈/ 雖 綏 荽 隨 隋 垂 倕 陲 誰 /유/ 維 唯 惟 濰 帷 遺 緌 綏 蕤 /츄/ 隹 雖 錐 騅 追 推 椎 槌 鎚 錘 鬌 /휴/ 隳 墮 睢 鑴 /기/ 岐 歧 祇 示 軝 疷 其 耆 鬐 鰭 夔 /니/ 尼 怩 /리/ 离 離 籬 攡 蘺 醨 漓 灕 璃 褵 縭 罹 羅 攡 氂 釐 嫠 劙 蔾 蠡 蠡 黧 犂 棃 梨 蔾 麗 孋 驪 鸝 貍 狸 羸 /미/ 麋 醾 縻 靡 糜 冞 罙 彌 瀰 眉 嵋 湄 楣 郿 /비/ 卑 庳 箄 裨 碑 悲 羆 詖 紕 丕 伾 秠 魾 陴 埤 脾 躭 毗 比 貔 豼 琵 蚍 枇 邳 /시/ 覘 施 絁 蓍 屍 尸 鳲 詩 時 岜 塒 匙 禔 題 提 篨 /이/ 伊 咿 黟 夷 尸 峓 陕 恞 姨 洟 痍 桋 荑 彝 椸 箷 酏 蛇 匜 扅 頤 台 飴 貽 詒 怡 瓵 圯 訑 訖 施 移 而 洏 胹 栭 輀 陑 鴯 /지/ 支 枝 肢 胑 鳷 脂 楮 捪 知 蜘 氏 祇 枳 胝 砥 之 芝 池 墀 遲 持 泜 坻 踟 篪 笹 /치/ 卮 梔 差 嵯 䅿 絺 鴟 蚩 嗤 媸 眵 癡 痴 笞 摛 攡 螭 彲 魑 治 馳 /피/ 詖 陂 披 鈹 皮 疲 罷 /히/ 屎 吚 /ᄉᆞ/ 斯 凘 霹 鷉 虒 禠 私 絲 思 司 覗 伺 詞 辤 辝 辭 師 篵 籭 /ᄋᆞ/ 兒 /ᄌᆞ/ 髭 頿 訾 貲 觜 諮 咨 粢 資 姿 齎 齊 齍 玆 滋 嵫 孜 孶 仔 鼒 劑 雌 疵 玼 慈 磁 鷀 餈 瓷 茨 薺 薋 /쇠/ 衰 瘯 /최/ 衰 榱 /귀/ 龜 /위/ 危 峗 委 倭 逶 萎 爲 /휘/ 麾 戲 撝 /취/ 吹 歈 炊 /긔/ 肌 飢 奇 觭 畸 羈 其 居 萁 箕 朞 期 基 姬 攲 攲 崎 欺 僛 琦 騎 錡 棊 碁 旗 淇 祺 琪 璂 琪 綦 麒 騏 祁 /싀/ 厮 凘 偲 緦 罳 釃 /의/ 欹 猗 椅 漪 禕 醫 毉 厷 儀 艤 涯 疑 嶷 /츼/ 淄 菑 輜 緇 錙 /희/ 噫 嘻 僖 釐 禧 熹 嬉 熙 羲 犧 曦 戲 巇

<增> /규/ 摫 郟 /류/ 藟 蘽 /슈/ 濉 睢 脽 /유/ 壝 桵 桵 /츄/

厜 檇 萑 鼪 甀 /기/ 跂 伎 蚑 芪 俟 躨 /니/ 跜 旎 /리/ 犛 來 纚 矖 鱺 梩 /미/ 蘼 蘼 麋 糜 獼 瓕 麛 黴 /비/ 椑 錍 豾 郫 梍 腗 阰 鈚 /시/ 葹 蒔 鰣 /이/ 洢 蛜 徛 跠 暆 侇 寅 宧 眙 貤 迤 螔 酏 鮧 鮧 /지/ 禔 胝 蚳 /치/ 郗 胵 齝 鮐 粭 褫 /피/ 破 鉟 /ᄉᆞ/ 鷥 篩 獅 螄 /ᄋᆞ/ 唲 /ᄌᆞ/ 趑 齎 鎡 玆 耔 鄑 茈 /위/ 痿 溈 棋 錤 踑 蹄 踦 魌 倛 榿 埼 碕 隑 騏 鵸 蜞 蘄 丌 /싀/ 澌 颸 襹 /의/ 旖 扅 崖 鷖 /츼/ 甾 椔 錙 鶅 /희/ 譆
<叶> 歌 丘 裘 波 佩 多 疏 化 訧 牢 態 又 一 德 民
<通> 微 齊 佳 灰

《紙》

/규/ 癸 跬 頍 揆 /류/ 絫 累 樏 纍 壘 藟 虆 /슈/ 髓 瀡 水 華 /유/ 洧 痏 鮪 唯 踓 /츄/ 捶 棰 箠 華 /기/ 庋 庪 企 跂 技 伎 妓 /니/ 你 柅 旎 /리/ 里 理 俚 悝 娌 鯉 裏 邐 李 履 梩 /미/ 彌 弭 瀰 渳 芈 靡 敉 美 媺 /비/ 俾 箄匕 妣 比 秕 粃 鄙 啚 否 庀 仳 圮 嚭 秠 諀 婢 庳 /시/ 枲 始 弛 豕 屎 矢 市 恃 是 諟 氏 視 眂 舓 秕 舐 咶 柹 柿 /이/ 以 呂 已 苡 莒 池 迤 酏 匜 肔 旎 耳 駬 爾 尒 邇 迩 /지/ 紙 扺 抵 坻 砥 底 者 只 咫 枳 軹 旨 指 止 趾 址 阯 芷 沚 祉 /치/ 時 徵 恥 齒 侈 褫 杝 廌 豸 陊 阤 雉 薙 峙 峙 跱 偫 庤 畤 痔 /피/ 彼 僎 髀 披 破 骳 柀 /사/ 死 徙 躧 屣 簁 葸 璽 壐 似 姒 兕 禩 祀 巳 汜 耜 竢 俟 涘 史 使 戹 㞒 士 仕 /자/ 子 耔 芓 杍 梓 滓 呰 訿 訾 紫 姊 胏 秭 /차/ 此 佌 玼 泚 /예/ 蘂 蕊 桒 縈 /뢰/ 誄 讄 /위/ 硊 頠 蔿 薳 闖 矚 委 骩 /취/ 觜 嘴 揣 /긔/ 己 紀 掎 剞 起 杞 屺 芑 玘 秖 綺 峗 跽 /의/ 倚 猗 螘 蟻 艤 檥 轙 矣 擬 儗 薿 錡 旖 /희/ 喜 嬉 /궤/ 几 垝 庪 詭 垝 軌 匭 宄 簋 晷 跪 /훼/ 毀 燬 毇 譭 烜
<增> /규/ 巋 /류/ 蜼 /슈/ 嶲 /츄/ 錘 /기/ 枳 /리/ 峛 /미/ 渼 /비/ 髀 枇 朼 批 痞 /시/ 阺 /이/ 絧 餌 /지/ 疻 /치/ 滍 泜 /ᄉᆞ/ 簁 纚 韆 纚 縰 駛 /자/ 跐 跐 笫 仔 虸 /뢰/ 礧 猵 /긔/

崎 /의/ 椅 旖 醫 醷 齮 /희/ 嬉 /궤/ 佹 袉 氿
<叶> 玖 偕 牝 負 鮮 禍 耦 晦
<通> 尾 薺 蟹 賄

《寘》
/규/ 巋 /류/ 類 禷 淚 累 纍 /슈/ 粹 誶 睟 祟 邃 遂 鐩 燧 檖 穗 隧 墜 襚 襚 璲 檖 彗 篲 帥 率 瑞 睡 /유/ 遺 /츄/ 出 墜 縋 膇 錘 /기/ 企 跂 歧 棄 弃 芰 /니/ 膩 /디/ 地 /리/ 利 莅 涖 詈 吏 荔 離 觀 /미/ 寐 媚 魅 彪 /비/ 畀 痺 臂 庇 芘 祕 秘 泌 毖 閟 轡 賁 鄪 費 比 濞 鼻 庳 枇 鞁 備 奰 /시/ 試 弑 殺 啻 翅 施 使 屣 侍 寺 閣 蒔 豉 視 眎 示 嗜 醋 謚 諡 /이/ 異 肄 隶 易 偒 异 食 二 貳 樲 餌 珥 咡 刵 /지/ 智 知 忮 觶 摯 鷙 贄 質 懫 懥 躓 蹠 疐 志 誌 識 至 輊 /치/ 寘 致 置 廁 熾 饎 糦 幟 眙 治 緻 穉 稚 遲 値 植 /피/ 帔 陂 佊 詖 骳 避 辟 被 髲 /ᄉᆞ/ 四 肆 泗 駟 賜 笥 伺 嗣 飼 飤 食 思 僿 駛 事 /ᄌᆞ/ 恣 漬 積 骴 胔 胾 諫刺 刺 自 字 孳 牸 /ᄎᆞ/ 次 佽 /계/ 季 悸 /괴/ 媿 愧 /뇌/ 諉 /귀/ 喟 噴 /위/ 僞 位 爲 /취/ 醉 翠 顇 悴 瘁 萃 惴 吹 /긔/ 寄 冀 糞 驥 覬 記 穊 器 亟 忌 鵋 騎 惎 誋 塈 暨 洎 垍 /의/ 意 懿 饐 縊 義 誼 議 劓 /희/ 戲 憙 屭 /궤/ 櫃 鐀 匱 簣 蕢 臾 饋 餽 歸 /훼/ 恚
<增> /슈/ 遂 繸 /유/ 壝 /츄/ 硾 磓 /휴/ 睢 /리/ 痢 莉 俐 /비/ 秘 譬 紕 鞴 贔 糒 /이/ 勩 珥 施 貤 /지/ 鷙 織 痣 笫 /치/ 埴 褫 跛 /ᄉᆞ/ 柶 寺 /ᄌᆞ/ 呰 眦 剚 倳 /ᄎᆞ/ 欲 /괴/ 騩 尯 /위/ 委 餧 骪 /긔/ 懻 旣 /의/ 薏 鷾 撎 倚 /희/ 豯 咥 嬉 䝟 豷 /훼/ 毀
<叶> 決 結 瓦 掇 芾 秣 訙 式 適 抑 佑 祐 右 材 翟
<通> 未 霽 泰 卦 隊

5. 微尾未
《微》

/미/ 微 薇 /비/ 非 菲 霏 騑 扉 緋 誹 馡 飛 蜚 妃 肥 淝 腓 婓 /귀/ 歸 婦 /위/ 巍 威 蝛 葳 韋 違 幃 禕 闈 圍 湋 /휘/ 暉 輝 煇 揮 翬 徽 褘 /긔/ 譏 犄 饑 鐖 機 璣 誐 磯 禨 幾 嘰 畿 圻 旂 祈 頎 /의/ 衣 依 沂 溰 /희/ 晞 睎 希 稀 唏 欷

<增> /미/ 瀓 /비/ 裶 騛 痱 厞 /귀/ 騩 /위/ 犩 潿 黴 /휘/ 楎 /긔/ 禨 蟣 刏 肵 碕 /희/ 俙 豨 鵗

<叶>

<通> 支 齊 佳 灰

《尾》

/미/ 尾 亹 娓 /비/ 婓 菲 悱 匪 篚 榧 棐 朏 蜰 陫 /귀/ 鬼 葦 韙 偉 暐 煒 瑋 媁 韡 磈 碨 嵔 /긔/ 幾 蟣 豈 /의/ 扆 偯 顗 /희/ 豨 蟜 唏 /훼/ 虺 虫 卉

<增> /비/ 誹 斐 蜚 /긔/ 機 /의/ 依 /희/ 俙

<叶>

<通> 紙 薺 蟹 賄

《未》

/미/ 未 味 /비/ 費 沸 芾 誹 屝 跳 剕 翡 蜚 狒 萬 /귀/ 貴 貿 /위/ 魏 慰 尉 罻 蔚 畏 威 胃 謂 渭 緭 蝟 彙 緯 /휘/ 諱 /긔/ 旣 氣 炁 乞 /의/ 衣 毅 /희/ 欷 唏 餼 熂 /훼/ 卉

<增> /비/ 痱 厞 /위/ 犩 蟜 熨 /의/ 藙 /희/ 蟜 熂 摡 塈

<叶>

<通> 寘 霽 泰 卦 隊

6. 魚語御

《魚》

/거/ 居 裾 据 琚 椐 車 墟 嘘 袪 胠 渠 蕖 磲 蘧 籧 腒 /어/ 魚

漁 歔 淤 於 扵 /허/ 虛 噓 煦 歔 魖 /녀/ 袽 挐 拏 帤 /려/ 閭 櫚 臚 驢 蘆 藘 廬 /셔/ 胥 徐 書 舒 紓 絲 /여/ 余 予 餘 畬 妤 伃 歟 璵 輿 轝 旟 鷽 舁 如 茹 /져/ 且 蛆 苴 葅 菹 疽 雎 狙 沮 趄 岨 砠 諸 豬 猪 瀦 摴 樗 除 滁 篨 儲 躇 蜍 蠩 /쳐/ 攄 /소/ 梳 疏 疎 踈 蔬 釃 /조/ 鉏 鋤 耡 /초/ 初

<增> /거/ 鶋 居 祛 阹 呿 醵 鐻 璩 鶋 /어/ 菸 /허/ 驉 /려/ 澗 藺 慮 /셔/ 蝑 諝 湑 糈 芧 /여/ 艅 與 筎 洳 駕 絮 /져/ 蕖 箸 屠 /소/ 疋 綀

<叶> 瓜 溝 朝 持 邪 州 瑕 霞 戲 娘

<通> 虡

《語》

/거/ 擧 莒 筥 弆 去 巨 鉅 距 拒 岠 炬 苣 詎 駏 蚷 秬 虡 籧 鐻 /어/ 語 齬 敔 圄 圉 禦 籞 /허/ 許 /녀/ 女 /려/ 呂 膂 侶 旅 祣 簇 穭 稆 /셔/ 胥 諝 醑 湑 敘 序 芧 緖 嶼 鱮 醐 萸 暑 鼠 癙 黍 抒 紓 墅 挑 /여/ 與 予 汝 茹 /져/ 咀 沮 跙 鬻 煮 渚 陼 褚 紵 杵 楮 宁 佇 竚 羜 貯 杼 抒 /쳐/ 處 処 /소/ 所 癖 疋 糈 /조/ 阻 俎 齟 /초/ 齼 楚 憷 礎

<增> /거/ 欅 柜 麮 胠 粔 /어/ 鋙 峿 /려/ 梠 /셔/ 溆 澳 /여/ 籹 /져/ 且 苎 /조/ 鉏 岨 詛 /초/ 齼

<叶> 口 咎 偶 圖 塗 表 蒲 老 寫 者 斗 舍 紆 下 暇 友 功 狃

<通> 虡

《御》

/거/ 據 拒 鐻 倨 距 鉅 遽 勮 醵 詎 去 /어/ 御 馭 語 飫 饇 淤 瘀 /녀/ 女 /려/ 慮 /셔/ 絮 恕 庶 署 曙 /여/ 豫 預 與 澦 澦 蕷 篽 輿 譽 茹 洳 /져/ 怚 沮 著 翥 箸 筯 除 /쳐/ 覰 處 疏 /조/ 詛 /셔/ 絮

<增> /거/ 懅 居 抾 /어/ 棜 /려/ 鑢 錮 濾 爈 錄 /셔/ 薯 /여/

檬 磲 鬻 /처/ 狙 絮
<叶> 稻 家 瀉 謝 朝 首 觸 絡 射
<通> 遇

7. 虞麌遇

《虞》
/고/ 柧 觚 箛 苽 菰 呱 罛 姑 孤 沽 蛄 酤 鴣 辜 枯 刳 /노/ 奴 砮 孥 帑 駑 /도/ 都 闍 徒 途 塗 畬 駼 荼 酴 菟 圖 屠 瘏 /로/ 盧 蘆 鱸 鑪 爐 壚 獹 瀘 櫨 纑 轤 顱 旅 瘏 /모/ 摸 橅 謨 謩 摸 摹 /소/ 穌 甦 蘇 麻 酥 /오/ 吾 梧 鼯 吳 珸 鋘 烏 嗚 於 洿 汚 汙 杇 圬 惡 /조/ 租 葙 徂 殂 /포/ 逋 晡 餔 誧 鋪 痡 蒲 捕 酺 匍 /호/ 呼 戲 虖 嘑 謼 滹 幠 膴 胡 瑚 餬 糊 湖 醐 鶘 弧 狐 瓠 瓠 壺 乎 /구/ 拘 駒 瞿 捄 斞 俱 區 驅 歐 嶇 軀 臞 癯 衢 鴝 鸜 約 軥 劬 /루/ 婁 膢 蔞 /무/ 無 糯 无 亡 毋 蕪 膴 巫 誣 /부/ 夫 玞 砆 鈇 麩 膚 孚 莩 郛 罦 桴 俘 敷 旉 枹 桴 泭 跗 趺 鄜 扶 芙 蚨 鳧 苻 符 /우/ 虞 愚 嵎 堣 隅 齵 娛 紆 迂 于 盂 竽 雩 /추/ 麤 粗 犓 雛 趨 趍 芻 雛 趎 /후/ 吁 芋 訏 盱 欨 煦 呴 /슈/ 鬚 須 頿 䫏 需 繻 /유/ 兪 渝 逾 隃 踰 愉 婾 瑜 榆 窬 褕 羭 覦 覦 歈 廠 揄 臾 萸 懙 腴 楰 諛 儒 檽 嚅 濡 醹 懦 /쥬/ 朱 珠 蛛 誅 株 侏 絑 邾 姝 廚 躕 幮 裯 /츄/ 娵 諏 貙 樞
<增> /고/ 軱 箛 鎑 /노/ 笯 /도/ 涂 稌 瘏 跿 /로/ 籚 黸 矑 艫 瓐 鸕 /모/ 嫫 膜 /보/ 菩 /오/ 浯 郚 蜈 /포/ 鯆 葡 /호/ 葫 蝴 箶 /구/ 痀 跔 摳 氍 戵 句 朐 /루/ 瘻 慺 鏤 /무/ 菰 /부/ 鳺 柎 /우/ 禺 髃 盂 玗 杅 釪 邘 /후/ 旴 姁 /슈/ 嬃 /유/ 蝓 闟 /쥬/ 袾
<叶>
<通> 魚

《麌》

/고/ 古 估 詁 牯 罟 酤 鈷 苦 筶 鹽 賈 鼓 皷 瞽 股 羖 羖 蠱 楛
/노/ 弩 怒 砮 努 /도/ 覩 睹 賭 堵 稌 /로/ 櫓 樐 魯 艣 艪 擄
虜 鹵 滷 /모/ 姥 莽 鏻 姆 侮 罶 /보/ 補 譜 普 溥 甫 父 黼 俌
簠 莆 輔 /오/ 五 伍 午 仵 隖 塢 祖 珇 組 粗 /토/ 土 吐 /포/
圃 浦 脯 /호/ 虎 琥 滸 戶 扈 鳸 扈 昈 祜 岵 怙 鄠 /구/ 矩 踽
蒟 枸 椇 齲 窶 寠 /두/ 斁 杜 肚 土 /루/ 縷 僂 褸 /무/ 武 珷
碔 鵡 鴟 舞 儛 甈 廡 憮 甒 嫵 娬 膴 /부/ 簿 部 斧 府 頫 俯 腑
弣 撫 拊 父 鬴 釜 駁 滏 腐 /수/ 數 /우/ 麌 俁 傴 羽 雨 宇 寓
禹 瑀 /주/ 麈 炷 黈 /후/ 詡 翐 珝 昫 煦 咠 /슈/ 豎 竪 裋 樹
/유/ 瘉 愈 庾 悏 瘐 斞 窳 瓜 乳 /쥬/ 宔 主 拄 柱 /츄/ 取 聚
<增> /고/ 鼓 /오/ 迕 鄔 /호/ 許 滬 /구/ 拒 楀 /두/ 荰 /루/
嶁 /부/ 蔀 哎 /슈/ 籔 /유/ 嫗 偊 鄅 /후/ 煦 姁 訏 /유/ 貐
臾 楰 擩 醹 /쥬/ 枓
<叶>
<通> 語

《遇》

/고/ 顧 頙 雇 故 固 錮 痼 鯝 酤 庫 袴 絝 胯 /노/ 怒 笯 /도/
渡 度 鍍 /로/ 路 璐 潞 簬 簵 鷺 輅 賂 露 /모/ 暮 莫 慕 募 墓
慔 /보/ 步 駁 荹 /소/ 素 傃 嗉 塑 愫 泝 㾐 遡 訴 愬 /오/ 誤
悞 悟 寤 捂 晤 聕 忤 蘁 遻 迕 謳 惡 迲 汙 /조/ 措 厝 錯 醋 酢
祚 阼 胙 飵 /토/ 兎 菟 觧 吐 /포/ 布 怖 佈 圃 鋪 舖 捕 哺 餔
/호/ 謼 呼 護 頀 濩 韄 瓠 互 冱 沍 涸 嫭 /구/ 屨 句 絇 驅 懼
瞿 具 颶 /두/ 蠹 斁 /루/ 屢 /무/ 務 婺 鶩 霧 瞀 /부/ 赴 仆
訃 賦 付 傅 附 駙 鮒 腑 胕 祔 賻 /수/ 捒 數 /우/ 遇 寓 嫗 傴
芋 雨 羽 /주/ 作 做 足 註 注 炷 軴 澍 霔 鑄 霽 /투/ 妒 妬 /
후/ 煦 昫 呴 酗 酌 /슈/ 樹 戍 /유/ 諭 喩 裕 籲 孺 /쥬/ 住 鉒
駐 /츄/ 趣 娶 取 聚

<增>
/고/ 涸 婟 詁 /보/ 鞴 簠 /소/ 愫 /오/ 梧 迕 /포/ 捬 誧 酺 /호/ 戽 楛 穫 /구/ 鞻 /부/ 報 /우/ 禺 /주/ 蛀 疰 鞋 /슈/ 輸 /유/ 瘉 乳 /쥬/ 柱
<叶>
<通> 御

8. 齊薺霽

《齊》
/뎌/ 氐 羝 低 眂 /려/ 邌 黎 黧 犁 藜 蔾 驪 鸝 鵹 驪 蠡 蠡 /셔/ 西 栖 棲 犀 /쳐/ 妻 緀 萋 淒 凄 悽 霋 /규/ 圭 珪 袿 鞋 閨 窐 邽 奎 刲 睽 /유/ 烓 /휴/ 攜 携 鑴 蠵 觿 畦 /니/ 埿 泥 臡 /미/ 迷 麛 /비/ 豍 箄 篦 錍 槐 剕 批 鈚 錍 磇 鼙 鞞 椑 膍 /계/ 鷄 乩 稽 枅 笄 谿 嵠 磎 溪 鸂 /뎨/ 隄 堤 磾 梯 嗁 啼 蹏 蹄 踶 提 媞 褆 禔 緹 騠 醍 題 鶗 稊 苐 綈 鵜 荑 折 /셰/ 栘 /예/ 鷖 黳 翳 蠮 緊 兒 倪 齯 輗 鯢 猊 霓 麑 猊 /제/ 躋 隮 齎 賫 齏 虀 整 擠 齊 臍 蠐 /톄/ 睇 /폐/ 陛 狴 /혜/ 醯 醓 兮 嫨 奚 傒 蹊 暌 徯 貕 鼷 嵇 /싀/ 嘶 撕
<增> /뎌/ 詆 柢 /규/ 睽 /휴/ 巂 酅 /니/ 呢 /미/ 麑 /뎨/ 鞮 鷈 瑅 瑅 緹 鮧 罤 /예/ 蜺 /혜/ 謑 /싀/ 凘 澌

《薺》
/뎌/ 氐 柢 詆 牴 觝 抵 阺 坻 弤 軧 底 邸 /려/ 蠡 /니/ 禰 瀰 泥 /미/ 絲 米 眯 洣 /계/ 啓 棨 綮 稽 /뎨/ 悌 弟 娣 /례/ 禮 醴 澧 鱧 /셰/ 洗 洒 /제/ 濟 /졔/ 薺 /쳬/ 泚 玼 / 톄/ 體 軆 涕 遞 逓 /폐/ 陛 /혜/ 傒 謑
<增> /뎌/ 疷 /려/ 欐 /니/ 瀰 苨 /예/ 掜 /제/ 泲 齊 癠 鮆 批 /폐/ 狴

<叶>
<通> 紙 尾 蟹 賄

《霽》
/뎌/ 柢 /려/ 厲 礪 勵 癘 痢 麗 儷 戾 盭 悷 綟 唳 沴 荔 /셔/ 壻 婿 逝 誓 筮 噬 澨 /쳐/ 妻 /니/ 泥 埿 坭 /미/ 謎 /비/ 睥 淠 媲 /계/ 憩 愒 惕 揭 甈 偈 /에/ 曀 噎 殪 /계/ 計 罽 猘 繼 繫 係 薊 郪 髻 紒 桂 鍥 契 挈 /뎨/ 帝 第 弟 悌 娣 睇 題 踶 提 /례/ 例 栵 隸 隷 /몌/ 袂 /셰/ 細 歲 繐 繕 篲 彗 世 貰 勢 帨 蛻 涗 稅 說 /예/ 瘞 医 翳 瞖 緊 嫕 瘱 羿 帠 堄 睨 寱 詣 囈 藝 埶 藝 曳 拽 抴 裔 澮 泄 洩 枻 栧 詍 詉 呭 跇 勩 叡 睿 銳 轊 汭 芮 枘 蜹 /졔/ 霽 濟 祭 際 穄 眥 齊 懠 穧 嚌 癠 劑 晢 嘶 製 制 /쳬/ 切 砌 綴 啜 揥 傺 懘 掣 瘛 滯 /톄/ 諦 嚏 疐 蒂 蝃 螮 替 殢 涕 鬀 剃 屜 遰 遞 締 禘 杕 棣 逮 髢 鬄 /폐/ 嬖 閉 弊 蔽 箅 敝 獘 幣 /혜/ 系 繫 係 禊 嘒 嘒 慧 惠 蕙 譓 憓 /위/ 衞 /취/ 脃 脆 贅 毳 橇 /궤/ 鱖 蹶 劌
<增> /뎌/ 泜 /려/ 禲 糲 蠣 攦 欐 颲 棙 颵 /셰/ 栖 遾 忕 /니/ 殢 /비/ 埤 /게/ 碣 /에/ 饐 /계/ 瘈 /뎨/ 珶 趧 /예/ 蘙 欕 瀼 /졔/ 擠 蕝 蕞 薺 鱭 淛 /쳬/ 餟 醊 /톄/ 禘 裼 薙 銻 /폐/ 薜 /혜/ 盻 槥 蟪 /위/ 蔧 /취/ 竁 /궤/ 撅
<叶>
<通> 寘 未 泰 卦 隊

9. 佳蟹泰

《佳》
/가/ 佳 街 /애/ 挨 啀 崖 厓 /채/ 叉 釵 /패/ 牌 /괴/ 乖 /회/ 懷 裹 櫰 槐 瀤 淮 /기/ 皆 喈 楷 湝 偕 階 堦 鞋 稭 荄 颽 揩 /미/ 埋 薶 霾 /빅/ 排 俳 /직/ 齋 齊 儕 柴 柴 豺 /치/ 差 /히/

諧 骸 鞵 鞋 膎 鮭 /괘/ 媧 緺 蝸 騧 /왜/ 哇 娃 蛙 鼃 洼
<增> /애/ 睚 捱 /채/ 靫 /패/ 簰 廲 /ᄀᆡ/ 祴 痎 緖 偕 /ᄒᆡ/ 湝
/괘/ 喎 /왜/ 闖
<叶>
<通> 支 微 齊 灰

《蟹》
/내/ 嬭 妳 /새/ 灑 洒 躧 /애/ 騃 /채/ 廌 豸 /패/ 擺 罷 捭
/ᄒᆡ/ 解 鍇 楷 /ᄆᆡ/ 買 /ᄒᆡ/ 駭 駴 蟹 獬 澥 嶰 /왜/ 矮
<增> /ᄒᆡ/ 豥 絯 夥 解 /괘/ 枴
<미>
<通> 紙 尾 薺 賄

《泰》
/개/ 匃 匄 丐 葢 盖 磕 礚 愒 /내/ 柰 奈 /대/ 汏 釱 大 /애/
忞 艾 餲 藹 靄 壒 曖 /채/ 蔡 /태/ 泰 太 大 忕 娧 脫 駾 兌 鞔
/패/ 貝 狽 霈 沛 伂 旆 茷 /해/ 害 /괴/ 會 膾 鱠 儈 澮 鄶 檜
襘 獪 劊 廥 穭 旝 /뢰/ 賴 瀨 籟 癩 酹 /외/ 外 薈 濊 /죄/ 最
蕞 /회/ 會 繪 繢 禬 /ᄃᆡ/ 帶 癨 祋 /ᄆᆡ/ 昧 沬 /홰/ 翽 譾 噦
<增> /개/ 嘅 /채/ 縩 /태/ 蛻 稅 銳 /패/ 浿 肺 /해/ 妎 /괴/
塊 /뢰/ 藾 /죄/ 稡 椊 /ᄃᆡ/ 蹛 /ᄆᆡ/ 昧
<叶>
<通> 寘 未 霽 卦 隊

10. 灰賄卦

《灰》
/내/ 能 /애/ 豈 皚 敳 埃 欸 唉 /괴/ 瑰 瓌 傀 恢 詼 盔 魁 悝
/뇌/ 捼 挼 /뢰/ 雷 靁 壨 罍 /쇠/ 纕 /외/ 桅 嵬 峗 隗 煨 椳 偎

揌 /최/ 催 崔 隹 縗 衰 摧 /퇴/ 堆 鎚 磓 頧 追 敦 推 蓷 頹 隤 穨 橔 僓 焞 魋 /회/ 灰 洄 回 廻 佪 佪 茴 槐 /기/ 該 垓 晐 荄 陔 峐 祴 開 /딕/ 臺 擡 儓 薹 籉 /릭/ 萊 來 倈 徠 騋 棶 /믹/ 枚 玫 煤 禖 媒 腜 酶 脢 梅 鋂 莓 罺 塺 /빅/ 桮 杯 盃 肧 坏 醅 裵 裴 徘 培 陪 阫 /싀/ 顋 腮 毸 鰓 鬛 /익/ 哀 /지/ 哉 烖 栽 裁 戋 烕 灾 菑 災 纔 才 財 材 裁 /칙/ 猜 偲 /틱/ 胎 台 邰 駘 炱 鮐 涾 苔 /히/ 咍 孩 頦
<增> /개/ 剴 /래/ 崍 /애/ 欸 /릐/ 轠 擂 /쇠/ 挼 /외/ 隗 /최/ 峻 嗺 漼 /퇴/ 槌 搥 /회/ 豗 詼 蛮 蛔 /기/ 絯 晐 賅 侅 胲 /믹/ 每 /빅/ 环 衃 碚 /싀/ 鰓 罳 /지/ 鼒 /틱/ 跆 箈
<叶>
<通> 支 微 齊 佳

《賄》

/개/ 愷 凱 豈 塏 鎧 闓 /내/ 乃 迺 鼐 能 /뇌/ 餧 餒 鮾 腇 /뤼/ 磊 礨 儡 櫑 蕾 /외/ 隗 嵬 頠 猥 崀 /죄/ 罪 辠 /최/ 嶉 漼 璀 /퇴/ 腿 /회/ 賄 晦 悔 瘣 廆 匯 /기/ 改 /딕/ 待 /믹/ 每 浼 /빅/ 倍 琲 /익/ 毒 /지/ 宰 睟 縡 載 在 /칙/ 綵 採 采 彩 寀 茝 /틱/ 怠 迨 逮 隸 詒 紿 殆 /히/ 海 醢 亥
<增> /애/ 靄 藹 /괴/ 傀 魁 /릐/ 壘 嵔 /최/ 粹 洒 /기/ 陔 胲 /빅/ 蓓 /익/ 欸 娭 霼 /칙/ 棌 /틱/ 隸 駘
<叶>
<通> 紙 尾 薺 蟹

《卦》

/개/ 疥 介 玠 夰 魪 芥 价 恝 忿 犗 /매/ 賣 邁 勱 /애/ 喝 餲 嗄 /채/ 債 祭 瘵 蠆 瘥 差 /패/ 敗 派 浿 唄 粺 稗 /계/ 戒 誡 械 界 屆 /괴/ 怪 恠 砭 壞 蒯 蕢 聵 喟 /외/ 聵 /최/ 嘬 /기/ 解 懈 繲 廨 韜 劾 /믹/ 韎 /빅/ 扒 拜 湃 憊 憊 韛 犕 /익/ 隘

餲 阨 呃 詎 噫 /ᄌᆡ/ 眦 /ᄎᆡ/ 寨 砦 柴 /ᄒᆡ/ 邂 械 齘 薤 瀣 /괘/ 卦 挂 掛 詿 罣 絓 /쇄/ 曬 晒 灑 洒 殺 煞 /쾌/ 夬 獪 快 駃 噲 /홰/ 畫 畵 話 譮 䆉
<增> /개/ 髹 祄 /애/ 睚 /채/ 責 /체/ 蘻 /회/ 壞 /ᄇᆡ/ 糒 /ᄒᆡ/ 解 僁 /쇄/ 鎩 /쾌/ 澮 /홰/ 繣 罫
<叶>
<通> 寘 未 霽 泰 隊

11. 隊

《隊》
/개/ 漑 摡 槩 慨 愾 嘅 鎧 /내/ 耐 能 鼐 /애/ 礙 碍 硋 閡 /패/ 佩 珮 北 邶 /ᄇᆡ/ 背 倍 誖 悖 /예/ 穢 薉 獩 濊 刈 乂 艾 /폐/ 廢 癈 肺 杮 吠 /괴/ 塊 凷 /뢰/ 賚 纇 耒 擂 酹 /퇴/ 退 /회/ 醶 頮 誨 悔 晦 潰 繪 繢 闠 回 /ᄀᆡ/ 欬 咳 /ᄂᆡ/ 內 /ᄃᆡ/ 戴 襶 對 碓 貸 代 岱 黛 黱 袋 㑀 瑇 玳 隊 憝 懟 鐓 錞 霴 薱 /ᄅᆡ/ 徠 來 /ᄆᆡ/ 妹 昧 眛 每 痗 瑁 /ᄇᆡ/ 背 輩 輩 配 妃 焙 琲 /ᄉᆡ/ 賽 塞 簺 /ᄋᆡ/ 磑 愛 曖 僾 靉 /ᄌᆡ/ 再 縡 酨 載 栽 裁 在 /ᄎᆡ/ 菜 埰 采 寀 /ᄐᆡ/ 態 逮 迨 埭 碌 靆 /ᄒᆡ/ 劾 瀣 /쇄/ 碎 誶 /쵀/ 晬 綷 淬 焠 倅 /궤/ 憒 /훼/ 喙
<增> /개/ 剴 /내/ 褦 /패/ 拔 孛 /괴/ 穭 /뢰/ 礧 礌 擂 /회/ 聵 /ᄃᆡ/ 敦 駾 /ᄅᆡ/ 睞 /ᄆᆡ/ 韎 脢 沕 /ᄋᆡ/ 薆 /ᄐᆡ/ 棣 曃 詒 /쵀/ 綷 啐 /훼/ 顪
<叶>
<通> 寘 未 霽 泰 卦

12. 眞軫震質

《眞》

/준/ 僎 遵 /균/ 均 匀 鈞 袀 昀 畚 麕 麏 麇 頵 囷 箘 /륜/ 倫 淪 綸 輪 掄 /슌/ 筍 詢 峋 恂 洵 珣 郇 旬 巡 循 楯 揗 馴 紃 蓴 蒓 脣 唇 漘 純 醇 鶉 錞 淳 犉 /윤/ 奫 筠 /쥰/ 逡 皴 踆 趁 踆 竣 諄 肫 屯 窀 迍 /츈/ 春 椿 杶 橁 櫄 輴 /근/ 巾 /은/ 銀 垠 嚚 誾 /흔/ 礥 /닌/ 紉 /린/ 鄰 隣 轔 嶙 璘 鱗 麟 麐 驎 嶙 磷 粼 潾 /민/ 民 岷 珉 玟 罠 緡 緍 旻 旼 忞 閩 /빈/ 賓 濱 瀕 鑌 豳 邠 贇 彬 份 斌 瑸 繽 頻 顰 臏 嚬 蘋 薲 嬪 玭 蠙 貧 /신/ 辛 新 薪 莘 婯 侁 幸 鮏 兟 詵 侁 駪 籸 甡 紳 伸 申 呻 娠 身 辰 宸 晨 鷐 臣 神 /인/ 夤 寅 胂 因 鞇 茵 姻 婣 氤 絪 駰 駰 陻 堙 煙 禋 湮 諲 闉 人 仁 /진/ 津 璡 秦 螓 臻 轃 溱 蓁 榛 眞 甄 振 桭 珍 珎 畛 嗔 謓 瞋 塵 陳 敶 /친/ 親

<增>

/준/ 鷷 /균/ 龜 /륜/ 論 /슌/ 焞 瞤 /윤/ 匀 昀 尹 /쥰/ 捘 /근/ 穜 矜 堇 墐 /은/ 齗 /린/ 燐 /민/ 鍲 痻 /빈/ 檳 霦 獱 /신/ 蜃 /인/ 螾 /진/ 鎮 籈 帪 侲 蔯 螴 塡

<叶> 宮 功 肓 遯 溷 章 襜 鉉 厭 衍

<通> 文 元 寒 删 先

《軫》

/균/ 窘 僒 /운/ 殞 隕 霣 愪 /균/ 箘 菌 /슌/ 筍 笋 箌 簨 栒 箕 隼 盾 栒 揗 /윤/ 允 狁 蝡 尹 蝡 蠕 /쥰/ 埻 準 准 純 蠢 賰 踳 賰 /긴/ 緊 /린/ 嶙 /민/ 閔 憫 泯 暋 敃 昬 愍 慜 敏 澠 僶 黽 /빈/ 牝 臏 /신/ 哂 矧 腎 蜃 裖 脤 /인/ 引 蚓 螾 忍 /진/ 盡 儘 軫 畛 眕 袗 裖 疹 胗 診 紾 抮 鬒 黰 稹 縝 黮 眣 紖

<增> /균/ 稛 /윤/ 鈗 /쥰/ 惷 /린/ 燐 粦 /민/ 憫 湣 /인/ 釼 縯 戭 贇 /진/ 濜 胗 賑 疢

<叶>

<通> 吻 阮 旱 潸 銑

《震》

/슌/ 峻 嶲 埈 駿 濬 浚 徇 侚 殉 舜 蕣 瞬 瞚 眴 順 揗 /윤/ 胤 酳 閏 潤 /쥰/ 俊 儁 餕 畯 駿 晙 鵔 稕 /근/ 菫 僅 廑 覲 饉 堇 墐 殣 瑾 /은/ 憖 /츤/ 藽 櫬 襯 儭 齔 /흔/ 舋 釁 衅 /린/ 吝 悋 恡 磷 膦 蹸 躪 轔 蟒 遴 藺 /빈/ 儐 殯 鬢 鬂 擯 /신/ 信 訊 誶 汛 迅 賮 贐 藎 燼 愼 昚 蜃 /인/ 印 靭 刃 軔 訒 仞 軔 牣 認 腮 /진/ 晉 晋 搢 縉 進 璡 瑨 震 賑 振 侲 鎭 塡 趁 趂 疢 疹 陳 陣 /친/ 親

<增> /슌/ 恂 駿 楯 朐 /흔/ 舋 /긴/ 鼓 墪 /린/ 燐 粦 粼 潾 甐 /신/ 囟 顖 申 /인/ 粈 輮 孕 /진/ 盡 瑱 診

<叶> 名 實

<通> 問 願 翰 諫 霰

《質》

/굴/ 茁 /줄/ 猝 卒 踤 崒 窋 怡 /귤/ 橘 獝 /률/ 律 嵂 率 繂 膟 栗 凓 慄 凓 搮 篥 鷅 瀝 飀 /슐/ 恤 卹 賉 戌 珬 訹 率 帥 蟀 朮 述 術 沭 秫 /율/ 矞 遹 繘 霱 潏 鷸 颶 聿 汩 颶 /츌/ 出 黜 絀 怵 /휼/ 狘 /슬/ 膝 厀 蓀 瑟 璱 颷 蝨 /을/ 鳦 乞 乙 /즐/ 唧 櫛 楖 瀄 叱 /길/ 吉 拮 姞 佶 詰 趌 /닐/ 暱 昵 慝 怩 /밀/ 密 宻 宓 蜜 謐 /실/ 悉 蟋 失 室 實 /일/ 一 壹 逸 佚 妷 泆 軼 佾 溢 鎰 日 衵 馹 /질/ 嫉 疾 蒺 質 鑕 櫍 礩 瓆 劕 晊 桎 蛭 銍 挃 秷 窒 庢 郅 騭 扶 眣 咥 帙 袠 袟 秩 紩 猤 姪 /칠/ 七 桼 榛 漆 /필/ 必 鉍 柲 珌 罼 畢 韠 韡 滭 觱 滭 縪 饆 彃 趩 蹕 篳 蓽 筆 笔 匹 疋 苾 飶 佖 怭 泌 駜 飶 邲 弼 拂 比 /힐/ 肸 肹 欯

<增> /줄/ 啐 誶 /률/ 凓 /슐/ 潏 /율/ 驈 /휼/ 瞲 /즐/ 堲 /길/ 鴶 蛣 /닐/ 尼 柅 /밀/ 蔤 /필/ 佛

<叶> 岳 替 穆 際 萃 駟 叔 轡 木 至

<通> 物 月 曷 黠 屑

13. 文吻問物

《文》

/온/ 轀 馧 氳 熅 /군/ 君 軍 皸 羣 帬 裙 /문/ 文 紋 雯 蚊 蟁 聞 闅 彣 閺 /분/ 分 芬 雰 紛 帉 毰 衯 玢 氛 豩 饙 餴 枌 汾 蚡 棻 妢 頒 肦 弅 賁 蕡 墳 羵 濆 幩 轒 獖 黂 豶 焚 /운/ 云 員 紜 芸 沄 耘 雲 蕓 郧 /훈/ 熏 燻 薰 曛 勳 勛 纁 醺 臐 獯 葷 焄 /근/ 釿 斤 筋 劤 勤 慬 懃 瘽 芹 蘄 /은/ 垠 圻 齗 齦 鄞 狺 誾 訢 殷 慇 /흔/ 欣 忻 訢 昕 炘

<增> /온/ 葐 蘊 /군/ 麇 窘 /분/ 鷐 鳻 砏 /운/ 妘 篔 熉 /훈/ 煇 /근/ 穛 僅 廑 勵 /은/ 蔎 磤 癮 溵

<叶>

<通> 眞 元 寒 删 先

《吻》

/온/ 韞 醞 蘊 宛 薀 /군/ 麇 /문/ 吻 刎 忞 抆 /분/ 粉 憤 墳 坌 坋 坌 扮 鼢 蚡 /운/ 惲 抎 顛 䪨 /근/ 謹 慬 槿 堇 巹 近 /은/ 听 磤 殷 隱 嶾 轜 穩 檃 檼

<增> /온/ 溫 縕 /군/ 攈 /문/ 脗 /분/ 羵 笨 /근/ 瑾 巹 /은/ 濦 癮

<叶>

<通> 軫 阮 旱 潸 銑

《問》

/온/ 醞 溫 慍 縕 蘊 薀 榲 麷 熅 /군/ 攈 捃 皸 郡 /문/ 聞 問 璺 紊 汶 絻 免 /분/ 湓 坌 糞 瀵 僨 分 忿 坋 奮 /운/ 運 暈 煇 鄆 餫 輝 韻 韵 員 /훈/ 訓 爋 /근/ 斤 靳 近 劤 墐 /은/ 垽 傿 檼 隱 /흔/ 焮

<增>

/문/ 文 抆 娩 /분/ 奔 /훈/ 馴 /근/ 慬
<叶>
<通> 震 願 翰 諫 霰

《物》
/굴/ 屈 厥 絀 詘 倔 崛 褔 掘 堀 /물/ 物 勿 芴 岉 沕 /불/ 不 艴 艳 弗 黻 芾 拂 沸 髴 髯 佛 踋 刜 茀 紼 綍 紱 韍 祓 汷 翇 帗 怫 咈 佛 /울/ 鬱 鬱 欝 爩 菀 尉 蔚 熨 颸 /훌/ 颮 欻 欻 /글/ 吃 訖 乞 /을/ 屹 仡 疙 /흘/ 迄 訖 釳 汔 忔 肸
<增> /굴/ 剾 劂 蝠 /물/ 昒 /불/ 颵 坲 髴 /울/ 罻 /글/ 契 /을/ 疑
<叶>
<通> 質 月 曷 黠 屑

14. 元阮願月

《元》
/건/ 鞬 犍 揵 /번/ 翻 飜 拚 幡 潘 番 藩 蕃 旛 璠 轓 繙 反 犿 煩 薠 繁 蘩 蹯 墦 燔 膰 樊 蠜 礬 笲 袢 /언/ 言 /헌/ 軒 騫 掀 /곤/ 褌 裩 崐 崑 錕 琨 鯤 蜫 昆 菎 鵾 坤 髨 /돈/ 惇 弴 敦 墩 焞 蘔 噋 豚 豘 焞 /론/ 侖 崘 崙 論 掄 /손/ 孫 蓀 猻 飧 飱 湌 /온/ 嗢 縕 溫 瑥 /존/ 尊 存 /촌/ 邨 村 /톤/ 噋 啍 /혼/ 昏 昬 惛 殙 婚 閽 涽 魂 黿 渾 /둔/ 屯 芚 臀 /문/ 門 捫 樠 璊 亹 /분/ 奔 犇 賁 歕 噴 盆 湓 /준/ 罇 樽 尊 鷷 蹲 /근/ 根 跟 /은/ 恩 痕 報 /튼/ 呑 /원/ 鴛 鵷 宛 踠 眢 怨 冤 元 沅 蚖 螈 黿 原 邍 源 謜 嫄 騵 袁 園 轅 猿 猨 獂 爰 援 媛 垣 洹 /훤/ 萱 暄 喧 讙 嚾 諠 諼 貆 狟 晅 塤 壎
<增> /곤/ 混 /논/ 磨 /돈/ 蜳 魨 純 忳 飩 軘 庉 /론/ 淪 圇 /온/ 瘟 /혼/ 棔 昆 餛 緷 /문/ 穈 虋 汶 /분/ 蒕 /흔/ 拫 /원/

祁 麤 溪 棱 鷄 /훤/ 暖
<叶>
<通> 眞 元 寒 刪 先

《阮》
/만/ 晩 娩 挽 輓 /반/ 飯 返 反 畈 /판/ 阪 坂 /건/ 謇 蹇 楗 揵 鍵 /언/ 巘 鄢 偃 鰋 蝘 鼴 鶠 鄢 /헌/ 幰 /곤/ 袞 蓘 緄 輥 錕 碮 鯀 鯀 鮌 橐 壼 閫 梱 悃 捆 綑 齫 /돈/ 囤 沌 敦 /본/ 本 /손/ 損 /온/ 穩 /촌/ 刌 忖 /톤/ 膔 畽 /혼/ 棍 焜 煇 掍 混 渾 緷 /둔/ 盾 遁 遯 遯 /문/ 悗 /분/ 畚 /준/ 撙 僔 繜 噂 譐 蕁 /근/ 懇 墾 /흔/ 狠 /권/ 綣 圈 /원/ 阮 遠 苑 宛 琬 蜿 畹 婉 菀 /훤/ 烜 咺
<增> /반/ 笲 /건/ 鞬 /언/ 匽 堰 /헌/ 憲 /곤/ 滾 硱 /돈/ 豚 /혼/ 鯶 /문/ 懣 /분/ 旙 轓 苯 /준/ 劐 墫 鱒 /근/ 齦 /원/ 涴 踠 晼 /훤/ 諼 暖
<叶>
<通> 軫 吻 旱 潸 銑

《願》
/만/ 万 萬 蔓 曼 /반/ 嬔 飯 飰 /판/ 販 畈 /건/ 建 健 腱 /언/ 堰 鄾 /헌/ 憲 獻 /곤/ 困 /돈/ 頓 /론/ 論 /손/ 巽 潠 噀 遜 愻 /촌/ 寸 /톤/ 褪 /혼/ 慁 溷 圂 /눈/ 嫩 嫰 腝 /둔/ 鈍 頓 遁 遯 腯 /문/ 悶 懣 /분/ 噴 坌 /준/ 焌 捘 鐏 鱒 /근/ 艮 /흔/ 恨 /권/ 綣 綣 券 勸 圈 /원/ 願 愿 謜 遠 怨 /훤/ 楦
<增> /만/ 輓 /판/ 汳 /언/ 鼴 /헌/ 軒 /곤/ 閫 /돈/ 敦 /톤/ 涒 /문/ 們 /분/ 奔 湓 /권/ 綣 /원/ 瑗
<叶>
<通> 震 問 翰 諫 霰

《月》

/갈/ 訐 羯 揭 竭 碣 楬 /말/ 韈 襪 韤 /발/ 髮 發 /알/ 钀 謁 暍 瘍 煬 /벌/ 伐 筏 栰 橃 瞂 閥 垡 墢 罰 昁 瞂 /헐/ 歇 蠍 蝎 颰 狘 /골/ 骨 滑 汩 愲 搰 榾 扢 鶻 矻 /돌/ 咄 柮 突 揬 堗 腯 鈯 /몰/ 歿 沒 坳 /솔/ 窣 /올/ 兀 扤 屼 矹 瓞 杌 /졸/ 卒 殚 猝 捽 /홀/ 忽 笏 昒 笏 惚 芴 鶻 /굴/ 淈 窟 /눌/ 訥 吶 /률/ 硉 /불/ 咄 /흘/ 紇 粃 齕 紇 /볼/ 悖 誖 孛 餑 桲 埻 浡 勃 艴 渤 /궐/ 蕨 癞 厥 蹶 蟨 劂 闕 橛 鷢 /월/ 月 刖 軏 曰 粤 越 樾 蠘 蚏 鉞 絨

<增> /발/ 浟 /알/ 閼 /얼/ 巘 /헐/ 猲 /돌/ 頓 /몰/ 匆 /솔/ 邮 /올/ 膃 榲 /졸/ 稡 /홀/ 囫 核 /눌/ 肭 貀 /불/ 朏 /볼/ 鵓 /궐/ 鱖 獗 緆 掘 撅

<叶>

<通> 質 物 曷 黠 屑

15. 寒旱翰曷

《寒》

/간/ 干 肝 奸 玕 虷 竿 乾 瀚 栞 刊 看 看 /난/ 難 /단/ 丹 單 鄲 簞 耑 端 褍 剬 湍 煓 貒 壇 檀 驙 慱 漙 團 敦 摶 /란/ 闌 欄 瀾 幱 躝 蘭 籣 巒 欒 灤 鑾 鸞 圞 /만/ 瞞 蹣 鬘 曼 漫 鰻 謾 饅 鏝 墁 槾 鄤 /반/ 黇 般 拌 搫 拚 潘 槃 柈 盤 幋 鞶 磐 鬆 瘢 磻 蟠 胖 繁 絆 弁 /산/ 跚 散 姍 酸 狻 珊 /안/ 豻 犴 安 鞍 /잔/ 殘 戔 /찬/ 鑽 餐 湌 囋 穳 巑 菆 欑 /탄/ 殫 灘 攤 嘽 嘆 歎 撣 驒 彈 /한/ 寒 韓 翰 汗 邗 邯 /관/ 官 倌 涫 棺 莞 菅 冠 觀 寬 髖 /완/ 岏 刓 抏 忨 蚖 豌 剜 豌 蜿 完 /환/ 歡 懽 驩 貛 讙 桓 貆 絙 丸 汍 芄 紈 綄 巘 萑

<增> /간/ 杆 靬 /단/ 襌 匰 鯿 剸 鷙 /란/ 攔 爛 欄 /민/ 樠 縵 蔓 澷 /반/ 搬 簸 番 瘢 縏 鞶 瀊 蹣 /산/ 霰 /찬/ 攢 酇 /한/ 榦 馯 /완/ 智 /환/ 貆

<叶> 通 眞 文 元 刪 先

《旱》

/간/ 稈 秆 奸 皯 笴 簳 侃 偘 衎 /난/ 煗 煖 暖 餪 /단/ 亶 癉 短 斷 袒 襢 但 /란/ 孏 懶 卵 /만/ 滿 懣 /반/ 伴 /산/ 散 散 繖 傘 饊 筭 算 篹 /찬/ 儹 纘 纂 酇 穳 瓚 /탄/ 坦 疃 畽 鐽 誕 /한/ 罕 罕 暵 熯 旱 /관/ 管 筦 琯 輨 錧 痯 悹 悺 盥 款 欵 窾 梡 /완/ 椀 盌 緩 /환/ 漶 澣 浣

<增> /간/ 赶 趕 /난/ 愞 /단/ 狚 /반/ 飬 /찬/ 趲 /탄/ 儃 潬 憚 /관/ 館 舘 斡 脘

<叶>

<通> 軫 吻 阮 潸 銑

《翰》

/간/ 幹 榦 盰 澗 侃 偘 衎 看 /난/ 難 愞 /단/ 旦 悬 斷 鍛 煅 碫 腶 但 段 瑖 彖 椽 緞 /란/ 讕 爛 瓓 亂 /만/ 幔 墁 漫 謾 縵 /반/ 半 絆 泮 泮 頖 泮 伴 叛 畔 /산/ 散 筭 笇 蒜 /안/ 豻 犴 岸 矸 諺 喭 案 按 /찬/ 贊 讚 囋 酇 鑽 粲 粲 璨 燦 竄 爨 攢 /탄/ 炭 歎 嘆 灘 憚 彈 僤 /판/ 判 牉 /한/ 漢 暵 熯 翰 瀚 捍 扞 垾 悍 釬 銲 汗 閈 騂 /관/ 貫 冠 盥 館 舘 祼 灌 矔 瓘 爟 鸛 觀 /완/ 玩 翫 忨 妧 腕 捥 掔 惋 /환/ 喚 奐 煥 渙 換 逭

<增> /간/ 旰 /난/ 攤 /단/ 鴠 疸 癉 椴 /란/ 瀾 爛 灡 /만/ 曼 /반/ 靽 胖 /산/ 孿 /찬/ 濽 攛 瓚 /탄/ 訑 誕 /한/ 靬 皯 /관/ 涫 罐 /환/ 患

<叶>

<通> 震 問 願 諫 霰

《曷》

/갈/ 葛 澉 轕 輵 割 渴 /날/ 捺 /달/ 怛 觛 妲 羍 達 撻 澾 闥 獺

獖 蓬 /랄/ 粹 辣 剌 糲 捋 /말/ 末 麩 秣 餘 抹 沫 妹 昧 /발/ 撥 鱍 蹳 襏 墢 坺 茇 跋 鉢 盋 鏺 潑 醱 犮 拔 軷 鈸 胈 魃 /살/ 薩 撒 撤 鎩 蔡 擦 躠 /알/ 枿 櫱 钀 遏 按 頞 餲 靄 靄 閼 堨 斡 搰 /찰/ 擦 礤 巀 囋 /탈/ 掇 剟 敠 挩 脫 倪 奪 敚 /할/ 愒 喝 猲 曷 害 褐 鞨 毼 鶡 /괄/ 活 佸 聒 括 适 筈 栝 檜 菈 鴰 闊 /촬/ 繓 攥 撮 襊 /활/ 豁 濊 活 越

<增> /갈/ 瘍 /달/ 狚 呾 疸 笡 /랄/ 喇 /말/ 昧 靺 茉 /발/ 艬 /알/ 嶭 /찰/ 拶 咱 /탈/ 咄 祋 稅 /할/ 蝎 蠚 /괄/ 髺 鬠 /활/ 佸 括

<叶>

<通> 質 物 月 黠 屑

16. 刪潸諫黠

《刪》

/간/ 姦 豻 菅 閒 間 蕳 艱 囏 慳 鬝 馯 豻 /란/ 斕 /만/ 蠻 鸞 /반/ 盼 頒 攽 鳻 般 班 斑 煸 虨 扳 攀 /산/ 刪 潸 訕 山 /안/ 顔 殷 /잔/ 跧 孱 潺 僝 /판/ 販 /한/ 嫺 閑 閒 癇 憪 覵 瞯 鷴 /관/ 關 瘝 擐 矜 鰥 綸 喧 /완/ 頑 彎 關 灣 /환/ 還 環 鐶 轘 寰 圜 闤 鬟 鍰 湲

<增> /간/ 蕑 /반/ 反 /산/ 欃 /잔/ 戔 /환/ 澴 鶚 鷃

<叶>

<通> 眞 文 元 寒 先

《潸》

/간/ 簡 柬 揀 /난/ 赧 赦 戁 /만/ 矕 /산/ 潸 産 嵼 滻 /안/ 眼 /잔/ 僝 僝 輚 輚 棧 猣 琖 盞 醆 剗 剷 鏟 篨 弗 撰 篹 饌 /편/ 版 板 蝂 鈑 /한/ 限 僩 僩 撊 /완/ 綰 /환/ 睅 睆 皖 莞

<增> /간/ 暕 /산/ 犍 /잔/ 驏 /판/ 昄 眅 /환/ 鋎 攌

<叶>
<通> 軫 吻 阮 旱

《諫》

/간/ 諫 閒 間 澗 磵 覵 瞷 鐗 襇 /만/ 慢 謾 嫚 縵 /반/ 襻 扒 盼 盻 /산/ 訕 汕 /안/ 鴈 贗 晏 鷃 鴳 /잔/ 棧 綻 袒 組 袓 /찬/ 鏟 篡 /판/ 辦 瓣 /한/ 莧 骭 /관/ 慣 串 摜 丱 /완/ 薍 /환/ 患 宦 環 還 擐 轘 豢 幻 眩
<增> /반/ 拌 番 /산/ 疝 /환/ 豢
<叶>
<通> 震 問 願 軫 霰

《黠》

/갈/ 戛 戞 稭 秸 鞂 扴 揳 頡 鶷 楬 擖 /발/ 拔 /살/ 殺 煞 榝 鎩 樧 撒 /알/ 鸛 軋 圠 揠 猰 猰 /찰/ 札 扎 紮 蚻 哳 剎 察 詧 獺 /팔/ 八 捌 杋 /할/ 瞎 劼 黠 鍺 轄 舝 劼 /괄/ 刮 /놜/ 豽 /솰/ 刷 /왈/ 刖 /촬/ 茁 /활/ 滑 猾 磆
<增> /갈/ 嘎 介 圿 髜 /날/ 痆 /말/ 帓 袹 眿 /알/ 魤 /찰/ 擦 /팔/ 汃 叭 /할/ 圔 闒 /놜/ 妠 /왈/ 婠 嗗 窡
<叶>
<通> 質 物 月 曷 屑

17. 先銑霰屑

《先》

/건/ 愆 僁 諐 褰 攐 騫 乾 虔 /언/ 焉 蔫 菸 嫣 漹 /견/ 堅 肩 鵳 甄 豜 麉 鵑 涓 睊 蠲 幵 汧 岍 牽 掔 撁 汘 年 /뎐/ 傎 顚 顛 巔 癲 瘨 窴 塡 闐 田 畋 佃 鈿 沺 /련/ 連 蓮 漣 聯 憐 怜 零 攣 /면/ 眠 瞑 綿 緜 櫋 /변/ 邊 籩 胼 跰 軿 駢 玭 蠙 /션/ 先 躚

躚 蹮 仙 僊 屳 鮮 鱻 宣 瑄 朘 涎 次 璿 琁 璇 漩 旋 還 檀 挻 埏 扇 煽 單 禪 蟬 嬋 撣 鋋 /연/ 煙 烟 咽 胭 臙 燕 肩 淵 囦 鬜 蜎 娟 悁 延 筵 綖 蜒 埏 姸 硏 沿 鉛 蝝 緣 捐 鳶 鸢 燃 難 然 堧 瞑 壖 蠕 蝡 擱 揳 /전/ 箋 牋 諓 檝 棧 錢 濺 湔 煎 鬋 韉 戔 鐫 銓 輇 佺 絟 拴 詮 跧 荃 筌 痊 悛 前 錢 全 牷 鱣 儃 邅 趲 氈 旃 旜 饘 飦 餰 鸇 栴 專 剸 蹎 篿 甎 塼 鱄 廛 鄽 纏 躔 瀍 澶 椽 傳 船 /천/ 千 阡 芊 遷 韆 泉 燀 川 穿 遄 篅 圌 天 /편/ 蝙 鯿 編 鞭 箯 篇 艑 扁 偏 翩 便 楩 蹁 諞 平 /현/ 儇 蠉 嬛 翾 譞 懁 獧 鋗 駽 賢 贒 弦 絃 蚿 舷 玄 玆 縣 懸 /권/ 棬 圈 卷 弮 惓 拳 捲 鬈 婘 權 顴 /원/ 員 圓 圜 湲

<增> /건/ 攐 搴 騝 犍 鍵 腱 搌 /언/ 鄢 /헌/ 嗎 嫣 屳 /견/ 鈃 枅 稍 /뎐/ 蹎 驒 滇 搷 顛 /련/ 鰱 /면/ 棉 /변/ 骿 /션/ 檈 廯 姍 姺 /연/ 欴 闕 蜵 櫞 瑌 /젼/ 戔 駩 竣 縓 膞 /쳔/ 仟 攓 扦 豣 梴 /편/ 猵 褊 緶 /현/ 礥 泫 /권/ 蜷 踡 /원/ 隕

<叶>

<通> 眞 文 元 寒 刪

《銑》

/건/ 蹇 謇 件 鍵 /언/ 巘 讞 甗 齞 /견/ 菓 趼 繭 璽 梘 畎 甽 羂 罥 遣 犬 /년/ 撚 涊 /뎐/ 典 腆 琠 淟 悛 醌 殄 /련/ 輦 璉 臠 孌 /면/ 免 冕 俛 挽 勉 葂 莬 緬 湎 勔 沔 黽 澠 /변/ 扁 諞 褊 惼 辮 編 辯 辨 緶 鶣 /션/ 銑 跣 洗 毨 鮮 尟 蘚 癬 癬 獮 燹 選 善 蘚 鄯 單 墠 鱓 鱔 熯 /연/ 兗 渷 沇 挩 衍 演 戭 輭 耎 軟 蝡 蠕 碝 瑌 瑌 愞 懦 /젼/ 翦 剪 揃 戩 錢 餞 雋 臇 吮 展 輾 轉 剸 僎 撰 譔 篆 瑑 /쳔/ 淺 踐 俴 闡 繟 幝 嘽 蕆 舛 喘 歂 蝙 /현/ 顯 韅 峴 琄 鞙 鞙 泫 鉉 /권/ 菤 卷 捲 圈

<增> /건/ 搴 巕 囝 /견/ 豣 襺 筧 梘 狷 獧 蜎 /년/ 蹍 趁 跈 /뎐/ 蜓 娗 塡 /련/ 摙 連 /면/ 丏 /변/ 匾 艑 /션/ 鮮 洒 巽 膳 蟺 /연/ 縯 綖 萸 /젼/ 譾 鬋 翦 襢 /쳔/ 燀 犇 腨 /텬/ 蚕 /현/

晛 晛 鋧 俔 繯
<叶>
<通> 軫 吻 阮 旱 潸

《霰》
/언/ 彦 諺 唁 喭 /견/ 見 絹 睊 悁 狷 罥 遣 譴 俔 /년/ 晛 碾 輾 /뎐/ 殿 瑱 電 奠 甸 佃 鈿 淀 闐 娗 澱 /련/ 鍊 煉 練 湅 楝 揀 戀 /면/ 麪 麵 面 偭 瞑 瞑 眄 /변/ 徧 遍 變 卞 汴 汳 忭 昪 抃 拚 弁 緶 閞 椺 匥 便 /션/ 霰 霓 先 線 綫 選 羨 旋 漩 煽 扇 繕 膳 饍 單 禪 擅 /연/ 嬿 鷰 燕 醼 讌 宴 嚥 咽 鋗 衍 莚 掾 緣 睊 羡 硯 研 /젼/ 箭 煎 濺 湔 餞 戰 顫 禮 驟 傳 轉 囀 饌 簒 撰 譔 /쳔/ 薦 茜 蒨 倩 輤 猝 洊 荐 栫 賤 碊 釧 穿 /편/ 片 騗 /현/ 絢 駽 見 現 縣 眩 炫 袨 玹 衒 眩 /권/ 眷 睠 卷 倦 /원/ 院 瑗 援 媛
<增> /언/ 讞 /견/ 繾 涀 牽 /뎐/ 涏 /련/ 健 孿 孌 /면/ 沔 /션/ 綻 鏇 騸 善 /연/ 曣 蜎 /젼/ 邅 纏 /쳔/ 綪 串 篟 /현/ 眴 洵 莧 /권/ 桊
<叶>
<通> 震 問 願 翰 諫

《屑》
/걸/ 孑 揭 桀 揭 傑 杰 榤 渴 竭 碣 /얼/ 孼 孼 蠥 櫱 櫱 巕 钀 钀 槷 臬 闑 嵲 鼿 隉 齧 /결/ 結 紒 拮 袺 潔 絜 潔 擷 桔 玦 駃 觖 玦 決 决 抉 訣 鴂 觼 鱖 鐍 譎 潏 挈 契 闋 缺 鴃 /녈/ 涅 隉 篞 茶 /뎔/ 窒 闉 耋 耊 載 姪 絰 咥 垤 迭 跌 昳 佚 瓞 蛭 芺 /렬/ 列 烈 洌 冽 栵 迾 迣 裂 颲 劣 埒 鋝 /멸/ 蔑 篾 蠛 蠛 滅 搣 /별/ 鷩 鼈 鱉 彆 彆 別 蹩 閉 撆 撇 瞥 覕 鷩 /셜/ 屑 屑 禼 契 偰 楔 紲 絏 緤 泄 洩 渫 媟 暬 褻 辥 薛 躠 蘖 偞 雪 設 說 舌 揲 揳 爇 焫 吶 /열/ 悅 說 閱 噎 咽 抴 拽 熱 /졀/ 卩 節 岊 窽

切 竊 竊 臟 截 截 絶 折 哲 晣 晢 浙 淛 拙 梲 蕝 蕞 /쳘/ 哲 喆
蜇 惙 餟 醊 輟 綴 錣 啜 掣 徹 撤 瞮 歠 轍 澈 /텰/ 鐵 銕 驖 飻
/혈/ 血 威 翃 頡 擷 纈 絜 麜 㚗 穴
<增> /걸/ 釨 偈 堨 /결/ 鍥 髺 趹 刔 /녈/ 捏 /뎔/ 凸 軼 揲
/렬/ 蛚 茢 戾 捩 攦 挒 /멸/ 櫗 搣 /별/ 襒 潎 批 /셜/ 揳 椣 折
/졀/ 癤 鯽 巀 茁 準 /쳘/ 啜 剟 叕 泬 呹 祮
<叶>
<通> 質 物 月 曷 黠

18. 蕭篠嘯

《蕭》
/교/ 驍 澆 澡 憿 僥 徼 梟 蟂 嬌 憍 驕 鷮 趫 蹻 蹺 橇 鞽 喬 橋
僑 轎 蟜 蕎 莜 翹 /됴/ 刁 凋 鵰 雕 琱 彫 敦 弴 祧 恌 佻 挑 跳
蜩 調 條 鞗 儵 鰷 /료/ 聊 膋 膫 僚 寮 鐐 嶛 撩 遼 嶚 轑 璙 嘹
鷯 飉 飂 寥 廖 憀 料 敹 /묘/ 苗 描 緢 貓 猫 /쇼/ 蕭 簫 箾 蠨
蠨 瀟 驌 傄 宵 霄 痟 逍 綃 銷 消 哨 硝 蛸 燒 韶 磬 佋 昭 /요/
幺 么 怮 邀 要 腰 褄 葽 喓 夭 妖 媄 祅 訞 堯 僥 嶢 遙 隃 傜 徭
繇 謠 愮 鰩 搖 瑤 窯 窰 飆 軺 軺 蘨 陶 姚 珧 銚 褕 饒 橈 蕘 擾
/죠/ 昭 炤 釗 朝 潮 鼂 晁 /쵸/ 焦 爑 燋 蕉 鷦 膲 嶕 椒 鍫 鍬
樵 譙 憔 顦 癄 嫶 招 怊 弨 超 /툐/ 貂 鼦 迢 苕 髫 齠 /표/ 猋
飆 飄 熛 標 票 幖 杓 穮 穮 藨 瀌 鑣 臕 儦 漂 僄 嫖 慓 翲 瓢 薸
/효/ 囂 枵 鴞 梟 歊 曉 憢
<增> /교/ 穚 劭 招 /됴/ 斛 庣 銚 朓 芀 /료/ 橑 暸 簝 獠 繚 翏
熮 漻 漻 嘐 /쇼/ 肖 捎 俏 /요/ 紗 宎 䍃 嗂 猺 鷂 嬈 襓 /쵸/
鐎 嶕 簇 幧 鉊 /묘/ 船 岧 /표/ 摽 麃 螵 嘌 彯 剽 /효/ 呺 熇
獢 驕 驍
<叶> 舟 休 踰 瘳 秋 遽 憂
<通> 肴 豪

《篠》

/교/ 皎 曒 皦 璬 繳 矯 撟 蹻 敿 /뇨/ 褭 裊 嫋 嬝 嬲 嬈 /됴/ 鳥 蔦 篠 朓 挑 窕 掉 嬥 /료/ 了 繚 鐐 燎 僚 嫽 瞭 蓼 /묘/ 眇 渺 杪 秒 緲 淼 藐 /쇼/ 篠 謏 謏 小 少 紹 佋 袑 /요/ 杳 窈 窅 眑 夭 殀 渼 鷕 遶 繞 擾 /죠/ 沼 擣 趙 垗 兆 旐 肇 /쵸/ 剿 剿 剿 愀 悄 /표/ 表 褾 標 嘌 鰾 縹 醥 膘 皫 蔈 摽 殍 莩 /효/ 曉 皛

<增> /교/ 譑 蟜 斛 /됴/ 誂 佻 /료/ 撩 /쇼/ 昭 /요/ 宎 偠 騕 瞗 舀 嬈 /죠/ 駣 /쵸/ 潐 湫 麨 /표/ 剽 藨 /효/ 滈

<叶> 韭 署 酒

<通> 巧 皓

《嘯》

/교/ 叫 嘄 噭 儌 警 竅 嶠 /뇨/ 溺 尿 /됴/ 釣 弔 吊 蔦 糶 粜 眺 覜 趒 跳 調 蓧 莜 銚 掉 藋 嬥 /료/ 瘵 療 鐐 罭 襎 尞 燎 壕 獠 料 /묘/ 妙 玅 廟 庿 /쇼/ 嘯 歗 笑 咲 肖 鞘 鞩 少 燒 卲 邵 召 劭 /요/ 窔 宎 穾 要 燿 耀 曜 鷂 /죠/ 醻 皭 爝 照 炤 曌 詔 /쵸/ 僬 醮 樵 穛 陗 峭 哨 俏 誚 譙 噍 /표/ 勡 剽 漂 驃

<增> /교/ 撟 轎 虠 /료/ 嘹 嫽 繚 膫 廖 蟉 /쇼/ 魈 /요/ 虠 澆 約 姚 /죠/ 瀺 召 /쵸/ 趭 瘶 燋 潐 /표/ 俵 僄 影 嫖 票

<叶> 憂 繡 虐 署 倒

<通> 效 号

19. 肴巧效

《肴》

/노/ 呶 怓 硇 /모/ 茆 茅 蝥 /오/ 聱 謷 嶅 磝 /포/ 包 枹 苞 胞 泡 抛 脬 庖 跑 咆 匏 炮 炰 麃 麅 /교/ 交 蛟 咬 嘐 郊 茭 鮫 鵁 敎 膠 轇 嵺 艽 敲 磽 墝 /뇨/ 鐃 譊 /쇼/ 弰 捎 鞘 蛸 艄 梢 颵 髾 筲 旓 /요/ 坳 凹 /죠/ 嘲 /쵸/ 抄 鈔 巢 漅 /효/ 虓 猇 唬

哮 涍 嗃 髇 嚆 烋 肴 餚 殽 淆 崤 爻
<增> /모/ 罞 媌 /포/ 靤 /교/ 漻 骹 /뇨/ 撓 /쵸/ 啁 罺 窼 /쵸/
譟 巢 轈 勦 /효/ 鄗 嘐 詨 謼 筊
<叶>
<通> 蕭 豪

《巧》
/조/ 爪 笊 璪 獠 獠 /포/ 飽 鮑 齙 /교/ 絞 狡 姣 佼 鉸 攪 捁
巧 /뇨/ 撓 /묘/ 丣 卯 昴 茆 /요/ 齩 咬 拗 /쵸/ 炒 煼 謅
<增> /교/ 筊 膠 /뇨/ 橈 /쇼/ 稍
<叶>
<通> 篠 皓

《效》
/모/ 皃 貌 額 /조/ 罩 箪 罹 笊 抓 棹 櫂 /포/ 儤 爆 礮 砲 鉋
/교/ 覺 教 挍 校 較 鉸 窖 窌 磝 磽 墝 骹 /뇨/ 淖 鬧 橈 /쇼/
稍 /요/ 樂 靿 柪 /쵸/ 抄 鈔 訬 /표/ 豹 趵 /효/ 孝 效 効 傚
佼 恔 悎 斆
<增> /교/ 酵 珓 榷 敲 /뇨/ 撓 /요/ 拗 /쵸/ 踔 趠 /효/ 嗃 校
<叶>
<通> 嘯 号

20. 豪皓号

《豪》
/고/ 高 膏 篙 皋 睾 皐 滜 槔 咎 鼛 櫜 羔 餻 糕 尻 /노/ 猱 獿
猫 獶 /도/ 刀 魛 忉 舠 叨 滔 韜 慆 謟 絛 縚 綢 洮 挑 饕 弢 匋
陶 綯 啕 掏 駒 萄 淘 醄 逃 咷 桃 鼗 鞀 鞉 濤 檮 翿 魗 /로/ 簩
撈 窂 牢 醪 轑 簝 醪 /모/ 毛 髦 芼 旄 /소/ 騷 搔 慅 颾 繅 繰

臊 艘 艘 /오/ 敖 遨 熬 獒 鼇 鰲 聱 螯 鷔 嗸 嗷 璈 翱 鏖 /조/ 糟 醩 遭 操 曹 槽 螬 嘈 艚 漕 /포/ 褒 褎 袍 /호/ 蒿 嫭 毫 豪 濠 壕 蠔 號 譹 嘷

<增> /도/ 裯 幍 舭 鞠 餇 /로/ 澇 簩 /모/ 髦 犛 酕 /소/ 溞 /오/ 廒 爊 /조/ 嶆 /포/ 麐 /호/ 嚎

<叶>

<通> 蕭 肴

《皓》

/고/ 皓 暠 皜 縞 槀 藁 稿 杲 考 攷 栲 拷 槁 稾 燺 薧 祰 /노/ 惱 嫍 憹 碯 瑙 腦 /도/ 擣 搗 禱 倒 島 隝 道 纛 稻 /로/ 老 恅 栳 橑 潦 /보/ 寶 珤 保 葆 椺 緥 堢 堡 鴇 /소/ 嫂 嫂 埽 掃 燥 /오/ 襖 燠 懊 媼 夭 /조/ 早 蚤 璪 澡 繰 藻 藻 繅 棗 慅 慘 皁 皂 造 /초/ 草 艸 /토/ 討 韜 /포/ 抱 /호/ 好 昊 皡 暭 皓 浩 澔 顥 皜 灝 鄗 鎬 滈

<增> /보/ 鴇 /조/ 艁 /호/ 晧

<叶>

<通> 篠 巧

《号》

/고/ 誥 告 郜 縞 膏 鎬 犒 /도/ 到 倒 禱 導 道 纛 翿 纛 燾 幬 悼 蹈 盜 陶 /로/ 勞 僗 潦 澇 嫪 /모/ 耄 眊 芼 旄 鶜 冒 帽 瑁 媢 /보/ 報 /소/ 喿 譟 燥 瘙 埽 掃 /오/ 傲 慠 鏊 驁 嶅 奡 奧 澳 隩 墺 燠 鐭 懊 /조/ 竈 躁 趮 操 慥 造 糙 漕 /포/ 曓 暴 虣 曝 醵 瀑 菢 /호/ 秏 耗 好 号 號 呺

<增> /고/ 靠 /노/ 臑 /모/ 耗 毷 /소/ 氉 /오/ 警 /조/ 鄵 鏊 /토/ 套 /호/ 皋 臯

<叶>

<通> 嘯 效

21. 歌哿箇

《歌》

/가/ 茄 迦 歌 謌 哥 柯 牁 戨 呿 珂 軻 伽 /나/ 那 難 儺 挼 挪
/다/ 多 /라/ 羅 蘿 籮 鑼 儸 饠 灑 欏 囉 贏 騾 羸 蠡 螺 鏀 穲
䯁 /마/ 摩 魔 磨 劘 /사/ 挲 抄 娑 鈔 桫 莎 獻 犧 傞 蓑 唆 梭
/아/ 莪 哦 娥 峨 俄 蛾 睋 鵝 阿 痾 疴 娿 /차/ 搓 瑳 磋 蹉 嵯
醝 瘥 艖 筡 痤 鄌 鄼 /타/ 佗 他 它 蛇 拕 拖 詑 駝 駞 鮀 迱 迤
池 沱 跎 跑 酡 酡 紽 陀 陁 坨 鼉 鱓 驒 馱 /파/ 波 碆 磻 番 嶓
膰 坡 陂 玻 頗 婆 皤 /하/ 訶 呵 何 河 荷 苛 菏 /과/ 戈 過 濄
鍋 科 蝌 窠 過 /와/ 譌 訛 吪 鈋 囮 渦 窩 萵 踒 倭 /좌/ 矬 /화/
韡 靴 禾 和 龢 咊
<增> /가/ 滒 騀 /나/ 挪 /라/ 纙 /마/ 麽 髍 嬷 /아/ 綀 /차/
瑳 鹺 艖 睉 /파/ 鄱 /화/ 鉌
<叶> 儀 義 宐 齬 胎 佐 霄 離 虞
<通> 麻

《哿》

/가/ 哿 舸 笴 可 軻 坷 岢 /나/ 那 娜 /라/ 祼 躶 羸 嬴 蠃 攞
儸 邏 羅 砢 蠡 瘰 蠡 蓏 /마/ 麽 髍 /아/ 我 硪 騀 婀 娿 /자/
左 /차/ 瑳 /타/ 彈 朵 朶 綵 埵 種 鬌 妥 媠 惰 鰖 橢 墮 垛 柁
舵 柂 袉 拕 跛 簸 頗 叵 笸 /하/ 歌 荷 /과/ 菓 果 裹 蜾 顆 /솨/
鎖 鏁 瑣 璅 /좌/ 坐 脞 /화/ 火 禍 祸 㶣 夥 輠 輻 髁
<增> /나/ 袲 旆 橠 儺 /다/ 爹 /라/ 邏 /아/ 裒 旖 檹 猗 /타/
躲 揣 捶 垛 墮 阤 /파/ 駊 /과/ 剶 倮 /와/ 婐
<叶>
<通> 馬

《箇》

/가/ 箇 個 个 軻 坷 /나/ 稬 糯 那 柰 奈 愞 懦 /다/ 癉 大 /라/ 邏 摞 /마/ 磨 /사/ 些 /아/ 餓 /자/ 佐 左 /차/ 磋 /타/ 唾 涶 拖 馱 惰 /파/ 播 譒 簸 破 /하/ 賀 襩 /과/ 過 課 堁 /와/ 臥 涴 汙 /좌/ 剉 莝 挫 夎 座 坐 /화/ 貨 和

<增> /마/ 摩 /사/ 娑 /자/ 作 /차/ 蹉 /타/ 剁 佗 /하/ 呵 荷 /과/ 裹

<叶> 地 螌 馳 靡

<通> 禡

22. 麻馬禡

《麻》

/가/ 加 笳 耞 枷 珈 跏 痂 駕 嘉 佳 迦 家 葭 豭 麚 貑 /나/ 拏 挐 拿 /마/ 麻 蟆 蟇 /사/ 沙 砂 紗 鯊 魦 髿 /아/ 笌 牙 芽 枒 枒 涯 鴉 鵶 丫 /차/ 樝 柤 叉 杈 椏 靫 差 鎈 茶 樣 苴 楂 查 槎 /파/ 巴 笆 芭 豝 葩 爬 杷 琶 /하/ 呀 谺 鰕 霞 椵 遐 瑕 鍜 碬 蝦 騢 /샤/ 些 奓 袥 邪 斜 奢 賒 畬 蛇 虵 闍 /야/ 耶 邪 琊 鎁 釾 斜 /챠/ 嗟 罝 遮 車 /과/ 瓜 娲 緺 蝸 騧 瓟 夸 誇 侉 姱 /와/ 哇 娃 蛙 鼃 黿 洼 窪 窊 汙 /좌/ 檛 簻 撾 髽 /화/ 花 華 蘤 驊 譁 鋘 鏵

<增> /가/ 袈 /나/ 笯 /사/ 裟 髿 /차/ 渣 扠 釵 艖 搽 涂 /파/ 玐 鈀 疤 舥 /하/ 蕸 /갸/ 茄 /야/ 梛 枒 揶 爺 /챠/ 硨 /과/ 侉 荂

<叶>

<通> 歌

《馬》

/가/ 檟 榎 賈 嘏 假 叚 斝 /마/ 馬 /사/ 灑 洒 傻 葰 /아/ 雅 疋 啞 瘂 /자/ 鮓 /차/ 姹 奼 /타/ 打 /파/ 把 /하/ 閜 下 廈 夏

/샤/ 寫 瀉 捨 舍 社 灺 /야/ 野 壄 埜 也 冶 若 惹 /쟈/ 姐 她 担 龃 者 赭 /챠/ 且 撦 䰩 奲 哆 /과/ 寡 剮 冎 銙 骻 髁 /와/ 瓦 /화/ 踝
<增> /가/ 椵 瘕 /마/ 瑪 碼 /아/ 庌 /자/ 苴 /먀/ 乜 /야/ 喏 /챠/ 奓 /과/ 跨 /솨/ 耍
<叶>
<通> 胬

《禡》
/가/ 駕 架 嫁 稼 價 賈 假 駱 /마/ 禡 駡 傌 /사/ 嗄 廈 /아/ 迓 御 砑 訝 砑 亞 婭 稏 啞 迓 /자/ 詐 咋 詐 溠 乍 褯 蜡 /차/ 詫 咤 吒 姹 奼 差 /파/ 霸 伯 灞 欛 杷 靶 弝 帊 帕 怕 罷 穲 /하/ 罅 嚇 謼 謔 謑 暇 夏 下 芐 /샤/ 卸 瀉 謝 榭 澥 赦 舍 貰 麝 射 躲 /야/ 夜 射 /쟈/ 藉 蔗 柘 樜 鷓 炙 /챠/ 借 /과/ 胯 袴 跨 /화/ 化 華 崋 嬅 樺 槬 鱯 擭 摦 吴 㕦
<增> /가/ 幏 /자/ 醡 榨 /차/ 侘 汊 扠 /파/ 壩 爸 /쟈/ 𢊩 這 /챠/ 唶
<叶>
<通> 箇

23. 陽養漾藥

《陽》
/강/ 岡 崗 剛 鋼 綱 堈 甌 犅 亢 肮 伉 畺 疆 壃 繮 韁 蠆 殭 僵 薑 礓 橿 姜 康 穅 糠 甗 羌 蜣 彊 強 /낭/ 囊 /당/ 簹 當 鐺 璫 襠 唐 塘 螗 煻 溏 糖 餹 餳 瑭 榶 堂 棠 螳 /랑/ 郎 廊 郞 稂 瑯 浪 桹 榔 琅 狼 鋃 硠 蜋 /망/ 忙 邙 茫 芒 恾 蘉 忘 亡 蘉 鋩 望 /방/ 幫 韸 幇 綁 謗 彭 滂 汸 雱 霶 雱 鎊 磅 旁 旁 踦 傍 彷 徬 方 坊 芳 蚄 肪 枋 妨 魴 房 防 /상/ 桑 桒 喪 嗓 霜 鸘 鷞 驦 驦

孀 /앙/ 卬 昻 央 鴦 殃 袂 鉠 秧 泱 霙 /장/ 臧 贓 爿 牂 牂 斨 藏 戕 莊 裝 粧 妝 牀 床 /창/ 滄 倉 蒼 鶬 搶 槍 蹌 創 瘡 /탕/ 鏜 湯 航 杭 頏 翃 行 /냥/ 孃 娘 /량/ 良 蜋 粮 糧 粱 樑 梁 量 涼 凉 颸 輬 /샹/ 襄 纕 驤 相 廂 湘 緗 箱 翔 祥 詳 庠 賚 商 傷 殤 湯 觴 尙 常 裳 嘗 鱨 償 /양/ 陽 昜 暘 楊 煬 鍚 敭 揚 颺 瘍 痒 羊 徉 佯 詳 洋 鴹 禳 攘 瀼 穰 瓤 勷 /쟝/ 漿 螿 蔣 將 鏘 瑲 蹡 將 牆 廧 墻 檣 嬙 薔 蘠 章 漳 樟 璋 障 墇 鄣 嫜 麞 獐 彰 張 粻 長 萇 腸 場 暘 塲 /챵/ 昌 倡 娼 閶 菖 猖 倀 /향/ 香 薌 鄕 /광/ 光 洸 胱 輄 匡 筐 恇 眶 狂 軖 /왕/ 尩 汪 王 /황/ 荒 肓 衁 黃 潢 璜 簧 皇 惶 隍 徨 偟 遑 湟 艎 蝗 篁 餭 媓 煌 凰

<增> /강/ 瓨 罡 慷 慶 /당/ 艡 傏 搪 /랑/ 筤 踉 /망/ 汒 硭 宋 硭 朢 /방/ 挷 搒 筹 蒡 綁 膀 螃 /앙/ 柍 /장/ 庄 /항/ 吭 桁 /량/ 踉 /샹/ 鷸 徜 嫦 /양/ 霷 蘘 /쟝/ 粻 /광/ 桄 僙 劻 /황/ 帎 瑝 騜 驜 堭 喤

<叶> 觥 攻 官 京 金 庚 東 登 談 壇 農 兵 明 猛 民 秦 瞻 身 虛 觀 完 美

<通>

《養》

/강/ 鏹 繈 襁 慷 忼 彊 /낭/ 曩 灢 /당/ 黨 讜 党 儻 曭 /랑/ 朗 /망/ 莽 漭 罔 誷 網 輞 惘 魍 蛧 /방/ 榜 牓 髣 彷 仿 昉 紡 倣 /상/ 顙 嗓 搡 磉 爽 鷞 塽 /앙/ 仰 坱 泱 詇 鞅 快 鞅 /장/ 駔 髒 奘 /창/ 蒼 剏 搶 /탕/ 帑 蕩 盪 簜 /항/ 沆 骯 頏 /량/ 兩 魎 蜽 /샹/ 想 鮝 象 像 橡 樣 襐 賞 上 /양/ 養 痒 癢 懩 瀁 壤 攘 穰 /쟝/ 奬 槳 槳 蔣 長 掌 丈 杖 仗 /챵/ 敞 鷩 鷩 廠 惝 惝 鋹 昶 /향/ 響 嚮 鄕 蠁 饗 享 /광/ 廣 /왕/ 枉 往 迋 皇 /황/ 怳 晃 幌 䠵 朚 慌 恍

<增> /강/ 眈 骯 酐 /당/ 黨 /랑/ 烺 浪 /망/ 蟒 漭 孟 /상/ 磉 騻 /앙/ 醠 酔 怏 /탕/ 惕 /량/ 倆 裲 /샹/ 蟓 潒 晌 /챵/ 磢

/광/ 迋 /황/ 滉 榥 曂

<叶> 騯 炳 勇 競 怲

<通>

《漾》

/강/ 鋼 彊 抗 亢 炕 閌 伉 犺 強 /낭/ 灢 儾 /당/ 黨 當 擋 讜 攩 儻 倘 /랑/ 埌 浪 閬 蒗 /망/ 妄 忘 望 朢 /방/ 謗 搒 榜 旁 傍 竝 徬 訪 舫 防 妨 放 /상/ 喪 /앙/ 仰 盎 怏 鞅 /장/ 葬 奘 藏 臟 壯 狀 /창/ 刱 創 愴 滄 /탕/ 湯 盪 宕 踢 碭 逿 /항/ 吭 笐 桁 行 /량/ 諒 凉 掠 倞 亮 量 悢 兩 緉 /샹/ 相 餉 鑲 /향/ 向 上 尚 償 /양/ 釀 漾 瀁 羕 樣 恙 養 煬 颺 讓 /쟝/ 醬 將 匠 障 墇 嶂 瘴 帳 張 仗 杖 長 /챵/ 脹 漲 悵 韔 倡 唱 暢 瑒 鬯 /향/ 鄉 向 響 珦 /광/ 誑 誆 迋 逛 曠 矌 壙 纊 絖 撗 擴 /왕/ 王 旺 暀 汪 /황/ 況 貺

<增> /량/ 狼 莨 /앙/ 柳 醠 /챵/ 倉 /탕/ 鐋 菪 /힝/ 詗 /광/ 廣 /왕/ 迋 /황/ 況 況 兄

<叶> 竟 病 怲 盟 猛 夢 映 泳

<通>

《藥》

/각/ 各 格 閣 腳 脚 恪 卻 却 /낙/ 諾 /락/ 洛 雒 珞 酪 硌 駱 絡 烙 落 樂 濼 /막/ 幕 寞 膜 鏌 摸 漠 瞙 塻 瘼 寞 /박/ 博 搏 鎛 餺 髆 膊 溥 簙 鑮 薄 欂 煿 爆 襮 膊 粕 魄 泊 箔 簿 礴 亳 縛 /삭/ 索 捸 /악/ 惡 堊 咢 諤 愕 堮 鍔 齶 鰐 鱷 蕚 蘁 鄂 鶚 噩 /작/ 作 昨 酢 怍 作 柞 飵 鈼 筰 笮 /착/ 鑿 鑿 縒 錯 /탁/ 託 侘 飥 馲 驝 橐 槖 榜 柝 托 拓 袥 籜 蘀 鐸 度 愎 /학/ 壑 臛 臛 矐 睢 郝 嗃 蘫 謔 鶴 鸖 貈 貉 涸 洛 皠 /갹/ 屩 蹻 噱 臄 醵 /략/ 略 碧 掠 剠 略 /샥/ 削 爍 鑠 勺 杓 芍 汋 /약/ 約 葯 藥 躍 龠 瀹 鑰 爚 禴 礿 籥 虐 瘧 弱 蒻 篛 箬 嫋 若 /쟉/ 雀 爵 爝 鵲 碏

皵 猎 浞 嚼 焯 炤 灼 勺 彴 妁 酌 斫 斮 繳 禚 綽 皭 婥 逴 /쟉/ 著 着 婼 /곽/ 矍 懼 玃 郭 槨 椁 躩 廓 鞹 漷 擴 /확/ 臒 蠖 韄 籰 矱 籰 彏 霍 藿 癨 靃 嚄 彍 懼 穫 鑊 濩 嬳

<增> /각/ 袼 /락/ 剠 /막/ 瞙 /박/ 濼 /악/ 蝁 崿 /작/ 昔 厝 /탁/ 魄 澤 澤 劆 /학/ 鄗 謞 熇 /략/ 蝱 /약/ 礿 /쟉/ 皭 /챡/ 躇 /곽/ 攫 钁 /확/ 擢 擭

<叶> 玉 屬 怯 葉 的 滌 木 室 沃 闔 夜 邑 櫟 耄 庶 薦 赭 慘 毛

<通>

24. 庚梗敬陌

《庚》

/경/ 京 麠 麖 驚 荊 庚 鶊 亙 耕 畊 卿 輕 傾 頃 勍 黥 鱷 鯨 擎 檠 檠 璚 璚 蘡 惸 煢 嫇 嬛 睘 /녕/ 獰 儜 /령/ 令 /명/ 明 朙 明 盟 鵬 鳴 名 洺 /병/ 兵 幷 絣 栟 軿 /셩/ 觪 騂 犉 垶 垟 鍚 聲 成 城 誠 盛 郕 筬 /영/ 蘡 英 瑛 霙 攖 嬰 瓔 纓 盈 楹 羸 羸 籯 瀛 迎 營 塋 榮 縈 /졍/ 精 睛 菁 蜻 鶄 晶 旌 旍 情 貞 楨 禎 正 征 鉦 脡 鯖 樫 赬 桱 呈 程 酲 裎 珵 /쳥/ 淸 晴 睲 睛 /평/ 抨 怦 平 苹 評 枰 /형/ 兄 亨 脝 珩 桁 衡 蘅 莖 誙 /굉/ 觵 觥 /횡/ 泓 轟 輷 訇 鍧 諻 鬨 橫 衡 鐄 宏 閎 紘 竑 鉉 翃 嶸 崆 鍠 喤 /깅/ 賡 羹 秔 粳 阬 坑 牼 誙 硜 磴 鏗 /밍/ 盲 宲 甍 虻 氓 甿 萌 甍 鄳 /싱/ 生 笙 牲 鉎 甥 鼪 猩 狌 /잉/ 鸎 鶯 鸚 嚶 櫻 甖 罌 罃 嫈 /징/ 爭 箏 丁 錚 琤 崢 崝 鐺 鎗 槍 瞠 棖 橙 傖 /핑/ 繃 綳 䙩 祊 閍 伻 烹 亨 砰 磅 澎 棚 軿 弸 騯 彭 /힝/ 行

<增> /녕/ 諄 鬡 /병/ 栟 /셩/ 宬 /영/ 瀠 瑩 蠑 /졍/ 怔 經 鶄 蟶 遉 偵 /쳥/ 圊 /평/ 匉 坪 /횡/ 薨 飀 呟 谹 宖 紘 弦 彋 /밍/ 媜 黽 /잉/ 罌 /징/ 猙 玎 樘 樘 撐 振 鬇 /핑/ 旁 傍 蟚 膨

<叶> 弓 夢 中 延 楊 年 天 今 均 夐 悶

<通> 青 蒸

《梗》

/경/ 儆 警 檠 檄 景 暻 憬 境 頸 耿 璟 囧 梗 挭 鯁 骾 哽 綆 絖
傾 頃 縈 /뎡/ 打 /령/ 領 嶺 袊 /명/ 皿 /병/ 餠 麩 鉼 併 竝
屛 丙 怲 邴 昞 炳 昺 抦 秉 /셩/ 省 箵 惺 /영/ 景 影 郢 浧 穎
潁 癭 氷 /졍/ 井 靜 靖 穽 阱 整 逞 /쳥/ 請 /잉/ 楧 /칭/ 騁
/굉/ 礦 鑛 卝 獷 /링/ 泠 /밍/ 猛 艋 黽 /싱/ 省 眚 /힝/ 杏 莕
荇 倖 幸

<增> /경/ 熲 炅 莄 瞏 /병/ 屏 箳 蛃 痭 窉 /셩/ 裄 /졍/ 靚 竫
裎 /굉/ 黷 卝 /밍/ 蜢 /싱/ 瘖 /힝/ 行

<叶>

<通> 迥

《敬》

/경/ 敬 竟 鏡 獍 勁 繕 慶 競 竟 倞 /령/ 令 /명/ 命 /병/ 柄 枋
棅 怲 屛 摒 倂 幷 迸 跰 搒 榜 偋 並 病 /셩/ 性 姓 聖 晟 盛 娍
/영/ 鞕 硬 迎 暎 映 詠 咏 泳 榮 瞢 /졍/ 淨 瀞 靚 艶 穽 正 政
証 遉 偵 鄭 鋥 /쳥/ 凊 倩 請 /평/ 平 評 /형/ 敻 /빙/ 娉 聘
/징/ 瞠 瞕 /횡/ 橫 /깅/ 更 /밍/ 孟 盟 /싱/ 生 /징/ 諍 爭 /힝/
行

<增> /경/ 檠 擎 /병/ 屏 /쳥/ 婧 /형/ 詗 /징/ 掙 幀 橙

<叶>

<通> 徑

《陌》

/격/ 佫 假 格 茲 骼 觡 茖 鬲 膈 隔 篙 革 絡 /벽/ 辟 璧 襞 躄
碧 擘 檗 蘗 僻 癖 擗 闢 椑 /셕/ 腊 昔 惜 舄 碣 潟 席 蓆 夕 汐
穸 釋 嫡 適 奭 襋 螫 石 袥 鉐 鼫 碩 射 /역/ 役 疫 譯 懌 襗 繹
驛 嶧 醳 墿 斁 圛 射 亦 弈 奕 帟 易 蜴 埸 逆 /젹/ 積 積 磧 迹

跡 蹟 鯽 鯖 借 踖 耤 籍 藉 炙 摘 謫 讁 赤 /척/ 脊 蹐 刺 塉 瘠 隻 摭 拓 蹠 跖 尺 蚇 斥 擲 擿 躑 蹢 /혁/ 虩 赫 爀 嚇 /극/ 戟 撠 隙 郄 郤 屐 谹 劇 /닉/ 搦 /익/ 益 嗌 鹼 膉 鎰 /괵/ 虢 蟈 幗 摑 敋 馘 /획/ 砉 騞 湱 嚿 劃 擭 畫 獲 /긱/ 客 挌 /믹/ 陌 貊 麥 衇 脈 脉 眽 覛 霢 驀 貘 /빅/ 百 伯 柏 栢 迫 蒩 皕 拍 珀 霸 魄 白 帛 舶 /싁/ 索 愬 槭 摵 栜 溹 隟 齰 齚 咋 /익/ 戹 厄 阸 阨 軶 軛 搤 扼 扼 餩 啞 腋 掖 袘 液 額 頟 詻 /칙/ 迮 窄 柞 笮 舴 咋 諎 唶 責 簀 幘 嘖 讀 磔 冊 策 筴 筞 柵 踖 搫 坼 拆 宅 擇 睪 澤 翟 /힉/ 覈 核 紘 輅 輅 翮

<增> /격/ 挌 觡 /벽/ 薜 捭 霹 鷿 /셕/ 釋 /역/ 繹 睪 /젹/ 躤 /쳑/ 鶺 墌 跅 彳 /익/ 謚 /괵/ 漷 膕 /획/ 剨 謋 嫿 嚄 繣 擓 韄 /긱/ 喀 峉 /믹/ 貊 百 莫 /빅/ 佰 /익/ 夜 客 /칙/ 蚱 垞 /힉/ 格

<叶> 局 凝 苔 代 背 法 蠹 意 又 異 來

<通> 錫 職

25. 青迴徑錫

《青》

/경/ 經 涇 扃 駉 坰 /녕/ 寧 /뎡/ 丁 釘 玎 仃 汀 町 鞓 綎 緹 亭 渟 停 婷 娗 廷 庭 霆 莛 筳 蜓 /령/ 靈 霝 櫺 醽 蠕 蛉 艋 舲 藷 苓 令 泠 齡 鈴 聆 玲 軨 鴒 翎 瓴 囹 笭 零 蘦 澪 /명/ 冥 暝 溟 螟 蓂 銘 /병/ 荓 竮 瓶 缾 洴 屛 /셩/ 星 鯹 腥 胜 醒 性 /쳥/ 靑 /뎡/ 聽 廳 /평/ 萍 /형/ 馨 形 刑 侀 硎 鉶 型 邢 鈃 陘 娙 滎 熒 螢 瀅 /빙/ 俜

<增> /경/ 絅 /녕/ 嚀 /뎡/ 叮 疔 桯 涏 鼮 葶 /령/ 酃 豬 鷹 羚 伶 竛 彾 昤 朎 怜 彸 /명/ 榠 瞑 鄍 /병/ 軿 騈 邢 /셩/ 篂 /쳥/ 鯖 /빙/ 娉

<叶>

<通> 庚 蒸

《迥》

/경/ 熲 剄 謦 檠 褧 絅 穎 檾 苘 蘔 /녕/ 顭 濘 /뎡/ 頂 酊 艼
打 鼎 挺 梃 艇 鋌 珽 侹 頲 訂 町 /명/ 酩 茗 /병/ 鞞 琕 甁 竝
並 /셩/ 醒 /형/ 熒 瑩 濴 瀅 詗 脛 踁 迥 逈 泂 炯 /긍/ 肯 肎
肻 /등/ 等 /증/ 拯 晉 /릥/ 冷 /힝/ 婞 悻 涬 㽅 /뎡/ 脡 /명/
溟 瞑 /승/ 殑

<叶>

<通> 梗

《徑》

/경/ 徑 逕 俓 經 罄 磬 謦 /녕/ 甯 濘 佞 /뎡/ 訂 矴 釘 飣 頙
定 錠 庭 廷 /명/ 暝 瞑 /셩/ 醒 /졍/ 靘 /쳥/ 掅 /텽/ 聽 /형/
鎣 瑩 瀅 脛 /긍/ 亙 恆 縆 堩 /등/ 鐙 隥 嶝 磴 墱 鄧 蹬 /븡/
堋 塴 /승/ 勝 賸 乘 甸 嵊 /응/ 凝 應 /증/ 甑 贈 證 /흥/ 興
/빙/ 凭 /잉/ 孕 媵 賸 剩 /징/ 瞪 /칭/ 秤 稱 /밍/ 懜 瞢

<增> /경/ 罊 /녕/ 寧 /령/ 另 零 /등/ 凳 橙 滕 /릉/ 淩 稜 /승/
縢 繩 /응/ 膺 /층/ 蹭 /싱/ 賸

<叶>

<通> 敬

《錫》

/격/ 激 擊 墼 鶪 鴃 鴂 闃 /녁/ 惄 愵 /뎍/ 嫡 適 鏑 滴 樀 蹢
甋 的 芍 菂 馰 靮 弔 吊 逖 逷 敵 狄 荻 翟 籊 糴 糸 迪 頔 笛
篴 覿 /력/ 歷 曆 靂 瀝 癧 靂 櫟 壢 嚦 皪 轢 礫 瓅 躒 酈 鬲 鏖
/멱/ 覓 塓 羃 冪 鼏 幎 幭 幭 藌 帞 汨 /벽/ 壁 鼊 檗 霹 劈 澼
甓 /셕/ 裼 錫 裼 析 淅 蜥 晳 晰 /역/ 艗 鷁 鶂 鷊 /젹/ 勣 績
寂 宋 /쳑/ 慼 慽 戚 鏚 墄 蹙 /텩/ 倜 俶 惕 逖 踢 剔 趯 睎 滌

踧 /혁/ 鬩 矜 赦 殈 檄 覡 /긱/ 喫 轂 /닉/ 溺
<增> /격/ 狊 湨 覸 /덕/ 啇 妬 玓 摘 擿 嚁 逐 /력/ 攊 藶 鬁 /멱/ 蓂 /셕/ 菥 /역/ 霓 鷁 /텩/ 碧 /혁/ 焱 砉
<叶>
<通> 陌 職

26. 蒸職

《蒸》
/훙/ 薨 /긍/ 兢 矜 掯 揯 緪 絚 /능/ 能 /등/ 登 登 甑 燈 鐙 灯 簦 毲 騰 籐 縢 螣 謄 滕 縢 癆 疼 /릉/ 夌 倰 陵 凌 朡 淩 綾 蔆 菱 楞 棱 稜 /붕/ 掤 崩 朋 堋 鵬 /승/ 僧 鬙 昇 升 陞 勝 繩 澠 承 丞 /응/ 凝 應 膺 譍 鷹 蠅 蠅 /증/ 增 曾 憎 矰 罾 罾 橧 烝 蒸 蒸 脀 脀 塍 膡 乘 椉 /층/ 層 曾 嶒 繒 鄫 /흥/ 興 /빙/ 冰 砯 凭 憑 馮 淜 /잉/ 仍 陾 /징/ 徵 瀓 澄 懲 憕 /칭/ 稱 偁 僜 /훙/ 恆 /굉/ 肱 厷 軦 /횡/ 弘
<增> /훙/ 薨 /등/ 豋 /릉/ 輘 鯪 /붕/ 弸 鬅 /증/ 噌 鬙 /층/ 驓 /잉/ 艿 芿 /징/ 癥 /ᄒᆞᆼ/ 姮 /횡/ 軦
<叶>
<通> 庚 靑

《職》
/덕/ 德 悳 /억/ 嶷 億 臆 憶 醷 檍 繶 薏 抑 /력/ 力 朸 /벽/ 逼 偪 幅 愊 稫 堛 楅 副 皕 稫 煏 愎 /역/ 域 棫 緎 淢 蜮 罭 閾 /쳑/ 陟 /혁/ 赩 奭 畫 侐 洫 淢 /혹/ 或 惑 /국/ 國 /극/ 革 棘 襋 亟 誣 殛 恆 克 剋 裓 極 /득/ 得 /륵/ 勒 肋 扐 仂 玏 泐 泐 /믁/ 墨 默 嚜 纆 冒 /븍/ 北 匐 菔 葍 踣 僰 /즉/ 卽 喞 堲 則 賊 蠈 萴 /측/ 昃 昗 仄 側 測 惻 畟 /특/ 忒 慝 貸 貣 特 螣 蟘 /흑/ 黑 /닉/ 匿 愵 /식/ 息 熄 式 拭 軾 栻 飾 識 寔 湜 殖 植

埴 食 蝕 /익/ 弋 黓 杙 釴 翌 翼 翊 廙 /직/ 稷 職 織 樴 稙 直 /칙/ 敕 勅 飭 鶩 鵡 鶒 /긕/ 刻 /싁/ 塞 色 嗇 穡 /흭/ 劾

<增> /억/ 疑 薿 鬐 /벽/ 湢 腷 /극/ 可 /륵/ 艻 /믁/ 万 /즉/ 蝍 熷 鯽 鰿 萴 /측/ 稄 厠 /싁/ 熄 膆 /직/ 膱 /식/ 濇

<叶>

<通> 陌 錫

27. 尤有宥

《尤》

/구/ 句 勾 鉤 軥 枸 篝 溝 韝 緱 鳩 彄 摳 丘 求 俅 球 璆 賕 銶 觩 觓 捄 絿 紈 毬 裘 逑 仇 厹 厺 頄 艽 /두/ 兜 頭 /루/ 婁 樓 摟 髏 慺 膢 螻 蔞 /무/ 矛 鍪 蝥 蟊 麰 牟 侔 眸 蛑 謀 繆 /부/ 裒 掊 抔 捊 掊 磦 不 紑 芣 罘 浮 蜉 罦 枹 桴 涪 /수/ 揪 鎪 鍬 挍 搜 庾 廋 溲 溲 颼 蒐 獀 獀 鏽 鱐 /우/ 牛 區 謳 嘔 漚 歐 甌 鷗 憂 優 嚘 耰 麀 尤 疣 肬 訧 郵 /추/ 陬 鯫 諏 掫 鄒 騶 騶 緅 菆 棷 篘 搊 愁 /투/ 偷 媮 鍮 廠 牏 投 骰 /후/ 帿 矦 侯 喉 餱 糇 鍭 猴 篌 /규/ 樛 摎 虯 虬 /류/ 畱 留 榴 騮 駵 遛 瘤 鶹 飀 飂 瑠 琉 流 沶 瑬 旒 劉 鏐 鏐 /슈/ 修 脩 羞 囚 泅 收 讎 酬 醻 詶 䜭 讐 /유/ 幽 呦 嚘 攸 逌 悠 滺 懮 由 繇 油 甹 冘 猶 猷 蕕 輶 楢 楢 庮 蝤 斿 游 遊 蝣 柔 鍒 睬 蹂 鞣 腬 揉 /쥬/ 賙 周 輈 啁 舟 侜 輈 州 洲 譸 儔 幬 疇 籌 裯 綢 稠 紬 儵 /츄/ 啾 湫 揫 揪 秋 穐 楸 萩 緧 緧 鞦 鰍 鰌 鶖 趥 酋 遒 抽 妯 瘳 惆 犨 /퓨/ 彪 滮 /휴/ 烋 休 咻 庥 茠 貅 貅 髹

<增> /구/ 帼 艽 蚯 區 龜 軌 馗 /누/ 獳 羺 /루/ 艛 貗 窶 /무/ 髳 恈 /부/ 棓 /수/ 涑 姿 叟 餿 酸 /우/ 齵 腢 樞 瀀 穮 /추/ 聚 /후/ 齁 /규/ 艽 蟉 丂 /류/ 榴 硫 瀏 蚰 舀 抗 揄 蕅 /쥬/ 調 鵃 躊 /츄/ 秋 蝤 /휴/ 鵂

<叶> 駒 瞿 膠 墟 旗 鼻 滔 農 苞 袍 媒 災 漕 霄 蕭 昂 逢 德 膚

驕
<通>

《有》
/구/ 苟 耇 笱 枸 狗 垢 久 玖 灸 九 韭 口 扣 叩 訽 釦 糗 臼 舅 咎 韝 /누/ 穀 穀 /두/ 斗 鈄 枓 蚪 阧 陡 黈 斢 /루/ 塿 簍 /무/ 母 拇 踇 晦 畞 畝 牡 某 莽 /부/ 剖 掊 培 部 蔀 瓿 缶 缻 否 不 負 偩 婦 媍 阜 /수/ 姿 叟 傻 瞍 藪 棷 籔 嗾 溲 /우/ 偶 耦 藕 敺 毆 歐 嘔 歐 友 右 /주/ 走 /추/ 取 鯫 趣 /후/ 吼 朽 厚 後 后 郈 /규/ 糾 糺 赳 /뉴/ 紐 鈕 杻 忸 狃 /류/ 栁 柳 茆 茚 飀 罶 罶 懰 澻 蟉 /슈/ 滫 訹 手 首 峕 守 受 綬 壽 /유/ 黝 怮 有 丣 酉 袻 槱 栖 輶 誘 莠 牖 卣 羑 蹂 輮 揉 /쥬/ 酒 肘 紂 /츄/ 帚 箒 掫 醜 魗 丑 杻
<增> /구/ 岣 詬 /두/ 抖 /루/ 嵝 甊 /부/ 蕡 蝨 蝜 /수/ 擻 藪 醙 狻 /우/ 喁 髃 腢 /뉴/ 扭 /슈/ 授 /유/ 岰 眑 蚴
<叶> 軌 旭 栲 起 道 包 飽 鴇 卯
<通>

《宥》
/구/ 冓 構 購 媾 覯 遘 彀 句 勾 雊 姤 救 捄 究 灸 疚 廄 寇 扣 瞉 舊 柩 匶 /누/ 耨 鎒 譨 /두/ 梪 笠 豆 荳 脰 逗 酘 竇 竂 讀 /루/ 陋 鏤 瘻 漏 /무/ 戊 茂 楙 懋 愗 袤 瞀 貿 謬 繆 /부/ 富 輻 副 覆 仆 踣 復 複 伏 /수/ 漱 涑 嗽 瘷 欶 瘦 瘦 /우/ 漚 佑 右 祐 又 /주/ 奏 走 輳 腠 湊 蔟 呪 祝 /추/ 縐 皺 甃 簉 驟 僽 /투/ 鬬 鬪 豛 透 投 /후/ 蔻 鷇 怐 佝 詬 鼿 嗅 后 逅 候 堠 /류/ 留 廇 霤 澑 壛 餾 瘤 窌 勠 /슈/ 秀 琇 繡 綉 宿 岫 袖 褎 褏 獸 狩 首 收 授 綬 壽 售 /유/ 幼 宥 侑 囿 狖 貁 猶 槱 蜼 褎 鼬 柚 櫾 揉 楺 蹂 輮 粿 肉 /쥬/ 晝 咮 噣 冑 軸 胄 伷 宙 酎 繇 糸 籒 /츄/ 僦 就 鷲 嵩 臭 殠 畜 /휴/ 畜 嘼

<增> /구/ 詬 /두/ 餖 餖 痘 /루/ 嶁 僂 /부/ 不 /수/ 謏 /우/ 偶 /주/ 棷 嗾 /추/ 裪 莛 /투/ 諳 /후/ 後 /뉴/ 粿 狃 /류/ 遛 /슈/ 守 謏 /유/ 有 /쥬/ 紬

<叶> 告 朝 孚 報 檠 好 昊 道 六

<通>

28. 侵寢沁緝

《侵》

/금/ 今 金 紟 衿 襟 禁 欽 嶔 衾 鋟 琴 芩 肣 黔 禽 檎 擒 拴 撁 /음/ 崟 吟 唫 音 瘖 喑 愔 陰 侌 黔 婬 淫 霪 蟫 /흠/ 廞 歆 /림/ 林 琳 淋 霖 棽 臨 /심/ 心 尋 潯 燖 燂 鄩 鐔 鬵 瀋 滲 深 諶 忱 煁 /임/ 壬 任 絍 紝 /침/ 侵 駸 綅 梫 祲 碪 砧 斟 針 鍼 箴 葴 琛 賝 郴 綝 沈 沉 湛 霃 /숨/ 森 蔘 蓡 濅 參 /줌/ 撍 簪 篸 岑 涔 /츰/ 嵾

<增> /심/ 鱘 鱏 蕈 湥 橝 /임/ 篙 /짐/ 椹 /숨/ 槑 槮 滲 襂 鬖 /츰/ 參

<叶> 風 楓 衆 隆 僭 終 能 封

<通> 覃 鹽 咸

《寢》

/금/ 錦 噤 澿 唫 /름/ 廩 懍 凜 /음/ 飮 /픔/ 稟 品 /심/ 伈 審 嬸 諗 淰 沈 牨 痒 瞫 葚 椹 黮 甚 /임/ 鉦 飪 飲 袵 衽 恁 荏 稔 腍 /짐/ 朕 /침/ 寢 寑 鋟 枕 瀋 沈 踸 趻 /츰/ 墋

<增> /음/ 吟 /즘/ 怎 /짐/ 潍 /침/ 寖

<叶>

<通> 感 琰 鐮

《沁》

/금/ 僸 禁 噤 舒 紟 衿 /음/ 蔭 廕 癊 飮 窨 /님/ 賃 /림/ 臨
/심/ 甚 /임/ 妊 姙 絍 任 /짐/ 鴆 酖 /침/ 浸 寖 湛 祲 沁 伈 揕
枕 闖 /슴/ 滲 /츰/ 譖 讖
<增> /음/ 吟 喑 /님/ 恁 /심/ 渁 /임/ 衽 鵀 /침/ 祲 針 /슴/
罧
<叶>
<通> 勘 黮 陷

《緝》
/급/ 急 汲 伋 級 給 泣 肚 湇 及 笈 岌 圾 /습/ 霫 飁 習 槢 褶
隰 襲 十 什 拾 濕 溼 /읍/ 邑 悒 浥 鋂 揖 挹 熠 /즙/ 咠 緝 諿
葺 輯 汁 戢 艥 濈 /흡/ 吸 噏 翕 潝 歙 闟 /립/ 立 笠 苙 粒 翋
/입/ 入 廿 卄 /집/ 潗 集 嗅 鏶 執 慹 /칩/ 縶 馽 蟄 /솝/ 澀 澁
<增> /급/ 芨 /읍/ 唈 裛 熤 肴 /즙/ 湒 揖 楫 蕺 /흡/ 扱 /립/
岦 雴 湁 絷 偪 /솝/ 鈒
<叶> 對 泰 宿 厲 邁
<通> 合 葉 洽

29. 覃感勘合

《覃》
/감/ 甘 柑 泔 苷 弇 龕 堪 戡 嵁 /남/ 南 喃 諵 枏 楠 男 /담/
耽 酖 眈 妉 湛 擔 儋 聸 䎘 聃 覃 潭 燂 談 譚 痰 餤 惔 淡 澹 郯
曇 /람/ 婪 啉 嵐 藍 籃 欖 纜 燣 /삼/ 三 參 毿 鬖 /암/ 諳 喑
闇 鵪 鶕 菴 庵 醃 唵 /잠/ 鐕 蠶 蚕 撏 /참/ 驂 參 叅 傪 慙 慚
塹 /탐/ 貪 探 /함/ 憨 含 哈 函 凾 鋡 涵 酣
<增> /감/ 疳 /담/ 甔 蟫 驔 壜 壜 藫 餤 /람/ 爁 籃 毿 籃 /암/
腤 韽 盦 媕 /잠/ 簪 篸 劕 /함/ 谽 䐄 蚶 欿 邯
<叶>

<通> 侵 鹽 咸

《感》

/감/ 感 敢 澉 轗 輡 坎 埳 欿 /담/ 膽 礵 紞 黕 毯 荾 緂 緂 緂 倓 盬 盬 禫 嘾 醰 萏 窞 噉 啗 啖 澹 憺 惔 淡 黮 髧 /람/ 覽 擥 擥 攬 欖 壈 /삼/ 糝 糂 /암/ 唵 晻 埯 揞 揜 黭 /잠/ 昝 寁 歜 /참/ 黲 憯 朁 憯 曆 槧 /탐/ 噡 禫 /함/ 喊 顑 闞 頷 撼 頷 菡

<增> /감/ 礛 橄 鬫 /남/ 湳 /담/ 蓞 啿 /람/ 灠 /암/ 錎 頷 醃 俺 闇 匼 /잠/ 饕 劄 /참/ 槧 /함/ 憾

<叶>

<通> 寢 琰 蹇

《勘》

/감/ 紺 淦 勘 瞰 矙 闞 /담/ 擔 担 甔 醓 淡 憺 惔 澹 窞 篸 郯 啗 霮 /람/ 纜 濫 艦 檻 嚂 /삼/ 三 /암/ 暗 闇 /잠/ 暫 蹔 鏨 /탐/ 撢 撢 賧 /함/ 憾 琀 含 晗 萏

<增> /감/ 灨 墈 /암/ 菴 /참/ 參 摻 儳 /탐/ 憛 黮

<叶>

<通> 沁 豔 陷

《合》

/합/ 合 蛤 韐 閤 鴿 敆 榼 磕 溘 庈 峇 /납/ 納 內 衲 軜 揇 /답/ 答 畣 荅 褡 遝 沓 誻 譅 嗒 涾 踏 蹋 蹹 騞 箚 鵖 /랍/ 臘 臈 鑞 蠟 攋 拉 擠 搚 摺 /삽/ 颯 靸 趿 馺 鈒 霅 卅 /압/ 唈 匼 罨 /잡/ 帀 匝 迊 趿 咂 唼 噆 雜 襍 /탑/ 榻 榼 塌 艡 闒 傝 搭 搨 塔 鞳 嗒 鎝 噠 潔 鰈 /합/ 盍 嗑 闔 合 盒 郃 欱 哈 迨

<增> /갑/ 頜 蓋 /납/ 蒳 妠 /답/ 闒 /랍/ 鸊 邋 /압/ 姶 焳 匌 /답/ 緆 遢 毾 鞜 /합/ 蓋 黭

<叶>

<通> 緝 葉 洽

30. 鹽琰豔葉

《鹽》
/검/ 鈐 鉆 黔 鍼 /엄/ 醃 崦 淹 閹 嚴 /험/ 杴 /겸/ 兼 縑 鰜 鶼 蒹 謙 嗛 箝 箝 鉗 拑 柑 /념/ 鮎 拈 黏 粘 /렴/ 廉 鐮 鎌 磏 磏 簾 燫 帘 匳 奩 /셤/ 銛 暹 纖 韱 孅 襳 憸 苫 蟾 撏 /염/ 懕 厭 猒 饜 鹽 塩 閻 檐 櫚 簷 炎 阽 燅 髥 /졈/ 殲 漸 蔪 熸 占 /쳠/ 尖 僉 籤 懺 櫼 潛 灊 詹 瞻 譫 霑 沾 觇 佔 惉 韂 襜 幨 /텸/ 添 酟 甜 恬 /폄/ 砭 砨 /혐/ 嫌
<增> /엄/ 噞 巖 巖 /험/ 忺 薟 /렴/ 溓 霐 /셤/ 韱 摻 攕 燗 燂 痁 /염/ 蚺 袡 枏 /졈/ 瀸 /쳠/ 簽 槧 讖
<叶>
<通> 侵 覃 咸

《琰》
/검/ 檢 撿 儉 芡 /엄/ 噞 奄 掩 揜 晻 埯 崦 嶮 郵 渰 弇 广 儼 隒 /험/ 險 嶮 譣 憸 玁 獫 /겸/ 歉 嗛 慊 /덤/ 點 玷 蒧 店 簟 橝 /렴/ 斂 /셤/ 閃 潤 剡 睒 覢 陝 /염/ 檿 襧 厭 黶 魘 琰 剡 剡 扟 冉 苒 染 /졈/ 漸 蔪 颭 /쳠/ 憯 諂 讇 /텸/ 忝 餂 /폄/ 貶
<增> /검/ 瞼 臉 /엄/ 閹 罨 曮 /겸/ 膁 /념/ 姌 /덤/ 驔 /렴/ 蘞 蘞 瀲 溓 /셤/ 淰 /염/ 錟 棪 扊 灩 /졈/ 黵 /텸/ 舔
<叶>
<通> 寢 感 豏

《豔》
/검/ 劒 劍 欠 /엄/ 驗 釅 俺 弇 /겸/ 簾 歉 傔 /념/ 念 /덤/ 店

坫 玷 墊 阽 蒧 /렴/ 殮 斂 瀲 獫 玁 /셤/ 苫 痁 閃 掞 撊 贍 /염/
厭 猒 饜 豔 艷 灩 灎 爓 焰 燄 染 /졈/ 僭 占 /쳠/ 塹 壍 暫 槧
韂 𨆦 䪜 襜 幨 裧 覘 /텸/ 忝 㮇 /폄/ 砭 窆 封
<增> /엄/ 噞 淹 /텸/ 𥗭
<叶>
<通> 沁 勘 陷

《葉》
/겁/ 劫 刦 刼 袷 衱 怯 㤼 胠 跲 笈 极 /업/ 業 僷 𣜩 鄴 浥 裛
腌 /헙/ 脅 脇 愶 嗋 熁 弽 /겹/ 頰 脥 鋏 夾 筴 梜 莢 唊 匧 篋
愜 悏 慊 /녑/ 讘 囁 鑷 𨥨 籋 躡 𩣡 捻 敜 苶 /뎝/ 跕 蝶 蜨 蹀
𥲦 /렵/ 獵 躐 鬣 /셥/ 燮 躞 屧 攝 涉 葉 弽 韘 歙 /엽/ 葉 擛
曄 曅 燁 爗 饁 厭 擪 黶 /졉/ 接 椄 菨 楫 檝 浹 讋 慴 慴 惵 慹
摺 牒 聶 /쳡/ 睫 䀹 婕 倢 妾 緁 捷 𧩎 輒 /텹/ 怗 帖 呫 貼 鉆
黏 牒 諜 𧨿 堞 褺 疊 氎 /협/ 恊 叶 勰 挾 夾 俠 綊
<增> /겁/ 蛣 拾 /업/ 𤗪 /헙/ 拹 /겹/ 蛺 /녑/ 聶 攝 踂 /뎝/
沾 渫 楪 惵 揲 褋 艓 鰈 /렵/ 擸 儠 /셥/ 拾 欇 鍱 囁 /엽/ 殜
魘 擖 /졉/ 襵 踥 𢁉 鮿 /텹/ 喋 褶 𢸇
<叶>
<通> 緝 合 洽

31. 咸豏陷洽

《咸》
/감/ 監 礛 緘 椷 瑊 /남/ 諵 /삼/ 攕 摻 縿 幓 襳 衫 雬 杉 檆
芟 /암/ 嵒 巖 岩 壧 喦 /잠/ 詀 /참/ 欃 攙 劖 鑱 毚 巉 漸 嶄
讒 饞 嚵 /함/ 咸 鹹 醎 諴 崡 圅 函 嗛 銜 衘 啣 /범/ 凡 凢 帆
颿 杋 氾
<增> /감/ 鑑 嵌 /남/ 喃 /삼/ 㺑 釤 纔 /암/ 𢋿 /참/ 瀺 儳 /범/

渢 諡
<叶>
<通> 侵 覃 鹽

《豏》
/감/ 減 鰜 /맘/ 黲 鋄 /삼/ 撕 摻 /암/ 黯 黤 /잠/ 湛 /참/ 斬
/함/ 豏 艦 濫 檻 轞 譼 喊 /범/ 犯 範 笵 蘣 范 軓 軓
<增> /삼/ 獑 /암/ 黶 厭 /잠/ 嵁 嶄 巉 /함/ 闞 獥
<叶>
<通> 寢 感 琰

《陷》
/감/ 歁 監 鑑 鑒 欠 /삼/ 釤 剣 /암/ 俺 裺 /잠/ 蘸 賺 賺 /참/
懺 甑 轞 /함/ 陷 埳 臽 豏 鬸 /범/ 梵 訉 帆 颿 颿 汎 泛 氾
<增> /삼/ 撕 /암/ 韽 /잠/ 湛 詀 謙 /참/ 站 鑱 儳 /함/ 餡 濫
/범/ 盜
<叶>
<通> 沁 勘 豔

《洽》
/갑/ 鉀 甲 胛 押 /삽/ 歃 唼 啑 萐 箑 篓 翣 霎 /압/ 鴨 鴡 鶴
壓 擪 /잡/ 劄 鍤 臿 插 报 煤 牐 閘 /합/ 呷 匣 柙 狎 怈 /겁/
猲 /법/ 法 灋 乏 泛 姂 疺 /겹/ 夾 挾 郟 裌 袷 恰 帢 帤 掐 /협/
洽 祫 狹 陝 陿 峽 硤
<增> /압/ 押 /잡/ 眨 霅 霅 喋 /겹/ 筴 俠 鵊 韐 胠 /협/ 蛺
<叶>
<通> 緝 合 葉

찾아보기

㉠

가섭(假攝) 134, 161
강섭(江攝) 134
강희자전(康熙字典) 12, 22, 68, 98, 249, 253
개구호(開口呼) 124
경사정음절운지남(經史正音切韻指南) 39
경섭(梗攝) 164, 165
경세정운(經世正韻) 43
계림유사(鷄林類事) 189, 209
고금운회(古今韻會) 19
고금운회거요(古今韻會擧要) 19, 32, 90, 217
고야왕(顧野王) 21
과섭(果攝) 160
광운(廣韻) 17, 90, 122
구옹(邱雍) 17
규상각(奎章閣) 55
규장운서(奎章韻瑞) 56, 57, 105
김제겸(金濟謙) 28

㉡

노걸대(老乞大) 43
노걸대언해 44

㉢

대광익회옥편(大廣益會玉篇) 22, 253
동국약운(東國略韻) 26
동국정운(東國正韻) 26, 32, 54, 87, 189, 190, 191
등운학(等韻學) 184

㉥

박두세(朴斗世) 28
박성원(朴性源) 28, 43, 58
박통사(朴通事) 43
박통사언해 44
반절(反切) 23, 46, 69, 112, 184

반절상자(反切上字) 46
반절하자(反切下字) 46
부수(部首) 21, 253

㉦

사단 배열식 37
사단(四段)체재 303
사성등자(四聲等子) 39
사성보(四聲譜) 16, 21, 95
사성통고(四聲通攷) 28, 93, 214, 217
사성통해(四聲通解) 28, 44, 65, 75, 77
사운주의(四韻主義) 90
산섭(山攝) 152, 153, 154, 156, 157
삼단 배열식 37
삼운성휘(三韻聲彙) 28, 66, 78, 109, 175, 230, 251
삼운성휘보옥편(三韻聲彙補玉篇) 251
삼운주의 88
삼운통고(三韻通考) 24, 38, 54, 66, 88, 103
삼운통고보유(三韻通考補遺) 28, 107
설문해자(說文解字) 22
섭(攝) 129
성류(聲類) 16
성명론(聲明論) 36
성모(聲母) 35, 39, 121, 184
성부(聲符) 195, 270
성운학(聲韻學) 42, 76, 183
성조(聲調) 35, 39, 76, 121
성효기(成孝基) 28
속음(俗音) 249, 257, 258, 268
손염(孫炎) 46
수온(守溫) 184
수온운학잔권(守溫韻學殘卷) 184
신경준(申景濬) 43, 220
신자전(新字典) 34
심섭(深攝) 169
심약(沈約) 16, 21, 58, 95
쌍성(雙聲) 16

㉧

아정유고(雅亭遺稿) 62
양운미(陽韻尾) 127
언문지(諺文志) 78, 220, 221
예부운략(禮部韻略) 19, 66, 107, 303
오역(吳棫) 72, 96, 115
오음집운(五音集韻) 124
옥편(玉篇) 13, 21
우섭(虞攝) 142
우섭(遇攝) 139, 141
운(韻) 12
운경(韻鏡) 39
운도(韻圖) 38, 39, 42, 184, 209
운두(韻頭) 76, 124, 128
운략(韻略) 103, 115
운략회통(韻略匯通) 127
운모(韻母) 35, 39, 121
운미(韻尾) 76, 124, 128

운보(韻補) 72, 96, 115
운복(韻腹) 76, 124, 128
운서(韻書) 13, 42
운학집성(韻學集成) 104
운해(韻解) 43, 220
운회옥편(韻會玉篇) 34, 251, 253, 255
웅충(熊忠) 19
유섭(流攝) 168
유추(類推) 270
유합(類合) 85, 194, 228, 305
유희(柳僖) 220
육법언(陸法言) 16, 122
음운미(陰韻尾) 127
의례(義例) 49, 61, 303
이덕무(李德懋) 24, 28, 49, 50
이등(李登) 16
일체경음의(一切經音義) 208
입성운미(入聲韻尾) 127

㉨

자모(字母) 73, 184
자전석요(字典釋要) 34, 194
자형상사(字形相似) 270
전운옥편(全韻玉篇) 98
절운(切韻) 17, 122, 208
절운지장도(切韻指掌圖) 39
정도(丁度) 19
정음(正音) 249, 257, 258
정조(正祖) 43, 49, 50, 56
제치호(齊齒呼) 124
조선관역어(朝鮮館譯語) 189, 209
주덕청(周德淸) 21, 108
중원음운(中原音韻) 21, 114, 124, 127
증보문헌비고(增補文獻備考) 49
증보삼운통고(增補三韻通考) 28, 107
증섭(曾攝) 166
지석영(池錫永) 34
지섭(止攝) 135, 139
진섭(臻攝) 150, 151, 153
진팽년(陳彭年) 17
집운(集韻) 90
집현전(集賢殿) 55

㉩

천자문(千字文) 305
첩운(疊韻) 16
청장관전서(靑莊館全書) 51, 74, 99
촬구호(撮口呼) 124
최석정(崔錫鼎) 43
최세진(崔世珍) 34
칠음략(七音略) 39

㉫

탕섭(宕攝) 134, 163
통단 배열식 37
통섭(通攝) 132
통운(通韻) 64

통지(通志) 90

㉭

한도소(韓道昭) 124
함섭(咸攝) 170, 171, 172
합구호(合口呼) 124
해섭(蟹攝) 143, 145, 147, 148
해성자(諧聲字) 195, 270
허신(許愼) 22
협음(叶音) 68, 69, 72, 95
혜림(彗林) 208
홍계희(洪啓禧) 28
홍무정운(洪武正韻) 21, 44, 65, 107, 124, 127
홍무정운역훈(洪武正韻譯訓) 28, 93
홍재전서(弘齋全書) 49
화동정음(華東正音) 28, 43, 67, 74, 78, 175, 230
황극경세서(黃極經世書) 90
황필수(黃泌秀) 267
효섭(效攝) 158, 159
훈몽자회(訓蒙字會) 85, 132, 187, 190, 194, 215, 228, 305
훈민정음(訓民正音) 84, 173, 188, 214

지은이 정경일
고려대학교 문과대학 국어국문학과
고려대학교 대학원 국어국문학과 석사 · 박사
미국 Cleveland State Univ. 교환교수
현재 건양대학교 문학영상학과 교수

감 수 김무림(강릉대 교수)

100대 한글 문화유산 11
규장전운 · 전운옥편

조판 1쇄 발행 2008년 3월 28일

지은이 정경일
펴낸이 이재선
펴낸곳 신구문화사

출판등록 1968년 6월 10일
주소 경기도 성남시 중원구 금광2동 2661번지
전화 031-741-3055~6
팩스 031-741-3054
e-mail kkk33@korea.com

ISBN 978-89-7668-144-7 93710
ISBN 978-89-7668-120-1(세트)

값 20,000원
*지은이와의 협의에 따라 인지는 생략합니다.
*잘못된 책은 바꾸어 드립니다.
*이 책은 국립국어원으로부터 국고보조금을 지원 받는
'100대 한글 문화유산 정비 사업'의 결과물로 이루어졌습니다.